메타포와 수용전념치료

손정락 저

ACT에서
관계 틀 관점으로
은유를 이해하고,
활용하고, 창조하기

학지사

이 저서는 2015년 정부(교육부)의 재원으로 한국연구재단의 지원을
받아 수행된 연구임 (NRF-2015S1A6A4A01011210)
This work was supported by the National Research Foundation of Korea Grant
funded by the Korean Government (NRF-2015S1A6A4A01011210)

머리말

"아기는 인꽃(사람의 꽃)이다." 외할머니가 살아생전에 말씀하시곤 하셨다. 필자는 아기를 키우고 있는 두 아들에게 "아기에게는 부모가 마치 신적인 존재와 같다."라고 하다가 "아기에게 부모는 살아 있는 수호천사"라고 말한 적이 있다. 외할머니의 말씀이 늘 잊히지 않고 생각나는 것은 역시 메타포의 강력한 힘이라고 생각한다.

소리에 놀라지 않는 사자처럼
그물에 걸리지 않는 바람처럼
흙탕물에 더럽혀지지 않는 연꽃처럼
무소의 외뿔처럼 혼자서 가라

-『수타니파타』

『수타니파타』에서 읽은 이 구절은 필자에게는 처음 읽는 순간부터 어떤 강력한 메시지를 전달하는 느낌을 받았다. 역시 메타포는 힘이 세다.

수용전념치료(ACT)는 마음챙김(sati)이라는 고대의 지혜를 받아들인 행동치료, 더욱 구체적으로 말하면 행동주의 심리학의 관계 틀 이론(RFT)에 기반하며, 기능적 맥락주의에 그 철학적 뿌리를 둔 보편적인 심리치료의 큰 틀이라고 할 수 있다. 그래서 ACT에서는 **관계 틀 이론**과 **기능적 맥락주의**로서 언어가 괴로움을 지배하거나 촉진시키는 맥락을 규명하고, 이러한 언어의 부정적인 지배를 약화시키는 맥락을 규명하고자 한다. 그중의 하나가 바로 메타포인 것이다.

이 책의 목적은 심리적 경직성에서 심리적 유연성으로 가게 해 주는 이러한 메타포를 모아서 정돈하고, 동양 문화권에서 나온 메타포를 발굴 및 정리하며, 그중에서도 특히 한국적인 문화에서 나온 메타포의 발굴과 창조에 더 전념해 보려는 것이다. 이러한 메타포와 더불어 마음챙김과 감정이입 함양에 유용한 하이쿠(일본의 정형시)의 활용을 소개하고, 우리의 정형시인 시조를 마음챙김의 새로운 시도로서 ACT에 활용해 보고자 하였다.

이 책의 제1부에서는 수용전념치료를 개관하고, 제2부에서는 관계 틀 이론(RFT), 기능적 맥락주의(FC) 그리고 메타포(은유)를 살펴보고, 제3부에서는 심리학, 심리치료 및 ACT에서의 메타포를 개관하며, 제4부에서는 메타포의 창조 및 새로운 시도를 살펴본다.

유명한 심리학자인 윌리엄 제임스(1842~1910)는 "우리 시대의 가장 위대한 발견은 인간이 자신의 마음가짐을 바꿈으로써 삶을 바꿀 수 있다는 사실을 발견한 것이다."라고 하였다. 왁스(2016)는 "우리의 머리는 충분히 똑똑하다. 우리에게 더 필요한 것은 '마음'이다."라고 했다. 필자는 명상은 최고의 중용(中庸)이며, ACT는 최고의 지행합일이라고 생각한다.

이 책이 나오기까지 필자에게서 ACT 및 관련 강의를 들은 많은 대학원생과 외부 수강생들의 열띤 관심에 마음으로부터 우러나오는 고마움을 전한다. 전북대학교 심리학과 4학년 강선우는 많은 일러스트를 성의 있게 그려 주었으며, ACT 치료자와 연구자들의 공동체인 맥락 행동 과학 학회(ACBS)의 풍성한 리소스도 많은 도움이 되었다. 또한 필자를 응원해 주는 선후배, 지인 그리고 가족에게 늘 감사한다. 이들의 든든한 지지가 늘 필자의 활력소가 되어 이러한 책도 쓰게 할 힘을 부여해 준다.

좋은 책, 특히 심리학 분야의 책 출판에 전념하는 학지사의 김진환 사장님과 편집진 분들께 감사를 드린다.

끝으로 무엇보다 이 책을 읽고 활용할 독자들의 웰빙을 소망한다.

2020년 3월

손정락

차례

제2부 | 관계 틀 이론(RFT), 기능적 맥락주의(FC) 그리고 메타포(은유)

제3부 | 심리학, 심리치료 및 ACT에서의 메타포

제4부 | 메타포의 창조 및 새로운 시도

부록

서문

부서져도
부서져도 여전히 있는
물속의 달

– 조슈

앞에 제시한 하이쿠는 "물결이 일어 잠시 흐트러져도 곧 본래의 모습을 완벽하게 되찾기 때문에 물속의 달은 존재의 참 본성을 상징한다."(류시화, 2014) 이는 심리적으로 경직되기도 하고, 틀에 박혀 갇혀 버리기도 하지만 심리적 유연성을 찾아가는 마음챙김을 연상시켜 주며, 이것을 받아들인 수용전념치료(Acceptance Commitment Therapy: ACT)의 목표를 함축하는 것 같다.

괴로움은 인간의 삶에서 기본적인 특징이라는 것이 ACT의 철학적 핵심이다. 이러한 인간의 고통은 크게는 효력이 작동되지 않는 영역에서 언어와 인지를 사용하려는 능력 때문이다(Alvis, 2010). 즉, 인간이 정보를 얻고 문제 해결을 위해 언어를 사용하는 유익한 능력이 한편으로는 허구적인 실체를 만들어 낼 뿐만 아니라, 아직도 일어나지 않은 암울한 미래를 만들어 내기도 하는 것이다. ACT의 기본 목표는 이 능력들이 한 사람의 생활을 강요하지 않으면서 인간 언어와 문제 해결에 사용될 수 있게 하는 것이다(Hayes, Strosahl, & Wilson, 1999, 2011).

이와 같이 수용전념치료는 마음을 양날의 검으로 여긴다. 이는 인간 언어가 모든 목적에 대해 매우 유용하지만, 이를 효과적으로 다루는 법을 배우지 못한다면 해를 끼친다는 것을 의미한다(Harris, 2009). 이러한 언어적 관계의 양방향성은 인간의 자기 인식을 유용하게 만들어 주기도 하지만, 동시에 자기 비난이나 자기 회피를 거의 불가피하게 만들기도 하기 때문에 이를 양방향성의 원리 또는 양날의 검을 품는 것과 같다는 것이다(예, Hayes et al., 1999, 2011). 언어의 긍정적인 면을 살펴보면, 언어는 우리에게 세상에 대한 지도와 모형을 만들어 내고, 미래에 대한 계획을 예측하고 기획하며, 지식을 공유하며, 과거로부터 학습하고, 과거에 전혀 존재하지 않았던 것을 상상하고 창조할 수 있도록 도와준다는 것이다. 또한 언어는 행동을 효과적으로 행할 수 있는 규칙을 개발하고, 공동체 번영에 도움이 되며, 멀리 떨어져 있는 사람과도 소통하고, 선조들의 유산을 배울 수 있게도 해 준다.

한편, 언어의 부정적인 면은 언어를 통해 거짓말을 하거나, 조작하고, 기만할 수도 있다는 점이다. 또한 명예 훼손이나 모략, 무지를 퍼뜨릴 수 있고, 증오, 편견, 폭력 등을 조장할 수 있다. 언어는 대량 살상 무기를 만들어 낼 수 있으며, 대량으로 오염시키는 산업을 만들어 낼 수 있다. 언어는 과거의 고통스러운 사건을 곱씹거나 '다시 체험'할 수 있고, 불쾌한 미래를 상상하고, 우리 자신과 다른 사람들을 비교하여 판결하고, 비판하며 규탄함으로써 두려움을 줄 수도 있다. 언어는 우리의 삶을 종종 제약하거나 파괴할 수 있는 규칙을 만들어 낼 수도 있다. 언어는 축복이 될 수 있는 동시에 저주가 될 수도 있으므로 수용전념치료에서 종종 다음과 같이 주장되기도 한다. "여러분의 마음은 여러분의 친구도 적도 아니다."(Harris, 2009)

그래서 수용전념치료의 목적은 인간이 필연적으로 겪게 되는 고통을 받아들임으로써 풍요롭고 충만하며 의미 있는 삶을 창조하게 하는 것이다. 이러한 점은 이미 세상의 위대한 종교들이 우리에게 가르쳐 왔던 것이기도 하다. 생로병사가 '고통의 바다(苦海)'라고 한 불교의 가르침만이 아닌 모든 종교에서 그러한 지혜의 전통이 있다고 본다. 그런데 "심리치료의 비교적 최신 전통이 지금 막 그 뒤를 쫓고 있다."(Hayes et al., 1999, p. 13)

이 최신 전통 중의 하나인 ACT는 '마음챙김(사띠)'이라는 고대의 종교적 지혜를 받아들인 행동치료, 더욱 구체적으로 말하면 행동주의 심리학의 관계 틀 이론(Relational Frame Theory: RFT)에 기반한 심리치료의 한 형태인 것이다.

ACT에 기저하고 있는 이 RFT는 인간의 정신병리는 상당한 정도로 인간 언어로 짜여 있다고 본다. 또한 RFT는 이 파괴적인 언어 기능을 감소시키고, 의미 있는 삶을 찾는 데 도움이 되는 방법을 제안하고 있다. 이것은 ACT의 핵심에 인간은 임의적인 맥락적 통제 하에서 사건들을 관련시키는 것을 학습한다(Hayes & Strosahl, 2004)는 전제가 깔려 있다. 그래서 인간 언어의 문자적 성격이 RFT에 기초해 있다는 것이 바로 ACT의 핵심적인 입장이며, 그러므로 언어의 문자적 기능을 약화시키는 데에는 특정한 맥락에 놓여 있는 관계 틀을 약화시키는 것이 필요하다(Hayes, Strosahl, & Wilson, 1999, 2011).

이러한 특정 맥락에 있는 관계 틀을 약화시키는 주요한 한 가지 방법이 곧 은유의 활용이다. 인류의 위대한 스승들도 사람들에게 의미를 전달하기 위해 은유를 활용하였으며, 이러한 은유가 심리치료에서도 연구와 실무 모두에서 똑같이 관심 주제였다. 이러한 은유의 활용은 여러 가지 이유로 ACT에서도 기능적으로 중요하게 받아들이고 있다. 즉, ACT에서 은유는 다른 사건과의 관계에 기반을 두고 있는 한 사건의 기능을 변화시키기 위하여 활용하는데, 이것은 자극 기능의 변형 과정이다. 이 과정이 관련 은유적 상황과 경험 간의 기능을 변경시킬 수 있다(Alvis, 2010). 이처럼 은유는 인간 의사소통의 본질적인 특징이라고까지 할 수 있다. 모든 문화와 종교가 특정한 메시지를 전달하고, 이해를 증진시키고, 행동을 제안하기 위해 이야기, 일화 및 우화를 활용한다. 은유는 또한 라포를 형성하고, 저항을 감소시키고, 동기를 증진시키고, 문제와 해결을 재구성하고, 심리치료의 변화를 달성하는 데서 오랜 역사를 지니고 있다(예, Barker, 1985; Gordon, 1978; Rosen, 1982; Stoddard & Afari, 2014).

이 책에서는 이러한 은유를 ACT의 이론적 토대인 RFT 관점에서 이해하고, 활용하고, 더 나아가 창조하는 방법을 탐구해 보며, 또한 동양 문화권 및 한국의 은유를 발굴하고, 우리 문화에 맞는 새로운 방법의 시도를 제안해 보려고 한다.

제1부

수용전념치료(ACT)

제1장 수용전념치료란 무엇인가

걱정한다고, 걱정이 없어지면, 걱정이 없겠네

– 티베트 속담

우리는 바람을 통제할 수 없다. 다만 돛을 조정할 수 있을 뿐이다

– 칼릴 지브란

만약 걱정을 해서 걱정이 없어진다면 얼마나 좋을까? 오히려 걱정이 더 커지기도 하는 것이 대부분의 우리의 삶에서 일어나는 일상사일 것이다. 걱정이나 불안을 없애려고(통제하려고) 할수록 걱정이 없어지지 않거나 더 늘어나는 것은 왜 그럴가?

그리고 우리는 왜 바람을 통제할 수 없으며, 단지 돛을 조정할 수 있을 뿐일까? 바람은 정말 통제할 수 없으며, 이런 방법밖에는 없을까?

앞의 두 가지 인용 구절에서 일어나는 물음을 수용전념치료(Acceptance Commitment Therapy: ACT)에서 가정하는 기본 철학과 그에 대한 해결 방법에 대한 설명으로 답을 찾아가 보자.

이 인용 구절은 ACT의 기본 가정과 치료 방법을 그대로 보여 주고 있다. ACT의 기본 철학은 붓다가 말하는 것처럼 우리의 삶에서 생로병사가 괴로움이며, 그 괴로움은 우리 자신의 학습으로 만들어진 언어 때문이라고 보았다. 즉, 언어로 만들어진 괴로움을 없애는 것이 아니라 마음챙김으로 들여다보는 방법으로 해결하려고 하는 것이 ACT의 기본 가정과 목적이라고 볼 수 있다.

ACT는 인간 언어의 부정적인 측면으로 인한 심리적 경직성을 심리적 유연성으로 변화시키는 중재 접근법이다. ACT는 말 그대로,

생각과 정서를 수용하고, 현재에 존재하며(A),
가치 있는 방향을 선택하며(C),
행동을 취하는 치료(T)이다.

이를 위해서 ACT는 마음챙김 기법을 활용하며, 인간 언어와 인지에 대한 행동주의 이론인 관계 틀 이론(Relational Frame Theory: RFT)을 토대로 하고 있으며, 또한 기능적 맥락주의(Functional Contextualism: FC)의 실용주의 철학에 뿌리를 두고 있다. 여기에 고대의 지혜인 마음챙김을 만난 것이다.

ACT는 이 논리정연한 이론과 탄탄한 철학적 뿌리로 행동치료의 제3물결에서 중추적인 역할을 하고, 또한 경험적 연구로서 지지받고 있는 증거 기반 치료로 인증받고 있다. 그렇지만 흔히 ACT를 처음 공부하는 사람들은 ACT가 생각보다 어렵다고 말한다. 그래서 ACT 연구자들의 모임인 ACBS(Association for Contextual Behavioral Science; 맥락 행동 과학 학회)의 공식 사이트를 소개하면서 ACT에 어떻게 접근해 나갈지를 함께 생각해 보기로 한 것이다. 사이트 주소는 https://contextualscience.org이다.

이 사이트에서 쉽게 설명하는 ACT를 살펴보자.

관계 틀 이론(RFT)과 철학적 뿌리인 기능적 맥락주의를 토대로 개발된 수용전념치료(ACT)는 수용과 마음챙김 전략을 전념과 행동 변화 전략과 함께 사용하여 심리적 유연성을 높이는 독특한 경험 기반 심리학적 중재이다. 심리적 유연성이란 의식적인 인간으로서 현재의 순간에 완전히 접촉하는 것을 의미하며, 상황이 무엇을 제공하는가에 근거하여 선택된 가치에 따라 행동을 변화시키거나 지속하는 것을 의미한다.

관계 틀 이론(RFT)에 기반하여 ACT는 언어가 내담자들 자신의 내면적 삶에 대항하여 전쟁을 일으키려는 헛된 시도로 얽히게 하는 방식을 밝히고 있다. 은유, 역설 및 체험적 연습을 통해 내담자들은 두려워하고 회피했던 생각, 감정, 기억, 신체적 감각과 건강한 접촉을 하는 방법을 배운다. 내담자들은 이러한 사적인 사건을 재맥락화하여 수용하고, 개인적 가치에 대한 명료성을 보다 더 높이고, 필요한 행동 변화에 전념할 수 있는 기술을 습득한다.

ACT에 대한 학습 시작 방법은 여러 가지가 있을 수 있으나, 맥락 행동 과학 학회(ACBS)의 사이트에서 검색할 수 있는 방대한 양의 정보가 있다. 시간이 있을 때 이 사이트에서 이용할 수 있는 임상 자료, 프로토콜, 측정 도구, 책, 시각적 보조 도구 및 비디오를 통해 검색해 볼 것을 권장한다. 그렇지만 이용 가능한 정보가 너무 많아 다소 압도적일 수 있다. 여기에는 처음 시작하는 ACT 초보자를 위한 종합 자료 리스트도 작성되어 있으며, 더 많은 지식을 얻기 위한 자료도 광범위하게 포함되어 있다. 비디오, 첨부파일, 출판물 등에 대한 완전한 접근을 위해 둘러보거나 심지어 ACBS에 가입하는 것도 좋은 방법이겠다. 여기에서는 연구 자료를 찾을 수 있고, ACT 치료자들을 찾을 수 있으며, 대중을 위한 ACT 목록 서버에 링크할 수 있다.

심리적 경직성: 고통에 대한 ACT 관점

수용전념치료(ACT)의 핵심 개념은 심리적인 고통은 대개 인간의 언어와 인지 사이의 인터페이스, 그리고 직접적인 경험에 의한 인간의 행동 통제에 의해 야기된다는 것이다. 심리적인 경직성은 경험 회피, 인지적 얽힘, 개념화된 자기 애착, 현재와의 접촉 상실, 그리고 핵심 가치와 일치하는 필요한 행동적 조치를 취하지 못하는 데에서 나온다고 주장된다. 언어와 인지에 관한 연합 이론인 관계 틀 이론(RFT)에 대한 광범위한 기초 연구 프로그램에 의해 지지받은 ACT는 대처 수단으로서 힘든 생각과 감정을 변화시키려고 하는 것은 생산성에 역행할 수 있지만, 수용, 마음챙김, 인지적 탈융합, 가치 및 전념 행동을 포함하고 있는 새롭고 강력한 대안들이 이용 가능하다는 관점을 취하고 있다.

ACT 모형

ACT는 철학으로서의 기능적 맥락주의와 이론으로서의 RFT에 기반을 둔 심리치료에 대한 방향성을 갖고 있다. 이와 같이 ACT는 특정한 기법이 아니다. ACT 프로토콜은 다음과 같이 정신병리에 관여한다고 가정된 언어 과정과 그 개선점을 표적으로 한다.

- 인지적 융합: 그 과정이 해로운 경우에도 문자 그대로의 언어를 기반으로 하는 자

극 기능의 지배

- 경험 회피: 개인이 특정한 사적인 경험과 접촉을 꺼리고 이러한 사건의 형태나 빈도, 그리고 그러한 사건의 원인이 되는 맥락을 변경하기 위한 조치를 취할 때, 심지어 심리적으로 해를 끼칠 때에도 발생하는 현상
- 관점 취하기와 지시적인 관계 틀로부터 나타나는 '맥락으로서의 자기'를 벗어나는 '개념화된 자기'의 지배
- 가치 결여, 가치 목표의 혼동 및 광범위하고 유연한 레퍼토리를 구축하지 못할 수 있는 기타 가치 문제
- 선택한 가치의 방향으로 움직이는 행동 전념을 통해 더 큰 행동 단위를 구축할 수 없음

연구 지지

연구는 이러한 방법이 광범위한 내담자들에게 유익하다는 것을 보여 주고 있는 것 같다. ACT는 내담자와 치료자 모두에게 힘든 개인 경험이 전혀 발생하지 않도록 하기보다는 정신적으로 기능하는 방식을 바꾸는 방법을 가르친다. 이러한 권한을 부여하는 메시지는 내담자들이 우울, 불안, 스트레스, 약물 남용, 심지어 정신병적 증상을 포함한 다양한 임상 문제에 대처하는 데 도움을 주는 것으로 나타났다. 이득은 내담자들에게 중요한 만큼 임상가에게도 중요하다. ACT는 치료자의 소진을 빠르게 경감시키는 것을 경험적으로 보여 주었다. 또한 우리는 이러한 동일한 과정이 인간의 편견, 업무 수행이나 새로운 것을 배울 수 없는 능력 등 다양한 다른 행동 문제들을 이해하고 변화시키는 데 도움이 된다는 것을 배우고 있다.

마음챙김

마음챙김(mindfulness)은 이미 오래전 고대부터 나온 개념으로, 불교, 도교, 유대교, 이슬람교, 기독교 등 정신적이며 종교적인 전통에서 광범위하게 발견된다고 알려

져 있다. 우리나라에서도 퇴계 이황 등의 경(敬) 사상에서도 볼 수 있는 개념이다. 그래서 마음챙김은 여러 가지 방식으로 정의 내려지고 있는 것도 사실이다. 그러나 기본적으로는 "마음챙김은 유연성, 개방성 및 호기심으로 주의를 기울이는 것을 의미한다."(Harris, 2009)

Kabat-Zinn(2012)은 저서『처음 만나는 마음챙김 명상』에서 이렇게 말했다. "우리는 대부분의 시간에 자신이 이런저런 고통을 겪고 있음을 알게 된다. 우리는 그리스인 조르바가 말한 것처럼 '재앙으로 가득한' 삶에 직면하여 괴로움을 경험한다. 어쩌면 이것은 인간이 처한 본래적 조건인지도 모른다. 우리가 거기에 '동의한' 적이 없음에도 재앙은 어김없이 우리의 삶에 모습을 드러낸다. … 붓다가 말한 괴로움이란 우리의 통제를 벗어난 자연재해, 인재로 인한 괴로움에 더하여 우리 스스로 만들어 낸 것까지 포함된다고 하였다. 괴로움(suffering)이라는 단어는 라틴어 sufferre에서 유래한 말로 그 어근은 '늘 지니고 다니다' '견디다'라는 뜻을 갖고 있다. 그러나 그러한 순간에서조차 우리가 그 경험의 다른 차원을 경험하는 일이 가능하다. 어떻게 그것이 가능한가? 바로 우리가 경험하는 고통에 대한 자각(알아차림) 자체는 전혀 고통스러운 일이 아님을 깨닫는 것을 통해서이다." Kabat-Zinn(1994)은 마음챙김을 "경험의 장에서 일어나는 것은 무엇이든 현재 순간에 비판결적으로 의도적인 주의를 기울이는 방식"이라고 하였다.

이 마음챙김은 팔리어 Sati가 최근 백여 년 전에 mindfulness로 번역되었으며, 우리나라에서는 비교적 최근에 정관법, 마음챙김 등으로 번역되다가, 지금은 대체로 마음챙김으로 번역되어 사용되고 있다. sati를 'mindfulness'로 처음 사전 번역한 것은 1921년 Davids와 Stede의 팔리어-영어 사전이다(Siegel, Germer, & Olendzki, 2009). sati에는 주의, 자각(알아차림) 및 기억이라는 의미가 있다(Siegel et al., 2009). 그러나 현대 심리치료 분야에서는 마음챙김의 정의를 불교 등의 전통에서 사용하는 것보다 훨씬 그 범위를 확장하여 사용하고 있다(안희영, 2012). 앞의 Kabat-Zinn의 정의도 그렇지만, Shapiro, Carlson, Astin 및 Freedman(2006)은 마음챙김에 의도, 주의 및 태도의 구성요소를 모두 포함시키고 있으며, 이들 요소가 상호작용 한다고 보았다. 또다른 마음챙김의 정의로는 "수용적인 태도로 현재의 경험을 알아차리는 것"(Germer, Siegel, & Fulton, 2005), "경험의 순수한 사실에 직면"(Goleman, 1988), "의도적으로 현재 수난에서 비판결적으로 주의를 기울이는 것"(Kabat-Zinn, 1994) 등이 있다(안희영, 2012). Kabat-Zinn(1994)은 마음챙김을 자각, 명료성 및 현재 순간의 수용으로 우리가 경험하는 자동성과 무의식에서 깨어나게 해 준다고 보았다. 그러나 그는 이러한 마음챙김을 부단한 연습과 실행으로 이루어지는 것으로 보았는데, 마음챙김 명상을 하는 일곱 가지 태도인 판결하지 말라, 인내심을 가지라, 초심을 유지하라, 믿음을 가지라, 애쓰지 말라, 수용하라, 그리고 내려 놓으라를 강조한 데서도 볼 수 있다. William James는 "방황하는 주의력을 자주적으로 계속 돌려세울 수 있는 능력이 바로 판단력, 인격 그리고 의지력의 뿌리이다. 이 능력이 없는 사람은 자신의 주인이 될 수 없다. 이 능력을 키우는 것이야말로 최고의 교육이다."라고 하였다(Tan, 2012). 물론 마음챙김의 수련 방법은 먹기 명상, 걷기 명상 등 다양한 방법으로 행해지고 있다.

김정호(2011)는 "마음챙김은 자기 자신에 대한 철저한 객관적 바라봄이다. 지금-여기서 자신이 무엇을 하고 있는가를 순수하게 바라보는 것이다. 무엇을 한다는 것은 주의를 준다는 것이다. 가만히 앉아서 호흡을 느낄 때에도 호흡에 주의를 주는 행위를 하는 것이다. 따라서 마음챙김은 자신의 주의에 주의를 주는 상위 주의이다."(P. 103)라고 하였는데, 이는 상위인지 개념, 관찰자 자기 등의 개념과도 유사한 주장이다. 이는 자기를 주관적으로 바라보는 것이 아닌 자기를 객관적으로 바라보는 것이 부정적인 관계를 풀어내는 데 중요하다는 것을 시사하고 있다. 관계에 대한 것은 다음 장에서 더 자세히 다루게 될 것이다.

앞에서 본 마음챙김에 기본적인 공통 정의인 "마음챙김은 유연성, 개방성과 호기심을 가지고 주의를 기울이는 것을 의미한다."라고 본 Harris(2009)의 ACT에서 마음챙김의 중요성에 대한 기술을 조금 더 살펴보면, 이 마음챙김의 정의는 우리에게 세 가지 중요한 사실을 알려 준다. 첫째, 마음챙김은 사고 과정이 아니라 인지 과정이라는 점이다. 이는 생각에 '갇히는 것'과는 반대로 인지 또는 지금 이 순간 자신의 경험에 주의를 기울이는 것과 관련되어 있다. 둘째, 마음챙김은 특정한 태도와 관련되어 있는데, 개방성과 호기심이 그것이다. 현재의 경험이 힘들고 고통스럽거나 불쾌하더라도 도망을 치거나 이에 맞서 싸우는 대신 개방된 태도를 취하거나 호기심을 가질 수 있다. 셋째, 마음챙김은 주의의 유연성, 즉 자신의 경험의 다양한 측면에 의식적으로 주의를 기울이고, 확장하며, 집중할 수 있는 능력과 관련되어 있다.

우리는 마음챙김을 통해 우리 자신을 '깨우고', 자신과 친해지며, 삶의 매 순간을 최대한으로 인식할 수 있다. 또한 우리는 자신에 대한 지식을 넓히고, 자신이 느끼고 생각하며 반응하는 것에 대해 더 많이 배울 수 있다. 또한 마음챙김을 통해 우리 자신을 포함하여 사랑하는 사람들과 보다 깊고 친밀한 관계를 맺을 수 있다. 그리고 우리 자신의 행동에 의식적으로 영향을 주고, 우리가 살아가는 세계에 대한 우리의 반응을 다양하게 증강시킬 수 있다. 이것은 의식적으로 살아가는 기술이며, 심리적인 탄력과 삶에 대한 만족도를 증가시키는 심오한 방법이다. 물론 수용전념치료에는 마음챙김보다 더 많은 것이 있다. 이는 또한 가치 있는 삶에 관한 것이며, 주요 가치에 따라서 지속적으로 행동을 취하는 것이다. 실제로 우리는 가치 있는 행동을 촉진하고, 사람들이 자신의 가치에 따라 살 수 있도록 도움을 주기 위해 수용전념치료에서 마음챙김 기술을 가르친다. 달리 말하면, 수용전념치료에서 우리가 추구하는 결과는 마음챙김하는 가치 있는 삶이다. 이 내용은 수용전념치료의 여섯 가지 주요 과정을 다루게 될 다음 장에서 더욱 명확해질 것이다.

그래서 ACT는 무엇인가

앞에서 언급한 바와 같이, 괴로움은 인간의 삶에서 기본적인 특징이라는 것이 ACT의 철학적 핵심이다. ACT는 인간의 마음을 양날의 검으로 보는데, 특히 인간의 언어는 매우 유용하지만, 이를 효과적으로 다루지 못하면 해가 될 수도 있다(예, Harris, 2009). 그래서 ACT의 목적은 인간이 필연적으로 겪게 되는 고통을 받아들임으로써 풍요롭고 충만하며 의미 있는 삶을 창조하게 하는 것이다. 이러한 점은 이미 세상의 위대한 종교들도 우리에게 가르쳐 왔다. 생로병사가 '고통의 바다'라고 한 불교의 가르침만이 아닌 모든 종교에서 그러한 지혜의 전통이 있어 왔던 것이다(손정락, 2015). 그러나 인생은 '고통의 바다'라고 한 부처는 '고통스럽다고 했지 비참하다고 하지는 않았다.' 그리고 그 고통에서 벗어나는 방법을 구체적으로 제시하였다. 그런데 "심리치료의 비교적 최신 전통이 지금 막 그 뒤를 좇고 있다."(Hayes et al., 1999, P. 13) 그러나 이러한 ACT는 시작이 늦은 반면, 그 과학적 연구의 뒷받침은 탄탄하고, 앞으로 더욱 진화할 것이다.

그래서 ACT는 마음챙김(sati)이라는 고대의 지혜를 받아들인 행동치료, 더욱 구체적으로 말하면 행동주의 심리학의 관계 틀 이론(RFT)에 기반하며, 기능적 맥락주의에 그 철학적 뿌리를 둔 보편적인 심리치료의 큰 틀이라고 할 수 있다.

제2장 수용전념치료의 육각형 모형

ACT는 지행합일(知行合一)이다

ACT의 육각형 모형은 크게 두 가지로 나뉜다. 즉, 심리적 경직성과 심리적 유연성이다. ACT의 궁극적 목표는 심리적 경직성을 심리적 유연성으로 변화시키는 것이다. 심리적 경직성 육각형은 여섯 가지 정신병리적 과정으로 인지적 융합, 경험 회피, 개념화된 과거 및 두려운 미래의 지배, 개념화된 자기 애착, 가치에 대한 명료화 결여, 그리고 가치를 향한 행동 결여이다. 이 중에서 인지적 융합과 경험 회피가 여섯 병리의 근원이라고 할 수 있다.

이와는 대비가 되는 심리적 유연성 육각형은 ACT의 여섯 가지 핵심 치료 과정이라고 할 수 있는데, 인지적 탈융합, 수용, 현재-순간 자각, 맥락으로서의 자기, 가치, 그리고 전념 행동이다.

[그림 2-1]은 ACT 육각형의 심리적 경직성과 심리적 유연성을 보여 주고 있는데, 각 꼭짓점에서 대비가 되며, 각 꼭짓점은 또한 다른 꼭짓점들과의 상호 관련성을 나타내고 있다. 이에 대한 설명은 각 꼭짓점을 설명하고, 그 다음에 다시 서술하기로 한다.

심리적 유연성은 자신의 경험에 대해 완전히 자각하고 개방된 태도로 현재 순간에 존재할 수 있으며, 가치에 따른 행동을 취할 수 있는 능력을 말한다. 이는 '현재 순간에 개방된 태도로 중요한 일을 하는' 능력을 의미한다. 수용전념치료의 주요 목적은 심리

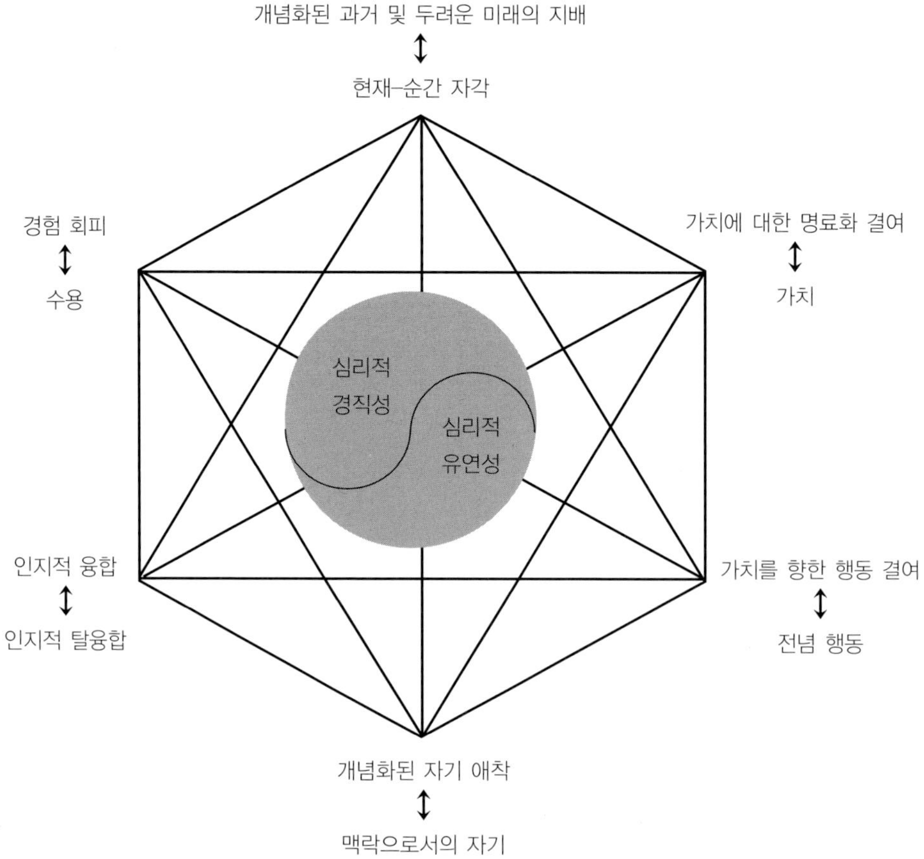

[그림 2-1] ACT 육각형: 심리적 경직성 ↔ 심리적 유연성

적 유연성을 강화하는 것이다. 즉, 경험에 대해 더욱 잘 인지하고 개방된 태도로 가치에 따라 행동할수록 삶의 질 또한 향상된다는 것이다. 이는 삶에서 겪게 될 문제와 도전에 더욱 효과적으로 대응할 수 있게 되기 때문이라는 것이다(Harris, 2009). 심리적 유연성은 6가지 핵심 ACT 과정을 통해 확립된다. 이들 영역 각각은 단순히 정신병리를 피하는 방법이 아닌 긍정적인 심리적 기술로 개념화된다.

ACT의 여섯 가지 핵심 치료 과정에 대해서 알아보자.

현재-순간 자각: 지금 여기에 머무르라 지금 여기에 머무는 것은 마음챙김의 한 측면이기도 한데, 고대에서부터 사람들이 수천 년 동안 수련해 온 방식이기도 하다. 판결을 내리지 않으면서 현재에 초점을 두는 자각 과정이라고 할 수 있다. 이는 심리적으로 현재에 존재하는 것을 의미한다. 즉, 지금 이 순간에 일어나고 있는 것과 의식적으로 연결되는 것을 의미한다. 사람들은 지금 이 순간에 머무르는 것을 힘들어한다. 우리는 생각에 얽매여서 세상과의 접촉을 잃어버리는 것이 얼마나 쉬운지 잘 알고 있다. 개념화된 과거나 두려운 미래에 대한 생각을 하느라 지나치게 많은 시간을 보낼 수도 있다. 경험에 대해 완전히 인지하지 않고 단순히 자동적으로 처리해 버릴 수도 있다. 현재에 접촉하기는 우리의 관심을 주변의 물리적인 세계나 내부의 정신적인 세계로 가져오는 것, 또는 두 가지 세계로 모두 가져오는 것을 의미한다. 이는 자동조정장치(Harris, 2009)로 조정되거나 생각 속에 표류하는 것이 아닌 지금 여기의 경험에 의식적으로 초점을 두는 것이다. 이는 퇴계 이황이 중요하게 여겼던 경(敬)과 같은 것이라고 할 수 있다.

ACT는 심리 및 환경 사건 발생 시 지속적으로 비판결적인 접촉을 촉진한다. 목표는 내담자들이 세계를 더 직접적으로 경험하게 하여 그들의 행동이 유연해지고, 따라서 그들의 행동이 그들이 가지고 있는 가치와 더 일치되도록 하는 것이다. 이는 작동 가능성이 행동을 더 잘 통제할 수 있도록 허용하고, 단순히 사건을 예측하고 판결하기 위한 것이 아니라 사건을 기록하고 서술하는 도구로 언어를 더 많이 사용함으로써 달성된다. '과정으로서의 자기'라고 불리는 자기감이 적극적으로 장려된다. 즉, 생각, 감정, 그리고 다른 사적인 사건에 대한 탈융합적이고, 비판결적인 지속적인 서술이다.

인지적 탈융합: 자신의 생각을 관찰하라 인지적 탈융합은 생각, 정서, 기억 등으로부터 한 발짝 뒤로 물러나서 관찰하는 것을 말한다. 즉, '관찰자 자기'가 되는 것이다. 생각에 사로잡히거나 끌려다니는 것 대신 버스에 타고 내리는 승객들을 보듯이, 장기판 위의 말들을 보듯이 생각들이 오가도록 놔두는 것이다. 생각에 얽매이는 대신에 뒤로 물러서서 자신의 생각을 그저 관찰하는 것이다. 생각은 생각일 뿐 나 자신이 아닌 것이다. 이는 생각으로부터 뒤로 물러나서 생각의 존재를 관찰하는 과정이라고 할 수 있다. 인지적 탈융합은 자기를 객관적으로 볼 줄 아는 자기 객관화라고도 할 수 있을 것이다.

인지적 탈융합 기법은 생각의 형태, 빈도 또는 상황적 민감성을 바꾸려고 하기보다는 생각과 다른 사적인 사건들의 바람직하지 않은 기능을 바꾸려고 시도한다. 또 다른 방법으로 ACT는 도움되지 않는 기능이 감소되는 맥락을 만들어 생각과 상호작용하거나 관련되는 방식을 변화시키려고 시도한다. 다양한 임상 프레젠테이션을 위해 개발된 그러한 기법에는 여러 가지가 있다. 예를 들어, 부정적인 생각은 냉정하게 관찰될 수 있는데, 그 소리만이 남을 때까지 큰 소리로 반복할 수도 있고, 외관상 관찰된 사건으로서 형상, 크기, 색상, 속도 또는 형태를 부여하여 취급할 수도 있다. 개인은 그러한 재미있는 생각에 대해 자신의 마음에 감사할 수도 있고, 생각의 과정('나는 아무짝에도 쓸모가 없다는 생각을 하고 있다.')에 라벨을 붙일 수도 있고, 그 생각을 경험하는 동안에 일어나는 생각, 감정, 기억을 조사할 수도 있다. 그러한 절차들은 직접적으로 경험하는 것(예, '나는 아무짝에도 쓸모가 없어.'라는 생각)보다는 그 생각('나는 아무짝에도 쓸모가 없어.')이 가리키는 대로 처리하는 경향을 약화시키면서 문자 그대로 생각의 특질을 감소시키려고 한다. 인지적 탈융합의 결과는 대개 발생 빈도의 즉각적인 변화보다는 사적인 사건에 대한 신뢰성이나 애착의 감소이다.

수용: 개방하라 수용은 "무엇이 발생하든 부드럽게 쥐는 것"(Harris, 2009)이며, 자신의 내부 경험과 충분히 접촉하는 것이며, 또한 기꺼이하는 것이다. 수용은 고통스러운 느낌, 감각, 충동에 대해 개방적인 태도를 가지고 여유를 갖는 것을 의미한다. 고통스러운 생각이나 느낌과 싸우는 것을 멈추고, 잠시 숨을 돌린 다음 이를 있는 그대로 인정하고 받아들이는 것이다. 즉, 맞서 싸우거나 저항하고, 도망치고, 압도당하는 대신 개방적인 태도로 있는 그대로를 받아들이는 것을 말한다. 이것은 좋아하거나 원한다는 의미는 아니다. 단지 여유를 갖는 것을 의미한다(Harris, 2009)! 예를 들면, 중국의 등소평은 "어떠한 사태가 오더라도 결코 경솔하지 않고, 어떠한 사태가 벌어지더라도 결코 놀라지 않는" 태도라고 했다.

수용은 경험적 회피의 대안으로 가르쳐진다. 수용은 특히 그 빈도나 형태를 바꾸려는 불필요한 시도 없이 자신의 내력에 의해 발생되는 사적인 사건들을 적극적이고 자각적인 포용을 하는 것을 포함한다. 예를 들어, 불안 환자는 완전한 방어 없이 하나의 느낌으로서의 불안을 느끼도록 배운다. 통증 환자에게는 통증과 싸우는 것을 놓아주도록 격려하는 방법 등이 주어진다. ACT에서 수용(그리고 인지적 탈융합)은 그 자체로 끝이 아니다. 오히려 수용은 가치 기반 행동을 증가시키는 방법으로 육성된다.

맥락으로서의 자기: 온전한 자각 이것은 '개념화된 자기, 즉 내용으로서의 자기'보다

는 '관찰하는 자기, 즉 맥락으로서의 자기'를 보는 자각을 말한다. 자신의 경험의 내용을 초월하는 자기에 대한 감각이다. 이는 생각하는 자기와 관찰하는 자기를 구별하여 인식하는 것이다. 이는 우리가 어느 순간에 무엇을 생각하고, 느끼고, 어떻게 행동하는지에 대해 알아차리는 측면이다. 온전한 자각(알아차림)인 것이다. 자신의 행동이 어떤 맥락에서 어떻게 나왔는지를 객관적으로 보는 것이다. ACT는 기능적 맥락주의 철학에 뿌리를 두고 있다.

나 대 너, 지금 대 그다음, 그리고 여기 대 저기와 같은 관계 틀의 결과로, 인간의 언어는 하나의 초점이나 관점으로서의 자기 감각을 이끌어 내고, 평범한 언어적 인간들에게 초월적이고 영적인 면을 제공한다. 이 아이디어는 ACT와 RFT가 모두 성장했던 씨앗 중 하나였으며, 현재 감정이입, 마음 이론, 자기 감각 등의 언어 기능에 대한 중요성에 대한 증거가 증가하고 있다. 간단히 말해서, '나'는 커다란 일련의 관점-취하기 관계(RFT에서 '지시적 관계'로 언급되는 것)에서 나타나지만, 이러한 자기 감각은 그 지식의 내용이 아니라 언어적 지식을 위한 맥락이기 때문에 의식적으로 그 한계를 알 수 없다. 맥락으로서의 자기는 자기 자신의 경험에 대한 애착 없이 그것의 흐름이나 특정한 경험이 일어나는 데 대한 투자를 알아차리게 될 수 있으며, 그래서 인지적 탈융합과 수용이 촉진될 수 있기 때문이다. 맥락으로서의 자기는 ACT에서 마음챙김 연습, 은유, 체험 과정에 의해 육성된다.

가치: 중요한 것을 알기 가치는 개인이 중요하고 의미가 있다고 규정하는 경로 또는 삶의 방향이라고 할 수 있다. 가치는 흔히 나침반에 비유되는데, 우리에게 방향을 제시하고 앞으로 나아갈 여정을 안내하기 때문이다. 절망 속에서도 길을 발견할 수 있는 것이다. 창조적 절망이 될 수 있는 것도 가치 나침반이 길을 안내해 주기 때문이다. 인생의 좌우명이나 묘비에 새기고 싶은 것과 같은 것이다. 가치는 활기찬 삶을 향해 나아가게 하는 나침반이다. 페루의 마추픽추에 가면 돌에 새긴 정교한 나침반을 볼 수 있는데(휴대전화 앱의 나침반과 정확하게 일치함), 그 옛날에도 삶의 방향은 그렇게 중요했던 것임에랴!

가치란 대상으로서는 결코 획득될 수 없지만, 순간순간 예를 들어 설명될 수 있는 선택된 목적 행동의 특질이다. ACT는 내담자가 다양한 영역(예, 가족, 경력, 영성)에서 삶의 방향을 선택할 수 있게 해 주는 한편, 회피, 사회적 준수 또는 융합을 바탕으로 선택할 수 있는 언어적 과정(예, "X에 가치를 두어야 한다." 또는 "착한 사람은 Y에 가치를 두어야 한다." 또는 "어머니는 내가 Z에 가치를 두기를 원한다.")을 약화시킨다. ACT에서는 수용, 인지적 탈융합, 현재에 존재하기 등은 그 자체로 끝나지 않는다. 오히려 그것들은 보다 활기차고, 가치와 일관된 삶을 위한 길을 열어 준다.

전념 행동: 중요한 일을 하라 전념 행동은 가치에 따른 효과적인 행동을 취하는 것을 의미한다. 실제로 행동으로 보여 주는 것이다. 단지 나침반을 들여다보기만 한다면 여행에서 최대한의 것을 얻을 수 없을 것이다(Harris, 2009). 전념 행동은 중용(中庸)에서 강조하는 알고 그리고 실천하는 지행합일(知行合一)이다. 즉, 박학, 심문, 신사, 명변은 지(知)에 이르는 길이며, 독행은 행(行)을 달성하여야 한다고 중용에서는 주장하고 있다. 특히 중용적인 마음 자세는 ACT의 목표인 심리적 유연성과도 공유하는 측면이 있다고 볼 수 있다.

마지막으로, ACT는 선택된 가치와 연결된 더 큰 효과적 행동 패턴의 개발을 고무시킨다. 이런 점에서 ACT는 전통적인 행동치료와 매우 흡사하며, 거의 모든 행동적으로 일관된 행동 변화 방법이 ACT 프로토콜에 적용될 수 있는데, 여기에는 노출, 기술 습득, 행동조형 방법, 목표 설정 등이 포함된다. 끊임없이 순간순간 예를 들어 설명될 수 있지만 결코 대상으로 획득되지 않는 가치와는 달리 가치가 일관되는 구체적인 목표가 달성될 수 있으며, ACT 프로토콜은 거의 항상 단기, 중기, 장기적 행동 변화 목표와 연계된 치료 작업과 숙제를 포함한다. 행동 변화 노력은 결국 다른 ACT 과정(수용, 인지적 탈융합 등)을 통해 다루어지는 심리적 장벽과 접촉하게 된다.

Harris(2009)는 여섯 가지 핵심 과정을 세 가지 기능 단위로 묶었다. 첫째, 인지적 탈융합과 수용은 모두 생각과 느낌을 분리하고, 이를 있는 그대로 관찰하여 여지를 만들고, 생각과 느낌이 자유롭게 오갈 수 있도록 하는 것이다. 그래서 개방적이 되는 것이다. 둘째, 맥락적 자기(즉, 관찰하는 자기)와 현재에 접촉하기는 지금 여기에서 경험의 언어적이고 비언어적인 측면과 접촉하는 것을 포함한다. 지금 여기에 머물면서 온전한 자각을 유지하는 것이다. 셋째, 가치와 전념 행동은 삶의 질을 향상시키는 행동을 촉진하기 위해 언어를 효과적으로 사용하는 것과 관련되어 있다. 자신에게 중요한 것을 알고, 중요한 일을 행하는 것이다. 따라서 심리적 유연성은 '현재에 머물러서, 개방하고, 중요한 일을 하라.'라는 삼각형으로도 요약하여 설명할 수 있다([그림 2-2] 참조).

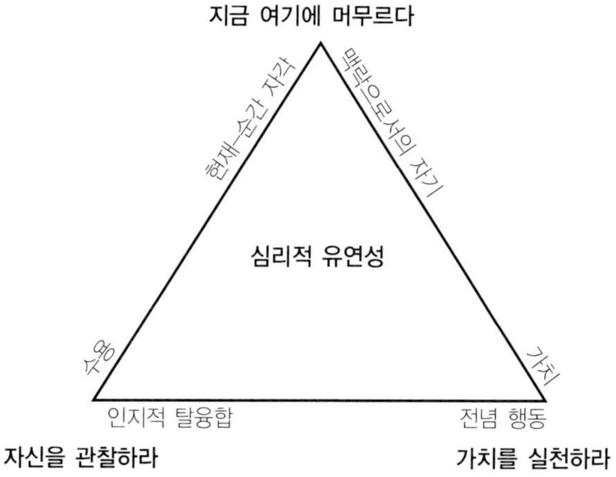

[그림 2-2] ACT 삼각형(Harris, 2009에서 각색함)

또한 ACT 육각형은 크게 두 부분으로 볼 수도 있다. 즉, 마음챙김 및 수용 과정(현재-순간 자각, 수용, 인지적 탈융합, 맥락으로서의 자기) 그리고 전념 및 행동 변화 과정(현재-순간 자각, 가치, 전념 행동, 맥락으로서의 자기)이다. 이것이 바로 **수용-전념 치료**이다([그림 2-3] 참조). 현재 순간과의 접촉과 맥락으로서의 자기는 의식적인 인간 존재의 모든 심리적 활동이 알려진 현재를 포함하기 때문에 두 묶음 모두에서 발생한다.

[그림 2-3]은 ACT의 심리적 유연성 모형의 여러 측면을 반영하기 위해 그려졌다(Hayes & Strosahl, 2004; 손정락, 이금단, 2014). 각 과정은 선으로 다른 과정들과 이어져 있는데, 상호작용하는 것을 나타내고 있다(총 15개 관계). 이 선들은 공유된 기능적 속성을 나타내기도 하는데, 예를 들면 세 개의 수직선이 그러하다. 수용과 인지적 탈융합은 둘 다 파괴적인 언어 과정을 약화시킨다. 맥락으로서의 자기와 현재 순간에 접촉하는 것 둘 다는 지금-여기와의 효과적인 접촉을 증진시킨다. 가치와 전념 행동 둘 다는 언어의 긍정적인 측면을 행동 변화의 패턴 속에 구축한다. 한쪽의 수용과 인지적 탈융합 간의 관계와 다른 쪽의 가치와 전념 행동 간의 관계는 수용과 변화를 위해 언어 기능을 분해하고 구성하는 것을 포함한 변증법적 관계이다. 이러한 6개 과정 간의 다른 10가지 관계는 상호 촉진적이다. 예를 들어, 인지적 탈융합은 내담자가 현재 순간에 머무는 것을 도와준다. 현재 순간에 머무는 것은 인지적 탈융합을 지지하며, 그것을 요구하는 재료에 접근하도록 해 준다. 이러한 관계의 각각을 통해서 ACT 모형을 여러 측면에서 이해하는 것은 ACT의 진화에 유익할 것이다. 그림 중앙에는 심리적 유연

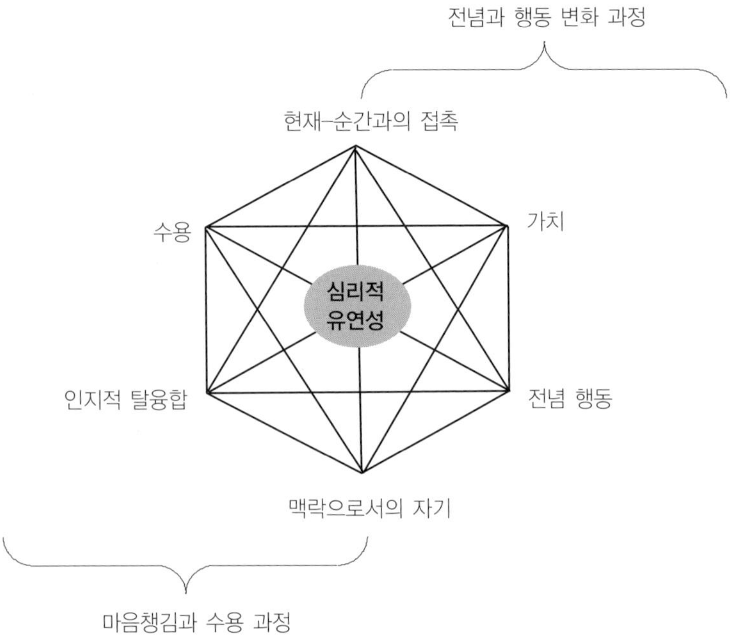

[그림 2-3] ACT에 기저하는 변화 모형에 따른 심리적 유연성 측면
(Hayes & Strosahl, 2004; 손정락, 이금단, 2014)

성 공간이 있다. 본질적으로 심리적 유연성은 이러한 질문에 대한 해답이며, 여기에는 6개의 ACT 과정 모두가 포함된다. 이와 대조적으로 [그림 2-1]의 심리적 경직성 공간과 각 선들이 나타내는 관계들을 살펴보는 것도 ACT의 목표를 이루는 데 필요한 작업이 될 것이다.

ACT 육각형 모형에 따른 치료 틀을 기본으로 하지만, 실제 치료 프로그램의 매뉴얼은 해당 치료의 맥락과 내담자에 따라 달라진다. 그러나 심리적 경직성에서 심리적 유연성을 목표로 하는 ACT의 기본 철학은 관계 틀 이론에 기반을 둔 기능적 맥락주의인 것이다. 연구에서 사용된 실제 매뉴얼의 한 실례를 이 책의 부록 1에서 볼 수 있다.

요약하면, ACT는 더 큰 심리적 유연성을 제공하기 위해 수용과 마음챙김 과정, 전념과 행동 변화 과정을 사용하는 치료 접근법이다(Hayes & Strosahl, 2004). 이러한 심리적 유연성을 제공하는 다양한 ACT 프로토콜이 생성될 수 있으며, 하나의 특정 문제 영역에서조차 상이한 ACT 프로토콜을 창조할 수 있다.

행동치료의 제3물결인 ACT는 **행동주의**의 **관계 틀 이론**(RFT)에 기반을 둔 **기능적 맥락주의**의 중재법이므로 그 이론적 토대를 살펴보는 것도 중요하다. ACT는 심리적인 유연성의 창출에 마음챙김과 수용 과정, 그리고 전념과 행동 변화 과정을 적용하는 관계 틀 이론(RFT)을 포함하고 있는 현대 행동주의 심리학에 기반한 심리학적 중재로 정의될 수 있기 때문이다.

제3장 수용전념치료의 역사

급진적 행동주의의 대안적이고 더 현대적인 용어는
기능적 맥락주의이다

- Tōrneke

ACT는 **행동주의 심리치료**(행동치료) 역사에서 세 번째 물결에 속한다. **행동치료의 제1물결**은 고전적 조건형성과 조작적 조건형성의 원리에 토대를 두고 외현적인 문제 행동의 변화에 초점을 두었다. **행동치료의 제2물결**은 행동 변화의 주요 전략으로 인지적인 중재에 초점을 두었으나, 인지행동 중재의 문제점들이 드러나기에 이르렀다. **행동치료의 제3물결**은 ACT(수용전념치료), DBT(변증법적 행동치료), MBCT(마음챙김 기반 인지치료), CFT(자비초점치료) 등인데, 모두 현재 순간 접촉, 수용 및 마음챙김의 맥락에 초점을 두고 인간 경험의 기능을 변경시키는 행동치료라고 할 수 있다. ACT는 급진적 행동주의에서 나왔는데, 이는 생각, 느낌, 기억과 같은 과정이 모두 행동 양식으로 간주되기 때문이다. 즉, ACT에서는 유기체가 행하는 모든 것이 행동이라고 간주된다. **급진적 행동주의**의 대안적이고 더 현대적인 용어는 **기능적 맥락주의**이다(Tōrneke, 2010).

수용전념치료의 지적인 역사에 관해서 개략적으로 알아보면 다음과 같다(손정락, 이금단, 2014; Hayes & Strosahl, 2004 참조). 수용전념치료(Hayes et al., 1999, 2011)와 관계 틀 이론(Hayes et al., 2001)은 행동치료의 제3의 흐름을 자극하는 데 중심 역할을 해왔다.

개략적인 형태로 ACT와 RFT는 1980년대 초에 개발되었다. ACT/RFT 모형을 세상 밖으로 내놓은 첫 번째 출판물은 영성에 대한 일원론 접근이 이론적으로 중요하고 실질적으로도 유용하다고 주장한 논문으로 1984년에 출판되었다(Hayes, 1984). ACT의 첫 번째 통제 연구(Zettle & Hayes, 1986)와 임상 중재 패키지를 맨 처음 기술한 것(Hayes, 1987)은 몇 년 후에 출판되었다. 그런 다음 ACT 성과 연구는 의도적으로 중지되었다. 왜 그랬을까?(Hayes & Strosahl, 2004).

첫 번째 이유는 철학적인 토대였다. 행동치료의 첫 번째 흐름과 두 번째 흐름은 모두 일차적인 변화 방법들에 전념하지만, ACT는 맥락적 치료이고 이차적인 변화 방법들에 초점을 둔다. ACT는 임상적으로 문제가 되는 행동들의 형식(예, 이 생각은 논리적인가? 그것은 얼마나 자주 일어나는가?)이 아니라 기능(예, 이런 생각, 정서, 충동 및 행동은 무슨 용도로 일어나는가? 어떤 조건하에서 그렇게 기능하는가?)에 관심이 있다. 이것은 행동치료의 첫 번째와 두 번째 흐름에 기저하고 있는 내재적 철학으로부터의 중대한 이탈이다. 이 새로운 치료 형태에 대한 관심이 실제로 인기를 얻게 되자 우리의 철학을 구비할 필요가 있었고, 현장으로 진출할 잠재성은 일관성 있는 접근법을 구성하지 못한 채 동양 사상 혹은 보다 경험적인 기법들의 무분별한 도입으로 산산조각날 것만 같았다. 따라서 ACT의 특징을 이루는 급진적으로 기능적인 변화 방법들을 지지하는 철학적 가정들을 명확하게 하는 데 수년이 소요되었다(Biglan & Hayes, 1996; Hayes, Hayes, 1993; Hayes, & Reese, 1988).

두 번째 이유는 비슷하지만 보다 더 이론적인 것이다(Hayes & Strosahl, 2004). 인지행동치료(CBT)는 기초 과학과의 연관성이 약했는데, CBT 패키지에 훌륭한 틀을 제공한 인간 언어와 인지에 대한 어떤 원리도 가용하지 않았기 때문이다. 정보 처리 설명은 임상가가 치료 성과를 향상시키기 위해 직접 조작할 수도 있는 맥락 변인들을 구체화하는 데 크게 실패하였다. 그 밖에 어떤 것도 가용하지 않았기 때문에 정보 처리 설명을 사용하긴 하였으나 임상가가 하는 일은 항상 클라이언트의 행동 맥락의 일부분이기 때문에 맥락 변인들에 대한 명확성의 결여는 임상적 수행과의 연관성이 약함을 의미했다. 기초적인 행동 원리들은 직접적인 유관 통제에 대해서는 매우 성공적이었지만 그 자체로는 인간 인지를 이해하는 데 적절하지 않았다.

임상적 유용성을 지니는 인간 인지의 토대가 되는 기초 과학을 제공하려는 필요성을 느낀 우리는 언어와 인지의 맥락 이론을 구축하게 되었다. 우리는 단지 ACT만이 아니라 모든 맥락적 접근법에 유용할 만한 구체적이고 실험적인 접근법을 원했다. 관계 틀 이론(Hayes et al., 2001)이 그 결과였다(Hayes & Strosahl, 2004).

전 세계적으로 다양한 장면에서 확장된 연구 프로그램을 수행하는 RFT 연구들은 많다. 그 결과, 유관성 조형 학습과 고전적 조건형성 원리에 관한 이용 가능한 과학을 주장하고 응용 분석과 기술 발달의 새로운 흐름에 토대를 제공하는 이론적으로 일관성 있는 인지 원리를 들 수 있다. 앞서 언급한 두 가지 문제와 더불어 이러한 토대로부터 흘러나온 정신병리학 모형을 개발하기 시작하였다(예, Hayes, Wilson, Gifford, Follette, & Strosahl, 1996).

끝으로, 임상적 성과 연구 프로그램을 다시 시작하면서 처음에 이 모형이 이론이라면 마땅히 그래야만 한다고 여겨질 만큼 광범위하게 응용될 수 있는지를 보고자 했고, 그래서 임상가가 마주치는 모든 범위의 내담자들에 대하여 훌륭한 성과를 산출하는 데 있어서 일반적으로 더 나은 임상가들을 ACT 훈련이 배출했음을 보여 준 효과성 연구를 시작하였다(Strosahl, Hayes, Bergan, & Romano, 1998). ACT 매뉴얼은 일 년 후 출판되었다(Hayes et al., 1999, 2011). 그 후 댐이 터지듯이 성과 연구들이 터져 나오기 시작했다. 2004년 말경 35개 이상의 사례 연구 혹은 통제된 시도들이 ACT에 대하여 나왔고, 거의 모든 영역의 응용 분야들이 망라되었다(Hayes, Masuda, Bissett, Luoma, & Guerrero, 2004). 이 연구 프로그램은 전 세계적으로 일어나고 있다. 훌륭한 성과들이 산출되고 있으며, 때로는 아주 놀라울 정도이다(예, Bach & Hayes, 2002; Dahl, Nilson, & Wilson, 2004). 변화에 대한 ACT/RFT 모형은 이러한 연구들에서 중요한 것으로 비춰지고 있는 것 같다(예, Bach & Hayes, 2002; Bond & Bunce, 2000). 몇몇 연구는 수용(Hayes et al., 1999, 2011; Levitt, Brown, Orsillo, & Barlow, 2004)과 인지적 탈융합(Masuda, Hayes, Sackett, & Twohig, 2004)과 같은 다양한 ACT 구성요소에 대하여 독립적인 영향을 보여주었다.

ACT는 과학 철학, 언어와 인지의 기능들에 관한 기초 이론, 정신병리학과 행동 변화 이론 및 치료 프로토콜들이 개발될 수 있는 핵심 과정들에 기반을 둔 행동치료이다. ACT는 더욱더 통일되고 유용한 학문의 발달을 추구하는 보다 광범위한 접근법의 일부이다. ACT는 전통적인 행동치료, 인지행동치료, 경험적 치료 및 게슈탈트 치료는 물론 정신건강 패러다임의 밖에 존재하는 전통들(즉, 마음챙김, 선불교, 인간 잠재성 운동)로부터 기법들을 가져왔다. 그러나 ACT에 이것들을 통합하는 것은 그것에 생명을 부여하는 철학적이고 과학적인 뼈대이다(Hayes & Strosahl, 2004).

ACT는 행동치료 전통의 일부이며, 행동치료는 외현적인 문제 행동에 초점을 두었고, 문제 행동을 제거하고 그 심도를 감소시키려는 시도로 직접적인 유관성들을 조작하였다. 만일 어떤 사람이 사회적 상황을 회피한다면, 사회적 상황에 있는 시간을 늘리거나 사회적 상황들에 대한 불안을 줄이는 것이 표적이 되며, 그것에 직접적으로 접근하였다. 만일 행동적인 결함이 분명하다면, 단도직입적인 시도들이 기술 결함의 본질을 탐지하고, 직접적인 훈련을 통해 그것을 조정하였다. 정신분석 이론가들은 그러한 직접적인 행동주의적 중재가 환자 문제의 뿌리에 도달하지 못할 것을 두려워했지만 '증상 대치'는 상상했던 것보다 훨씬 더 작은 쟁점임이 밝혀졌다. 그 당시의 다른 기법들과 비교했을 때 행동주의 원리는 매우 효과적이었으며, 행동치료의 제1물결은 잘 수용되었다(Hayes et al., 2001).

경험적으로 지지된 치료 목록에서 CBT 절차를 활용한 수가 예시하듯이 인지행동치료는 대단한 성공을 거두었다(Chambless et al., 1996). 그렇지만 인지행동적 중재를 설명하는 이론적 모형이 과학적 검증에서 제대로 드러나지 않았다. 이러한 문제는 다양한 증거를 통해 나타나고 있다. CBT의 임상적 개선은 종종 성공에서 핵심이라고 생각되는 절차가 이행되기 전에 잘 일어난다(Ilardi & Craighead, 1999). 이러한 인지 변화 측정치들은 종종 CBT의 영향을 설명하지 못하는데(예, Burns & Spangler, 2001), 특히 치료 성과를 예측하는 연구들에서 그렇다(예, Bieling & Kuyken, 2003). CBT의 성분 분석들(예, Jacobson et al., 1996; Zettle & Hayes, 1987)은 매우 존경받는 인지행동 연구자들에 의해 "인지치료에서 인지적 중재를 제공함으로써 얻는 어떤 부가적인 이득도 없을 수 있다(Dobson & Khatri, 2000, p. 913)"는 혼란스러운 결론을 이끌어 냈다. 잘 확립된 CBT 중재의 전반적인 임상적 효과성에서의 향상은 특히 잘 연구되어 온 임상 문제들을 대상으로 할 때 얻기가 힘들었다(Hayes & Strosahl, 2004).

이와 같은 문제점들은 변화의 발판이 되었지만 실제로 변화하기 위해서는 그 이상이 필요하다. 과거 10여 년 이상 새로운 치료 모형들은 문제가 되는 인지, 정서, 기억 혹은 감각의 내용, 형태 혹은 빈도보다는 오히려 기능을 더 강조하고 있다. 이러한 '이차' 변화 방법들은 현재 순간에 접촉하기, 명상/마음챙김과 같은 중재들을 형성하는 맥락과 레퍼토리에 초점을 둠으로써 이러한 인간 경험들의 기능을 변경시키고자 하였다. ACT(Zettle & Hayes, 1987), 마음챙김 기반 인지치료(MBCT: Segal, Williams, & Teasdale, 2002), 변증법적 행동치료(DBT: Linehan, 1993), 자비초점치료(CFT: Tirch,

Schoendorff, & Silberstein, 2014; 손정락, 최명심, 2018 참조)와 같은 긍정적이고 경험적인 치료 효과는 이러한 변화에 지지를 제공해 왔고, 이러한 종류의 치료에 대한 흥미를 폭발시켰다. 이것이 행동치료의 제3물결이 되게 하였던 것이다.

ACT 치료자들과 연구자들은 현재 공동체를 형성하고 전 세계의 모든 지역과 소통하면서 활발하게 움직이고 있다. 그중의 하나가 **맥락 행동 과학 학회**(ACBS)이며, 지역과 전문 영역에 따라 지부들(Chapters)을 두고 있다. 여기서 『**맥락 행동 과학 저널**(Journal of Contextual Behavioral Science: JCBS)』을 발간하며, 학술대회를 개최해 오고 있다. 이 학회의 많은 리소스가 도움이 되며, ACT 치료자들과 연구자들의 활발한 소통이 이루어지고 있다.

요약하면, ACT는 언어와 인지에 대한 현대 행동주의 모형(Hayes, Barnes-Holmes, & Roche, 2001; Törneke, 2010)이라고 할 수 있는데, 이는 관계 틀 이론(RFT)과 기능적 맥락주의의 탄탄한 뿌리를 가지고 있기 때문에 지금과 같은 경험적인 연구 지지를 받고, 많은 ACT 치료자와 연구자의 기여로 이와 같은 발전이 있었다. 이러한 제3의 흐름은 앞으로 ACT 공동체의 활성화로 더 큰 진화를 보일 것으로 전망이 된다.

제2부

관계 틀 이론(RFT), 기능적 맥락주의(FC), 그리고 메타포(은유)

"인간의 고통이란 기능적이지 않은 생활영역에서
인간 언어 및 문제 해결을 시도하는 데서 생겨난다."

인간은 물리적 속성뿐만 아니라, 주로 언어에 의해 만들어진 사회적인 유관성과 관습에 의해서 두 개의 자극을 관련짓는 행동을 하는 유일한 종이다(Hayes, Barnes-Holmes, & Roche, 2001). 그래서 계획하고, 예측하고, 평가하고, 말로 의사소통하고, 사상과 자극들을 관련짓는 인간의 독특한 능력은 인간을 최고 영장류에 이르게 하였지만 이는 또한 우리를 돕기도 하고, 해치기도 한다(Hayes, Strosahl, & Willson, 1999, 2011). 언어는 사물들 간의 관계로 이루어져 있는데, 인간은 관계를 만들고, 이해하며, 이들 관계에 반응한다.

외부 세계의 문제 해결에 성공적인 언어 규칙이 고통스런 생각 및 느낌에 대한 해결을 시도할 때 괴로움을 초래하며, 또한 문자적인 언어에 지나치게 동일시하기 때문에 심리적 경직성을 초래하는 것이다. 그래서 ACT에서 RFT와 기능적 맥락주의로 언어가 괴로움을 지배하거나 촉진하는 맥락을 규명하고, 또한 언어의 지배를 약화시키는 맥락의 규명을 시도한다. 즉, 경험 회피와 인지적 융합의 심리적 과정을 RFT와 기능적 맥락의주의 관점에서 이해하는 것이 중요하다. 그래서 이를 약화시키는 것이 ACT의 은유와 체험 연습이다. 바꿔 말하면, ACT의 은유를 RFT와 기능적 맥락주의 관점으로 이해하고, 활용하고, 창조하는 작업이 치료자와 클라이언트의 공통 과제라고 할 수 있다.

RFT란 무엇인가? (더 쉽게 접근하려면 http://cotextualscience.org 참조) 자극들의 관계와 관계들의 관계에 관한 이론이다. **관계 틀**은 **상호 얽힘 관계**와 **조합적인 상호 얽힘 관계**, 그리고 **자극 기능의 변형**의 세 가지 속성으로 정의된다. 상호 얽힘 관계는 자극 관계에서 파생된 양방향성을 말하는데, 자극 동등성의 '대칭' 개념을 말한다. 즉, 조합 관계를 말한다. 여기서 자극 A가 특정 맥락에서 다른 자극 B와 관계가 있고, 그 결과 B와 A의 관계가 그러한 맥락에서 얽혀 있는 경우 '상호 얽힘' 관계가 적용된다. 조합적인 상호 얽힘(combinatorial intailment) 관계는 상호 얽힘 관계가 상호 간에 조합적인 속성을 획득한 둘 이상의 관계에 있는 경우를 말한다. 조합적인 얽힘(combinatorial entailment) 관계란 자극 동등성에서 '이행성(transitivity)'과 '동등성(equivalence)'이 있다는 것을 의미한다. 조합적인 상호 얽힘 관계는 주어진 맥락에서 A가 B와 관계가 있고, B가 C와 관계가 있는 경우에 적용되는데, 그러면 그 맥락에서 A와 C 사이에 관계가 얽히게 되며, C와 A 사이에 또 다른 관계가 얽힌다. 예를 들어, A가 B보다 크고, B가 C보다 크면, A와 C 사이에 보다-더 큰의 관계가 얽히게 되어서 C와 A 사이에 보다-더 작은의 관계가 얽히게 된다. 자극 기능의 변형은 네트워크 내의 다른 사건의 기능과 그것들 사이에 파생된 관계에 근거하여 관계 네트워크에서 한 사건의 기능이 변형될 때 일어난다. 상호 얽힘 관계와 조합적인 상호 얽힘 관계는 맥락적 단서(C rel)에 의해 규제된다. C rel은 자극들 간의 관계를 지배한다. 그리고 자극 기능의 변형은 추가적인 맥락적 단서(C func)에 의해 규제된다. C func은 관계의 기능을 지배한다.

제4장에서는 RFT에 관한 매우 쉽게 이해할 수 있는 '매우 간단한 RFT 개요'를 맥락 행동 과학 학회(ACBS) 사이트에서 가져왔다. 왜냐하면 RFT와 기능적 맥락주의에 관해서 ACT에 입문하는 사람은 물론이고, 많은 ACT 치료자가 어렵다고 호소를 하는 것이 사실이기 때문이다. 그래서 RFT를 쉽게 접근해 보는 것도 더 잘 이해하기 위한 하나의 방법으로 생각된다.

제5장은 '관계 틀 이론(RFT)과 은유'를 다루고, 제6장에서는 '관계 틀 이론(RFT)과 기능적 맥락주의'로 본 은유를 살펴보았다.

제4장 매우 간단한 관계 틀 이론 개요

관계를 파생시키는 것은 엄청난 능력이다. 하지만…

이 장에서는 Smith(2007) 박사의 매우 간단한 RFT 개요를 맥락 행동 과학 학회(Association for Contextual Behavioral Science)의 사이트에서 인용해 본다(https://contextualscience.org 참조).

관계 틀 이론(RFT)은 인지와 언어의 새로운 설명이다. 관계 틀 이론은 Steven Hayes 박사에 의한 연구의 결과물인데, Dermot Barnes-Holmes와 이 거대한 작업의 형태를 만드는 데 도움을 준 다른 학자들과 더불어서이다. Hayes, Barnes-Holmes 및 Roche(2001)의 책 『Relational frame theory: A post-Skinnerian account of human language and cognition』이다. RFT는 행동주의자 B. F. Skinner가 남긴 공백을 메우려는 시도이다.

Skinner의 행동주의를 떠올리면, 아마도 선행사상-행동-결과(Antecedent-Behavior-Consequence)의 유관성 모형이 생각날 수도 있을 것이다. ABC 모형은 사람과 동물이 어떻게 일을 처리하는지 설명하는 데 아주 유용하다.

예를 들어, 어린아이가 마트에서 진열된 사탕을 보고 "사탕 먹고 싶어!"(행동)라고 소리치면, 어머니는 사탕을 산다(결과). 그 아이는 방금 어머니가 사탕을 주문해서 공급하도록 훈련시켰다. Skinner는 그러한 상호작용의 뉘앙스를 탐구했는데, 우리에게 유기체와 그들의 환경 사이의 멋진 상호작용을 보여 주었다.

Skinner는 언어 분야에서 특히 뛰어난 사람이었다. 그는 인간이 어떻게 그렇게 복잡한 수준에서 서로 상호작용을 하는지 설명하려고 애썼다. 그의 연구 초기에서 Skinner는 자신의 행동주의 브랜드가 언어를 전혀 설명할 수 없지나 않을까를 우려했다. 그 후 1957년의 저서 『언어 행동(Verbal Behavior)』에서 용맹스러운 시도를 하였다. Skinner의 대부분의 업적과는 달리, 『언어 행동』은 대체로 이론적이었다. 언어에 대한 유용한 생각들로 가득차 있었지만, 인간 심리의 중추적인 측면을 설명하는 데에는 미치지 못했다.

Hayes와 그의 동료들은 Skinner의 해답되지 못한 질문에 대한 해답을 찾기 위해 출발했다. 인간은 분명하지 않은 관계를 파생시키는 방법을 배운다. 그리고 그러한 파생된 관계는 언어적 행동에 체계적으로 적용된다.

RFT는 압축하고, 과단순화한다

명시적으로 학습되는 관계('저 빨간 과일은 사과야.')와 학습되는 관계를 바탕으로 유추되는 무언의 관계(따라서 사과는 빨간 과일이야.)가 있다. 후자의 관계를 전자의 것으로부터 파생시키는 것은 쉽게 다가오지만, 우리가 그것을 잘하기 위해서는 연습이 필요하다.

비언어적인 동물들은 이 기술을 가지고 조금이라도 발전할 수 있으려면 고군분투해야 할 것이다. 그들은 관계(대상=이름 & 이름=대상)에서 양방향 모두를 배울 수 있지만, 광범위한 훈련을 통해서만 배울 수 있고, 인간이 갖고 있는 노력을 들이지 않는 유동성으로는 결코 배울 수 없다.

예를 들어, 내가 '치료'라는 단어를 말하고 내 개 하치에게 쿠키를 준다고 가정해 보자. 하치는 영리한 개이기 때문에 '치료'라는 소리가 대상과 같다는 것을 금방 알게 된다. 하치는 '치료'라는 소리를 들을 때마다 냄새와 맛, 그리고 실물이 지니고 있는 만족감을 떠올리게 된다. 누군가가 그 말을 내뱉은 후 우리 집 주변은 큰 흥분이 뒤따른다.

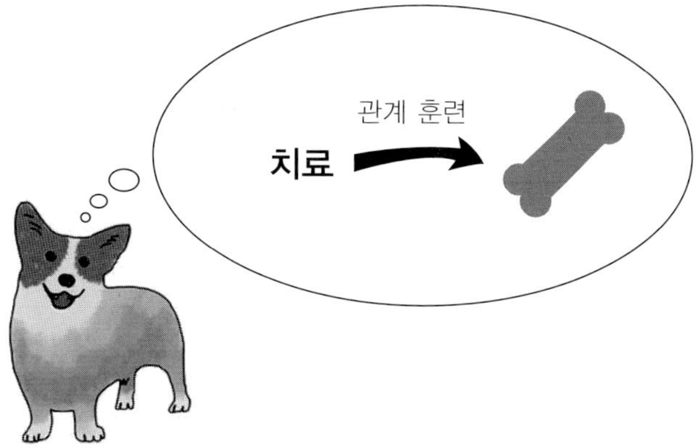

하치, 경이로운 개
(Smith, 2007에서 개작함)

하치는 '치료'가 무엇을 의미하는지 배운다:
하치는 소리, '치료'가 기쁨의 만족이 곧 뒤따른다는 것을 알게 되었다. 하치에게는 그 소리가 실제 대상의 의미 중 일부를 차지해 버린 것 같다. 스스로 해 보라: 다음에 당신이 가장 좋아하는 음식의 이름을 듣게 되면 어떻게 되는지 주목하라. 당신은 아마도 그 광경과 맛을 상상하기 시작할 것이다. 아마도 당신은 당신 집의 부엌이나 좋아하는 레스토랑을 상상할 것이다. 정말 배가 고프면, 심지어 침까지 흘릴 수도 있다. 말은 상징 그 이상이다. 말은 많은 의미를 갖는 방법을 가지고 있다.

하치만큼 영리하면 실제 대상과 '치료'라는 말을 동일시할 수 있는 증거가 없다. 하치에게는 일방적 관계인 것 같다. '치료'는 물리적인 쿠키와 같으나, 물리적인 쿠키가 반드시 '치료'와 같은 것은 아니다. 그렇지만 사람들은 한 가지 정보로부터 두 가지 또는 그 이상의 관계를 노력 없이 쉽게 얻을 수 있다. 예를 들어, 보통의 심리학자에게 개 비스킷을 주고, 그것을 '치료'라고 부르면, 그는 즉시 '치료' 역시 개 비스킷을 묘사하고 있다고 파생시킬 것이다. 그는 오직 한 가지만 학습된 데서 두 가지 관계를 파생시킬 수 있다.

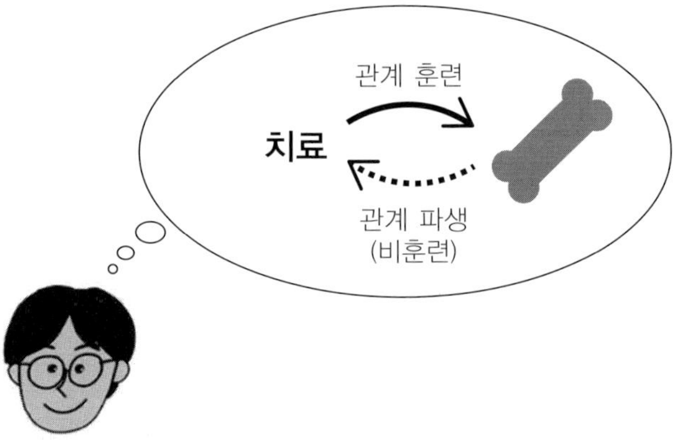

보통의 심리학자
(Smith, 2007에서 개작함)

인간이 배우는 방법

어떤 대상이 '치료'라는 소리와 합치된다는 것을 사람에게 가르쳐 주면, 그는 즉시 '치료'가 그 대상을 묘사하는 것이라고 추론할 것이다. 당신은 하나의 가격에 대해 두 가지 교훈을 얻는다. 첫 번째 관계는 가르치고, 두 번째 관계는 독립적으로 파생된다.

관계를 파생시키는 것이 그렇게 힘들어 보이지 않을 수도 있지만, 이 능력은 매우 큰 것이다. 이것은 우리가 단순히 사물을 가리키고 상대하기보다는 다른 사람들이 이해하는 소리를 만들 수 있게 하는 것이다. 그것은 심지어 우리가 좋아하는 음식을 다른 사람들에게 요구할 수 있게 해 준다. 그리고 정말로 그것보다 더 중요한 것은 무엇인가? 만약 하치가 관계를 파생시키는 능력을 가졌다면, 하치는 아마도 평생 "치료! 치료! 치료! 치료! 치료! 치료!"라고 말하면서 보낼 것이다.

연습은 완벽을 만든다

그럼 정확히 어떻게 이런 능력을 얻게 되는가? 분명히 올바른 순서로 몇 개의 뉴런을 갖는 것이 도움이 된다. 그 이상은 연습이 필요하다. RFT에 따르면, 우리는 많은 예를 보고 결국 우리 자신의 원리를 적용함으로써 관계를 파생시키는 법을 배운다.

물건의 이름을 말하는 예를 생각해 보자. 우리가 어린아이들에게 물건의 이름을 말하도록 가르칠 때, 그것은 보통 어떤 레시피를 따른다. 먼저, 우리는 대상을 아이에게 보여 주고 이름을 말한다. 그러고 나서 우리는 그 이름을 말하고, 아이에게 그 대상을 가리켜 달라고 한다. 이것은 대상-이름 관계에서 양방향 모두를 가르치는 것이다.

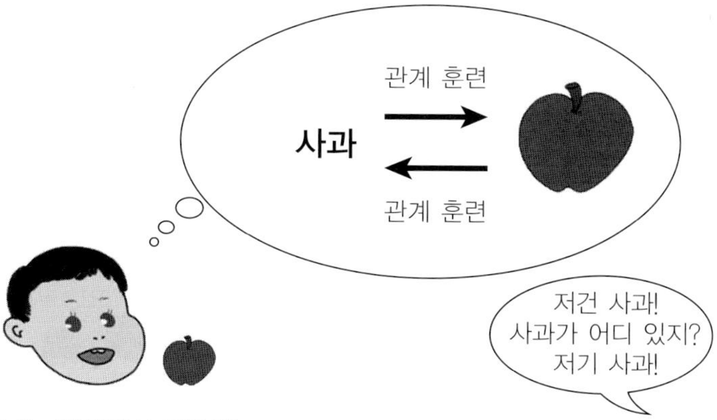

(Smith, 2007에서 개작함)

아동 학습 언어

1단계. 어린아이에게 관계를 파생시키는 방법을 가르치는 1단계는 관계의 두 방향(대상=이름 & 이름=대상)을 가르치는 많은 예를 포함하고 있다.

결국, 우리는 훈련용 바퀴를 제거하고 양방향으로 관계를 가르치는 것을 중단한다. 아이가 역관계를 파생시키는 방법을 알기 때문에 우리는 그 대상의 이름을 말할 뿐이다(이것은 부분적으로 아이가 이름으로 그 대상에 대해 무언가를 요구하기 시작할 때 명백해진다).

(Smith, 2007에서 개작함)

아동 학습 언어

2단계. 이번에는 이름만 적혀 있다. 어린아이는 어떻게 해야 하는지에 대한 여러 가지 다른 예를 보고 스스로 관계의 두 번째 부분을 파생시킨다. 이것은 꽤 편리한 시간 절약이다!

일단 어린아이가 스스로 이것을 하는 방법을 배우게 되면 어린아이는 관계 틀을 개발하게 되는데, 이것은 과거의 훈련을 바탕으로 특정한 맥락에서, 특정한 종류의 관계를 파생시키는 방법을 알고 있다는 것을 의미한다.

의사소통은 소리와 상징을 통한 환경과의 상호작용에 근거한다. 우리가 어떤 것을 명명하는 것과 같은 것을 정확하게 하려고 할 때, 우리는 그것을 다시 하도록 격려를 받는다. 사물의 이름을 말하는 것은 관계 틀의 한 예일 뿐이다. 알고 보면 우리 인간은 아주 적은 정보만을 사용하여 모든 종류의 관계를 파생시키는 데 능숙하다.

다음은 Smith(2008)가 명시적으로 배우지 않은 관계를 파생시킬 수 있는 능력에 관한 설명이다: 이것은 다른 동물에게서는 없는 오직 인간만이 가지고 있는 능력이라고 할 수 있다. 이것은 인간이 하나의 새로운 정보를 배울 때마다 그 지식은 기하급수적으로 증가할 수 있다는 것을 의미한다.

예를 들어, 우리가 어떤 사람에게 약간 굽은 노란 과일을 바나나라고 가르친다면 그 사람은 자동적으로 '바나나'라는 소리가 약간 굽은 노란 과일을 나타낸다는 것을 알아차릴 것이다. 이를 양방향성이라고 하는 것이다.

특히 우리가 단순히 물건의 이름을 붙이려고 할 때 그것은 언뜻 보기에는 별것 아닌 것처럼 보일 수도 있지만, 좀 더 복잡한 관계 틀 짓기 행동에서 어떤 일이 일어나는지 살펴보자.

예를 들어, 지역 심리학회에서 개최되는 학술대회에서 서로 마주친다고 하자. 나(숀)는 당신을 내 형인 르로이와 내 아버지인 루퍼트에게 소개하는데, 두 가지 정보만 알려 주었다.

1. 르로이는 내 형이다.
2. 루퍼트는 나의 아버지이다.

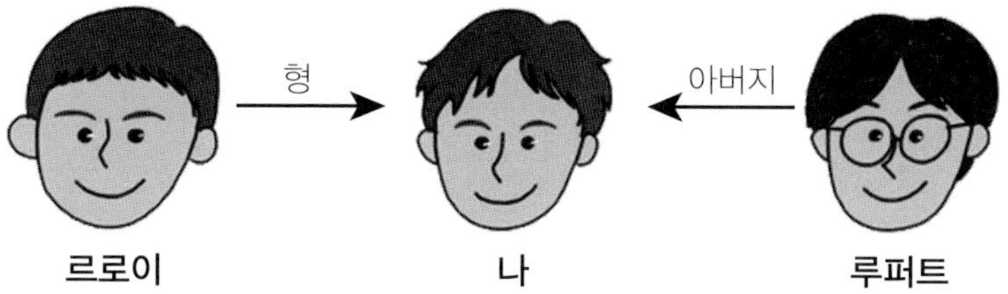

(Smith, 2008에서 개작함)

하지만 평균적인 인간의 마음속 배후에서 무슨 일이 일어나는지 확인해 보라. 그 두 가지 사실에서 당신은 네 가지 추가적인 관계를 파생시킨다.(실선 화살표는 명시적으로 학습되는 관계를 나타내며, 점선 화살표와 바깥의 굵은 화살표는 우리가 스스로 알아내는 것을 나타낸다)

1. 나는 르로이의 동생이다.
2. 나는 루퍼트의 아들이다.
3. 르로이는 루퍼트의 아들(아마도)이다.
4. 루퍼트는 르로이의 아버지(대단히 그럴 것)이다.

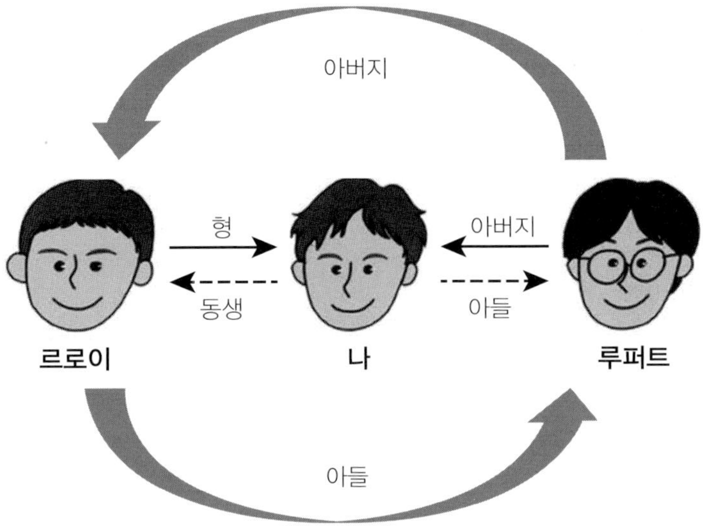

(Smith, 2008에서 개작함)

이는 단지 두 개의 정보에서 나온 총 여섯 개의 관계이다.

자, 이제 우리의 길이 다시 한 번 심리학 물품 가게에서 교차한다고 하자. 거기서 나는 당신을 내 어머니 콘슈엘라와 내 조카딸 미란다를 소개한다. 다시 한번, 두 가지 사실을 말했다.

1. 콘슈엘라는 내 어머니이다.
2. 미란다는 내 조카딸이다.

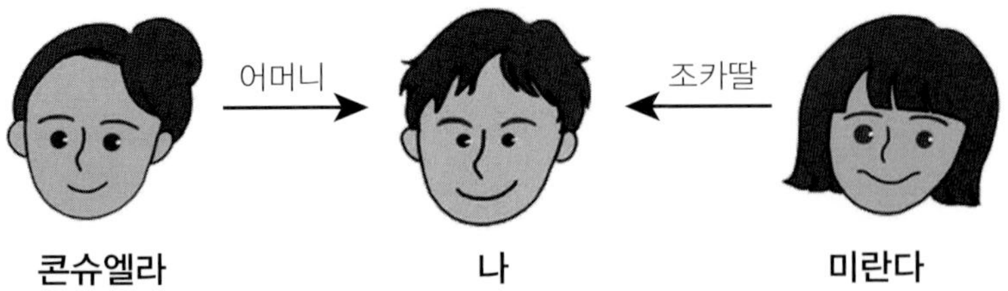

(Smith, 2008에서 개작함)

당신의 마음은 그것들을 당신이 이미 알고 있는 것과 조합시키고, 직접 배우지 않고도 그것이 파생될 수 있는 모든 관계를 살펴볼 것이다.

1. 콘슈엘라는 내 형의 어머니이다.
2. 미란다는 내 형의 딸이다.
3. 루퍼트는 미란다의 할아버지이다.
4. ... 등등.

당신은 이제 두 개의 아주 작은 정보로부터 여러 가지 새로운 관계를 파생시켰다. 지금 우리는 관계적으로 틀 짓기를 한 것이다!

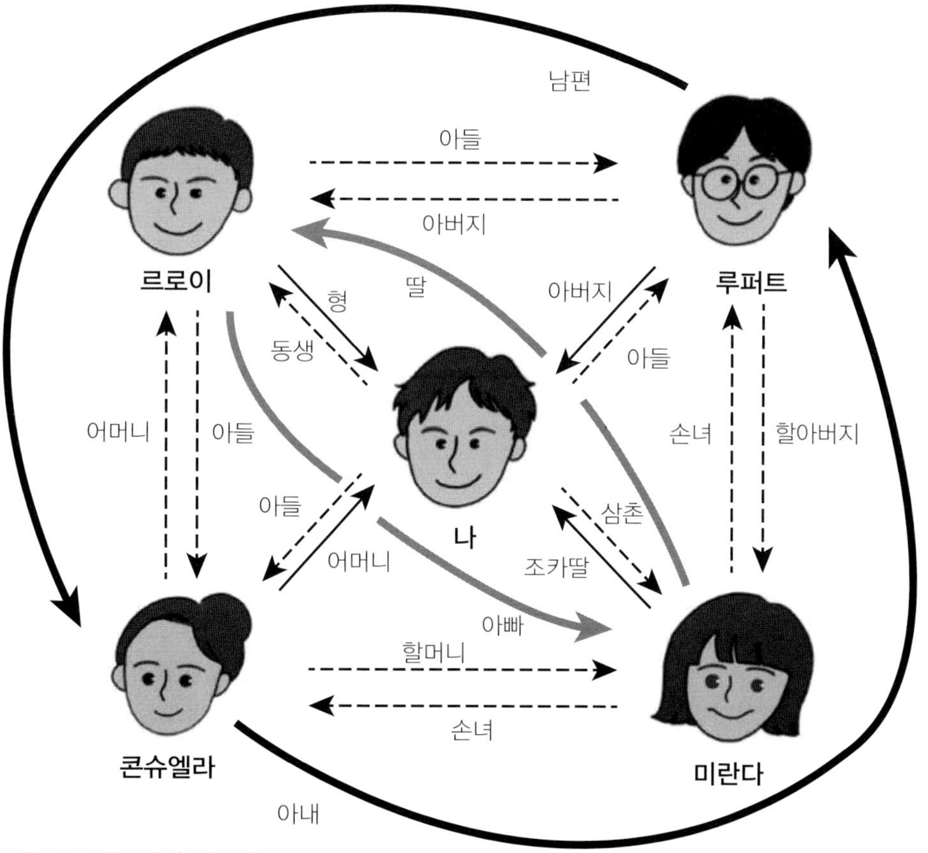

(Smith, 2008에서 개작함)

당신은 아마도 관련된 가정들이 있다는 것도 알아차렸을 것이다. 루퍼트와 콘슈엘라는 결혼하지 않았거나, 아니면 미란다가 르로이의 딸이 아닐 수도 있는 것이다. 관계 틀은 정신건강에 영향을 줄 수 있는 특정한 유형의 오류를 일으키기 쉽다. 우리는 다시 이 얘기로 돌아올 것이다. 그렇지만 모든 것을 고려했을 때 관계를 파생시키는 능력은 헤아릴 수 없는 인지적 이점이다.

이런 유형의 행동은 인간 특유의 것이다. 어릴 때부터 우리는 같은 유형의 관계에 대한 여러 가지 예를 보아 왔는데, 그 예들을 스스로 인식하는 방법을 배울 때까지 그랬다. 충분한 시행을 살펴본 후에 우리는 삼촌-조카딸 관계가 한 가족에서 다음 가족까지 똑같다는 것을 배운다. 우리는 또한 관계에서 양방향성을 적용하는 방법을 배운다.

이점은 헤아릴 수 없을 만큼 많다. 예를 들어, 틀과 양방향성은 우리가 이해하기 쉽게 가족 상봉을 만든다. 비언어 동물들 사이의 가족 상봉을 본 적이 있다면, 지금 내 말은 혼돈이다!

한 무리의 틀

가족 관계는 관계 틀 짓기의 한 가지 작은 예에 불과하다. 우리는 핏줄과는 상관없는 여러 가지 관계를 가지고 그렇게 한다.

- 같은, 다른
- 더 빠른, 더 느린
- 더 큰, 더 작은
- 더 나쁜, 더 좋은
- 더 이른, 더 늦은
- 더 가까운, 더 먼
- 내 것, 당신의 것
- 여기, 저기
- … 등

한번 살펴보자. 내가 아버지보다 더 빨리 달릴 수 있고, 미란다가 나보다 더 빨리 달릴 수 있다고 말하면, 당신은 자동적으로 미란다가 나의 아버지보다 더 빠르고, 나의 아버지가 미란다보다 더 느리다는 것을 알아차릴 것이다.

자, 여러분은 이렇게 말할지도 모른다. "하지만 숀, 동물들도 더 빠르고 더 느린 것을 알아차릴 수 있어요. 그렇지 않으면 치타들은 무리 속에서 가장 느린 주자를 발견할 수 없을 것이고, 내가 가장 좋아하는 식당의 바퀴벌레들은 불이 켜지면 가장 어두운 구석으로 달려가지 않을 거예요."

당신 말이 맞다. 동물도 구별을 한다. 인간이 이러한 구별을 만드는 방법과 비언어적 생물들이 하는 방법 사이에는 두 가지 중요한 차이가 있다.

첫 번째는 분명하지 않은 관계를 파생시키는 인간의 능력이다(예, 우리는 미란다가 직접적으로 보여 주거나, 말하지 않아도 나의 아버지보다 빠르다는 것을 알아낸다). 치타가 무리 중에서 가장 느린 동물을 찾을 때, 치타는 그 시간과 장소를 직접 비교함으로써 그렇게 하고 있다. 온갖 무리들이 존재하고 있는데, 상상력은 필요하지 않은 것이다.

이것이 우리가 두 번째 차이점을 찾아내게 하는 것이다. 우리 인간은 상징적인 비교를 할 수 있다. 예를 들어, 우리는 더 크고 무게가 더 나가도 니켈(5센트짜리 동전)보다 다임(10센트짜리 동전)이 더 높은 가치를 가지고 있다는 것을 이해할 수 있다. 내 친구들, 그것은 당신의 치타가 결코 이룰 수 없는 업적이다. 그나저나 치타가 어떻게 거스름돈을 가지고 다니겠는가? 그 짤랑거리는 소리는 치타의 먹잇감을 놀라게 할 것이다. 상징주의(그리고 단어들은 단지 상징일 뿐이다)는 인간 인지의 중요한 보석 중 하

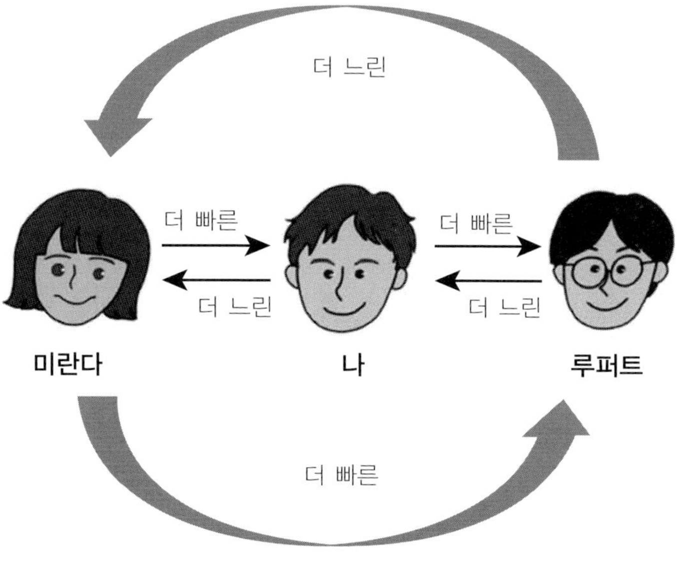

(Smith, 2008에서 개작함)

나이다.

상징도 임의적인 것이다. 우리가 당신 앞에서 이것을 '컴퓨터'라고 부르는 이유는 우리 모두가 그것을 '컴퓨터'라고 부르기로 동의하였기 때문이다. 니켈이 다임보다 가치가 낮은 이유는 그것의 분명한 크기와 무게의 이점에도 불구하고, 우리는 그것에 동의하기 때문이다. 그것들이 임의적인 것처럼, 상징은 시간을 아주 절약할 수 있다. "소금을 건네 주세요."라고 말하는 것이 팬터마임보다 훨씬 더 쉽다.

그렇다! 우리는 관계를 파생시키고, 임의적인 상징을 사용하는 기계인데, 우리는 우리 스스로 그것들을 사용하는 것을 거부할 수 없다. 거기서 관계 틀 짓기가 우리를 곤경에 빠뜨릴 수 있는데, 정신건강 면에서 그렇다.

당신이 나를 미치게 만든다

여기 동물들이 사용할 수 없는 기호를 인간이 사용하는 또 다른 방법이 있다. 우리는 관계에서 양방향성을 볼 수 있는 능력 덕분에 생각, 상징, 기억에 감정적 내용을 부착할 수 있다.

내 말은 이렇다. 예를 들어, 내가 나의 고양이를 수의사에게 데려간다. 수의사는 내 고양이에게 약을 주사한다. 고양이들은 주사를 싫어한다. 그래서 다음번에 내가 피하

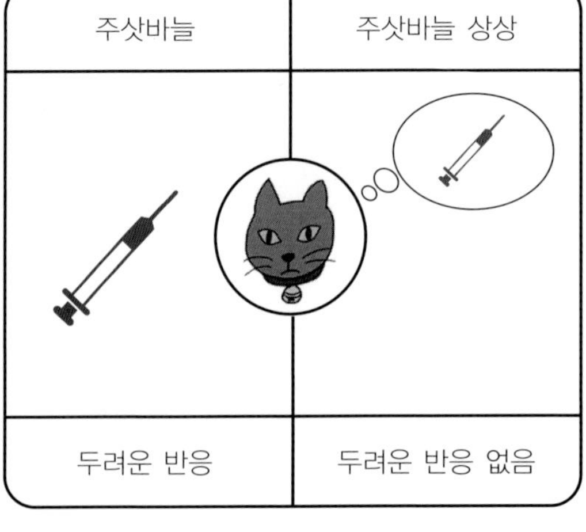

(Smith, 2008에서 개작함)

주삿바늘을 보여 줄 때 고양이는 저항할 것이고, 고통의 징후를 보일 것이다. 고양이는 떨면서 울부짖을지도 모른다. 그리고 고양이의 작은 심장이 가슴에서 쿵광거릴 것이다. 고양이는 그것이 초래한 통증을 기억하기 때문에 바늘이 다시 부딪히기 전에 그 바늘로부터 벗어나기 위해 할 수 있는 모든 것을 할 것이다.

고양이가 그렇게 반응할 때, 우리는 고양이가 바늘을 고통스러운 주사들과 연관시켰다는 것을 안다. 인간도 이전에 고통을 일으킨 것 앞에서 똑같은 방식으로 행동한다. 여기에는 별다른 일이 없어 보인다.

흥미로운 부분도 있다. 동물들은 고통스러운 사건을 경험했는지 여부를 보고하도록 (예, 지렛대를 밀어서) 훈련될 수 있다. 동물들이 그렇게 했을 때, 고통의 징후는 없다. 동물들은 울부짖지 않고, 가슴이 쿵광거리지 않는다. 고통을 기억하더라도, 마치 화창한 날을 생각하는 듯 담담하다.

반면에 인간은 과거의 고통스런 경험을 묘사할 때 괴로움의 징후를 보일 것이다.

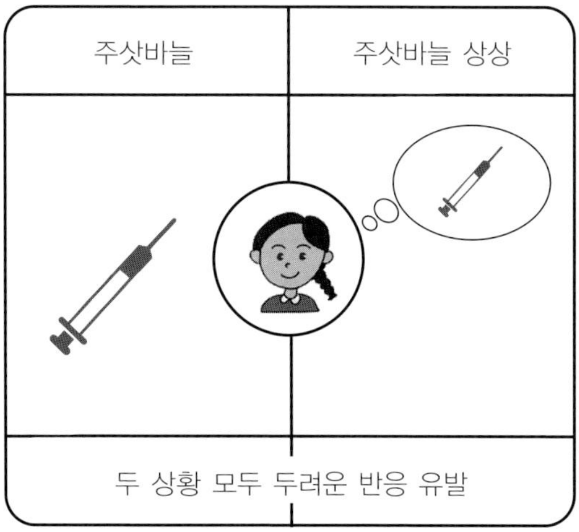

(Smith, 2008에서 개작함)

때때로 고통스러운 사건의 기억은 실제 사건보다 더 많은 괴로움을 불러일으킬 수 있다. 때때로 상상된 사건은 비록 그 사람이 그것을 경험하지 않았음에도 불구하고 고통을 야기할 수 있다. 자신의 죽음을 걱정해 본 적이 있다면 무슨 말인지 알 것이다.

이것은 모두 언어의 양방향성 때문이다. '바나나'라는 단어가 바나나의 이미지를 불러일으킬 수 있는 것처럼 '주삿바늘'도 괴로움을 불러일으킬 수 있다. '주삿바늘'이라는 단어와 대상, 그리고 그것이 일으킨 고통에 대한 기억은 정신적으로 연결되어 있으며, 각각 다른 두 가지를 자동적으로 환기시킨다. 이 셋은 좌표의 틀 안에 있다고 말해진다.

그래서 우리는 고통스러운 것을 상상하고 있을 때조차 고통을 경험할 수 있다. 우리가 조심하지 않는다면, 우리는 고통스러운 사건에 다른 단어들을 붙임으로써 상황을 더 악화시킬 수 있다. 예를 들어, 주삿바늘에 대한 생각으로 인한 고통을 피하는 한 가지 방법은 바나나 스플릿(banana split)[1] 같은 즐거운 것으로 그 생각을 대체하는 것이다.

다음에 주사를 맞으면 '바나나 스플릿, 바나나 스플릿, 바나나 스플릿'이라는 생각을 하며 주의를 분산시키려고 한다고 가정해 보자. 만약 내가 고통을 전혀 경험하지 못할 정도로 충분히 주의를 분산시킬 수 있다면, 그 전략은 효과가 있을 것이다.

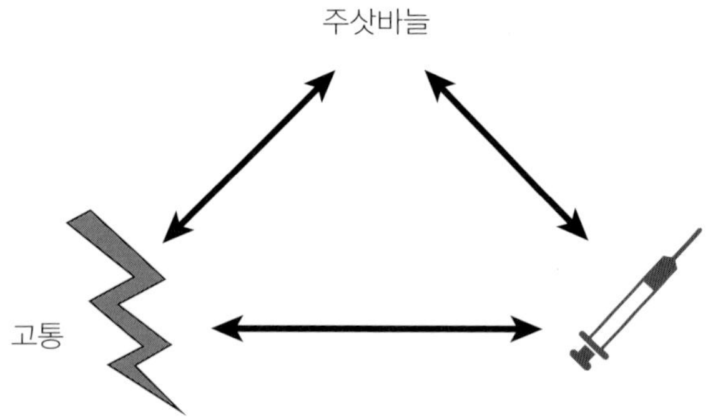

(Smith, 2008에서 개작함)

불행하게도 그러한 접근은 역효과를 낼 수 있다. 왜냐하면 내가 주삿바늘에 대한 생각을 피하기 위해 바나나 스플릿을 생각하고 있는 것을 알고 있기 때문이다. 내가 멍청이가 아니니, 결국 그렇게 쉽게는(특히 나에게) 속지 않을 것이다. 바나나 스플릿은 주삿바늘을 떠오르게 하고, 이것은 결국 고통을 유발하게 되는 것이다. 나는 바나나 스플릿을 '주삿바늘'과 함께 좌표 틀에 넣었고, 이제 두 상징 모두 고통과 관련이 있게 된다. 다른 어떤 것을 생각함으로써 그 고통을 회피하려고 한다면, 네트워크를 더 확대했을 뿐이다!

1) 세로로 가른 바나나 안에 아이스크림, 초콜릿 시럽, 휘프트 크림 등을 얹은 미국의 아이스크림 디저트

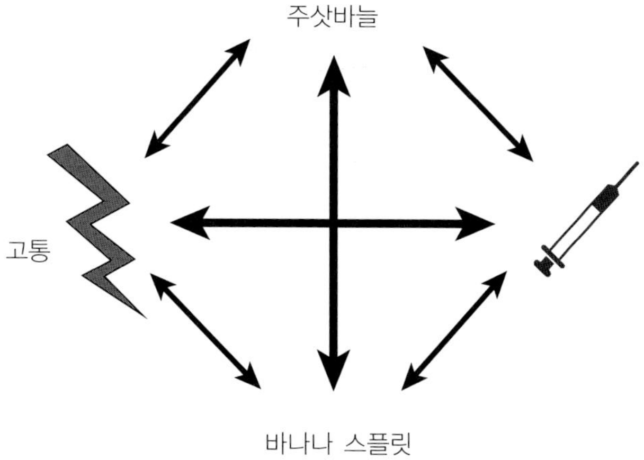

(Smith, 2008에서 개작함)

이것은 고통 회피 전략의 역설이다. 고통을 예방하기 위해 노력하는 과정에서 점점 더 많은 것이 우리가 회피하려고 하는 고통을 상기시켜 주는 것이 될 수 있다. 불안감이나 우울, 자신에 대한 불쾌한 생각처럼, 우리가 회피하고 싶은 고통이 우리의 내면에서 생겨날 때 문제는 더욱 악화될 수 있다.

불안해 하라.(문자 그대로가 아니다) 주삿바늘, 엘리베이터, 비행기 같은 우리를 놀라게 하는 대상은 피하는 것이 쉽다. 그냥 그것들로부터 떨어지라. 하지만 우리가 회피하고 싶은 것이 내면에서 나왔을 때, 우리는 그것을 지나쳐 버릴 수 없다. 예를 들어, 공황 발작을 일으킨 적이 있는 사람은 다른 공황 발작을 회피하는 법을 빨리 배울 것이다. 그것이 끔찍한 것이다.

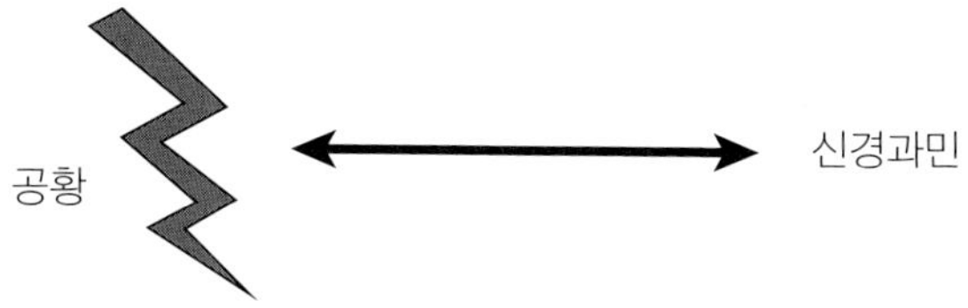

(Smith, 2008에서 개작함)

공황과 연합되는 감각은 무엇인가? 아마도 레이싱 하트(쿵쾅거리는 심장), 어지럼증, 또는 배탈, 그 밖의 여러 가지 일 중 하나일 것이다. 양방향성 덕분에 신체적 감각이 '공황 발작'과 함께 좌표 틀에 들어갈 수 있고, 그래서 우리는 그것들을 회피하는 것을 배울 수 있다.

거기서 끝나지 않는다. 그러한 신체적 감각을 일으키는 것은 무엇이든지 '공황'과 '신경과민'과 같이 좌표 틀에 들어갈 수 있다. 시부모와의 접촉이 레이싱 하트를 일으키면 공황 생각을 상기시킬 수 있는데, 이것은 회피되어야 할 일이다. 그러므로 우리는 시부모와의 접촉을 회피하는 것을 배울 수 있다.

이것이 어떻게 진행될지 알 수 있다. 생각이 '공황'과 같이 좌표 틀에 들어가면 공황의 망령이 점점 더 커지는 반면에, 점점 더 많은 것을 회피할수록 개인의 세계는 점점 더 좁아진다. 그 고통은 바깥세상이 아니라 내면에서 생겨나기 때문에 개인은 그 고통을 그냥 회피할 수 없고, 그래서 점점 더 커진다. 이것이 바로 악순환의 정의이다.

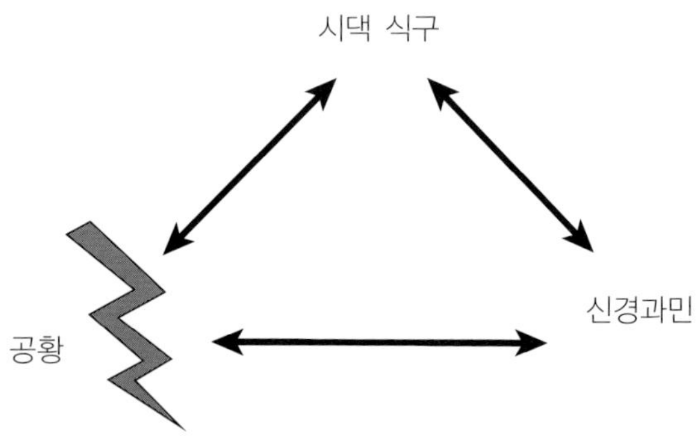

(Smith, 2008에서 개작함)

이것이 확실히 완전한 공황 모형이라고 하는 것이 아니라, 단지 한 가지 엉성한 예일 뿐이다. 우리가 역효과적인 회피 전략에 통합할 수 있는 생각, 느낌, 아이디어의 목록은 끝이 없는데, 우리는 생물, 개인 내력, 사회적 맥락, 외부 세계로부터의 유관성의 영향을 고려하기 시작하지도 않았다.

언어는 양날의 검이다

Wilson, Hayes, Gregg 및 Zettle(2001)은 언어의 함정을 훌륭하게 요약했다:

따라서 언어를 통해… 고통의 직접적인 원천과 단연코 가장 적은 접촉을 가진 종은 말 그대로 비인간적인 세계에서는 상상할 수 없을 정도의 강렬함, 항상성, 만연성으로 고통을 겪을 수 있다는 역설이 나온다. 우리는 스스로를 판단할 수 있고, 우리가 원하는 것을 스스로 찾을 수 있는 [양방향성] 때문에 우리는 이상적인 것을 상상할 수 있고, 비교 때문에 수용할 수 없는 현재를 발견하게 된다; 우리는 과거를 재구성할 수 있다. 우리는 상상된 미래에 대해 걱정할 수 있다. 우리는 우리가 죽을 것이라는 지식으로 고통받을 수도 있다.

언어는 분명히 우리를 다른 동물들과 구분짓는 유일한 것은 아니지만, 가장 쉽게 계량화된 것 중의 하나이다. 우리가 세계를 정복하는 데 도움을 준 동일한 말과 상징이 인간만이 경험할 수 있는 일련의 고통을 가져다주는 것처럼 보인다.

RFT에 관한 이 설명은 이 이론의 풍부함을 포착하는 하나의 전주곡으로 생각된다. 이 설명은 스모가스보드[2] 이전의 작은 전채라고 할 수도 있을 것이다(Smith, 2008). RFT에 관한 다음 책이 또한 많은 도움이 될 것이다. Törneke(2010)의 『Learning RFT: An introduction to Relational Frame Theory and its clinical applications』이 바로 그것이다.

2) 온갖 음식이 다양하게 나오는 뷔페식 식사. 스칸디나비아 뷔페의 어원

제5장 관계 틀 이론과 은유

관계들의 관계…

– 맥락주의 행동과학

영국 속담에 '한 번 혼나면, 두 번째는 겁낸다.'라는 말이 있고, '불에 데인 아이는 불을 두려워한다.'는 스웨덴 속담도 있다. 우리 속담에 '자라 보고 놀란 가슴, 소댕 보고 놀란다.'도 같은 맥락이다. '더위 먹은 소, 달만 보아도 헐떡인다.'는 이런 맥락을 잘도 표현하고 있다. 인간의 행동도 절대로 진공 상태에서는 일어나지 않는다. 이것을 행동주의 이론에서 보면 선행사상과 반응이다. 이것이 곧 맥락인 것이다. 즉, 인간의 행동은 맥락에서 일어나므로 맥락에서 파악해야 하는 것은 당연하다는 것이다. 맥락주의 행동과학은 관계들의 관계를 말하고 있다. **기능적 분석**이란 이러한 맥락에서 **선행사상**(A), **행동**(B), **결과**(C)를 분석하는 것이다. 인간의 언어도 행동주의의 관계 틀 관점에서 보면 모두 관계의 학습인 것이다. 즉, RFT 관점에서 보면 언어는 사물 간의 관계로 이루어져 있으며, 인간은 끊임없이 관계를 만들고 이해하며, 이들 관계에 반응한다. 때로는 관계들의 관계가 수립될 수도 있다. 예를 들어, 한 남자가 "**사랑하는 파트너를 자신의 삶의 나침반**"이라고 말하는 예(Stoddard & Afari, 2014)를 고찰해 보자. 이 은유에서 그 여자와 나침반이 이 남자에게 가져다주는 것 사이에는 유사성이 있다. 이 남자가 여자 파트너의 충고를 따른다면 그는 삶에서 자신의 길을 찾을 것이고(조건적 관계, 즉 만약—그렇다면), 그가 나침반의 방향을 따른다면 숲에서 길을 찾을 것이다(조건적 관계, 즉 만약—그렇다면). 이것을 RFT면에서 보면, 조합의 관계가 두 개의 조건적 관계를 연결한다.

또 다른 예를 들어 본다. 필자는 최근에 『**성학십도: 자기구원의 가이드 맵**』(한형조, 2018)이라는 책을 구입하였다. 자기구원의 가이드 맵이라는 보조관념이 유달리 눈에 띄었다. 그래서 '성학십도'라는 표적을 즉시 구입하였던 것이다. 이 은유에서는 삶에서 성학십도(퇴계 이황)를 따르면 자기구원의 길을 찾을 것이고(조건적 관계, 즉 만약—그렇다면 조합), 가이드 맵을 따르면 어떤 분야에서 길을 찾을 것이다(조건적 관계, 즉 만약—그렇다면 조합). 이를 RFT에 대입하여 보면, 두 개의 조건적인 관계(조합)를 연결하는 조합-조합 관계를 볼 수 있다. 이것을 관계 틀 그림으로 나타내면 [그림 5-1]과 같다. 이러한 RFT에 따른 틀에 대입하면, 클라이언트에게 적합한 은유를 창조하는 데 도움이 될 것이다. 다음에서도 기술하겠지만, 클라이언트에게 당면한 표적이 무엇인지를 알아내어 보조관념(vehicle)을 동원하여 옮기도록(drive) 하여야 할 것이다.

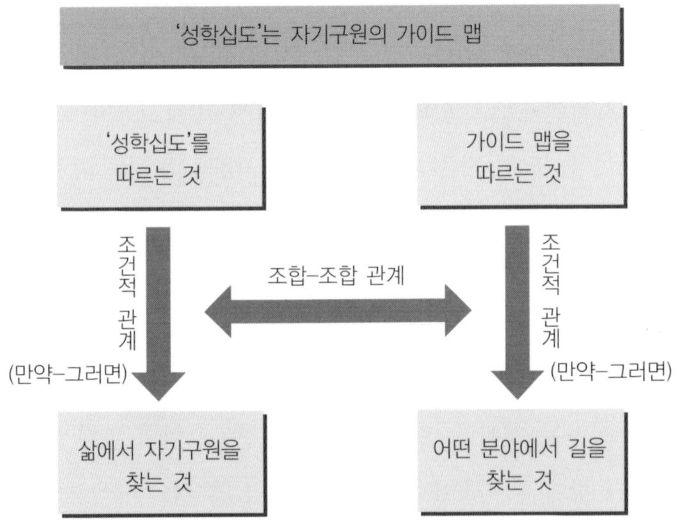

[그림 5-1] 두 세트의 조건적 관계 간의 조합 관계

ACT의 RFT와 은유(손정락, 2015 참조)를 좀 더 구체적으로 살펴보자. ACT는 행동주의 심리학의 관계 틀 이론(RFT)에 근거하고 있는데, RFT는 언어에 대한 현대 행동주의적 설명이라고 할 수 있다. RFT와 ACT의 심리적 유연성을 언어와 인지적 기능으로 살펴보자(예, Ciarrochi, Bilich, & Godsel, 2010). RFT는 언어를 조작적 통제하에 있는 일종의 행동으로 본다. 그래서 언어를 생성하는 맥락과 사람들의 생활을 지배하는 언어의 능력을 규명하는 것이 추구되는 것이다. 예를 들면, 과거 사건(결코 일어나지 않았더라도)이나 미래 사건(결코 일어나지 않을지라도)에 대한 장애를 경험하게 하는 맥락을 규명하는 것이다. 그래서 ACT에서는 RFT와 기능적 맥락주의로 언어가 괴로움을 지배하거나 촉진시키는 맥락을 규명하고, 또한 언어의 지배를 약화시키는 맥락을 규명하려고 시도한다.

RFT에 근거하여 ACT는 언어에 기반된 인간 괴로움의 정상성을 강조한다(Hayes et al., 1999, 2011). '괴로움'을 촉진시키는 것은 경험 회피와 인지적 융합의 심리적 과정이다(Hayes, Strosahl, Bunting, Twohig, & Wilson, 2005; Hayes et al., 1999, 2011). 경험 회피는 그것으로 인하여 개인이 사적 경험(예, 신체 감각, 감정, 생각, 기억, 행동 소인)의 형태나 빈도, 그리고 그것이 일어나는 맥락을, 결과로 나타날 수도 있는 사회적 · 감정적 · 인지적 · 행동적 결과에 관계없이 의도적으로 변화시키려고 시도하는 과정이다(Blackledge & Hayes, 2001; Hayes, 2004; Hayes et al., 1999, 2011; Wilson & Murrell, 2004). 인지적 융합은 경험 회피를 지지하는 것인데, 개인의 언어적 과정(즉, 생각)이 생각의 산물(내용)에 대한 생각의 과정(맥락)을 알아차리지 못하거나 실패로 인하여 비효과적인 방식으로 외현 행동을 뚜렷하게 조절할 때 일어난다(Hayes, Luoma, Bond, Masuda, & Lillis, 2006; Pierson, Gifford, Smith, Bunting, & Hayes, 2004). 이들 과정이 개인의 경험을 지배할 때, 심리적 경직성으로 나타날 수도 있다.

심리적 경직성은 경험 회피와 인지적 융합으로 과도하게 얽매여 있거나, 상황적 맥락과 연결시키거나, 가치를 둔 목표에 따라 행동을 하는 데 어려움을 가지는 것으로 생각될 수 있다(Hayes et al., 1999, 2011). 불쾌한 경험을 통제하거나 제거하기 위하여 개인들은 자신의 신체적, 정서적 및 심리적 안녕에 손상이 되는 행동에 관여할 수도 있다(예, 지나친 음주, 상황 회피). 설상가상으로 사적 경험을 통제하려는 시도는 그러한 경험의 강도와 빈도에서 역설적 증가를 가져올 수도 있으며, 심지어는 정신병리의 결과를 낳을 수도 있다(Hayes, 2004; Hayes et al., 2005; Hayes et al., 1999, 2011).

그래서 ACT의 주요 목표가 심리적 유연성을 증가시키는 것인데, 심리적 유연성이란 의식적인 인간 존재로서 현재 순간에 완전히 연결시키고, 가치에 따르는 행동으로 변화시키거나 지속시키는 개인의 능력을 말한다(Hayes et al., 1999, 2011). 심리적 유연성을 증가시키는 것을 학습함으로써 경험 회피나 인지적 융합으로부터 벗어나게 해 주는 것이다(Ciarrochi & Blackledge, 2006). ACT 프로그램에서 내담자들은 자신의 에너지를 경험 통제에서 멀리 벗어나서 가치를 두는 활동으로 변경시키고, 어려운 사적 사건이 있더라도 일관되게 효과적인 행동을 하도록 격려받는다.

이러한 RFT 관점에서 은유를 적용하는 예를 들어 살펴본다(Barnes-Holmes, Barnes-Holmes, & McHugh, 2004 참조; 손정락, 2015에서 재인용). **'불안과 싸우는 것은 모래늪과 싸우는 것과 같다.'**는 은유를 생각해 보자. 이 은유는 임상적 불안에 대한 심리치료 처치에서 활용되는 예이다. 이 특정 은유에 접촉시키는 것이 내담자에게 불안 발작에 대한 자신의 반응을 변화시키게 할 수 있다. 내담자는 아마도 언어 공동체를 통하여 모래늪에서 싸우는 것은 오히려 더 빠지기 쉽게 할 뿐이라는 것을 이미 알고 있다. 치료자가 불안과 싸우는 것은 모래늪과 싸우는 것과 비슷하다고 제시하면, 그 내담자는 불안과 싸우는 것은 불안을 더 악화시킬 뿐이라는 것을 이해할 수도 있다(즉, 불안한 느낌으로부터 도망치려고 할수록 바로 그러한 느낌이 흔히 더 커진다). 결과적으로 그러한 은유로 불안에 직면하는 그 내담자의 행동은 변화할 수도 있는데, 더이상 자신의 불안에 강하게 저항하려고 하지 않으며, 오히려 불안한 느낌을 일어나는 대로 수용하며, 그래서 더이상의 불안 진행을 막게 된다.

이 모래늪-불안 은유에서 불안(A)과 심리적 싸움(A')은 모래늪(B)과 신체적 싸움(B')과 같다는 것이다. 불안과 심리적 싸움의 관계 그리고 모래늪과 신체적 싸움의 관계는 두 개의 분리된 조합 관계로 볼 수 있다. RFT 관점에서 이 은유의 관계 네트워크는 내담자에게 두 개의 뚜렷하게 아주 다른 사상 사이의 형식적 관계를 구별하게 해줄 수도 있다. 두 사상 간의 형식적 유사성에 대한 구별은 하나에서 다른 것으로 더 쉽사리 기능의 전이를 가져올 수도 있다. 이 은유에서 불안과의 심리적 싸움 그리고 모래늪과의 신체적 싸움 간의 관계를 이끌어 내는 것은 내담자에게 어느 경우이든 싸우는 것은 구조적으로나 형식적으로 생리적 및 심리적 영향(엄청나게 증가된 자율신경 각성과 두려움 및 공황감)을 가져올 수도 있다는 것이다. 결과적으로 '모래늪'의 어떤 기능은 이제 더 쉽사리 '불안'으로 전이될 수도 있다. 그래서 임상적으로 불안한 사람은 다음과 같은 인과 관계를 이끌어 낼 수도 있다. "불안과 싸우는 것은 내 상황만 더 악화시킬 것이다." 이것은 비조합 관계에 있는 원래 문제점이 관계 네트워크 관점으로 '재구성'된 것이다. 더 일반적으로는 관계 네트워크를 통한 이러한 유형의 기능 전이는 RFT 관점으로부터 은유가 흔히 내담자에게 부여할 수 있는 정서적 '통찰'뿐만 아니라, 흔히 경험

되는 은유적 언어의 풍부성과 복잡성을 생성하게 해 준 것이다.

은유에 대한 기본적인 RFT 해석은 네 가지 요소를 포함하는 것으로서 은유를 보고 있다: (a) 두 가지 분리된 조합 관계를 수립하는 것, (b) 이들 관계 간에 조합을 이끌어 내는 것, (c) 이러한 조합-조합 관계를 통해서 형식적인 관계를 구별하는 것, 그리고 (d) 구별된 형식적 관계를 토대로 한 제3의 요소로의 관계의 변형(Barnes-Holmes, Barnes-Holmes, & McHugh, 2004)이 그것이다.

이 모래늪-불안 은유를 RFT 언어로 '번역'하여 이를 한층 더 명료하게 설명하고, 이를 토대로 RFT를 기반으로 은유를 창조해 내는 과정을 살펴보자(Foody et al., 2014 참조).

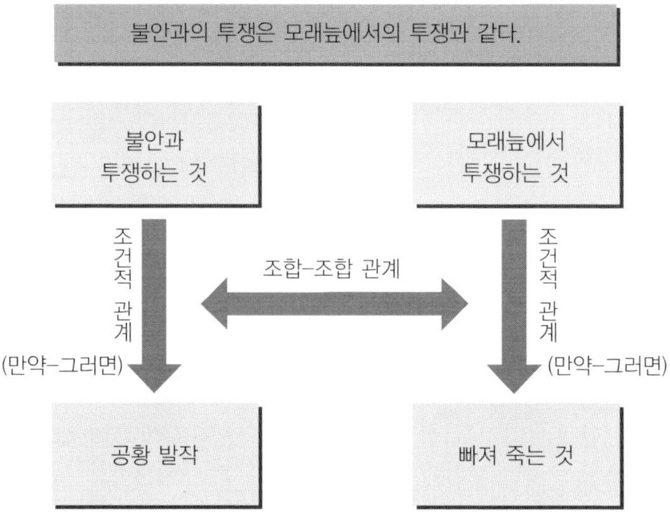

[그림 5-2] 모래늪-불안 은유에 대한 RFT 분석

[그림 5-2]에서 보는 바와 같이, 은유에 대한 RFT 정의대로 모래늪-불안 은유에는 모든 관련 요소가 포함되어 있다: (1) 두 개의 별개의 조합 관계(불안-공황과의 투쟁 그리고 모래늪-빠져 죽는 것과의 투쟁)와 (2) 이들 관계 사이의 조합 관계의 파생(불안과의 투쟁은 모래늪에서의 투쟁과 같다), (3) 조합-조합 관계를 통한 형식 관계의 변별(투쟁), 그리고 (4) 이러한 형식 관계에 기반한 기능의 변형(투쟁은 나쁜 결과를 낳는다)이 그것이다. 요컨대, 투쟁에 대한 초점은 물리적으로 적용할 수 있는 모래늪의 영역에서 여러 가지 방법으로 은유적으로 적용할 수 있는 불안의 영역으로 옮겨진다. RFT 용어로 이것은 자극 기능을 모래늪에서 불안으로 옮기는 것으로 정의된다. 실제로 모래늪에

서 투쟁하는 것은 불안과 투쟁하는 것과 조합되며, 전자는 후자를 이해하고 다루는 데 있어서 다양한 함축적 의미를 지닌다. 예를 들어, 이 은유를 통해 클라이언트는 모래늪에 빠져 죽는 것을 피하려는 투쟁보다는 그냥 노출이 빠져 죽는 것을 피할 수 있기 때문에 불안의 수용이 공황 발작을 줄일 수 있다고 볼 수 있다.

[그림 5-2]는 은유를 왼쪽과 오른쪽의 두 관계형 네트워크로 나타내고 있다. 우리는 왼쪽의 네트워크를 표적(target)이라고 부르며, 이것은 대개 현재 치료에서 다루어지고 있는 클라이언트 상황의 한 측면을 나타낸다. 치료에서 은유를 사용하는 대부분의 예에서 우리는 은유가 클라이언트 상황의 특정한 측면(예, 불안에 대한 경험)을 강조한다고 가정한다. 그러나 은유는 더 넓은 범위를 가질 수 있고 따라서 여러 측면을 한마디로 요약할 수도 있고, 어쩌면 클라이언트의 삶을 더 일반적으로 나타낼 수도 있다.

오른쪽의 네트워크를 보조관념(vehicle)이라고 부른다[물론 vehicle이라는 단어는 변화를 추진하기(drive) 위해 사용되는 것임을 나타낸다]. 보조관념 네트워크는 클라이언트 상황에 대한 대안적인 관점을 제시한다. 그렇지만 대안적인 관점은 반드시 치료자가 가지고 있는 견해가 아니라, 단지 여러 가지 관점으로 상황을 볼 수 있음을 클라이언트에게 암시하는 것을 의미한다는 점에 유의해야 한다. 표적에 상대적인 보조관념에서 유사한 상황 사양(예, 모래늪에서 투쟁)의 제시 또는 병렬 처리(병치)는 두 가지 상황에서 공통적으로 나타나는 특정한 특징(예, 투쟁이 그것을 더 악화시킴)에 대한 클라이언트의 변별을 촉진하거나 향상시키도록 설계된다. 이것이 효과적이라면(즉, 은유가 '작동된다'면), 임상가는 표적 행동에서의 변화(이 경우에는 불안과의 투쟁)를 기대하거나 적어도 이와 관련하여 행동의 유연성이 더 커지기를 기대하게 된다.

[그림 5-2]를 다시 차근차근 보면서 RFT 관점에서 분석한 과정(Foody et al., 2014 참조)을 보자:

- 이 은유에서 각 네트워크(좌우)의 핵심 관계는 인과 관계이다. 우리는 또한 이것을 '만약-그러면' 관계라고 부를 수도 있다. 따라서 은유는 왼쪽의 인과 관계를 오른쪽의 인과 관계에 따라 조합시킨다. 즉, 각 네트워크는 어려운 상황의 맥락에서 투쟁하는 반응이 실제로 상황을 더욱 어렵게 만든다고 규정한다(예, 모래늪에서 투쟁하는 것이 빠져 죽게 만드는 것과 마찬가지로 불안과 투쟁하는 것이 공황을 일으킨다).

- 오른쪽의 보조관념 네트워크를 고찰해 보자. 이것은 모래늪에서 투쟁하는 것은 빠져 죽는다는 잘 알려진 사실에 의존한다. 그러므로 투쟁하는 것과 빠져 죽는 것 사이의 인과 관계는 이 네트워크의 핵심에 있으며, 이러한 맥락에서 투쟁하는 것의 헛된 노력이 아주 두드러진다. 즉, 모래늪은 클라이언트에게 투쟁의 두드러짐이 강조되는 원형적인 맥락이며, 이것을 불안에 대해 조합하는 것이 또한 클라이언트가 이전에 충분히 알아차리지 못했을 수 있는 그곳에서 투쟁하는 것의 헛된 노력을 강조하는 역할을 한다. 그러므로 투쟁하는 것의 헛된 노력의 두드러짐은 두 맥락 사이의 조합에 대한 Crel[1]을 통해 끌어낸다.
- 이 두 사상 사이의 대단히 중요한 조합 관계를 통해 클라이언트에게서 기능 이동이 발생한다. 즉, 모래늪에서의 투쟁 기능이 불안과의 투쟁으로 이동된다.
- 두 네트워크 사이에 은유가 명세화되는 관계를 통해 클라이언트는 이제 양쪽의 각 네트워크를 지배하는 인과 관계도 있다는 것을 파생시킬 것이다. 이 경우, 기대되는 파생은 불안과의 투쟁이 공황을 일으킬 것이라는 노선을 따르게 될 것이다(모래늪에서의 투쟁이 빠져 죽는 것을 유발하는 것과 마찬가지로). 실제로 클라이언트는 이전에 불안에 대한 투쟁과 공황 발작 사이의 인과 관계를 변별하지 않았을 수도 있다. 대조적으로 그는 공황을 피하기 위해 불안을 통제하는 투쟁이 필요하다고 믿었겠지만, 이제는 투쟁이 공황의 원인이 되고 있다는 것을 인식하게 될 수도 있다. 은유를 통해 그는 이제 투쟁 그 자체가 자신을 공황에 빠뜨리고 있다는 것을 알게 될 수도 있다.
- 왼쪽의 표적 네트워크를 다시 고찰해 보자. 빠져 죽는 것과 인과 관계가 있다는 것뿐만 아니라, (불안과의) 투쟁이 조합된 행동(예, 곰곰이 생각하고, 해결하는 것), 생각(예, "난 대처할 수 없어."), 감정(예, 좌절)을 포함하고 있다. 이러한 사상들의 조합조차도 클라이언트에게는 다소 새로울 수도 있는데, 이전에는 이것들이 모두 같은 투쟁의 일부라는 것을 인식하지 못했을 수도 있다.
- 마찬가지로, 오른쪽에 있는 보조관념 네트워크를 고찰해 보자. 투쟁(모래늪에서)은 조합된 행동(예, 팔과 발을 허우적거리는 신체적인 행동), 생각(예, "나는 해낼 수 없을 거야.") 및 감정(예, 공황)을 포함하고 있다. 빠져 죽는 것은 행동(예, 질식), 생각

---

1) 파생된 관계를 통제하는 맥락 단서를 나타내는 RFT 용어

(예, "나는 죽을 거야.") 및 감정(예, 두려움)과 유사하게 조합된다.

- 이러한 은유가 잘 작동하는 방법 중 하나는 네트워크 사이의 아주 중요한 조합 관계가 공황 발작과 빠져 죽는 것(예, 둘 다 생명을 위협할 수 있다는 느낌을 줌) 사이의 조합을 강조하는데, 이는 치료자가 클라이언트의 공황 발작(즉, 그는 그것이 빠져 죽는 것만큼 기분 나쁠 수도 있다는 것에 동의한다) 동안에 강렬한 감정적 경험을 진정으로 이해하고 인증하는 역할을 할 수 있음을 시사하는 것이다. 보조관념의 일부 측면과 표적의 실제 경험 사이의 유사성, 특히 감정적 유사성 수준이 클수록 클라이언트의 경험의 인증 수준은 더 커진다. 이것은 우리가 좋은 은유 '작동'을 말할 수 있는 핵심 방법이며, 부분적으로는 그것이 강한 공감적 특질을 가지고 있기 때문이다.
- 은유는 또한 투쟁의 불가피성을 파생시킴으로써 공감을 촉진한다. 사실 생명이 그렇게 심각하고 즉각적인 위협을 받고 있을 때, 모래늪 속에서 투쟁하는 것은 거의 본능적인 것이다. 투쟁의 관점에서 이러한 불가피성을 공유하는 인식은 또한 그가 한 일이 완전히 자연스럽고 논리적인 반응이라는 것을 암시함으로써 클라이언트를 거의 인증하는 역할을 한다.

RFT를 사용하여 임상적 은유를 잘 구성하기 위해서는 (1) 보조관념 관계 네트워크를 구성하기 위해 치료자는 먼저 클라이언트의 특정한 감정/행동적 문제가 무엇인지 기능적으로 밝혀야 한다. 즉, 치료자의 기능적 분석은 특정 표적 행동이나 행동 집합에 초점을 맞춰야 하며, RFT의 경우 이 행동을 지지하는 표적 언어 관계의 확인(예, 나는 불안의 맥락에서 투쟁을 조합하였다)을 포함해야 한다. 그 결과, 임상적 은유는 대부분 특정 행동과 이러한 행동이 배치되는 관계적 네트워크에 초점을 맞추고 있다.

그 다음으로 (2) 치료자가 클라이언트의 기존 관계 네트워크(즉, 표적)를 확인하면 은유(즉, 보조관념)를 형성할 관계 네트워크를 구성한다. 보조관념이 표적과 더 걸맞을수록(기능의 변형 등) 은유가 더 잘 작동된다. 더 좋게 걸맞을수록 클라이언트에게서 강한 공감각을 또한 촉진시킨다.

다음의 [그림 5-3]으로 다시 한 번 이를 RFT 틀에서 차근차근 살펴보자. 여기서는 임상적 은유가 바탕이 될 수 있는 기능적 분석을 예시하기 위해 트라우마 내력이 있는 40세 여성의 가설적인 예를 다음에 제공한다(Foody et al., 2014 참조). 기본적으로 클라이언트는 자신이 주변의 세상에 어울리지 않는다고 보고하고, 그 결과 외로움과 손상된 사회적 관계를 경험한다고 하였다. 이 클라이언트의 외로움을 포착하는 매우 간단한 은유는 다음과 같다. '**당신의 외로움은 마치 외국 땅에서 탐험가가 되는 것과 같다.**' 이 클라이언트를 위해서 외로움의 표적 네트워크를 구성하는 관계 네트워크와 외국 땅에서 탐험가가 되는 조합된 시나리오를 제공하는 보조관념 네트워크를 구성할 수 있다.

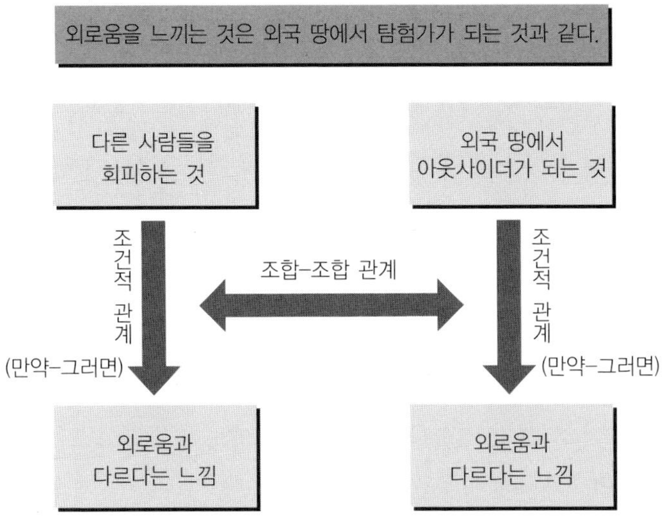

[그림 5-3] RFT에 기반한 임상 은유의 예

- 오른쪽의 보조관념 네트워크를 고찰해 보자. 이것은 만약 당신이 외국에 있다면, 당신은 가족과 친구들이 가까이에 없어서 그들을 그리워하게 될 것이라는 잘 알려진 사실에 의존한다. 당신은 또한 주위 사람들과는 여러 가지 면에서 다를 것이다(예, 다른 언어로 구분됨). 이러한 사실들을 종합하면, 당신은 외롭고 고립된 느낌을 받을 것이다. 따라서 외국에 있는 것과 혼자 있는 것 사이의 인과 관계는 이 네트워크의 핵심이다.
- 왼쪽의 표적 네트워크를 고찰해 보자. 이것은 자신을 오랫동안 혼자 있게 하고 주변 사람들과는 다르게 고립감을 느끼게 하는, 타인을 피하는 클라이언트의 행동을 가리킨다. 따라서 다른 사람을 피하는 것과 외로움을 느끼는 것 사이의 인과 관계가 그 네트워크의 핵심에 있다.
- 클라이언트가 이전에 다른 사람을 회피하는 것과 외로움 사이에 인과 관계를 보

지 않았을 것 같기도 하기 때문에 이러한 단순성 수준에서도 아마도 뭔가 새로운 일이 일어났을 것이라는 것을 인식할 가치가 있다. 클라이언트는 외로움과 타인에 대한 걱정을 달래는 유일한 방법은 가능한 한 타인과의 접촉을 최소화하는 것이라고 믿었을 것이다. 그러나 은유는 바로 그 반대일 수도 있다는 것을 암시한다. 예를 들어, 외국 땅에서 타인과 섞여서 언어를 배우면 덜 외롭게 된다. 일반적으로 사회적 접촉도 마찬가지이다.

- 네트워크 조합뿐만 아니라, 외로움과 다름은 한 맥락에서 다음 맥락으로 공유되는데, 그것은 외국 땅에 있을 수 있는 유일한 해결책(즉, 타인과 섞이고 언어를 배우는 것)은 클라이언트 자신의 사회적 맥락으로 이동하는 파생물이다. 즉, 유일한 해결책으로서의 섞이는 것의 기능은 외국 땅에 있는 것에서부터 훨씬 더 작은 사회적 맥락에 있는 것으로 이동해 간다. 이 특별한 은유에서 타인과 접촉하는 해결책은 분명하지 않지만, 훨씬 더 좁은 맥락으로 외국 땅의 넓은 맥락을 조합시킬 때 이것이 파생될 가능성이 매우 높다.
- 두 상황 모두에서 해결책은 두려움과 불안 감정을 기꺼이 느끼고, 계속해서 사람들을 만나려고 노력하는 것이다. 이러한 경험에도 불구하고 '탐색'을 계속함으로써 클라이언트는 자신에게 중요한 것(즉, 사람들을 만나고, 그 결과 외로움을 덜 경험하는 것)을 성취할 것이다. 두 맥락 모두에서 사상들과 사람들은 낯설고 불안하게 만들고 무섭게 보이지만, 이러한 두려움에도 불구하고 '탐색'을 계속함으로써 놀라운 새로운 경험과 연관성을 발견할 수 있다.

은유의 창조는 특정 클라이언트에게 적절한 맞춤식 은유를 치료자와 클라이언트가 기존의 은유, 문화적인 배경을 토대한 여러 가지 수사법, 특정 맥락 등을 고려하여 생성해야 할 것이다. 은유 창조를 RFT 관점으로 본 또 다른 예를 보자(Barnes-Holmes, Barnes-Holmes, & McHugh, 2004 참조). 예를 들어, 은유 **'인터넷 서핑'**의 창조는 어떤 시점에서 인터넷을 활용하였을 수도 있는데, 이 맥락이 갑자기 실제 서핑의 지각 기능을 생성하였을 수도 있다. 그 결과, 그 사람은 즉각적으로 두 가지 용어 '파도를 서핑하는 것'과 '인터넷을 서핑하는 것'을 관계지을 수도 있을 것이며, 따라서 비임의적인 관계를 토대로 한 관계 네트워크를 창조하였을 수도 있다.

새로운 은유의 창조는 새 은유의 첫 번째 증명에 앞서 형식 관계의 구별을 포함하고 있다고 하더라도, 은유를 위한 토대로서 기능에 대한 비임의적인 관계의 최초 구별에는 이전의 임의적인 관계 반응이 반드시 있을 것이다(즉, 언어 내력 → 비임의적인 관계 → 임의적인 관계). 은유 '인터넷 서핑하기'는, 예를 들어 확실히 부분적으로 바다를 서핑하는 것(예, "서핑은 빠르고 신나며, 바다를 '스치며 지나가는 것' 혹은 '타는 것'처럼 느껴진다.") 그리고 인터넷을 활용하는 것(예, "인터넷 정보에 접근하는 것은 빠르고, 사용자가 마치 정보의 바다 위에 '스치며 지나가는 것' 혹은 '타는 것'처럼 느껴진다.") 두 가지 모두에 대한 묘사는 생성한 언어 내력에 기반하고 있다. 달리 말하면, 이들 묘사는 처음으로 은유 산출을 이끈 형식 관계에 대한 구별을 촉진시킨 것이다. 그러므로 이 관점으로부터 은유의 창조는 임의적인 관계적 반응을 토대로 한 비임의적인 관계의 구별을 포함하며, 따라서 은유의 이해와 창조에 포함된 과정은 기능적으로 유사할 수도 있다. 이 쟁점은 확실히 더 분석이 필요하다고 하더라도, 은유 이해에 대한 현재의 RFT 모형은 은유적 언어에 대한 더 완전한 기능적 분석 모형을 개발하기 위한 유용한 출발점을 제공한다는 것이다.

다음에 은유 몇 개를 제시해 본다(김경혜, 2014 참조). 이 은유들을 보면서, RFT 관점으로 은유를 분석해 보고, 더 나아가서 또 다른 은유를 창조해 보기를 권장해 본다.

안목

어느 학교에 학생들에게 대단히 존경받는 선생이 있었다. 하루는 교장이 그를 부르더니 선생의 수업 방식이 논리적이지 못하고, 심리학의 전문용어를 너무 자주 사용한다는 등 여러 가지 트집을 잡으며 그를 비난했다. 선생은 교장의 말을 다 들은 뒤, 안주머니에서 보석을 하나 꺼냈다.

> "교장 선생님, 이 보석을 은 식기와 시계 배터리를 파는 가게로 가지고 가셔서 금 100파운드를 살 수 있는지 알아봐 주시겠습니까?"

교장은 그 보석을 여러 가게에 가지고 가서 흥정했지만, 상인들은 아무도 거들떠보지 않았다. 그나마 은으로 만든 낫을 사라는 제의가 전부였다.

교장은 보석을 그 선생 앞에 도로 가져왔다.

> "그렇다면 진짜 보석상에 가 보시겠습니까? 보석상 주인이 교장 선생님께 무엇을 내 주는지 한번 보세요."

교장은 가까운 보석상에 가서 가지고 온 보석을 꺼내놓았다. 보석상 주인은 바로 그 자리에서 금 수만 파운드를 내주었다. 보석을 금으로 바꿔 온 교장에게 선생이 말했다.

> "교장 선생님께서 저의 수업 방식을 대하시는 태도는 마치 은 식기 상인이 보석을 대하는 태도와 같습니다. 보석을 평가하시려면 보석상이 되십시오."

미국항공우주국

우주 연구 초창기에 존 F. 케네디 대통령이 미국항공우주국(NASA)에 방문했다. 그곳에서 대통령은 훌륭한 과학자와 연구원들을 비롯해 우주를 정복하고 달 표면을 걸어 보겠다는 많은 야심가를 만났다. 그 밖에 행정가와 회계사 등 그 프로젝트에 이바지하는 다양한 직종의 사람들과도 인사를 나누었다. 그들은 하나같이 강한 목표 의식과 자부심, 그리고 사명감으로 똘똘 뭉쳐 있었다.

복도를 걸어 나와 대기하고 있던 리무진에 거의 도착했을 때, 대통령은 등이 굽고 머리가 허옇게 센 한 남자와 마주쳤다. 그 남자는 한 손에는 양동이를, 다른 한 손에는 대걸레를 들고 있었다. 필요 없는 질문 같았지만, 대통령은 그에게 친절하게 물었다.

"여기서 어떤 일을 하십니까?"

청소부는 허리를 곧게 세우고 대통령을 바라보며 목소리에 강한 자부심과 위엄을 담아서 대답했다.

> "이곳에 있는 다른 사람들과 마찬가지로 인간을 달에 보내는 일을 하고 있습니다. 그게 제가 여기서 하는 일입니다."

새장 안의 새

오랫동안 새장 안에 갇혀 살아온 새가 있었다. 새는 종종 창살 너머 풀밭이나 그 너머에 있는 나무들을 바라보곤 했다. 그러다 탁 트인 하늘로 눈길을 돌리면 다른 새들이 자유롭게 날아다니는 모습이 보이기도 했다. 눈부신 햇살을 등지고 깃털 사이로 바람을 느끼며 단숨에 하강했다가 다시 비상하면서 작은 벌레를 순식간에 잡아먹는 모습이라니! 그럴 때 저 새들은 기분이 어떨까 하는 생각도 자주 들었다.

새장 안의 새는 자기가 그렇게 날아다니는 상상을 하는 것만으로도 흥분되고, 심장이 마구 뛰었다. 더러는 횃대 높은 곳에 앉아서 뱃속으로 숨을 깊이 들이마신 다음, 그 가능성을 점쳐 보기도 했다.

때로는 다른 새들이 창문턱에 날아와 앉곤 했다. 그들은 긴 여정 중에 잠깐 휴식을 취하다가 새장 안에 있는 새를 발견하고는 빤히 쳐다보았다. 그리고 집 안을 들여다보면서 저 새는 어쩌다가 저렇게 되었을까 하는 양 고개를 갸우뚱거리기도 했다. 새장 안에 갇힌 삶이라니, 그들에게는 상상할 수 없는 세계였다.

새장 안의 새는 자기 모습이 초라하게 느껴졌다. 작은 어깨가 축 처지고 가슴이 답답했다. 그럴 때면 더욱 비참함을 느꼈다.

어느 날이었다. 새의 주인이 새장 문 닫는 것을 깜빡 잊고 외출했다. 그 새는 문밖을 바라보았다. 바깥에서 다른 새들이 마음껏 날갯짓하는 모습이 보였다. 그들은 눈부신 햇살을 등지고 깃털 사이로 바람을 느끼며 날아다니고 있었다. 새는 마음이 흔들렸다. 게다가 새장 문도 열려 있었다. 가슴이 더욱더 두근거렸다.

새는 여러 가지 가능성을 염두에 두고 어떻게 할지 생각에 빠졌다.

해가 지고 주인이 집에 돌아와 새장 문을 닫을 때까지 새는 여전히 생각에 빠져 있었다.

전문가

어느 유명한 논리학자가 사망한 것 같았다. 사람들은 의사를 불렀다. 의사는 그의 사망을 확인했고, 사람들은 곧 장례 치를 준비를 했다. 그러나 논리학자는 죽은 것이 아니었다. 그날 밤, 논리학자가 정신을 차려 보니 다른 시체들과 함께 영안실에 있는 것이 아닌가! 논리학자는 그 상황에 놀라 다시 기절하고 말았다.

이튿날, 유명한 학자의 죽음을 슬퍼하면서 그의 생애를 기리는 긴 장례 행렬이 만들어졌다. 조문객들은 기도문을 읊조리기도 하고, 울부짖기도 했으며, 징과 북을 치는 사람도 있었다. 장례 행렬이 공동묘지 입구에 도착했을 때, 관 안에 누워 있던 논리학자가 그 요란한 소리를 듣고 다시 깨어났다. 그는 관 뚜껑을 열고 소리쳤다.

"이봐요, 나는 살아 있소! 살아 있다고. 자, 보시오. 난 죽지 않았소!"

그러자 조문객들이 그를 향해 일제히 소리쳤다.

"말도 안 돼. 전문가인 의사가 당신의 죽음을 확인했단 말이오. 죽음은 논리학자의 영역이 아니오."

그러고는 논리학자를 묻어 버렸다.

우주 개발 경쟁

우주 개발 초창기에 미국과 소련은 서로 자국의 우주선을 먼저 달에 보내 이 분야의 우위를 차지하려고 필사적으로 노력했다. 두 나라는 그 일에 국가의 위신과 명예를 걸고 있었다.

모든 일이 그렇듯이, 고급 정보를 손에 넣는 일이 가장 중요했다. 그러기 위해서는 기술 향상에도 박차를 가해야 했고, 우주 비행사들이 무중력 상태와 그 밖의 우주 상황에 대처할 수 있게 연구해야 했다. 자연스럽게 우주 비행사가 연구 대상 중 맨 앞쪽에 있게 되었다. 그들은 연구 대상인 동시에 연구 결과대로 따라야만 하는 위치에 있었다. 우주 비행사들에게는 자기들이 경험한 것을 정확하게 기록할 의무가 있었고, 그 기록은 우주 개발 프로젝트에서 무엇보다 중요한 일이었다.

그러나 여기에는 큰 문제가 하나 있었다. 우주에는 중력이 없어서 펜 안에 든 잉크가 흘러나오지 않았다. 이 문제를 먼저 해결하는 쪽이 우주 개발 경쟁에서 승리한다고 해도 과언이 아니었다. 인류 역사상 이때만큼 글자 쓰기가 중요하고 본질적인 문제가 된 적은 없었다.

미국 정부는 실력 있는 펜 제조 회사와 손잡고 최첨단 펜 개발 프로젝트에 수백만 달러를 쏟아부었다. 이들은 먼저 학생들이 교실 천장에 무엇이든 마음껏 휘갈겨 쓸 수 있게 하는 것을 목표로 프로젝트를 진행했다. 즉, 펌프 역할을 하는 작은 하트 모양의 장치가 달린 펜을 개발하기로 한 것이다. 그러면 미국 우주 비행사들이 우주 공간에서 이 펜으로 중요한 정보를 메모할 수 있을 터였다.

반면, 소련 정부는 자국의 우주 비행사들에게 연필을 지급해 이 문제를 간단히 해결했다.

행운을 부르는 실력

유명한 골프 선수 게리 플레이어가 중요한 경기 도중에 공을 모래 구덩이에 빠뜨리고 말았다. 경기를 잘 풀어 가려면 그 공을 제대로 걷어 내야만 했다. 그는 마음속으로 두어 번 샷을 연습하고, 그 샷에 모든 힘을 집중했다. 골프채가 공을 제대로 때렸다. 허공에 모래를 뿌리면서 공은 하늘로 높이 날아갔다. 잠시 후, 땅에 떨어진 공이 두어 번 구르다가 핀이 서 있는 지점에서 50cm쯤 떨어진 곳에서 멈추었다.

샷을 치고 그린 쪽으로 걸어갈 때, 군중 속에 있던 한 남자가 그를 조롱했다.

"헤이, 게리. 저 샷은 정말 운이 좋았어."

게리 플레이어는 걸음을 멈추고 그 남자 쪽으로 몸을 돌렸다.

"당신 말이 맞아요. 그런데 당신도 알걸요? 연습을 많이 할수록 실력이 늘고, 실력이 늘수록 운도 더 좋아지거든요."

닭이 된 독수리

암벽 등반이 취미인 양계장 주인이 있었다. 하루는 암벽을 오르다가 툭 튀어나온 바위를 만났다. 바위 위에는 커다란 새 둥지가 있었는데, 둥지 안에는 굵직한 알이 세 개 있었다. 그것은 독수리 알이었다. 그는 자기 행동이 잘못되었음을 알고도 그만 유혹에 넘어가서 알 하나를 슬쩍했다. 암벽 등반을 마치고 농장으로 돌아온 그는 독수리 알을 닭장에 넣어두었다.

그날 밤, 암탉은 유독 커다란 그 알을 품었다. 수탉은 지금까지 본 적이 없는 그 커다란 알에서 깨어나는 병아리는 장차 최고의 닭이 될 것이라며 뿌듯해 했다. 시간이 지나 새끼 독수리가 알을 깨고 나왔다. 주위를 둘러보던 새끼 독수리는 암탉을 보자 “엄마! 엄마!” 하고 꽥꽥거리며 울기 시작했다.

새끼 독수리는 형제자매 닭들과 함께 자랐다. 그러면서 닭들이 하는 모든 것을 배웠다. 이를테면, 꼬꼬댁거리기, 흙속을 긁어서 벌레 찾기, 사납게 날개 퍼덕거리기, 먼지와 깃털로 뒤덮인 땅에 부딪히기 직전에 공중으로 높이 뛰어오르기 같은 기술이었다. 그는 이 모든 것이 닭에게 꼭 필요한 기술이라고 믿었다.

그렇게 어른이 된 독수리가 어느 날 우연히 하늘을 올려다보았다. 저기 하늘 높이 열 기류 위를 당당하게 솟아오르면서 금빛 날개를 쫙 펴고 힘들이지 않고 미끄러지듯이 창공을 날아가는 새가 있었다.

“저건 뭐지? 정말 대단해. 저 넘치는 힘과 우아한 자태라니! 움직임 속에 시가 묻어나는군.”

“저건 독수리야.” 다른 닭이 말했다. “새 중의 왕이지. 하늘을 나는 새인데, 우리같이 땅에 사는 새하고는 수준이 달라.”

자기가 닭인 줄 알았던 땅 위의 독수리는 한 번도 하늘을 날아 보지 못하고, 평생 닭으로 살다가 닭으로 죽었다.

제6장 관계 틀 이론과 기능적 맥락주의

자극들의 관계, 관계들의 관계,
그리고 변화를 위한 맥락을 창조하라

약간 엉뚱하지만 기능적 맥락주의에 관하여 열대어 수송에서 일어난 물고기의 맥락부터 예를 들면서 이 장을 시작한다.

관상용 열대어를 잡아서 전 세계에 공급하는 한 회사가 수송의 문제에 골머리를 앓고 있었습니다. 열대어 수송용 수조에 아무리 좋은 환경을 만들어도 수송 도중 절반이 넘게 죽어 버리고, 살아 남은 놈들도 대부분 생기가 없는 것이었습니다. 심지어 바다의 파도와 같은 물흐름 효과, 자연스러운 모래와 암석을 흉내 내어도 결과는 마찬가지였습니다.

그 이야기를 들은 생태학자는 간단한 해결책을 주었습니다.

"수조에 사나운 문어 한 마리를 넣어 두세요."

그 결과, 놀라운 일이 벌어졌습니다. 장시간 수송 끝에 수조를 열어 보자 사나운 문어는 대가리를 설레설레 흔들고 있었고, 대부분의 열대어는 살아서 쌩쌩하게 움직이는 것이었습니다.

생태학자의 대답은 간단했습니다.

"너무 편하면 죽어요. 항상 긴장 속에 살아야 생명력을 간직할 수 있습니다."

(어윤형, 전창선, 1994)

심리학들의 대부분의 모형은 메커니즘(기제)으로 불리는 철학에 근거를 두고 있다(Harris, 2009). 즉, 기계론적 모형들은 마치 그것의 기제가 많은 분리된 부분으로 구성되어 있는 것처럼 마음을 다룬다. '문제적인' 생각과 느낌을 기계의 잘못된 부분으로 보거나 기계의 구조 결함이라고 본다. 이러한 모형의 목표는 수리, 교체, 또는 잘못된 부분을 제거하는 것이다. 그래서 심리학의 기계론적 모형에서는 '역기능적인' '부정적인' '병리적인' 생각, 느낌 및 기억을 가정한다. 충동, 도식, 이야기, 핵심 신념 등도 기본적으로 문제가 있고, 역기능적이고, 병리적이기 때문에 수리, 교체, 제거가 필요하다는 것이다. 아이러니하게도 이러한 메커니즘 모형은 과학 분야에서 가장 성공적인 과학 철학이었다.

그런데 기능적 맥락주의는 급진적인 행동주의의 전통을 이어 받고 있다. 즉, ACT에서는 마음챙김으로 그 맥락을 바꿈으로써 생각과 느낌의 기능을 바꾸고, 그래서 그 영향을 새로운 틀로 바꾸는 것이다. 다시 말하면, 고통스런 생각과 느낌을 비정상적인 병리적 증상의 틀에서 풍요롭고 의미 있는 삶의 자연스런 부분인 정상적인 경험이라는 새로운 틀로 바꾸게 해 준다.

ACT는 기능적 맥락주의로 알려진 다양한 실용주의에 기초하고 있다(Hayes et al., 1988; Pepper, 1942). 기능적 맥락주의는 심리적 사상들을 인간과 맥락 간의 상호작용으로 본다. 맥락은 이전 학습 및 선행사상의 결과와 언어 규칙으로 규명된다. ACT 이론 및 이와 연합된 치료 전략들은 기초 과학 수준에서 RFT와 철저하게 통합되어 있다. 앞에서도 소개하였지만, RFT에 관해서 Törneke(2010)의 『Learning RFT』 책을 참조하면 좀 더 쉽게 접근할 수 있다.

Hayes와 Strosahl(2004)은 인간은 임의적인 맥락적 통제 하에서 사건들을 관련시키는 것을 학습한다는 것이 RFT의 핵심이라고 하였다. 그리고 RFT 연구에서 도출된 몇 가지 핵심 결론을 다음과 같이 요약하였다:

1. 관계 틀은 인간 경험의 중심적인 조직 원리인 학습된 행동 과정이다. 심리치료는 필수적으로 다양한 관계 틀과 맞물리며, 필요한 경우 다양한 관계 틀 기능을 변형하는 것을 포함한다.
2. 클라이언트들에게서 나타난 보다 더 공통적인 기술 결함의 일부(빈약한 문제 해결, 정서적 고통과 충동성을 감내하는 능력의 결여)는 빈약하게 통제되거나 부적절하

게 발달된 관계 레퍼토리에 기인한다.

3. 관계 틀은 그렇게 많은 인간 노력의 영역에서 전반적인 유용성, 자극 기능의 변형을 통해 영향력을 넓히려는 경향성, 그것을 통제하는 단서의 임의성, 그리고 개인의 행동을 통제하기 위해 언어를 사용하는 도처에 널린 문화적 추동 때문에 유관성 조형 학습과 같은 다른 행동 조절 원천의 우위를 점하는 경향이 있다.
4. 언어 레퍼토리가 발달함에 따라 사람들은 변형된 기능(관계 틀에 기반을 둔 사상의 기능)을 마치 직접적인 것처럼 취급하는 경향이 있다. 사람들은 직접적인 기능과 언어적으로 형성된 기능 사이를 구분하기 어렵기 때문에 자신들이 얼마나 많이 언어적으로 변형된 세상을 살아가는지 알아채지 못한다.
5. 상징적이고, 일시적이고, 평가적인 관계 틀의 본질은 사람들이 현재 순간과 직접적으로 접촉하는 것을 어렵게 만든다. 다른 행동 조절 원천들 위에서 언어 과정을 지배하는 것('인지적 융합')은 사람들로 하여금 진정한 삶의 결과에 무감각하게 할 수 있고, 이는 정신병리의 주요 원인이 될 수 있다.
6. 효과적인 인간 문제 해결을 허용하는(예, 문제를 정의하고, 원인을 탐지하고 변경하도록 허용하는) 관계 틀의 동일한 속성들은 현재 우리 환경의 형식적 특징과는 무관하게 고통의 상태에 빠뜨리고(예, 과거의 상실이나 아픔을 기억함으로써), 쓸데없이 우리의 고통을 악화시킨다(예, 우리의 상황을 이상과 지속적으로 비교하면서, 미래를 두려워하면서). 이러한 부정적인 효과는 그것을 만들어 내는 언어적 관계를 제거한다고 해서 통제되는 것이 아니다. 왜냐하면 이러한 관계들이 긍정적인 인간 기능에도 필요하기 때문이다.
7. 인간은 상황을 통제함으로써 간단하게 고통을 통제할 수 없기 때문에 종종 부정적인 경험 그 자체에 초점을 둔다. 개인이 외적인 문제들을 변경시키는 것과 같은 방식으로 고통스러운 사적 사상들을 통제하려는 시도(즉, 통제에 대한 직접적이고 규칙-지배적인 시도를 통해서)는 종종 이러한 사적 사상의 강도, 빈도 혹은 행동적 영향을 증가시킨다. 이 과정은 일반적으로는 인간의 고통, 특히 정신병리의 근본 원인이다.
8. 관계 네트워크는 뺄셈에 의해서가 아니라 덧셈에 의해서 작용한다. 따라서 임상적 중재를 경유하여 내력적으로 조건형성된 언어적 관계의 내용을 변경하기는 힘들다. 그러한 이유로 내용에 초점을 둔 변화 과정은 종종 바람직하지 않은 개

인적 사상의 경우 성공하지 못하는 것 같다.

9. 관계 틀의 존재와 그 내용을 통제하기는 어려운 반면, 부정적인 관계 네트워크 가 손상되지 않은 채 남아 있는 경우 관계 틀 구성의 부정적인 기능을 상당한 정도 까지 맥락적으로 통제할 수 있다. 행동 기능을 바꾸기 위해 부정적으로 틀을 형성한 사상을 통제하거나, 제거하거나, 회피할 필요는 없다. 달리 말하면, 효과적인 임상 중재를 설계하는 데 있어서 특정한 관계 맥락과 비교하여 기능적 맥락에 초점을 두는 것이 보다 더 임상적으로 중요하다.

요점을 말하면, 인간은 끊임없이 자극들을 관계 짓고, 관계들을 관계 짓는 비상한 능력을 가진 존재라고 할 수 있다. 그래서 적응력도 높지만, 아이러니하게도 이러한 관계 때문에 고통을 자초하게 되는 것이다. 즉, RFT 관점에서 보면 언어는 사물들 간의 관계들로 이루어져 있다. 우리는 관계를 만들고 이해하며, 이들 관계에 반응한다. 어떤 경우에서는 두 가지 사건 간의 단순한 관계가 우리의 행동에 영향을 줄 수 있다. 예를 들어, 식당에서 돌솥 비빔밥을 가져다주면서 "뜨거우니 조심하세요!"라고 말한다면 아마도 어린아이들조차도 조심할 것이다. 그렇게 학습이 되어서 점차 관계 짓기의 달인이 되는 것이다. 어떤 경우에서는 단순한 관계의 조합도 미묘한 방식으로 행동을 지배할 수 있는데, 복잡한 관계에서도 마찬가지이다(O'Hora, Barnes-Holmes, Roche, & Smeets, 2004). 그래서 ACT는 행동을 지배하는 규칙의 기능이 인간 언어에 어떻게 적용되는지를 검토한다. 행동 분석에서는 유관성-조형 행동과 규칙-지배 행동 사이에 구별이 이루어진다. 유관성-조형 행동은 자연스러운 결과에 의해 통제되는 행동이다. 규칙-지배 행동은 인간 존재를 유지시켜 주는 가치 있는 기능을 한다. 그렇지만 규칙-지배 행동이 기능적이지 않은 상황에 적용될 때에는 문제가 될 수도 있다(Hayes, Strosahl, & Wilson, 1999, 2011; Törneke, Luciano, & Valdivia-Salas, 2008).

그래서 ACT는 인간 고통이란 기능적이지 않은 삶의 영역에서 인간 언어를 적용하고 문제 해결을 하려는 데에서 생겨난다고 가정하고 있다. 따라서 언어 규칙과 그것들이 어떻게 기능하는지를 RFT와 기능적 맥락주의 관점에서 이해하는 것이 중요하다고 본다(예, Alvis, 2010; Hayes, Barnes-Holmes, & Roche, 2001: Hayes, Strosahl, & Wilson, 1999, 2011; Hayes & Wilson, 1993). 그러므로 부정적인 규칙-지배 행동을 약화시키는 ACT 은유를 RFT와 기능적 맥락주의 관점에서 이해하고, 활용하고, 창조하는 것이 중요하다고 보는 것이다(손정락, 2015).

규칙-지배 행동을 기술하기 전에 ACT에서 인간 고통의 근원인 인지적 융합이 발생하는 언어와 인지 영역을 먼저 보자. 융합은 여섯 가지 인지 영역에 걸쳐 가장 발생하기 쉽다: 규칙, 이유, 판결, 과거, 미래, 그리고 자기가 그것이다(Harris, 2009: Stoddard & Afari, 2014: 손정락, 2016에서 재인용).

- **규칙** 규칙-지배적인 생각은 흔히 '해야 한다(should)' '틀림없이(must)' '그래야 한다(ought)' '만약-그러면(if-then)' 언어로 구성된다. 당신은 아마도 다음과 같이 생각하는 클라이언트를 만날 수도 있다:

  내가 치료를 받는다면, 그러면 그것은 틀림없이 내가 미쳤다는 것을 의미하는 걸 거야. 나는 좀 더 정상적이어야 해. 만약 사람들이 내가 얼마나 혼란스러운지 알게 된다면, 그들은 절대 날 받아들이지 않을 거야.

  규칙-지배적인 생각과의 융합은 심리적 경직성과 같은데, 이는 언제나 고통을 초래한다.

- **이유** 이유-지배적인 생각은 전형적으로 왜 변화가 불가능한지에 대한 변명으로 구성된다. 클라이언트들은 다음과 같은 생각들을 가질 수 있다:

  '나는 변화에 대한 의지력이 없어.' '나는 충분히 현명하지(충분히 강하지, 충분한 능력 등) 못해.' '나는 너무 게을러(병약해, 운이 없어 등)' 혹은 '내 갈망(불안, 우울 등)은 싸우기엔 너무 강해.'

  이유-지배적인 생각과의 융합은 그러한 변화가 중요한 삶의 가치와 일관될 때에도 의미 있는 변화를 만들어 내는 것을 저지한다.

- **판결** 판결과의 융합은 이러한 평가들이 부정적(예, '나는 너무 못생겼어' 혹은 '이 불안을 견딜 수 없어!')이든, 긍정적이든 문제를 일으킬 수 있다. 예를 들어, 친구, 동료, 가족 구성원 혹은 조력 전문가들을 존경하는데, 이들이 클라이언트의 기대에 부응하지 못했을 때 만성적으로 실망하는 클라이언트를 생각해 보라.

- **과거와 미래** 과거 혹은 미래와의 융합은 불쾌하고 유쾌한 내용 모두를 포함할 수 있다. 부정적인 기억과의 융합, 과거로부터 긍정적인 경험을 되찾기를 바라는 것, 미래에 대한 불안에 사로잡히는 것 또는 앞으로 더 밝은 시기를 바라는 것이 그것이다. 이러한 형태의 모든 융합은 클라이언트들을 현재 순간에서 벗어나게 한

다. 때때로 이러한 과정은 경험 회피라는 인지적 형태의 결과를 낳고, 이것이 약간의 일시적인 구제를 해 줄지라도 장기적으로는 괴로움을 초래할 뿐이다. 궁극적으로 모든 유형의 융합처럼, 그것은 클라이언트들에게 가장 중요한 것들로부터 자신을 멀어지게 하는 경향이 있다. 예를 들어, 만약 클라이언트가 '지난번 면접을 봤을 때 그것은 완전히 재앙이었어. 다음번에도 반드시 그렇게 될 거야.'라는 생각에 빠져들면, 그는 미래의 면접도 회피할 것이다. 비록 경력 개발이 그에게 있어 의미 있는 삶의 추구일지라도 그렇다.

- **자기** 자기에 대한 생각은 우리의 정체감을 형성하는 우리가 말하는 스토리이다. 그것들은 전형적으로 '나는 ~이다'로 시작되고, ACT에서 그것들은 개념화된 자기로 불린다. 이러한 유형의 융합은 사람들이 자신의 가치(예, '나는 내 딸에게 상냥하고 부드러운 아버지가 되고 싶어요.')보다는 오히려 그들 자신에 대해 가지고 있는 스토리(예, '나는 매우 건장한 제3세대의 경찰관입니다.')에 이끌리게 한다.

RFT는 규칙-지배 행동을 세 가지 범주로 나눈다: **순종**(pliance), **있는 길로 따라가기**(tracking) 및 **증강시키기**(augmenting)가 그것이다(Hayes, Strosahl, Wilson, 1999, 2011 참조). 규칙-지배 행동이라는 용어는 문제 해결에 관한 한 장에서 Skinner(1966)에 의해 처음으로 사용되었다(Törneke, 2010). 그 이후 행동분석가들은 이러한 유형의 복잡한 인간 행동을 설명하기 위해 노력해 왔다.

Törneke(2010)는 두 가지 기본적 형태의 규칙-지배 행동은 **순종**과 **있는 길로 따라가기**이고, 세 번째 형태의 규칙-지배 행동은 **증강시키기**라고 나누었는데, 증강시키기는 규칙에 명세화된 결과가 강화 혹은 처벌 기능에 영향을 미침으로써 다른 두 가지 중 하나와 조합되어 작용한다고 하였다. Törneke는 세 가지 규칙-지배 행동을 다음과 같이 알기 쉽게 설명하였다(이선영, 2019; Törneke, 2010 참조).

순종

순종(pliance)은 "행동과 선행된 언어 자극 사이의 조합에 대한 사회적으로 매개된 강화 내력의 통제 하에 있는 규칙-지배 행동(즉, 관계 네트워크 혹은 규칙)인데, 강화가 그 자체로 규칙과 행동 사이의 조합 틀에 기반되어 전달된다."(Hayes, Barnes-Holmes, & Roche, 2001, p. 108) 순종은 일상 언어에서 말하는 것처럼 '들은 대로 행하기'라고 의미하는 것과 유사한데, 왜냐하면 바로 이것을 행하는 것을 촉진하는 강화 유관성을 이전에 마주친 적이 있다는 것을 암시하기 때문이다. 규칙 따르기 행동은 그것 자체로 순종에서 중요한 것인데, 왜냐하면 결과가 규칙 제공자에 의해 통제되고, 규칙을 따르는 것에 달려 있기 때문이다. 전형적인 순종은 한 사람이 어떤 다른 사람의 승인을 얻기 위해 그가 말한 것을 따를 때인데, 이것이 규칙에 명세화된 결과에 기반해서 행해진 것이라면 그렇다. 만약 경찰이 나를 정지시키고, 내 면허증을 보여 달라고 요구한다면 그렇게 하는 것은 순종의 예가 된다.

규칙-지배의 결과는 물론 규칙—이것이 선행사상이 되는 것—을 통해서만 분명히 접촉된다. 후속 행동은 아직 그것의 실제 결과를 마주치지 않았다. 규칙-지배 행동에서 규칙에 명세화된 결과는 이전 시점에서는 듣는 사람에 의해 접촉될 필요는 없었는데, 이 행동은 직접적인 유관성에 의해 지배되는 행동과 구별된다. 그렇지만 듣는 사람은 그와 같은 규칙들을 따르는 것의 직접적인 결과를 이전에 마주친 적이 있다. 언어적으로 능숙한 사람은 이전에 그러한 결과를 마주친 적이 없음에도 '그러지 않으면 널 쏠 거야!'와 같은 결과를 명세화하는 어떤 규칙을 따를 수 있다. 필요한 것은 임의적으로 적용할 수 있는 관계적 반응하기 목록인데, 이 관계는 규칙을 따라 해서 이전에 마주친 적이 있는 결과와 조합된 것이다. 당연히, 이것은 모든 형태의 규칙-지배 행동에 적용된다.

우리는 대부분 어떻게 순종을 배우는가? 언어 훈련을 통해서 어린아이가 관계 틀을 학습할 때, 소리는 언어적 자극으로서 기능하기 시작할 수도 있다. 이러한 자극들이 상황을 임의적으로 관련지음으로써 현재 상황의 기능을 바꾼다.

있는 길로 따라가기

있는 길로 따라가기(tracking)는 '그 환경이 규칙의 전달과 상관이 없는 규칙과 방법 사이의 조합 내력의 통제를 받는 규칙-지배 행동'이다(Hayes, Barnes-Holmes, & Roche, 2001, p. 109). 있는 길로 따라가기의 전형적인 사례는 "약 1km 정도 직진하다가 주유

소가 보이면 우회전하세요. 그리고 200m쯤 가면 운동장이 있어요."를 듣고 나서 어떤 방향으로 운전하고 있는 사람의 행동이다. 만약 그 사람이 그 규칙과 그 운동장의 실제적인 위치—말하자면, 언급된 규칙을 들었을 때 누가 봐도 알 수 있는—간의 명백한 대응 상태에서 지시받은 대로 운전한다면 이 예는 타당하다. 결국, 이 사례에서 행동을 지배하는 것은 규칙이지 그 운동장의 실제 위치가 아니다. 만약 그 규칙이 듣는 사람에 의해 뒤따라간다면 그 규칙은 있는 길로 따라가기로 기능하는 것이다.

사회적 공동체가 이러한 학습이 일어나게 하는 방식에 관해 좀더 그럴싸한 사례를 하나 들어보자. 아이가 놀이를 마쳤을 때, 아이의 아빠는 아마 "네 손이 얼마나 더러운지 봐. 가서 손을 깨끗하게 씻으렴."이라고 말할 수도 있다. 아이가 순종 때문에 아빠가 원하는 대로 한다고 가정해 보자. 아이는 '아빠가 너한테 말한 대로 해야 돼.'처럼 기술될 수 있는 강화 내력에 근거한 규칙을 따른다. 그 아이가 손을 씻을 때, 아이의 아빠는 아마도 아이가 들은 대로 행한 것의 결과로 어떤 사회적 결과를 추가하지 않은 채 아이의 손이 얼마나 깨끗한지에 대해서만 언급할 수도 있다. 이 시점에서 아이의 아빠는 발생한 변화들을 자신의 딸이 구별하게 할 수 있고, 관련된 관계 훈련—예컨대, 조합 관계, 시간 관계, 그리고 인과 관계의 측면에서 사상의 틀을 짓는 것—을 제공할 수 있다. 그는 "봐, 네 손이 정말 더럽지? 물로 손을 씻어. 봐!—무슨 일이 일어났니?"라고 말할 수 있다. 그는 아이에게 무엇을 했는지, 그러고 나서 무슨 일이 일어났는지, 그리고 왜 그 일이 일어났는지 물어볼 수 있다. 사회적 공동체는 그처럼 규칙 따르기에 의존하는 사회적으로 영향을 준 결과에 상관없이 아이에게 그 자체로 강화하거나 처벌하는 행동 및 실제 결과들을 명세화한 많은 규칙에 관한 표본을 제공한다. 이것은 아이가 그 이상의 규칙들을 추적할(있는 길로 따라가기를 할) 가능성을 점진적으로 늘려나간다. 이것은 처음에는 최소한 아이에게 중요한 사람들과의 상호작용에 적용될 것이다.

증강시키기

증강시키기(augmenting)는 "어떤 사상이 결과로 기능하는 정도를 달라지게 하는 관계 네트워크에 기인하는 규칙-지배 행동"이다(Hayes, Barnes-Holmes, & Roche, 2001,

p. 109). 증강시키기는 순종 혹은 있는 길로 따라가기 둘 중 하나와의 결합에서 발생한다.

증강시키기가 발생하는 방법은 다음과 같이 RFT로 설명된다. 어떤 관계 네트워크가 결과와 연결되고, 그래서 이 결과의 강도나 기능을 달라지게 한다. 자신의 손을 씻는 걸 배웠던 소녀로 돌아가 보자. "초록 비누를 써, 마리아. 그러면 네 손이 깨끗해질 거야." 이 규칙은 순종의 경우로 자신의 손을 비누로 씻는 소녀에 의해서 따라질 수 있다. 이 사례에서 행동이 발생하는 이유는 마리아에게 그 규칙이 그와 같은 규칙을 따르는 것의 결과를 암시하기 때문이다. 그것은 또한 마리아가 있는 길로 따라가기를 배웠고, 그녀가 자신의 손가락이 깨끗해질 것이라는 명세화에 근거하여 비누를 사용한 것일 수 있다. 그러나 만약 아이가 따른 그 규칙이 "만약 네가 비누를 사용한다면 너는 영리한 소녀야."라면, 이것은 증강시키기의 사례일 수도 있다. 이것은 '영리한 소녀'가 되는 것이 그 자체로 강화 기능을 갖는다면 사실이다. 증강제는 접촉해 온 것이 아니라 앞으로 그럴 것(운동장의 위치 혹은 손씻기와 같은)이라는 결과를 명세화하는 것으로 제한되지 않는 규칙들이다; 그것들은 또한 추상적인 결과에 접촉하게 해 주며, 여태 직접적으로 접촉하지 않아도 우리의 행동에 영향력을 가할 수 있다. 예를 들어, 어떤 사람이 죽음 후의 결과를 명세화하는 규칙을 따라 행동하는데, 이는 당연히 살아있는 사람은 접촉하지 않았던 것이다. 마찬가지로 우리는 '공정한 국제 경제 질서'와 같이, 직접 접촉하여 이용 가능하기에는 너무 추상적인 결과에 기반해서도 행동할 수 있다.

이러한 유형의 규칙-지배 행동은 순종 또는 있는 길로 따라가기 중 하나에 연결되어 있다는 것에 주목하라. 증강시키기는 하나의 별개 단위로서 기술될 수 있지만, 그것의 기능을 발휘시키는 방법은 명세화된 결과에 대한 강화 특질이나 처벌 특질을 변경시킴으로써 있는 길로 따라가기와 순종의 영향을 받는다.

두 가지 유형의 증강시키기가 문헌에 기술되어 있다: 형성적 증강시키기와 동기적 증강시키기가 그것이다. **형성적 증강시키기**(formative augmenting)는 강화나 처벌에 따라 주어진 결과를 수립하는 규칙에 기인하는 행동이다. 형성적 증강은 그래서 이미 수립된 강화물에 그것을 관련시킴으로써 이전에는 이러한 특질을 가지고 있지 않은 어떤 성과에 강화 특질이나 처벌 특질을 부여한다. 말하자면, 형성적 증강제는 동기요인을 만들어 낸다. 누군가 벼룩시장에서 낡은 『도날드 덕』 잡지를 보았지만 오래된 만화책에서 어떤 특별한 관심을 가지고 있진 않다. 그때 누군가 말한다. "이봐, 그 책은 『도널드 덕』 잡지 창간호야. 희귀본이야." 듣는 사람에게 이러한 진술은 그녀가 그 잡지를 살 것이라는 가능성을 더 늘리는 형성적 증강제로 기능할 수 있다. '창간호'와 '희귀본'은 이미 언어적으로 수립되어 있는 강화물이다. 그것들과 관련지음으로써 그 낡은 잡지 또한 강화물이 된다. "이것을 구입하면, 희귀본의 소유자가 될 거야."와 같은 규칙(이 경우에는 하나의 있는 길)은 이 사람의 행동에 영향을 줄 수도 있다. 또 다른 예는 어떤 남자가 특별한 관심을 끌지 않은 누군가를 소개받을 때 발생한 예인데—즉, 그때까지는 그 남자가 그가 관심을 갖고 있는 한 여성의 오빠라고 아무도 말해 주지 않은 것이다. 그런 진술은 그 사람과 관련하여 그의 추가 행동에 대해 형성적 증강제로 기능할 수도 있다. 그 사람과 그의 접촉은 새로운 가치를 습득했는데, 이것으로 그의 행동은 "그 사람과 가까이 지내. 그러면 바바라의 오빠와 가까이 지내는 거야."와 같은 있는 길로 따라가기에 의하여 영향을 받는 것인데, 왜냐하면 그 형성적 증강제가 돌연 그를 이전에 수립된 강화물에 그를 접촉하게 하기 때문이다. 이러한 모르는 사람에게 말하기는 형성적 증강을 통해 강화가 되어 왔던 것이다.

동기적 증강시키기(motivative augmenting)는 특정 상황에서 이전에 수립된 강화물(또는 처벌)이 강화하기(또는 처벌하기)로 기능할 확률을 변경시키는 규칙에 기인하는 행동이다. 말하자면, 동기적 증강제는 동기요인을 강조한다. 예를 들어, 누군가가 오래된 만화책에 이미 흥미를 보이고 있다고 해 보자. 그는 수집가이다. 어느 날 그가 일간 신문을 훑어보다가 지역 골동품 서점에 대한 광고를 본다. 코플랜드 골동품 서점은 책 그리고 만화책을 파는 곳이다. 그는 그 서점에 대해 이미 알고 있다. 사실 그는 정기적으로 그곳에 간다. 그는 그 서점이 만화책을 판매하는 곳임을 알게 해 주는 광고를 필요로 하지 않는다. 그러나 그가 그 광고를 읽는 순간, 그 가게는 그에게 더 중요하게 보인다. 현재 순간에서 전면으로 광고를 가져오면서 그 광고는 그에게 이미 수립된 강화물과 정서적이고 감각적인 접촉을 하게 한다. 이것은 "오늘 저기에서 산책해 보세요. 그래서 뭔가 흥미로운 것을 찾을 수 있는지 보세요."와 같은 규칙이 지배할 확률을 증가시킨다. 그가 광고를 보았기 때문에 이에 따라 행동한다면, 이것은 동기적 증강의 예가 될 것이다. 또 다른 예는 어느 날 한 아이의 아빠가 업무로 바쁜데, 저녁에는 그의 8세 된 아들이 다니는 학교에서 부모-교사 미팅이 있는 상황이다. 동료에게 말할 때 그는 실제로 가고는 싶지만, 시간이 없다고 말한다. 직장에서 할 일이 너무 많아서이다. 그의 동료는 "흠, 당신은 아빠로서 자식을 위해 거기에 가는 것이 중요하다고 말해 왔어요."라고 대답한다. "당신의 아들을 위해 그곳으로 가세요."에 기반하여 이것이 결국 그를 미팅에 가도록 만든다면, 그가 그것을 포기할 준비가 되어 있다는 것이 사실임에도 불구하고, 그의 동료가 상기시켜 주는 말은 동기적 증강제로 기능할 것이다.

두 가지 유형의 증강시키기 모두 우리가 흔히 동기라고 부르는 것에 영향을 미친다: 우리에게 일이 얼마나 중요하게 보이는가이다. 형성적 증강제는 어떤 새로운 것을 강화물로 수립하고, 동기적 증강제는 이미 강화되고 있는 어떤 것의 강화 가치를 일시적으로 증가시킨다. 일상 언어에서 형성적 증강제는 새로운 어떤 것을 중요하게 만들어 주며, 동기적 증강제는 그 순간에 이미 중요한 어떤 것을 훨씬 더 중요하게 만든다고 말할 수 있다. 이러한 과정은 또한 그 반대 방향으로도 기능할 수 있다. 강화물로 기능하는 어떤 것은 그 힘을 잃게 할 수 있거나 증강시키기를 통해 강화되는 것을 완전히 중단시킬 수 있다. 호기심을 불러일으키는 만화책 수집가가 희귀본을 막 발견하였는데, 그때 어떤 사람이 "그러나 책이 손상되었어. 가장 중요한 페이지가 빠져 버렸대."라고 하는 말을 들으면, 그가 그 책을 살 가능성은 아마 감소할 것이다. 이것은 이것을 말한 사람이 신뢰할 만하다면 그렇다는 것이다. 만약 어떤 사람이 일단의 사람들을 보러 가는 길에 있었고, 그들 중 한 사람이 그가 관심이 있는 여자, 즉 바바라라면, 한 가지 유사한 예가 될 것이다. 그때 어떤 사람이 "바바라가 새 남자친구, 스트븐을 데려오고 있어."라고 말한다. 이것이 그를 가지 못하게 만든다면, 그 모임은 증강시키기를 통한 명백한 강화물 기능의 일부를 상실한 것이다.

증강시키기는 우리가 일반적으로 동기라고 부르는 것과 연결되어 있다는 사실은 이러한 형태의 규칙 따르기가 같은 규칙 형식에서 인간 행동 전체에 중심이 된다는 것을 분명히 하고 있다. 삶에서 우리에게 동기를 부여하는 것은 우리가 살아가고 행동하는데 중요한 일이다. 증강제는 우리가 삶에서 가치를 두는 것들, 즉 우리에게 정말로 중요한 것들과 접촉하게 해 주는 관계 네트워크이다. 앞의 예에서 부모-교사 미팅에 가는 것은 '자식을 위하여 거기에 가는 아빠 되기'에 토대를 두고 동기화되었다. 이 아빠에게서 우리는 이 기능이 수많은 상이한 결정과 행동을 위한 동기부여 증강제라고 가정할 수 있다.

본래는 중립적인—혹은 심지어 지루하거나 고통스러운 매일의 많은 사건과 과정은 언어적으로 수립된 조작에 근거한 강화 기능을 얻게 된다. 바깥에는 태양이 빛나고 있고, 한 달 넘게 따뜻한 여름 첫째 날인 이때, 컴퓨터 앞에서 내가 글쓰기를 하면서 앉아 있는 것—내가 이 글을 쓸 때 내가 하고 있던 방식—은 그 자체 보상을 받을 일이 아니다. 나는 증강제를 근거로 하여 이 일을 하고 있는 것이다. 내 행동 목적의 더 큰 그림에 근거하여. 명시적이든지, 무언이든지 간에 우리의 삶은 자신이 의미를 두거나 바라는 전부에 대한 어떤 가정에 근거하고 있다. 이것이 우리가 일반적으로 가치라고 일컫는 것이다. 이것은 삶에서 전반적인 방향을 결정하게 해 주는 개인 혹은 기능에 의해 전반적으로 바랐던 언어적으로 구성된 결과인 것이다. 그것은 관계 틀을 통하여 만들어지고, 그 결과 수많은 상황에서 표현될 수 있고, 행동에 영향을 미칠 수 있다(Törneke, 2010). 증강시키기가 행동의 핵심이 되고 있는 한 영역은 우리가 흔히 도덕적 행동이라거나 윤리적 행동이라고 부르는 것이다(Hayes, Giffor, & Hayes, 1998).

이러한 유형의 규칙 따르기가 우리의 삶에서 그렇게 중요하다는 사실은 또한 그것이 임상적 문제와도 매우 관련이 된다는 것을 의미한다. 이것은 새로운 뉴스거리는 아니다. 가치는 여러 심리학과 철학에서 오랫동안 초점이 되어 왔다(Leigland, 2005; Dahl, Plumb, Stewart, & Lundgren, 2009). 바라건대, 이 영역에 관한 RFT에 근거한 과학적 분석이 도움이 되는 임상 중재의 발달에 기여하게 될 것으로 생각한다(Törneke, 2010). 다음에는 이러한 점을 염두에 두고, 이를 메타포와의 관련성을 좀 더 살펴보자.

관계 틀 이론과 기능적 맥락주의, 그리고 메타포

이러한 관계 틀 이론(RFT)과 기능적 맥락주의를 기반으로 ACT에서는 은유를 중요하게 활용하고 있으며, 그 비중이 상당하다. 비록 ACT 치료자가 RFT에 대한 광범위한 지식을 반드시 가져야 되는 것은 아니지만, 어떤 치료 기제가 관여되는지를 아는 것은 실제 임상 회기에서 더 효과적으로 은유를 활용할 수 있도록 해 준다. 이는 자동차를 운전하기 위해서는 엔진의 구조를 세부적으로 다 알 필요까지는 없지만, 엔진이 어떻게 작동하는지 그 기제를 이해하면 자동차를 더 잘 운전하고, 관리하는 것과 마찬가지일 것이다. Monestès와 Villatte(2019)는 은유가 어떻게 작동되는지, 언제 유용한지, 그리고 그것들을 어떻게 창조하는지를 이해하는 것은 각 클라이언트에게 효과적으로 그것들을 각색하는 데 상당히 도움이 될 수 있음을 강조하면서 ACT에서의 은유를 다이제스트로 쉽게 설명했다(https://conxtualscience.org/metaphor 참조):

왜 은유는 치료에 유용할까? 은유의 장점은 듣는 사람이 제시된 스토리에 대해 자신만의 결론을 내리도록 허용한다는 점이다. 치료의 맥락에서 임상가는 더이상 효과적인 행동에 대한 명시적인 지침을 제공할 필요가 없다. 클라이언트는 은유에서 자신만의 의미를 추출할 수 있기 때문이다.

규칙에 순종하면 많은 심리적 장애와 관련된 행동 경직성을 초래할 수도 있다(Hayes, Zettle, & Rosenfarb, 1989). 예를 들면, 공포증이 있는 사람들은 자신이 두려워하는 것을 피하기 위해서만 행동한다. 공황 발작이 있는 사람들은 심장 박동이 가속의 징후가 있는지를 주의깊게 추적 및 관찰한다. 환각을 가진 사람들은 모욕하는 목소리를 듣지 않으려고 상당한 시간을 할애한다. 이 경우에 환자들은 그들 자신만의 암묵적이거나 명시적인 규칙(예, '내 맥박은 너무 빨리 뛰면 안 돼.')을 따르고 있다.

순종, 있는 길로 따라가기, 그리고 증강시키기의 규칙 따르기가 어떻게 형성되었는지를 잘 살펴보면, 심리적 경직성과 심리적 유연성을 이해하는 데 많은 도움이 될 수 있다(예, Zettle & Hayes, 1987). 즉, 규칙을 따르는 것은 종종 심리적 유연성의 상실을 수반하지만, 자신의 행동에 적응하기 위한 규칙에 의존하는 것은 이점이 많을 수 있다.

순종의 예를 들면, 규칙은 즉각적인 강화(예, '심혈관 장애를 예방하기 위해서는 걷기가 필수이다!'), 직접적인 경험이나 관여가 없어도 다른 사람의 경험으로부터 얻어지는 것(예, '도박은 패가망신의 지름길이다.'), 인류의 생존과 발전에 의심의 여지없이 기여할 수 있는 장기적 사회 규범의 유지(예, '자연환경을 잘 보존하여 후손에게 물려주자!') 등이다.

있는 길로 따라가기의 예를 들면, 컴퓨터 워드에서 두 문서를 비교하려면 '도구' 메뉴로 가서 '문서 비교'를 선택하면, 규칙을 제공한 사람이 어떻게 반응하는지에 관계없이 문서의 효과적인 비교로 이어질 수 있다. 만약 내가 있는 길로 따라가기를 한다면 그것은 있는 길로 따라가기와 환경 사이에 관련성이 있기 때문인데, 그것은 순종의 경우에는 없다.

그런데 순종은 가설적이거나 누적된 결과를 가지고 행동을 유지하고, 직접적인 경험이 필요 없는 새로운 행동을 가르칠 때 매우 효과적이기 때문에 순종은 인간에게서는 있는 길로 따라가기보다 더 흔한 것 같다. 그렇지만 정신병리학에 관해서는 순종의 우세는 여러 가지 면에서 문제가 될 수도 있다(Törneke, Luciano, & Valdivia-Salas, 2008; Monestès & Villatte, 2019에서 재인용). 첫째, 주로 다른 사람들에 의해 유지되는 결과에 따라 행동하거나 그들의 지각된 기대에 따르는 것은 즐거움과 행복을 더 임의적으로 만든다. 활동 자체의 속성보다는 다른 사람들이 흥미롭거나 즐거운 것을 결정한다. 이것은 왜 어떤 사람들이 자신의 치료자의 기대나 바람에 순종하여 치료에 그렇게 많은 시간을 투자하는지를 설명해 줄 수도 있다. 게다가 주로 자신만의 순종에 따라 행동하는 것('실수가 없어야 상사들이 나를 좋게 볼 거야.')은 수정하기 어려운 행동 경직성을 초래한다. 규칙을 순종하는 것은 이어지는 어떤 결과보다 더 중요하며, 규칙을 어기면 불확실성과 죄책감이 생길 수도 있다("나는 더이상 완벽한 일을 할 수 없어. 그들은 나를 싫어할 거야. 나는 쓸모없어.").

은유의 의미를 파악하려면 그 속에 들어 있는 것에 주의를 기울일 필요가 있다. 사실 은유는 문자 그대로의 의미를 직접적으로 제공하지는 않는다. 클라이언트에게 은유를 제공하면 있는 길로 따라가기 능력, 즉 자연스러운 결과에 따라 행동을 조합할 수 있는 능력을 개발할 수 있는 기회를 주게 된다. 치료에서 은유를 제공하는 것은 클라이언트들이 그들의 현재 경험에 적용되는 단서를 찾도록 격려한다. 클라이언트들은 은유에서 잠재적인 새로운 관점을 추출하여 그들의 행동의 결과를 보게 한다. 세상을 바라보는 새로운 방법을 제공함으로써, 우리는 그들이 환경적 유관성에 더 접근하여 집중하도록 도와줌으로써 그 이후의 환경 변화에 더 잘 적응할 수 있도록 한다. 은유의 활용은 있는 길로 따라가기의 통제 하에 있는 클라이언트의 행동의 비율을 증가시킨다. 따라서 행동의 기능적 가치는 우리가 클라이언트에게 직접 그것을 주목하도록 요구할 때와 마찬가지로 직접적으로 표적이 된다(예, "이 행동의 목적은 무엇인가? 무슨 의미가 있지? 작동이 되나?"). 마지막으로, 클라이언트에게 은유에서 있는 길로 따라가기를 추출하도록 격려하는 것은 그들이 일어나고 있는 일에 대한 생각에 의존하기보다는 지금 여기에 집중하는 것과 자연환경에서 일어나고 있는 일을 관찰하는 데 도움이 된다. 이러한 모든 이유로 인해 은유의 활용은 심리적 유연성을 창출하는 효과적인 방법이다.

끝으로, ACT 육각형에서 **개념화된 자기**(심리적 경직성)/ **맥락으로서의 자기**(심리적 유연성)에 대한 은유로 **'하늘과 날씨' 은유**(Harris, 2009)를 보면서 클라이언트가 어떻게 탈융합과 관찰자 관점을 함양할 수 있는지를 RFT와 기능적 맥락으로 살펴보자.

하늘과 날씨 은유(손정락, 2016; Harris, 2009)

당신의 관찰하는 자기는 하늘과 같습니다. 생각과 느낌은 날씨와 같습니다. 날씨는 계속해서 변하지만, 그것이 얼마나 나빠지는가는 문제가 아닙니다. 그것은 하늘에게 아무런 해를 끼칠 수 없습니다. 가장 강력한 폭풍우, 가장 큰 소용돌이 허리케인, 가장 심한 겨울의 눈보라. 이것들은 하늘에 상처를 주거나 해를 끼칠 수 없습니다. 그리고 날씨가 얼마나 나쁜지의 문제가 아닙니다. 하늘은 항상 그것을 위한 공간을 가지고 있습니다. 더욱이 조만간에 날씨는 항상 변합니다.

때때로 우리는 하늘이 거기 있다는 것을 잊고 있는데, 하늘은 여전히 거기에 있습니다. 그리고 때때로 우리는 하늘을 볼 수 없는데, 왜냐하면 하늘이 구름으로 가려져서 보이지 않기 때문입니다. 그러나 만약 우리가 그 구름(가장 짙고, 가장 어두운 먹구름이라고 하더라도) 위로 충분히 높게 올라간다면 조만간에 우리는 맑은 하늘에 닿을 수 있으며, 모든 방향으로 한없이 그리고 순수하게 뻗어나갈 수 있습니다. 더욱더 당신은 당신의 이 부분에 접근하는 것을 배울 수 있습니다.: 힘든 생각과 느낌을 관찰하고 여지를 만드는 내부의 안전한 공간!

이 은유를 [그림 6-1]과 같이 관계 틀 이론과 기능적 맥락주의로 분석하여 조합 관계를 볼 수 있다. 즉, 클라이언트에게 고통스러운 생각과 감정을 내용으로서의 자기가 아닌 맥락으로서의 자기를 볼 수 있도록 한 발 떨어져서 관찰자 관점으로 볼 수 있게 하는 것이 이 은유의 목적이다. 이와 같이, 은유는 두 세트의 관계 네트워크 간의 조합 관계를 수립해 주는 ACT에서 중요한 치료 방법인 것이다.

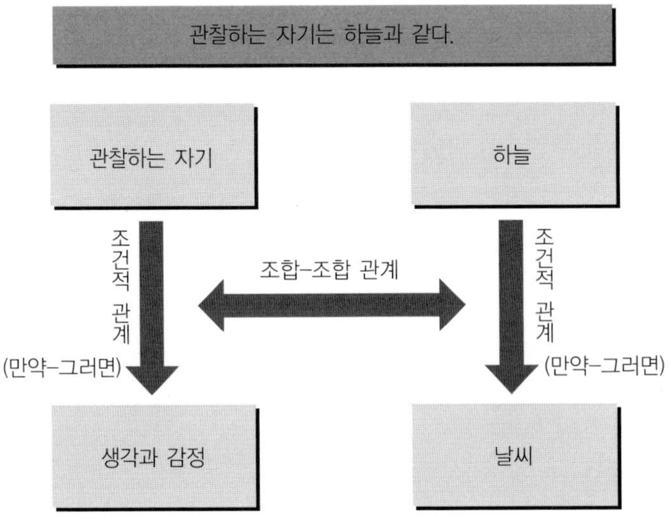

[그림 6-1] '하늘과 날씨' 은유의 RFT와 기능적 맥락주의 분석

이와 같이, RFT에 따르면 은유는 자극들 간의 비임의적 관계를 조합하는 방법과 나아가 관계들 간의 비임의적 관계를 조합하는 방법을 구성한다. RFT는 은유가 무엇인지, 은유가 어떻게 작동하는지, 그리고 각 클라이언트에게 맞춘 새로운 은유를 어떻게 창조하는지를 정확하게 이해하는 데 큰 도움을 준다. 그리고 현존하는 많은 은유는 RFT와 기능적 맥락주의에 부합시켜서 재사용할 수 있다. 어떤 은유들은 ACT 공동체에서 보편적이거나 '표준적'일 수도 있다. 그렇지만 각 클라이언트의 경우 자신의 행동과 언어적 레퍼토리가 무엇인지 미리 고려한 후, 그것이 잘 알려져 있거나 표준이 되어 있더라도 특정 은유를 자동적으로 적용하기보다는 프로파일에 맞는 최선의 은유를 적용하는 것이 좋다(Monestès & Villatte, 2019; Stewart et al., 2001).

요약하면, 인간은 자극들을 관계짓고, 관계들을 관계짓기 할 수 있다. 이것이 긍정적이든, 부정적이든 인간의 탁월한 능력의 하나라고 할 수 있다. ACT에서 은유는 바로 두 비임의적인 관계 간에 조합 관계를 활용하여 심리적 경직성에서 심리적 유연성으로 변화시키는 ACT의 주요한 치료 방법이라고 할 수 있다. ACT에서 은유의 활용은 매우 효과적인 것으로, 경험적 연구들에서 지지되고 있다. 그러므로 각 클라이언트에게 맞는 지속적인 은유의 창조를 위해서 ACT 치료자들과 연구자들이 부단히 앞으로 나아가야 할 것이다. 그렇게 함으로써 ACT는 계속 진화할 것이다.

제3부

심리학, 심리치료 및 ACT에서의 메타포

제7장 심리학 및 심리치료에서의 메타포

은유는 상황 전반에 쉽사리 일반화시킬 수 있다

은유는 인간 의사소통의 본질적인 특징인데, 모든 문화와 종교가 특정한 메시지를 전달하고, 이해를 증진시키고, 행동을 제안하기 위해 이야기, 일화 및 우화를 활용한다. 은유는 또한 라포를 형성하고, 저항을 감소시키고, 동기를 증진시키고, 문제와 해결을 재구성하고, 심리치료의 변화를 달성하는 데에서 오랜 역사를 지니고 있다(손정락, 2016; Gordon, 1978; Rosen, 1982; Barker, 1985; Stoddard & Afari, 2014). 또한 다양한 심리치료 형태도 내담자들의 자기 및 타인들과의 관계를 탐색하기 위해 현재-순간 자각에 초점을 두는 체험적 기법을 활용하여 왔다(예, Kabat-Zinn, 1991).

위키디피아에서 은유에 관한 설명을 소개하면 다음과 같다: 은유란 한 가지가 어떤 관련이 없는 다른 것과 같은 것이라고 규명하는 수사법이며, 따라서 두 가지 사이의 유사성을 강하게 의미한다. 그것은 수사법적으로 직유(simile)보다 더 강력한 것으로 생각된다. 직유는 두 항목을 비교하는 반면에, 은유는 그것들을 직접적으로 동일시하는데, 그래서 '~같이' 또는 '~처럼'과 같은 어떠한 비교 단어를 적용하지 않는다. 은유는 유추 유형이며, 우화, 과장 및 직유를 포함하는 연상, 비교 또는 유사(닮음)를 통하여 그것들의 효과를 성취하는 다른 수사적인 비유적 표현과 밀접하게 관련된다. 〈표 7-1〉은 수사법(rhetoric) 유형의 예(Varra, Drossel, & Hayes, 2009)를 요약한 것이다.

〈표 7-1〉 수사법의 유형과 예

수사법	정의	예(Kittay, 1987에서)	ACT 예
직유	한 가지를 다른 것과 비교하는 것(온라인 옥스퍼드 영어 사전)	'늑대는 개와 같다'(문자적 직유) 대 '인간은 늑대와 같다'(비유적 직유)(p. 18)	불안과 싸우는 것은 모래늪과 싸우는 것과 같다(Stewart & Barnes-Holms, 2001).
유추	어떤 속성이나 상황에 의해 어떤 대상으로 향한 관계가 또 다른 대상과 그것과 관련된 어떤 속성이나 상황에 존재하고 있는 관계와 대응된다는 사실을 가리킴(온라인 옥스퍼드 영어 사전)	"오른발과 왼발이 신체의 나머지 짐을 균등하게 실어 날라야 하기 때문에 오른발과 왼발은 균등하게 강하다는 것과 같이 […] 오른손과 왼손도 균등하게 훈련 받으면 균등하게 짝지을 수 있다."(p. 276)	'사물'이 묘사되고, 접근되고, 조작되거나 '매입'될 수 있는 것과 같이 생각과 느낌도 그럴 수 있다.
은유	이름 또는 묘사 단어 또는 구를 문자 그대로 적용될 수 있는 것과는 […] 다른 대상 또는 행동으로 전환시키는 것		
관습적	은유적 근원이 눈에 띄지 않고 넘어감(Kittay, 1987)	"네 혀를 붙잡아 둬(Hold your tongue, 입 닥치고 잠자코 있어.)"(p. 51)	토착어 담론에서 만연됨. ACT는 은유적 혹은 단어 근원(어원)을 강조함(예, '책임감'에 대한 토론)
개념적	개념은 동일한 주제에 관계된 다양한 표현에 적용된다(Lackoff & Johnson, 1980).	"사랑은 체력이야."(p. 90)	인간의 정서, 행동 및 인지는 중첩되고, 내력적이고, 계속 진행 중인 사건이다(Hayes, Wilson, & Strosehl, 1999, pp. 18-26).
창의적	유사성은 생성되는 것이지 이미 존재하고 있는 것이 아니다(Black, 1962).	"정원은 빈민가의 꽃이었다."(p. 17)	감정, 생각 및 충동은 한 사람의 마음속에 평행트랙 위를 달리는 기차의 화물이다(Hayes & Smith, 2005, p. 66).
우화	확장된 은유(온라인 옥스퍼드 영어 사전)	플라톤의 동굴 우화	동굴 안 인간의 스토리(Hayes et al., 1999, pp. 101-102)
금언	일반적인 진실은 과학이나 경험으로부터 나온다는 표현(온라인 옥스퍼드 영어 사전)		"당신이 그것을 기꺼이 갖고 싶지 않다면, 그렇게 하는 거예요(Hayes et al., 1999, p. 121)."

출처: 손정락, 2015; Varra, Drossel, & Hayes, 2009 참조.

영어 문헌에서 가장 두드러지는 은유 중의 하나가 『**뜻대로 하세요**(As you like it)』에서 나온 All the World's a stage 독백(monologue)이다.

전 세계는 무대요,
남녀는 한낱 배우이다.
그들은 자신들의 출구와 입구가 있다.

- 윌리엄 셰익스피어(William Shakespeare), 『뜻대로 하세요』

이 인용문에는 은유가 들어 있는데, 세계는 문자 그대로 무대가 아니기 때문이다. 세계가 무대라고 비유적으로 주장함으로써 셰익스피어는 세계와 그 안에 있는 사람들의 삶의 역학에 관한 이해를 전달하기 위하여 세계와 무대 간의 비교 관점을 활용한 것이다.

어원학을 보면 영어 metaphor는 16세기 고프랑스어 métaphore에서 파생되었는데, 이것은 또 라틴어 metaphora(~을 가져가다)에서 파생되었으며, 이는 그리스어 *μεταφορά*(metaphorá, 옮기다)에서 파생되었다. 박영순(2000)은 아리스토텔레스의 『시학』에서 '은유는 다른 것에 속하는 명칭을 어떤 사물에 적용하는 것'으로 보았고, 『수사학』에서는 'like라는 단어를 삭제한 비교로서의 은유'를 언급하였다. 은유의 어원에서나, 아리스토텔레스의 정의에서나 공통적으로 은유는 새로운 세계로의 변화와 관련되어 있음을 볼 수 있다(유병화, 2007; 정성미, 2007).

은유는 자기, 생활 및 다른 사람들의 내면의 이미지를 반영해 주는 거울이다. **이상한 나라의 앨리스**처럼, 우리는 거울을 통과해서 거울의 이미지를 넘어서서 여행할 수 있는데, 은유 이미지가 자기-창조된 '통찰'과 치료적 변화를 위한 새로운 가능성을 열어 주는 열쇠가 될 수 있다(Kopp, 1995).

심리치료에서 은유의 활용은 널리 퍼져 있고 오래된 전통인데, 임상 문헌에서 상당한 관심을 받아 왔다. 여기에는 정신분석 접근법(예, Long & Pepper, 2008), 정신역동 접근법(예, Rasmussen & Angus, 1996), 인지-행동치료(예, Blenkiron, 2005), 그리고 과정-체험 접근법(Levitt, Korman, & Angus, 2000) 등이 포함된다(Kendall, 2010에서 재인용).

인지-행동 심리치료에서 은유는 신념의 경계를 확장시켜 주며, 장애가 되는 생각을 반영하는 데 활용될 수 있다. CBT에서는 가상의 이야기에서와 같이, 은유와 유추의 사용은 제3자의 문제 상황을 재평가할 수 있게 하고, 그 결과 그러한 상황들이 감정적으로 견디기 덜 어려워지게 된다. 은유는 또한 환자에게 치료를 좀 더 이해할 수 있게 하고, 상황에 대한 새로운 관점을 촉진시켜 주며, 어려운 개념을 덜 추상적으로 만드는 추가적인 장점이 있다(Blenkiron, 2005). 그렇지만 유용한 것으로 보이지만, 은유는 CBT에서 중심적인 도구가 아니다. 임상 장면 밖에서 양호한 보존과 일반화를 보장하기 위해 정보를 전달하는 데 사용된다(Otto, 2000). 그러나 기저하고 있는 과정이 명확하게 규명되지 않은 것 같기 때문에 치료의 핵심 요소로 채택되고 있지 않으며, 따라서 은유의 충분한 잠재력은 실현되지 않고 있다(Monestès & Villatte, 2019). 합리적-정서 치료에서는 내담자의 핵심 신념이 은유를 통해서 확인될 수 있으며, 은유 내의 이미지를 활용하여 논박될 수 있다. 유사하게 비유적 언어는 내담자들이 새로운 정보를 통합하고, 새로운 정신 모형을 창조하고, 불합리한 가정에 관심을 기울이도록 도울 수 있다. 예를 들면, "게는 자라남에 따라 자신의 등딱지를 떼어 버릴 필요가 있는데, 그것을 버림으로써 딱 맞는 새 등딱지가 만들어질 때까지 얼마 동안은 연약하다."라는 은유는 변화가 위기를 가져온다는 것을 가리킨다(Blenkiron, 2005). ACT의 치료 과정에서는 관계 틀 이론(RFT)에서 이해되는 바와 같이 은유 사용에 많이 의존한다. 비록 ACT 임상가가 RFT에 대한 광범위한 지식을 반드시 가질 필요가 없다고 하지만, 어떤 치료 기제가 관련되는지 아는 것은 ACT 치료자가 회기에서 더 효과적으로 은유를 사용할 수 있도록 해 준다. 은유가 어떻게 작용하는지, 언제 유용한지, 그리고 그것들을 어떻게 창조하는지를 이해하는 것은 각 클라이언트에게 효과적으로 그것들을 각색하는 데 상당히 도움이 될 수 있다. 그런데 ACT의 중심적인 측면은 은유가 작용하는 과정 그 자체가 중요한 행동 변화를 가져오는 데 결정적이라는 것이다. 클라이언트가 처한 환경의 중요한 측면의 자극 기능의 변형을 촉진하기 위해 은유를 적극적으로 구성할 수 있다고 가정한다. 따라서 은유는 체계적으로 활용될 수 있고, 활용되어야 한다(Monestès & Villatte, 2019). 이에 대해서는 제8장에서 더 다룰 것이다.

은유의 임상적 활용에 대한 경험적 연구는 1970년대 후반에 시작되었는데, 심리치료자들이 비유적 언어의 역동성에 관심을 가지던 때였다. 그렇지만 이 분야의 연구는 느리게 진전되었는데, 방법론적인 불일치가 있었다. 두 가지 방법론이 두드러졌는데, 임상 상황에서 자연주의적 은유 활용에 대한 질적 조사 그리고 별개의 성과 변인을 포함하는 양적 연구였다. 그렇지만 은유에 관한 연구들이 특별한 이론적 질문을 다루는 연구 설계는 드물었다(Kendall, 2010).

Berlin, Olson, Cano 및 Engel(1991)은 은유가 심리치료에서 근본적인 역할을 하는 여러 가지 방법을 개관하였다(Alvis, 2010에서 재인용). 첫째, 특정 요소를 강조하고 다른 것들은 약화시킴으로써 은유가 생각이나 사건을 단순화시킬 수 있다고 시사한다. 둘째, 은유는 치료자와 환자 모두가 공유하는 치료적 관계를 강화시킬 수 있다. 그렇지만 만약 환자가 은유를 이해하지 못하면 고립감을 만들어 내는 위험성이 있다. 셋째, 은유는 치료자가 덜 위협적인 방법으로 깊고 민감한 쟁점에 관하여 의사소통하게 해 준다. 즉, 더 직접적인 진술을 사용하는 것보다는 은유적인 용어로 문제를 토의하여 덜 침입적적으로 보일 수도 있다. 끝으로, 은유는 상황 전반에 쉽사리 일반화시킬 수 있다. 은유는 의미를 얻기 위하여 두 실체 사이의 관계를 활용하는데, 그러므로 보다 협소한 자극과는 대조적으로 다양한 상황에 적용될 수 있다.

Mays(1990)는 은유가 상황에 대한 환자들의 현재 지각을 변경시킬 수도 있는 의미를 탐색하게 해 줌으로써 치료에 적극적으로 참여하도록 용기를 불러일으킨다고 하였다. 더 나아가, 은유적 생각은 참신한 이해를 발달시키는 토대가 될 수 있고, 치료에서 강력한 의사소통 장치가 될 수 있다고 주장하였다. 인지 행동 치료와 같은 다른 치료들도 은유를 치료 회기에 자주 포함시킨다(Stott, Mansell, Salkoviskis, Lavender, & Cartwright-Hatton, 2010).

치료적 중재로서 은유는 내담자의 지각과 태도를 변화시키는 역할을 하는 것으로 나타났다. 앞의 문헌에서 보았듯이, 치료에서 은유의 활용은 아이디어와 느낌을 조직하고, 촉진하며, 목표와 개념을 명확히 하고, 중재를 더 인상적인 것으로 더 쉽게 이해하게 해 준다.

최근에는 은유에 대한 신경심리학적 이론(Schnitzer & Pedreira, 2005)이 이러한 이해를 뒷받침하기 위해 시도되고 있다.

그런데 각 심리치료에서는 그것의 치료 모형이 되는 주요 성분으로 은유를 활용하는 것을 볼 수 있다. 수용전념치료(ACT)는 특히 RFT와 기능적 맥락주의에 토대를 두는 은유의 활용에 매우 중요한 초점을 두고 있다(예, Hayes, Strosahl, & Wilson, 1999, 2011; Hayes & Strosahl, 2004; Stewart & Barnes-Holmes, 2001). 다음 장에서 이를 더 구체적으로 살펴보기로 하고, 이 장에서는 은유로 잘 활용될 듯한 스토리를 소개하면서 앞으로 나아가고자 한다.

양개선사에게 한 스님이 물었습니다.

"지금 막 밖에서 뱀이 개구리를 잡아먹으려는 것을 보았습니다. 구해 줘야 합니까, 그냥 내버려 둬야 합니까?"

"구해 준다면 대자연의 질서를 깨뜨리는 것이고, 구해 주지 않는다면 한 생명을 저버리는 일이 될 것이다."

"그러면 어떻게 해야 합니까?"

"자연의 질서도 깨뜨리지 않고, 생명도 저버리지 않는 길을 택해야지."

"……."

- 심우장 등(2008)

우린 모두 달라 (김춘경, 배선윤, 2010)

한 기수가 말을 타고 벌목지를 지나면서 말을 매둘 곳이 어디 없나 살펴보고 있었다. 주변을 둘러보니 통나무가 하나 보여 땅에 구멍을 파고 통나무를 쾅쾅 박았다. 그러고 나서 근처 강으로 내려가 물을 마시고, 다시 출발하려다가 이런 생각을 했다. "땅에 통나무를 그대로 두고 가면, 다른 기수가 이 길을 지날 때 말 맬 곳으로 쓰겠지."

다음으로 온 사람은 기수가 아니었다. 나그네는 통나무가 지나는 길 한가운데를 막고 있는 걸 보고 이렇게 생각했다. "사람들이 밤에 이리 지나가다가 이 나무에 걸려 다칠 수도 있겠는걸." 다른 사람들을 염려해 주는 마음으로 그 나그네는 통나무를 땅에서 뽑아 옆으로 던져 버렸다.

하루 이틀이 지나고, 낚시꾼이 낚시를 하려고 강으로 내려가다가 벌목지 옆에 있는 통나무를 봤다. 낚시꾼은 통나무를 주워 들고 강둑으로 내려갔다. 낚시꾼은 질퍽한 땅에서 자기 몸을 기댈 수 있는 자리로 통나무를 사용했다. 그 자리를 떠나면서 그도 사려 깊은 생각을 했다. "여기다 통나무를 두고 가면 다른 낚시꾼이 둑으로 내려와 낚시질을 할 때 앉을 마른자리를 하나 얻게 될 거야."

잠시 후 뱃사공이 노를 저어 강으로 내려오면서 배를 매어 둘 곳을 찾고 있었다. 그는 둑에서 통나무를 발견하고는 뱃머리를 강가로 돌려와 기수처럼 구멍을 파고 그 통나무를 박아 넣어서 자기 배를 탄탄하게 묶어 두었다. 다시 출발하면서 그도 다른 뱃사공을 위한 배려로 그걸 그대로 두었다. "둑에 통나무를 그대로 박아 두면 다른 뱃사공이 와서 편리하게 배를 묶어 둘 곳이 될 거야."

다음에 그곳을 지나간 사람은 벌목을 하는 사람이었다. 온종일 나무를 베어 쓰러뜨리다가 둑에 박혀 있는 통나무를 보았다. 그는 이런 생각을 했다. "잘 마른 목재네. 잘 타겠어. 다가올 겨울에 우리 어머니 따뜻하게 지내시게 해 드릴 수 있겠다." 그는 그걸 어깨에 메고 어머니의 집으로 가지고 가서 장작으로 만들었다.

거길 지나는 사람마다 좋은 의도를 가지고 다른 사람을 배려하기 위해 그 통나무를 썼다. 모두 합리적이고 실용적인 방법이었다. 모두 통나무를 잘 사용했다.

하지만 각자 서로 달랐다. 사람마다 통나무를 다르게 인식했고, 그런 인식 때문에 각자 다른 과정의 행동을 취했다.

어느 사람이 옳고, 어떤 방법이 옳다고 누가 말할 수 있겠는가?

행동이 웅변보다 강하다 (김춘경, 배선윤, 2010)

오래된 이야기이지만 아주 아름다운 이탈리아 중세의 성자 이야기 중에서 가장 호소력 짙고 매력적인 이야기가 하나 있다. 아시시(Assisi)의 성 프란시스는 여러 방면에서 보여 준 그의 따스한 마음 때문에 세월이 흘러도 온몸을 바쳐 그를 따르는 무리들이 있었다. 동물에 대한 그의 사랑과 병들고 불운한 사람들에 대한 그의 보살핌을 사람들은 가슴깊이 간직하고 있었다.

언덕에 있는 수도원에서의 은둔 생활로 그의 이야기는 시작된다. 성 프란시스는 이웃 마을의 젊은 수련 수사를 불러 설교를 함께하자고 했다. 그 수련 수사는 그런 유명한 선배한테서 부탁을 받은 것이 기뻤다. 그의 훌륭한 설교를 보고 듣는 것만으로도 분명히 배울 게 있을 터였다.

두 사람은 함께 언덕을 내려와 농장에 인접한 시골길을 걸어가고 있었다. 성 프란시스는 길을 따라가면서 만나는 사람마다 웃음 띤 얼굴로 인사를 했다. 그는 동물들을 쓰다듬어 주려고 걸음을 멈추었고, 새들의 아침 노래를 들으려고 걸음을 멈추면서 수도원의 어둠침침한 복도를 벗어난 바깥 생활의 아름다움을 유유히 만끽하는 듯했다. 그러나 수련 수사는 어서 마을로 가서 그분의 설교를 듣고 싶어 안달이 나 있었다.

드디어 마을에 도착하여 두 사람은 자갈이 죽 깔려 있는 큰 길을 걸어가고 있었다. 건물들이 해를 가리고 있었다. 길은 지저분하고 어질러져 있었다. 동물들은 먹을 걸 찾아 헤매고 있었다. 사람들은 물건을 사고팔고 있었다. 성 프란시스는 거리를 이리저리 돌아다니며 사람들과 편안하게 웃으며 인사를 나누고 다녔다. 수련 수사는 성 프란시스가 설교를 할 수 있을지 슬며시 불안해지기 시작했다.

잠시 뒤에 성 프란시스는 마을을 지나서 오던 길을 그대로 돌아가는 것이었다. 젊은 수련 수사는 자신을 진정시키려고 애를 썼지만, 수도원으로 가는 길로 들어서자 더 이상 입을 다물고 있을 수가 없었다. "저, 신부님!" 그가 물었다. "저는 마을에 설교를 하시러 가는 줄 알았는데요."

"하고 오지 않았소?" 성 프란시스의 입에서 온화한 대답이 흘러나왔다. "걷는 동안, 설교를 하고 있었던 것이오. 때로는 말이 필요 없을 때가 있는 것이지요. 우리가 거기 있다는 것만으로도 우리가 하고 싶은 말을 사람들에게 떠올리게 할 수도 있는 것이오. 우리는 행동으로 아침 설교를 하고 있었던 것이라오."

수련 수사의 멍한 눈을 바라보면서 그는 이렇게 말을 맺었다. "걸으면서 설교를 할 수 없다면 설교를 하기 위해서 가야 할 곳도 없는 것이지요."

최선을 다하라 (김춘경, 배선윤, 2010)

어느 목수가 평생 집 짓는 일만 하고 살았다. 그는 우직하고 믿을 만한 일꾼이었고, 평생 한 사람만 위해 일했지만, 이젠 늙고 기력도 쇠해졌다. 더이상 일을 계속할 수 있을 거란 생각도 안 들었고, 이젠 좀 쉬면서 살고 싶은 마음도 들었다. 남은 날 동안 아내와 아이들, 손자들과 더 많은 시간을 보내고 싶었다.

그의 주인은 그 남자가 일을 그만두겠다는 소리를 듣고는 안타까워했다. 나이는 들었어도 그 목수는 여전히 훌륭한 일꾼이었고, 정말 최선을 다해 준 사람이었으며, 그 목수는 정말 빈틈없는 전문가였다. 주인은 자기가 그에게 의지하고 있다는 걸 잘 알고 있었다. 그 사람이 떠나겠다는 말을 하자 주인은 마지막 부탁 하나만 들어 달라고 했다.

"집을 딱 한 채만 더 지어 주면 안 되겠나?" 그 목수는 처음에 싫다고 대답했다. 이젠 하고 싶은 마음도 없고, 이미 일을 그만둘 마음을 먹었다고 했다. 주인이 이렇게 설득을 했다. "이 집은 말일세, 내 친구를 위한 것이야. 내가 개인적으로 부탁을 하는 것이니 특별히 자네가 지어 주면 좋겠네."

목수는 내키지 않는 마음으로 승낙을 하고는 자기의 마지막 집을 짓기 시작했다. 하지만 마음은 이미 떠나 있었다. 제일 좋은 재료를 찾으려고 이리저리 다니지도 않았다. 결국 목재도 고르지도 않고 목질도 그리 매끄럽지 않았다. 재료만 안 좋은 게 아니라 완벽하게 짓고 싶었던 예전의 그 장인정신도 별로 없었다.

드디어 일을 다 마치고, 뒤로 물러서 어떤가 싶어 집을 한번 훑어보았다. 별로 기쁘지도 않았지만 어쨌든 끝이 나서 좋았다. 처음에 그만둘 생각을 했을 때 주인의 부탁을 들어주지 말고 그냥 그만둘 걸 싶었다. 이건 자기 경력의 대미를 장식하기에 영 아니었다.

주인이 마지막으로 집을 보러 와서는 호주머니에서 현관문 열쇠를 꺼내었다. 주인은 그걸 그 늙은 목수에게 건네었다. "이건 내가 자네에게 주는 선물이네. 평생을 한마음으로 일해 줘서 고맙네. 이건 이제 자네 집일세."

제8장 ACT에서의 메타포

우리는 이 세상을 초월함으로써가 아니라
새로운 방식으로 이야기함으로써 다른 삶을 살 수 있다.
우리는 세상을 다르게 이야기할 수 있기 때문에 세상을 초월할 수 있다
- 명법(2016)

ACT는 특히 평가적인 인간 언어와 인지의 지나친 부정적 영향을 약화시킴으로써 심리적 유연성을 창출하는 데 초점을 두는 치료 접근법이다. 앞서 기술한 바와 같이, RFT는 인간은 다른 자극 맥락에 기반하고 있는 어떤 자극에 "임의적으로 적용 가능한 관계적 반응을 하거나", 또는 반응을 하는 것으로 알려진 것을 학습할 수 있다는 것을 사실로 상정하는 인간 언어와 인지에 대한 설명이다(예, Hayes, Barnes-Holmes, & Roche, 2001; Hayes, Strosahl, & Wilson, 1999, 2011). 관계적 반응을 한다는 것은 인간이 보기에는 관계가 없는 자극들을 어떻게 서로 관련지을 수 있는가 하는 것으로, 관계 틀 맥락에 토대를 두고 있다. 은유는 비임의적인 유사성에 토대를 두고 있으며, 특정 자극의 기능을 수정하기 위하여 서로를 관계 틀 맥락에 두는 분리된 관계 네트워크를 구성한다(Hayes et al., 2001).

ACT에서 활용되는 은유는 최대한으로 효과적이기 위하여 네 가지 지침을 따르고 있다. 즉, 은유는 "거의 모든 사람에게 적용될 수 있고, 풍부한 감각 반응을 불러일으키고, 내담자의 상황에 특유한 패턴을 담고 있고, 내담자의 문제가 더 제한적이라면 더 적은 의미를 담고 있도록 일상의 상식에서 나와야 한다."(Hayes et al., 2001, p. 81)

은유는 또한 몇 가지 이유로 ACT에서 기능적으로 중요하다. 첫째, 은유는 문자 그대

로의 뜻이 아니기 때문에 덜 제한적이다(Hayes, Strosahl, & Wilson, 1999). 둘째, 은유는 상황에 대한 선형적 기술이 아니다. 셋째, 은유는 더 쉽게 회상될 수도 있고, 문자 그대로의 설명보다는 광범위하고 다양한 상황에 더 적용될 수도 있다(Hayes et al., 1999, 2011). ACT에서 은유는 또한 다른 사상과의 관계에 기반을 두고 있는 한 사상의 기능을 변화시키기 위해 활용되는데, 자극 기능의 변형으로 알려진 과정이다.

ACT에서 비유 화법에 대한 이해를 RFT와 기능적 맥락주의와 관련지어 더 살펴본다(Varra, Drossel, & Hayes, 2009 참조). ACT는 변화에 대한 장애물을 약화시키기 위해 정서, 인지 및 행동 간에 문화적으로, 언어적으로 수립된 정상적인 관계를 변경시키려고 시도한다. 인간 행동에 대한 기계 은유는 감각에서부터 지각으로, 그런 다음 감정과 인지로, 마지막으로 행동으로 이끄는 인과 고리를 가정하는 반면, 맥락주의자들은 행동 변화가 생각, 느낌 또는 기억의 형태나 빈도에 대한 전제조건의 변경 없이도 가능하다고 여긴다(예, Harmon, Nelson, & Hayes, 1980). 형태나 빈도는 변화될 필요가 없는데, 왜냐하면 경험의 영향이 맥락 속에 담겨 있기 때문이다. 맥락 속의 변화로서 경험의 영향은 생각이나 느낌의 형태가 동일한 것으로 남아 있을 때조차도 변화시킬 수 있다. 예를 들어, 롤러코스터를 타고 있는 사람은 공포심에 휩싸여 있지만, 그 공포심은 해롭지 않다. 공황 장애를 가지고 있는 사람도 공포심에 휩싸여 있을 수도 있지만, 전해지는 그 공포심은 생활을 제한시킬 수도 있다. 그 차이는 공포심 자체라기보다는 그것이 일어난 심리적 맥락이다. 생각, 느낌, 기억 및 감각의 가장 중요한 기능적 맥락 중 많은 것이 인간 언어 그 자체에 수립되어 있다.

원하지 않는 생각, 느낌 또는 기억에 대한 회피, 변경 또는 종결은 흔히 쓸모없거나 역효과적이지만(Hayes, Wilson, Gifford, Follette, & Strosahl, 1996), 이들 효과가 맥락적이기 때문에 사람들은 흔히 그것들을 자동적으로 경험하지 행동 선택의 문제로 경험하지 않는다. 현대 문화는 그러한 경험 회피를 특히 대중매체나 상업주의를 통해서 대처 전략으로 고무시킨다. 특정 경험에서 벗어나는 것은 확실히 단기간의 구제를 제공해준다. 그렇지만 장기간으로는 언어 과정은 회피를 찾게 되는 틀림없이 더 빈번하거나 더 영향력 있는 그러한 경험의 발생을 보인다.

ACT에서 비유 언어가 그렇게 자주 활용되는 이유는 언어 과정에 참여함으로써 정상 언어 과정의 기능을 변경시키려는 것이 하나의 도전이기 때문이다. ACT가 토대로 하고 있는 이론, 즉 RFT가 출구를 제공하고 있다(Hayes, Barnes-Holmes, & Roche,

2001). RFT는 언어 기능을 다른 것과의 관계를 기반으로 하는 말의 의미를 확립하는 것과 말에 행동적 영향을 부여하는 것으로 나눈다. 인지에 대한 대부분의 접근법은 관계적 맥락에 초점을 두는데, 즉 말의 상이한 관계와 다른 사상들에 대한 말들 사이의 상이한 관계를 고무하는 방법에 초점을 두고 있다. 바꿔 말해서, 이들 방법은 생각하는 양식을 바꾸려는 것이다. 반면에 ACT는 기능적 맥락에 초점을 두는데, 즉 언어적 사상이 행동을 불러일으키는 정도를 변경시키는 방법에 초점을 둔다. 달리 말해서, 이들 방법은 생각이 아니라 생각의 영향을 변화시키려는 것이다(Varra, Drossel, & Hayes, 2009).

인지적 탈융합과 같은 이런 방법 중 몇 가지는 직접적으로 기능적 맥락을 표적으로 한다. 예를 들면, 단어를 반복해서 빨리 크게 말하는 것은 그 말을 둘러싸고 있는 신뢰성과 감정적 각성을 감소시켜 준다(Masuda et al., 2004). '기계 은유'에 토대를 둔 중재는 내담자들이 나타내는 문제는 기계에서의 비전형적인 오류에 기인하는데, 오류 정정으로 진정될 것이라고 가정한다(Mojtabai, 2000). ACT에서 표적으로 하는 과정은 중첩적이고, 내력적이고, 계속 진행 중인 사건들에 대한 '뿌리 은유'를 유지하는 것이다. 따라서 ACT에서 비유 화법은 생각을 변화시키려고 설계하기보다는 생각의 맥락을 변화시키기 위해 설계된다. 비유 화법은 계속 진행 중인 인간 활동으로서 생각하기, 평가하기, 판결하기, 기억하기 및 느끼기를 재구성하고, 이들 경험과 외현 행동 사이의 문화적으로 확립된 연결을 분리시켜서 원하지 않는 사적 경험이 지속된다고 하더라도 생활 변형이 가능하도록 하는 데 활용된다.

ACT에서 비유 화법과 조합된 체험 연습은 지시의 역할을 최소화하고, 미묘하고 복잡한 사회 상황에 대한 개인적 참여를 최대화하도록 명확하게 고안되었다. 그것들은 치료자의 전문적인(그리고 잠재적으로 강압적인) 역할을 경시하고, 개인의 경험의 중요성을 증폭시키고, 내담자가 "자유롭게, 방어 없이"(Hayes et al., 1999, p. 77) 사상을 경험하기 시작할 수도 있는 여지를 창출한다. 이러한 유연한 접근은 경직된 회피보다는 ACT가 향상시키려고 목표로 하고 있는 지행합일을 특징짓는다(Varra, Drossel, & Hayes, 2009). 이러한 이해와 함께 앞으로 치료자들은 은유의 활용이 내담자에게 바람직한 영향을 미쳤는지를 여러 가지 방법으로 평가해야 할 것이다.

다음은 ACT에서 은유와 체험 연습 활용을 위한 일반 지침을 보자(Stoddard & Afari, 2014; 손정락, 2016 참조). 심리치료에서 은유와 체험 연습의 활용이 ACT에만 독특하지는 않지만, 그 은유와 체험 연습의 활용을 새롭게 만들어 주는 ACT의 여러 가지 특징이 있다.

첫째, ACT는 언어의 산물로서의 심리적 경직성을 개념화한다. 만약 언어가 문제의 부분이라면, 언어적 의사소통에 아주 많이 의존하고 있는 치료는 그 언어의 부작용을 어떻게 우회할까? ACT의 은유와 체험 연습 활용은 특히 치료에서 일반적인 지시와 언어적인 지시에서의 언어의 역효과를 약화시킬 뿐만 아니라 내담자들이 경험과 직접적인 접촉을 하도록 특별히 의도되어 있다.

둘째, ACT의 행동분석과 RFT에 대한 기초지식은 은유 활용의 이득에 기저하고 있는 기초과학의 검토를 가능하게 해 준다.

셋째, ACT의 은유 및 체험적 연습의 활용은 ACT의 여섯 가지 핵심 치료 과정의 각 맥락에 따라 이루어진다. 즉, ACT 모형은 개별 내담자가 싸우고 있는 것에 대하여 기능적 분석을 하고, 그에 따른 특정 맥락에서 은유와 체험 연습을 활용하고 또한 창조한다.

그래서 이 지침은 치료자로서의 자세에 초점을 둔다. 치료적 관계를 수립하기 위해 행하는 것, 치료 회기에 끌어들이는 어젠다, 그리고 치료를 기꺼이 수행하기는 은유와 체험 연습에 대한 클라이언트 반응에서 커다란 차이를 만들 수 있다: (1) 치료적 동맹을 수립하고, 기능적 분석을 한다. (2) 치료자의 어젠다를 가볍게 유지하고, 클라이언트들과 함께 은유와 체험 연습을 이끌어 내도록 한다. (3) 치료라는 은유와 체험 연습 활동에 과감한 조치를 기꺼이 한다.

다음은 가장 효과적인 방식으로 은유와 체험 연습을 활용하고 또한 만드는 요점에 관한 몇 가지 지침이다: (1) 준비하라. (2) 치료자의 접근법을 개인화하라. (3) 설명의 유혹을 참으라. 즉, 은유와 체험 연습의 의미를 설명하려는 잠재적 함정을 조심해야 한다. (4) 클라이언트의 허락을 구하라. 클라이언트들에게 은유나 체험 연습, 특히 강렬하거나 불쾌한 생각, 느낌 또는 신체 감각을 유발할 수도 있는 것을 시작하기 전에 허락을 요청함으로써 선택이나 기꺼이하기를 실습할 기회를 주어야 한다.

이제는 ACT의 여섯 가지 핵심 치료 과정—현재에 접촉하기, 탈융합, 수용, 맥락으로서의 자기, 가치 및 전념 행동—과 클라이언트에 따른 ACT 은유와 체험 연습을 채택하거나 새롭게 만들기 위해서는 구글이나 아마존에서도 검색할 수도 있으며, Hayes, Strosahl 및 Wilson(1999)의 책, 『**수용전념치료: 행동 변화로의 체험적 접근법**』 등에서 제공하는 수많은 기본적인 은유와 체험 연습을 참조할 수 있다. 그 밖의 고전적인 ACT 중재 목록에 대해서는 많은 책과 논문에서 구할 수도 있지만, Stoddard와 Afari(2014)의 은유 모음집과 부록에도 이전에 출판된 필수적인 ACT 은유와 체험 연습 중 많은 것을 포함하고 있다. 그리고 무엇보다 ACT 연구자들을 위한 매우 유익한 사이트인 **맥락 행동 과학 학회**(ACBS)의 https://contextualscience.org에서 많은 자료에 접근할 수 있다(이 책의 부록에 여기서 수집한 메타포와 필자가 수집한 메타포를 수록해 놓았다). **ACT 공동체**에서는 많은 자료를 계속해서 업그레이드하고, 함께 공유하면서 앞으로 나아가고 있다. 이러한 여러 소스의 기존 자료를 활용하면서도 새로운 ACT 은유를 많은 문화권별로 생성해내면 ACT는 더욱 진화할 것이다.

ACT 육각형에 따른 은유를 선정한 몇 가지 예를 들면 다음과 같다(Stoddard & Afari, 2014; 손정락, 2016 참조). 덧붙여서 ACT 프로그램을 구성하는 데 참조가 될 실제 연구에서 사용된 매뉴얼을 부록 1에 수록하였다. 이 부록에서 은유와 체험 연습이 어떻게 사용되었는지를 참조해서 자신의 연구와 주제 혹은 임상 실제에 적절한 은유와 체험 연습을 선정하거나 만들어 나가면 좋을 것이다. 또한 적용해 볼 수 있는 더 많은 ACT 메타포 (Ernstorm, 2011; Hart, 2019)를 부록 3에 실어 두었는데, 활용하면 좋을 것이다. 그 외에 각색할 수 있는 메타포를 부록 4에서 볼 수 있다.

수용과 기꺼이하기

비행기에서 우는 아기 (Ferriter, 2013)

밤새 야간 비행을 하는 비행기에 당신이 앉아 있는 것을 상상해 보세요. 당신은 한 줄 전체 좌석이 비어 있는 좌석에 혼자 앉아서 생각합니다. '완벽해! 나는 다리를 쭉 뻗을 수 있고 진짜 잠 좀 잘 수 있겠어.' 그때 객실 문이 닫히기 직전에 젊은 커플이 소리를 지르며 울어 대는 아기와 함께 탑승합니다. 당신은 스스로에게 말합니다. '밤새도록 우는 아기 옆에 앉아 있어야 하는 불쌍한 사람들!' 그런 생각이 당신 마음을 가로질러 가자마자 당신은 당신에게 오고 있는 그 커플을 봅니다. 그들이 당신 옆에 앉으려고 합니다! 당신은 그들을 위한 자리를 만들기 위해 당신의 물건을 정리하였으나, 당신의 머리에서는 '안돼에에에!'라고 말하고 있습니다. 그들은 웃으며 자리를 만들어 준 것에 감사의 표시를 했습니다. 그런 중에도 내내 아기는 소리를 지르며 울어 대고 있습니다. 그들은 아기를 달래기 위해 모든 노력을 다합니다. 그들은 아기에게 젖병을 주었으나, 그것은 아기에게 더 크게 울어 대도록 만들었습니다.

그들은 아기가 좋아하는 장난감을 주었는데도 여전히 소리를 지르며 계속해서 울어 대고 있습니다. 여기에서 당신의 선택권은 무엇일까요? 당신은 그들을 좋지 않게 보는데, 8시간을 보낼 수도 있는데, 아기를 조용하게 하는 데 실패한 그들의 시도들을 비웃으며, 그들에게 이런 행동은 비행기에서 절대로 받아들일 수 없음을 알려 줍니다. 대안적으로는 당신이 아기를 조용하게 하려는 그들과 합류할 수 있습니다: 까꿍놀이를 하거나, 당신의 폰을 만지도록 아기에게 주는 것,—아기 입을 닫게 하기 위해서 어떤 것이든 하는 것입니다. 또는 당신은 아기가 만들어 내는 소리를 원하거나 좋아하지는 않지만, 또한 거기에 없어도 될 소리를 필요로 하는 것도 아니지만 그 아기의 소리를 있는 그대로 받아들이면서 그 아기는 정확히 아기들이 하는 것을 행하고 있다는 것을 인정하면서 야간 비행에서 당신이 그러하지 않아도 될 것을 하도록 선택하는 것입니다. 그리고 그동안 내내 당신은 또한 아기가 얼마나 울어 대든 아기는 영원히 울지 않을 것이며, 또한 아기가 조용해지기를 바라는 것이 아기를 조용하게 하는 데 절대 필요한 것이 아니라는 것을 알게 될 것입니다.

진자 (Odhage, 2011)

어떤 느낌—어떤 느낌이나 감정이든지—을 상상해 보세요. 얼마나 오래 지속되나요? 이제 자유롭게 흔들리는 진자를 상상하세요. 한 방향으로 진자를 더 높이 들어

올릴수록 당신은 다른 쪽으로 흔들려 올라가도록 더 많은 힘을 주게 될 것입니다. 아마도 당신이 추를 놓아 버리면 진자 추의 무게와 저항—진자의 바닥에서의 무게—으로 그것의 흔들리는 힘을 알아차릴 것입니다.

느낌도 진자와 닮았어요. 그것은 흔들립니다. 그것은 회피할 수 없어요. 당신은 다른 쪽보다는 어느 한쪽을 더 좋아할 수도 있어요. 그렇지만 당신이 진자의 흔들리는 속성과 싸우려고 하고, 진자 추를 당신이 더 좋아하는 쪽으로 높이 올리려고 한다면, 당신은 진자 추를 반대편—당신이 싫어하는 쪽—으로 더 높이기 위해 더 힘을 주어야 할 거예요. (소품을 사용한다면, 당신은 클라이언트에게 한쪽으로 높게 진자 추를 끌어올렸다가 놓아 버리라고 격려할 수 있어요.) 당신은 짧은 순간 동안에 추를 멈추게 할 수 있거나 원래 주기보다 더 높게 추를 올릴 수도 있어요. 그러나 그렇게 행하는 것은 당신에게 많은 에너지를 빼어가며, 그리고 그것은 효력이 없는데, 왜냐하면 당신이 진자 추에 줬던 모든 추가적인 힘으로 인해 진자 추는 당신이 싫어하는 쪽 끝으로 조만간 가 버리기 때문이에요. 바로 이것이 진자가 작동하는 방식이에요. 당신이 더 높게 한 방향으로 진자 추를 움직일수록 반대 방향에서 움직임이 더 강력해집니다. 진자는 다른 사람들보다 몇몇 사람에게 더 많이 흔들릴 수도 있어요. 몇몇은 그것을 좋아할 수도 있으며, 다른 사람들은 움직임으로 인해 멀미를 할 수도 있어요.

이제 진자 추를 잡거나 어느 한 방향 또는 다른 방향으로 진자 추를 움직이게 하는 것 이외에 다른 선택권이 있는지를 생각해 봅시다. 당신이 연결부까지 줄을 타고 올라갈 수 있다면 어떨까요? 그곳에 올라가 있다는 것은 당신이 진자를 흔들리도록 기꺼이 내버려 두고 있다는 것을 의미하는데 이는 진자에 자신의 에너지를 쏟지 않으면서 싫어하는 쪽에 어떠한 여분의 에너지를 주지 않아요. 진자 추의 연결부에서 당신은 멀미를 하지 않으면서 추가 움직이도록 놔둘 수 있어요. 당신은 진자 추의 흔들림으로 흔들리지 않지만, 흔들림은 여전히 거기에 존재해요.

기꺼이하기는 당신의 정서, 생각, 신체 감각 및 기억에 대한 자연스러운 흔들림을 얼마나 개방적으로 경험하는가에 관한 것인데, 그것들이 한쪽으로만 나타나면, 즉 행복의 형태 또는 즐거운 기억의 형태로 나타날 수도 있으며, 다른 쪽으로 나타나면 슬픔이나 실망 또는 불안의 형태로 나타날 수 있어요. (이 문장에서 그 클라이언트와 관련된 내적 경험을 선택하라) 진자에 대한 당신의 경험은 당신이 한쪽 면을 기꺼이 취하지 않을 때, 사실은 당신이 그것을 가지게 되었다고 당신에게 말해 줄 수 있어요.

그것은 그 불안(또는 그 클라이언트의 상황과 관련된 또 다른 정서)이 정말로 걱정하게 될 어떤 것일 때, 당신이 정말로 기꺼이 불안하지 않으려는 경우예요. 그것은 당신이 불안을 없앨 수 있는 만큼 높이 진자 추를 들어올림으로써 불안에게 더 많은 힘을 실어 주는 경우라고 할 수 있어요.

당신은 자신이 싫어하는 느낌과 생각을 통제하기 위해서 너무 오랫동안 애써 왔는데, 당신은 똑같은 것을 더 많이 갖게 되었어요. 이제 여기서 선택할 수 있어요. 흔들림을 통제하려고 하는 대신에 기꺼이하기로—진자의 연결 부로—자유롭게 올라갈 수 있어요. 연결부로부터 당신은 기꺼이 진자가 양 방향으로 흔들리도록 그대로 놔둘 수 있어요. 때로는 불안이 있고, 때로는 불안이 없는 것입니다. 그리고 두 경우 모두에서 당신은 원치 않는 결과로만 이끌려 가는 효력이 없는 싸움으로 끝나진 않을 것입니다.

당신은 흔들림을 통제할 수 없어요. 당신이 통제할 수 있는 모든 것은 진자 추를 잡는 것이거나 기꺼이하기 연결부 위에 앉는 것입니다. 당신에게 이제 물어보려고 합니다. 당신의 초점을 진자 추를 타고 있는 것에서부터 기꺼이하기 연결부 위에 앉는 것으로 변경시키면, 삶이 어떻게 달라질지를 탐색하는 것으로 개방되어 있습니까?

수영장의 공 (Odhage, 2011)

이러한 생각, 기억 및 느낌을 가지고 행하고 있는 것이 수영장에서 공과 싸우는 것과 같다고 하면 어떨까요? 당신은 이러한 것들을 좋아하지 않아요. 당신은 그것들을 원치 않고, 당신의 인생에서 나가 주길 원하고 있어요. 그래서 당신은 공을 물속으로 밀어넣으려고 하고, 당신의 의식 밖으로 내보내려고 해요. 그렇지만 공은 수면 위로 다시 튀어 오르므로 당신은 계속 공을 물속으로 밀어넣거나 물속에서 잡고 있어야 해요. 이런 방식으로 공과 싸우는 것은 공을 당신과 계속해서 가까이 있게 하는 것인데, 이것은 지치게 하고 소용이 없는 것입니다. 만약 당신이 공을 놓아 버린다면, 공은 튀어 올라 당신 근처 수면에 떠다닐 것이고, 당신은 아마 그것을 좋아하지 않을 것입니다. 그러나 당신이 공을 잠시 잡지 않고 떠다니게 놔둔다면, 공은 언젠가는 수영장의 다른 쪽으로 떠내려가 버릴 수 있어요. 그리고 그렇게는 안 되더라도, 최소한 당신은 공과 싸우는 걸로 시간을 보내기보다는 수영을 즐길 수 있을 것입니다.

강력 접착테이프로 꽉찬 방 (Vuille, 2013)

당신의 삶을 방으로서 마음속에 그려 보세요. 어느 날 당신은 천장 구석 근처의 파이프에서 물이 새는 것을 알아챕니다. 물 떨어지는 소리는 당신을 신경질적이게 만들며, 당신은 소리를 없애고 싶어 합니다. 그래서 당신은 한 가닥의 강력 접착테이프로 새는 곳을 보수하고는 마음의 평화를 되찾습니다—물이 테이프를 뚫어 버릴 길을 찾고, 물 떨어지는 소리가 다시 돌아올 때까지는: 똑… 똑… 똑… 그래서 당신은 처음 보수했던 곳 근처에 또 한 가닥의 테이프를 붙여서 다시 조용해집니다.

물론 이 평화와 조용함은 아주 길게 지속되지는 않아요. 당신은 또다시, 또다시 새는 것을 고쳐야 합니다. 그것은 큰 문제는 아니에요. 왜냐하면 강력 접착테이프는 매우 싸고, 예비 테이프를 이용하기 편한 곳에 항상 두고 있기 때문이에요. 그런데 이것이 몇 달 동안, 심지어 몇 년 동안 계속되어 당신이 어느 날 이 어설픈 수리가 천천히 방을 가득 채우고 있다는 것을 알아차릴 때까지 계속되어 당신이 살 공간은 점점 더 좁아지고, 물 떨어지는 소리는 당신에게 점점 더 가까이 들리고 있어요.

집짓기 (Ferreira, 2013)

불편을 일으킬 수도 있기 때문에 당신이 어떤 상황이나 사건을 회피할 때마다 당신에게 이용 가능한 선택지를 또한 좁히고 있음을 알아차린 적이 있는가요? 상황을 회피함으로써 당신은 그 당시에는 아마 약간 더 편안함을 느끼는 이득을 얻었을 수도 있을 거예요. 그러나 당신은 또한 그 상황에 계속해서 들어가는 것 때문에 어떤 이득도 얻지 못할 거예요. 그것은 타협이에요, 그렇죠?

상황이 불편할 수도 있기 때문에 그것을 회피함으로써 당신은 자신의 삶을 점점 더 좁히고 있어요. 생활하는 것은 집을 짓는 것과 매우 비슷합니다. 집을 짓기 위해서는 건축 재료가 필요한데, 벽돌이라고 해 봅시다. 당신은 당신—당신의 경험—주변에 놓여 있는 많은 벽돌을 가지고 있어요. 당신은 삶에서 이 벽돌들 중 어떤 벽돌은 다른 벽돌보다 더 좋아 보인다는 것을 알아차린 적이 있을 것입니다. 어떤 벽돌들은 즐거운 감각, 생각, 기억 및 느낌을 나타내는 깨끗하고 새로운 벽돌이에요. 어떤 벽돌들은 깨지거나, 더럽거나, 또는 견고해 보이지도 않아요. 이것들은 증상과 부정적인 생각 및 느낌처럼 당신이 싸워 온 모든 힘든 경험을 나타냅니다.

만약 당신이 멋지고 새로운 벽돌들로만 집을 짓기를 선택한다면 무슨 일이 일어날까요? 아마도 매우 작은 집이 될 것입니다. 안 그런가요?

그리고 멋진 벽돌들이 형편없는 벽돌들과 가까이 있거나 심지어 벽돌 더미 밑에 있다면 어떻게 될까요? 당신이 너무 바빠서 형편없는 벽돌들을 만지지 않으려고 했기 때문에 멋진 숨겨진 벽돌들을 놓친 경우가 되지 않을까요? 그것이 당신의 생활공간을 심지어 더 좁히지 않을까요?

당신은 작은 집에 살게 되는 것이 기쁘다고 말할 수도 있겠지요. 그렇지만 당신이 그 집을 나갈 때마다 형편없는 벽돌들은 여전히 거기서 당신을 기다리고 있을 것이고, 길을 막아서 당신은 더 멋지고 새로운 벽돌들을 가질 수 없게 돼요. 당신은 끝내는 더이상 집을 떠나지 못하는 지경에까지 이르게 될 수도 있어요. 이것은 큰 타협처럼 들리는데, 그렇지 않나요?

만약 당신이 자신이 가진 모든 벽돌로 집짓기를 선택한다면 어떻게 될 것 같나요? 우리가 여기서 할 수 있는 것은 당신이 들어가서 살 좀 더 많은 방을 가질 수 있도록 이용 가능한 모든 벽돌로 집을 짓는 것이면 어떨까요? 이것이 당신이 더 큰 삶-계속해서 확장시키는 선택을 하는 삶-을 사는 자신의 집에서 멋진 벽돌들과 형편없는 벽돌들 모두와 함께 사는 법을 배울 수 있는 공간이라면 어떨까요? 괜찮을까요?

인생은 해변이다: 거센 파도에서의 투쟁 (Davis, 2013)

때때로 삶은 해변에서 수영하는 것과 같습니다. 우리는 재미있고, 이완되고, 생기를 되찾을 것을 기대하면서 삶으로 곤두박질쳐 들어가기 시작합니다. 사람들은 우리에게 좋은 충고를 해 줍니다: '자외선 차단제를 잊지 마라.' '깃발들 사이에서 수영해라.' '식사 후 30분 동안은 물에 들어가지 마라.' '상어를 조심해라.' 그렇게 우리는 물에 뛰어들어 첨벙거리고 다니면서 즐거운 시간을 가집니다. 당신의 성격과 경험에 따라 당신은 속 편하게 있을 수도 있거나, 불안한 마음으로 상어를 조심하거나, 자신이 안전한 곳에 있는지를 확인하기 위해 깃발을 계속 주시할 수도 있어요. 혹은 어쩌면 당신이 규칙을 무시하는 것을 좋아하는 유형의 사람이라면, 아무데서나 수영할 것입니다.

갑자기 당신의 기쁨이 불쾌한 감각으로 방해를 받아요. 당신의 발이 땅에 닿지 않게 돼요. 당신은 더이상 모래 바닥에 닿을 수 없고, 바다로 향해 가고 있음을 알아챕니다. 당신은 공황 상태이며, 즉시 해안으로 돌아가는 목표를 정해 놓고, 그 목표를 달성하기 위해 행동을 취합니다. 당신은 아무 생각 없이 그것을 행합니다. 그것은 본능적입니다. 당신은 거친 파도에 대항하여 미친 듯이 물장구를 치기 시작합니다. 때때로 당신은 별 진전이 없어 보이기는 하지만, 그렇게 하는데, 얼마 후 당신은 지치기 시작하고, 이 싸움에서 지고 있음을 알아챕니다. 당신은 더 열심히 수영합니다. 당신은 등을 아래로 하고는 다리를 이용해 물을 찹니다. 그러나 당신은 진전을 보지 못하게 되고 기진맥진하게 됩니다. 당신은 왜 해변으로 가야 하는지를 잊어버립니다. 당신은 스스로에게 '내가 깃발들 사이에만 있었다면…….', 또는 '내가 해변으로 돌아가는데 무모한 모험을 하기 전에 좀 더 수영 연습을 해 놓을 걸…….' 같은 말을 하기 시작하지만, 어떻게 이 상태에 처하게 되었는지를 생각하는 것은 어떠한 도움도 되지 않아요. 당신은 여전히 미친 듯이 물장구를 치고 있고, 아무런 소용이 없게 돼요.

당신이 "저 여기 있어요."라고 도움을 요청하면, 안전요원이 구조하러 올 거예요. 주목하세요. 당신을 구조하려고 안전요원이 널빤지를 가지고 왔는데, 이 널빤지를 잡을 것을 제안합니다. 당신이 널빤지를 잡기 전에 당신은 미친 듯이 물장구치는 것을 멈출 필요가 있어요. 설사 당신이 온몸으로 저항하여 소리 지른다고 하더라도 당신은 반드시 물장구치기를 멈춰야 하며, 무언가 다른 것—널빤지를 잡는 것—을 시도해야 해요.

이제, 나는 아주 정반대의 안전요원이에요. 내 일은 당신을 구조하는 것은 아니지만, 당신에게 스스로를 구할 수 있도록 가르치는 것이에요. 삶에 관한 일이란 당신이 언제든지 거친 파도에 휘말려 들 수 있다는 것입니다. 그 거센 파도는 우울, 슬픔, 불안 혹은 먹고 싶고, 도박하고 싶고, 소비하고 싶고, 또는 마약을 사용하고 싶은 충동일 수도 있어요.

당신이 거센 파도 속에서 꼼짝할 수 없이 갇혀 있게 될 때, 나는 당신이 곤경에서 벗어나는 방법을 배우기를 바랍니다. 그래서 나는 당신이 거센 파도를 가로질러 천천히 수영하기를 요청합니다. 나는 당신 옆에서 나란히 수영할 예정이에요. 당신이 이것을 행하는 동안, 거센 파도가 끌어당기는 것을 느낄 것입니다. 당신은 당신이 있고 싶은 곳보다 더 멀리 바다로 나가버렸고, 당신의 마음에는 온갖 종류의 무서운 시나리오가 휙휙 지나갈 것입니다. 그것이 바로 마음이 하는 것이에요. 나의 마음도 마찬가지예요. 나는 당신이 무서워하지 않거나, 불안하지 않거나, 우울하지 않기를 요구하고 있는 것이 아닙니다. 나는 당신이 그러한 생각들과 감각들을 경험하는 동안에 거센 파도를 가로질러 헤엄쳐 나가기를 요청하고 있는 것입니다. 결국 당신은 잔잔한 물살로 오게 되고, 해변에서 최고의 날을 즐기면서 잘 지낼 수 있을 것입니다.

내가 당신이 해 주기를 바라는 것은 미친 듯이 물장구치는 것을 포기하고, 현재 바다에서 수행하고 있는 것에 대한 불편한 감각과 무서운 생각을 허용하라는 것이에요. 나는 당신이 정말로 중요한 것과 재연결하기를 원해요: 당신에게 즐거울 수 있는 이유가 뭐든지 간에 해변에서 즐기는 것 말이에요. 나는 당신이 효과적인 행동을 하기를 바라고 있고, 그것이 뭔지는 상황에 달려 있어요. 당신이 안전하다면, 그것은 당신 자신만의 이유로 햇빛과 파도를 즐기고 있다는 것을 의미해요. 당신이 거센 파도(현재 문제를 삽입하라)에 꼼짝 못하고 갇혀 있다면, 그것은 어떤 일이 다가오더라도 몸부림을 그만두고, 당신이 원하는 방향으로 작은 젓기라도 하라는 것을 의미하는 것입니다.

해변에서 안전한 방법에 관해서 사람들이 당신에게 준 온갖 좋은 충고들을 기억합니까? "수영을 못한다면 깊은 곳에 가지 마라."와 같은 좋은 충고도 있어요. "깃발 사이로 수영하는 것이 안전하다."와 같은 충고는 대개는 옳지만, 때로는 틀리는 것이에요. 그리고 "피부에 버터를 바르는 것은 햇빛에 타는 것을 보호해 준다."와 같은 충고는 도시 괴담일 뿐이에요. 틀림없이 당신은 그러한 충고는 묻지 않았을 거라고 보아요. 그것은 우연하게 일어날 뿐이에요. 좋은 의도를 가진 사람들도 어쩌면 나쁜 의도를 가진 사람들도 좋은 충고, 나쁜 충고, 그리고 중립적 충고의 혼합물을 당신의 머릿속에 가득 채우는 거예요. 자, 그래서 당신이 해변으로 갈 계획을 세울 때 떠오르는 어떤 충고가 따를 가치가 있는지를 어떻게 말할 것인가요?

더운 날에는 수많은 사람이 해변에 있다는 것을 주목하세요. 당신은 그들이 모두 똑같은 이유로 거기에 있지는 않다고 상상할 수 있어요. 해변으로 가는 데 어떤 이유들이 있을까요? 어떤 사람들은 친구와 재미있는 시간을 보내려고 갑니다. 어떤 사람들은 이완 및 독서를 하려고 갑니다. 어떤 사람들은 선탠을 하러 갑니다. 어떤 사람들은 머리를 식히러 갑니다.

예를 들면, 당신은 머리를 식히기 위해(가치) 해변에(목적) 갈 수도 있어요. 해변으로 가는 길이 폐쇄되었다면 어떻게 될까요? 머리를 식히기 위한 다른 방법이 있어요. 예를 들어, 당신은 에어컨이 있는 방에 앉아 있을 수 있고, 찬물 샤워를 할 수도 있고, 혹은 냉커피를 마실 수도 있어요.

당신의 안전을 향상시키기 위해 당신이 취할 수 있는 예방책이 이 시나리오 안에 있다는 것을 주목하세요. 당신은 생존 수영법을 행하는 방법과 같은 기술을 배울 수 있고, 혹은 그야말로 더 수영을 잘하는 사람이 되기 위해 훈련을 할 수도 있어요. 당신은 햇볕 화상을 예방하기 위해 자외선 차단제를 바를 수 있어요. 당신은 날씨가 안 좋은 날에는 파도타기를 하지 않으면 돼요. 당신은 해파리가 쏘는 해변을 피할 수 있어요. 당신은 깃발들 사이에서 수영을 할 수 있어요. 이러한 것들이 해변에서의 당신의 즐거움을 향상시켜 줄 수 있어요. 그러나 안전에 대해 강박적으로 생각하게 되면 재미는 어떻게 될까요? 파도 주변에 떠다니거나 파도를 타는 것 대신에 깃발에서 눈을 떼지 못하면 어떻게 될까요? 혹은 발이 물에 닿자마자 더 많은 자외선 차단제를 바르기 위해 가방이 있는 쪽으로 뛰어 돌아오면 어떻게 될까요? 해변은 너무 위험하기 때문에 해변에 가는 것을 포기한다면 어떻게 될까요?

당신이 최선의 노력에도 불구하고, 거친 파도에 여전히 꼼짝 못하고 갇힐 수 있다는 것을 또한 주목하세요. 바람, 해류, 그리고 밀물과 썰물은 변할 수도 있으며, 안전했던 지역이 거친 파도로 변할 수도 있어요. 혹은 거대한 파도가 당신을 덮치고, 발에 부딪혀서 거친 파도로 내몰 수도 있어요. 누가 잘못 했는지, 또는 어떻게 그것이 일어났는지는 중요하지 않아요. 일단 거친 파도 속에 들어가게 된다면 당신은 중요한 선택을 해야 합니다. 즉, 계속 분투하다가 결국엔 탈진으로 굴복하여 익사하는 것, 혹은 거친 파도를 가로질러 당신의 가치를 향해 수영을 함으로써 분투를 중단하고 효과적인 행동을 취하기 시작하는 것 중에서 선택하는 것입니다.

서커스 공연: 저글링과 훌라후프 (Stoddard, 2013)

당신의 생각과 느낌을 통제하려고 시도하는 것은 서커스 공연—한 링에서는 저글링을 하는 사람이 공연하고, 다른 링에서는 훌라후프를 하는 사람이 공연을 하는 서커스 공연—의 일부와 같습니다. 어느 누구나 공을 앞뒤로 던질 수 있어요. 많은 사람이 두 개의 공으로 저글링을 할 수 있어요. 마찬가지로 훌라후프 하나를 가지고 당신의 엉덩이로 몇 번 돌리는 것은 매우 쉽습니다. 비슷하게 그것은 당신의 생각을 억제하거나 느낌을 회피하는 것이 할 만하고 효과적이며, 많은 대가를 치르지 않는 것과 같이 보일 수도 있습니다. 그러나 더 많은 공 또는 훌라후프를 추가하면 무슨 일이 일어날까요? 당신은 계속 유지하기 위해서는 더 집중해야 합니다. 사실 당신은 그 밖에 어떤 것에는 거의 집중할 수 없게 됩니다. 잠시 후에 모든 공과 훌라후프는 당신의 움직임을 제한합니다. 그리고 이내 곧 공과 훌라후프는 당신 아래로 무너져 내립니다. 단순하고 무해하게 시작한 어떤 것이 유지 불가능해집니다.

사과 먹기 (Ferriter, 2013)

수용은 사과 먹기와 같습니다. 사과를 먹는 한 가지 이유는 당신이 살을 빼기 위함일 수 있는데, 당신에게 '나쁜' 것을 멀리하려는 것입니다. 그래서 당신의 평소 간식인 컵케이크 대신에 스스로에게 사과를 먹을 거라고 다짐합니다. 당신은 사과를 '선택'할 수도 있으나, 그 사과를 먹는 것은 무엇과 같습니까? 당신은 사과를 먹으면서 사과와 컵케이크를 비교하기 시작합니다. 한 입씩 먹을 때마다, 당신은 사과가 컵케이크만큼 달콤하지 않고, 건강에 좋지 않은지에 대해서 생각하고 있습니다. 그러고는 어쨌든 당신은 컵케이크를 먹습니다. 당신이 여기서 말하고 있는 것은 사과를 먹기 위한 또 다른 방법이라는 것입니다. 그 사과를 하나의 사과로 허용하라는 것입니다. 그것이 사과가 아닌 어떤 것이 될 필요가 있다거나 원하는 것이 아니라, 즉 그것이 무엇이 아닌 것(컵케이크)이 아니라, 그것이 무엇인 것에 대한 한 입의 아삭함, 과즙의 풍부함 및 달콤함을 알아차리라는 것입니다.

클러치 넣기 (Wilson, 2013)

그것은 마치 당신의 인생이라는 여정에 차를 운전하고 가는 것과 같습니다. 그렇지만 당신은 이 차 안에 있는 엔진이, 그 나름대로의 생각이 있는 것처럼 아주 까다로운 것이라고 알아차리기 시작합니다. 그것은 가끔씩 매우 높게 부르릉거리거나 낮게 털털거립니다. 이 과정에서 차는 속도 제한이나, 다가오는 모퉁이, 혹은 당신 주변의 교통 상황에 관계없이 속도가 올라가거나 혹은 기어가듯 느려집니다. 자연히 이것은 당신이 가기 원하는 방향으로 효과적으로 운전하는 것을 어렵게 만듭니다. 당신의 초기 반응은 속도가 빨라지면 급브레이크를 밟고, 느려지면 엑셀을 밟아 엔진의 속도를 통제하려는 것입니다. 엔진이 말을 안 듣는 것에 반응하여 당신은 브레이크를 콱 밟거나 엑셀을 밟을 수 있는 만큼 밟아 댑니다. 그렇지만 시간이 지날수록 당신은 이것이 잘 작동되거나 오래 가지 않는다는 것을 알아차립니다. 사실 엔진은 당신이 그것과 싸우려고 할 때마다 더 부르릉거리거나 더 털털거립니다. 더구나 당신이 에너지를 페달에 모두 쏟고 있을 때, 당신의 주의는 더이상 도로나 가려는 방향에 놓여 있지 않습니다.

만약 엑셀과 브레이크 이외에 대안이 있다면 어떨까요? 만약 당신이 바닥을 내려다보았다가 클러치 페달이 발 밑 어두운 구석에 숨어 있는 것을 발견한다면 어떨까요? 지나치게 까다롭고, 예측할 수 없는 엔진을 통제하려고 하기보다는 당신은 간단히 차의 기어를 빼 버리면 됩니다. 이는 엔진의 속도를 통제하거나 바꿔야 할 필요를 없애 줍니다. 엔진이 빨라지거나 느려지기 시작할 때마다 당신은 간단히 클러치를 밟으면 됩니다. 그런 다음, 엔진의 속도가 당신이 가는 도로에 적합하거나 효과적일 때, 당신은 클러치를 놓아 줍니다. 엔진은 더이상 차의 속도를 통제하지 않게 됩니다. 그렇게 하는 것입니다. 이제 당신은 마음껏 당신 앞의 도로에 집중하게 됩니다.

우리는 우리의 마음을 이 예에서의 엔진과 같은 것으로 생각할 수 있으며, 기꺼이하기, 수용 및 마음챙김 자각 모두를 클러치와 같은 것이라고 생각할 수 있습니다. 마음이 질주하고, 우리에게 멀리 가 버리거나 도피하라고 말하고, 우리에게 위험한 시나리오를 보여 주고, 우리에게 고통스러운 과거 사건을 상기시켜 주거나, 우리를 평가, 판결 및 부정적인 예측으로 털털거리게 하기 시작할 때 우리는 클러치를 넣는 것을 선택할 수 있고, 이런 것들이 우리의 행동, 즉 차 그 자체를 자동적으로 빠르게 혹은 느리게 가도록 하지 않으면서 기꺼이 관찰할 수 있습니다. 우리의 마음이 도움이 되고 있다는 것을 발견할 때, 우리는 클러치를 놓고, 그것이 작동할 수 있도록 허용할 수 있습니다. 우리는 결코 엔진을 성공적으로 통제할 수 없지만, 우리는 차의 속도와 방향에 대한 통제는 할 수 있습니다.

참조할 만한 또 다른 은유(손정락, 2016 참조)

- 잡동사니로 가득찬 박스(box full of stuff: Hayes et al., 1999, pp. 136-138)
- 중국 수갑: 차이니스 핑거 트랩(chinese handcuffs: Hayes et al., 1999, pp. 104-105)
- 풍선 불기(expanding balloon: Hayes et al., 1999, p. 248)
- 사랑에 빠지기(falling in love: Zettle, 2007, pp. 170-171)
- 날카로운 소리 피드백(feedback screech: Hayes et al., 1999, p. 108)
- 파도와 싸우기(fighting the wave: Walser & Westrup, 2007, pp. 75-76)
- 고등학교 연인(high school sweetheart: Hayes et al., 1999, p. 252)
- 배고픈 호랑이(the hungry tiger: Hayes, 2005, pp. 36-37)
- 조이 게으름뱅이(joe the bum: Hayes et al., 1999, pp. 239-240)
- 버스 승객(passengers on the bus: Hayes et al., 1999, pp. 157-158)
- 거짓말 탐지기(polygraph: Hayes et al., 1999, pp. 123-124)
- 모래 늪(quicksand: Hayes, 2005, pp. 3-4)
- 상어 수조 거짓말 탐지기(the shark tank polygraph: Hayes, 2005, p. 30)
- 늪(swamp: Hayes et al., 1999, pp. 247-248)
- 열쇠를 챙겨라(take your keys with you: Hayes et al., 1999, pp. 248-250)
- 괴물과 줄다리기(tug-of-war with a monster: Hayes et al., 1999, p. 109)
- 두 척도(two scales: Hayes et al., 1999, pp. 133-134)
- 낚시 바늘의 벌레(worm on a hook: Walser & Westrup, 2007, p. 173)

인지적 탈융합

플라이 낚시 (Whitney, 2013)

당신은 플라이 낚시에 대해 들어본 적이 있나요? 능숙한 플라이 낚시꾼은 송어가 좋아하는 먹이를 정확하게 알고 있어서 그 곤충들을 모방한 플라이 낚시용 미끼들을 낚싯대에 묶어 놓아요. 낚시꾼들은 이것을 매우 감쪽같게 하기 때문에 송어는 차이를 알 수가 없어요. 낚시꾼들이 송어가 사는 개울가에 플라이 낚시용 미끼들을 던지면 송어들은 그것이 떠다니는 것을 보고, 먹이라고 믿어 그것을 물게 되면 낚시 바늘에 낚이게 됩니다.

우리의 마음은 사실 숙련된 플라이 낚시꾼과 같을 수 있어요. 우리의 생각과 느낌은 마음이 디자인하는 매우 특정한 플라이 낚시용 미끼와 같아요. 단지 우리가 물어뜯는 미끼들. 마음은 우리 앞의 개울에 그것들을 던지고, 그것들은 진짜 같아서 우리는 그것들을 믿고, 물어서 낚시 바늘에 낚입니다.

일단 우리가 낚이게 되면, 우리가 투쟁하면 할수록 더 깊게 낚시 바늘에 낚이게 되고, 우리를 계속 위태롭게 하는 방식으로 더 많이 행동하게 됩니다.

우리가 삶의 개울 속에서 수영하고 있을 때, 항상 표면에 흘러다니는 플라이 낚시용 미끼들이 있어요. 우리가 플라이 낚시용 미끼들을 알아채고, 그것들을 물어뜯을 필요가 없다는 것을 인식할 때, 우리는 바늘에 덜 낚이게 되고 우리의 가치의 방향으로 수영하는 더 많은 유연성을 갖게 됩니다.

흐르는 시냇물에 나뭇잎 띄워 보내기 (Hayes, 2005, pp. 76-77)

눈을 감고, 아름답게 천천히 흐르는 시냇물을 상상해 보세요. 시냇물은 바위와 나무 주위로 흐르고, 아래쪽으로 내려가며, 계곡을 따라 흘러갑니다. 이따금 커다란 잎이 물속으로 떨어져서 하류로 떠내려갑니다. 따뜻하고 햇살이 비추는 날에 그 시냇물 옆에 앉아서 나뭇잎이 떠내려가는 것을 바라보고 있다고 상상해 보세요.

(잠시 멈춘다)

이제 당신의 생각에 대한 의식을 되찾으세요. 당신의 머릿속에 생각이 떠오를 때마다 그 생각을 나뭇잎에 적는 것을 상상하세요. 만약 당신이 단어들로 생각한다면, 단어 그대로 나뭇잎 위에 얹어 놓으세요. 만약 당신이 이미지로 생각을 한다면, 그 이미지 자체를 나뭇잎 위에 얹어 놓으세요. 목표는 시냇물 옆에 머무르면서 나뭇잎들이 계속 떠내려가도록 하는 것입니다. 강물의 속도를 더 빠르게 하거나, 더 느리게 하려고 애쓰지 마세요. 어떤 식으로든 나뭇잎 위에 나타나는 것을 변화시키려고 하지 마세요. 만약 나뭇잎이 사라진다면, 만약 당신이 정신적으로 그 밖의 다른 곳에 가 있다거나, 혹은 당신이 시냇물 속에 있거나 나뭇잎 위에 있는 것을 발견한다면, 그냥 멈춰서 일어난 것을 알아차리세요. 그 앎을 버려 두고, 다시 한번 시냇물로 되돌아가세요. 당신의 마음속에 생각이 들어가는 것을 지켜보고, 그것을 나뭇잎 위에 올려놓고, 나뭇잎이 하류로 떠내려가도록 하세요. 몇 분 동안 계속하는데, 당신의 생각들이 떠내려가는 것을 그냥 지켜보세요.

마음 기차 지켜보기 (Hayes, 2005, pp. 66-68)

당신이 기찻길 위 다리에 서 있으면서 세 개의 기차 선로를 내려다보고 있다고 상상하세요. 각 선로 위에는 광산 기차가 당신으로부터 서서히 멀어지고 있습니다. 각 기차는 광석을 운반하는 여러 개의 작은 차량으로 구성되어 있어요. 겉보기에 끝이 없는 세 개의 기차가 다리 아래를 따라서 천천히 칙칙폭폭 소리를 내며 가고 있습니다.

선로를 내려다보면서 왼편에 있는 기차는 당신이 현재 순간에 알아차리고 있는 것들로만 된 광석을 운반한다고 상상하세요. 그 광석은 감각, 지각 및 정서로 구성되어 있어요. 그것은 당신이 듣는 소리, 당신이 느끼는 땀에 젖은 손바닥, 당신이 느끼는 가벼운 심장박동, 당신이 알아차리는 슬픔 등과 같은 것들을 운반합니다. 가운데 기차는 당신의 생각만을 운반합니다. 당신의 평가, 예측, 자기 개념화 등입니다. 그리고 오른편의 기차는 행동하려는 충동을 운반합니다: 고개를 돌리고 회피하려는 힘, 화제를 바꾸려는 노력 등입니다. 세 개의 선로를 내려다보는 것은 당신의 마음을 바라보는 은유입니다.

이제 당신이 최근에 투쟁해 온 것에 대해 생각해 봐요. 그러고 나서 눈을 감고 세 개의 선로를 그려 보세요. 당신이 할 일은 다리 위에 머무르면서 기차들을 바라보는 것입니다. 만약 당신의 마음이 그 밖의 어딘가로 사라진 것을 발견하거나, 당신이 철도 선로를 칙칙폭폭 소리를 내며 내려가는 차량 안에 있으면서 당신이 결코 무엇에도 이르지 못할 거라는 판결 혹은 어떠한 좋은 일도 미래의 당신에게는 결코 발생하지 않을 거라는 믿음과 같은 마음의 내용과 투쟁하는 것을 발견한다면 이것은 매우 중요한 순간입니다. 사실상 그것이 연습의 주요한 목적입니다. 이것이 일어날 때, 그것이 의도한 대로 무엇이 막 당신을 낚았는지를 알아차리세요. 그것을 그대로 버려두고, 그런 다음 정신적으로 선로 위 다리로 되돌아와서 다시 한번 내려다보세요.

당신이 다리 위에 머무를 수 있을 때, 당신의 경험은 당신으로부터 분리되어 움직이는 다양한 생각, 느낌, 욕구처럼 보일 것입니다. 만약 당신이 그 내용 속으로 사라진다면, 생각과 느낌 그리고 욕구에 융합되어 당신의 경험은 희망이 없는 상태처럼 보일 것입니다. 당신이 다리 위에서 머무를 수 있는지 확인하고, 당신의 생각, 느낌, 그리고 욕구가 아래쪽의 차량으로 칙칙폭폭 소리를 내며 지나가는 것을 지켜보세요. 만약 당신이 다리에서 떠나게 되면, 무엇이 일어나는지 알아차리고 나서 선로 위 당신의 자리로 돌아오세요. 그 다음 당신에게서 어떤 결과가 나오는지 알아차리는 데 몇 분을 쓰세요.

물 위의 보트 (Bryan, 2013)

눈을 감고 대양의 보트 위에 있다고 상상하세요. 보트 위에 물을 따라 흘러가면서 당신의 모든 감각을 이용하여 상상하세요. 대양의 공기 냄새를 맡아 보세요. 당신의 피부에 와닿는 햇빛을 느껴 보세요. 대양과 만나는 수평선을 그려 보세요. 보트가 부드럽게 흔들리는 것을 느껴 보세요. 부드러운 파도가 보트에 부딪히기 시작하고, 당신은 보트가 올라가고 내려가는 것을 느끼면서 작은 파도 하나하나가 부딪히는 것을 듣습니다. 파도 하나가 다가온 것을 당신이 깨닫자마자, 그것은 지나가고, 오래지 않아 또 다른 파도가 따라옵니다. 때때로 파도는 빠르고 힘차게 다가오고, 그런 뒤에 지나갑니다. 때때로 파도는 너무도 커서 그 파도가 지나가기 전까지는 당신이 보고 느낄 수 있는 모든 것이 됩니다.

파도들이 계속해서 당신을 지나칠 때마다 일부는 크고, 일부는 작고, 하나하나를 느끼세요. 그리고 그렇게 하면서 마찬가지로 일어나는 생각과 느낌을 알아차려 보세요. 이러한 내적 경험들을 알아차리면서 그 파도를 그냥 탈 수 있는지를 보는데, 생각과 느낌이 오르고 내리고, 오고 가게 허용하는 것입니다. 보트 위에 머물면서 당신이 물속에 휩쓸렸다는 것을 알아차린다면, 보트로 다시 기어올라와서 계속 파도를 타세요.

피클, 피클, 피클 (Titchener, 1916, p. 425에서 각색함)

나는 당신이 단어 '피클'을 말해 주길 바랍니다. 무엇이 나타납니까? 그것이 무엇처럼 보이나요? (만약 클라이언트가 세부적인 것을 많이 사용하지 않는다면, 당신은 그녀에게 색, 질감, 기타 등등을 묘사하도록 요구함으로써 후속조치를 할 수 있다.) 만약 피클 냄새를 맡는 상상을 하면, 무엇이 나타납니까? … 그것의 맛은 어떠합니까? … 그것이 당신의 입 안 그리고 치아 사이에서 어떻게 느껴집니까?

이제, 이 방에는 어떤 피클이라도 있습니까? (클라이언트들은 전형적으로 없다고 말한다.) 그럼에도 불구하고, 단순히 단어 '피클'을 생각하였기 때문에 당신은 지금 피클을 볼 수 있고, 느낄 수 있고, 냄새 맡을 수 있고, 맛볼 수 있습니다. 심지어 당신은 ______와 같은 반작용을 보이기도 합니다. (여기서 클라이언트의 경험을 활용하라. 그녀가 피클을 좋아한다거나 싫어한다고 말했는가? 그녀는 자신이 침 흘리는 것을 알아차렸는가?) 이것은 언어와 함께 발생하는 것입니다. 우리가 생각한 단어는 단어 그 자체보다 아주 더 많은 것을 식탁에 가져옵니다.

이제, 나는 당신이 나와 함께 무언가를 시도하길 바랍니다. 단어 '피클'을 반복하고 반복해서 우리가 할 수 있는 한 빠르게, 내가 그만두라고 말할 때까지 크게 말해 봅시다. (잠깐 동안 이것을 하는데, 주기적으로 클라이언트가 계속해 나가고, 더 빠르게 하고, 더 크게 하도록 등등 격려한다) 좋습니다, 멈추세요. 피클에 무슨 일이 일어났습니까? (클라이언트에게 답변할 기회를 주라. 보편적으로 사람들은 같은 단어를 반복해서 말한 후에 단어가 의미 없게 되었음을 보고한다) 그것을 반복해서 말하고 나면, 그 밖의 다른 모든 것이 사라집니다. '피클'은 단지 하나의 단어가 되거나, 심지어 말도 안 되는 소리가 됩니다. 그래서 어떻게 이것이 당신의 생각에 적용될까요?

생각으로서의 손 (Harris, 2009, p. 20)

당신의 손이 당신의 생각이라고 잠시 동안 상상하세요. 당신의 두 손을 맞잡고 마치 그것들이 펼쳐진 책의 페이지인 것처럼, 손바닥을 펼쳐서 들어올리세요. 그런 다음 당신의 손을 천천히 그리고 한결같이 얼굴을 향해 들어 올리세요. 두 손이 당신의 눈을 가릴 때까지 계속하세요. 이제 몇 초 동안 당신의 손가락 사이의 틈을 통해서 당신 주변의 세상을 바라보고, 이것이 세상에 대한 당신의 조망에 어떠한 영향을 주는지 주목하세요.

이런 식으로 당신의 손으로 당신의 눈을 가린 채 하루 종일 돌아다니는 것이 어떠할 것 같은가요? 그것은 얼마나 많이 당신을 제한시킬까요? 당신은 얼마나 많은 것을 놓치게 될까요? 그것은 당신 주변의 세상에 반응하는 당신의 능력을 얼마나 감소시킬까요? 이것은 융합과 같습니다. 우리는 우리의 생각에 사로잡혀서 지금-여기에서의 많은 경험의 측면과의 접촉을 잃어버리게 되고, 우리의 생각은 우리가 하는 일에 대해 커다란 영향을 주게 되어서 효과적으로 행동하는 우리의 능력은 상당히 감소됩니다.

이제 다시 한번 당신의 손으로 당신의 눈을 가리세요. 이번에는 손을 당신의 눈으로부터 매우, 매우 천천히 더 낮게 위치시키세요. 당신의 손이 천천히 당신의 눈 아래로 내려갈수록, 나 그리고 당신 주변의 세상과 접촉하는 것이 얼마나 더 쉬워졌는지 알아차리세요. 이것은 탈융합과 같습니다. 당신이 당신의 손을 낮게 할 때, 당신의 생각이 사라지는 것은 아니지만, 일부분 분리되는 것은 당신이 좀 더 충분히 그리고 유연하게 관여하게 해 주고, 당신에게 중요한 방식으로 행동하는 선택을 자유롭게 해 줍니다.

만능 이야기꾼 (Harris, 2009, p. 119)

인간의 마음은 세상의 가장 위대한 이야기꾼과 같습니다. 마음은 절대 입을 다물지 않습니다. 마음은 항상 말할 이야기를 갖고 있고, 다른 무엇보다도 마음은 우리가 들어 주기를 원합니다. 마음은 우리의 완전한 주의를 원하고, 우리의 주의를 끌 어떤 것이라도 말할 것인데, 비록 그것이 고통스럽거나 불쾌하거나 무서운 것일지라도 그렇게 할 것입니다. 마음이 우리에게 말하는 어떤 이야기들은 진실입니다. 우리는 그것을 사실이라고 여깁니다. 그러나 마음이 우리에게 말하는 대부분의 이야기가 정말로 사실이라고는 여길 수 없습니다. 그것들은 오히려 의견, 믿음, 아이디어, 태도, 가정, 판결, 예측 등에 더 가깝습니다. 그것들은 우리가 어떻게 세상을 보고, 우리가 무엇을 하길 원하고, 우리가 생각하기에 무엇이 옳고 그른지 혹은 공정하고 불공정한지 등에 대한 이야기들입니다. 당신과 내가 여기서 하고자 하는 것들 중 하나는 이야기가 언제 도움이 될지, 그리고 언제 도움이 되지 못할지를 인식하는 방법을 배우는 것입니다. 그래서 만약 당신이 어떤 연습을 기꺼이 행하고자 한다면, 나는 당신이 눈을 감고 약 30초 동안 어떤 것도 말하지 않기를 바랍니다. 당신의 마음이 당신에게 지금 말하고 있는 이야기를 경청하기만 하세요.

참조할 만한 또 다른 은유(손정락, 2016 참조)

- 나쁜 컵(bad cup: Hayes et al., 1999, pp. 168-169)
- 앉을 자리 찾기(finding a place to sit: Hayes et al., 1999, pp. 152-153)
- 펑크 난 타이어(flat tire: Zettle, 2007, p. 103)
- 두 대의 컴퓨터(two computers: Walser & Westrup, 2007, pp. 92-94)
- 우리는 우리의 생각 속에서 물고기처럼 수영을 하고 있다(we are fish swimming in our thoughts: Hayes, 2005, p. 55)

현재-순간 자각

민들레 (Guzman, 2013)

이 연습에서 나는 당신이 불편하거나 또는 멀리 보내기를 원하는 내적 경험을 확인하도록 요청할 거예요. 만약 당신이 화, 두려움, 불안 또는 슬픔을 경험하고 있다면, 당신은 이것을 당신의 몸 어딘가에서 육체적으로 느낄 수 있을 거예요. 만약 당신이 육체적 고통을 겪고 있다면, 당신은 그 고통이 가장 뚜렷한 신체 부위를 확인할 수 있을 거예요. 이제 당신의 몸에서 감각이나 고통의 가장 강렬한 부분에 주목하세요.

눈을 부드럽게 감고 가능한 한 편안한 자세를 찾기 시작하세요. 깊게 호흡을 하고, 호흡의 리듬에 초점을 두세요. 호흡을 하면서 불편한 감각 또는 고통을 경험하는 신체 부분을 확인하세요. 이것은 빠르게 뛰는 심장, 가슴에서의 압박, 손발에서의 따끔거림, 몸 어딘가의 통증, 두통, 머리나 근육의 긴장, 복통, 또는 메스꺼움일 수도 있을 거예요. 통증 또는 불편함이 어디에 있든 몸의 그 부분에 집중하세요. 당신이 불편을 경험하는 몸의 부분이 둥글고, 솜털이 뽀송뽀송하고, 하얀 씨들로 덮여 있는 다 자란 민들레 씨의 머리라고 상상하세요.

통증이나 불편한 감각을 느끼는 당신 몸의 그 부위로 호흡하세요. 당신이 숨을 들어마시면서 민들레가 당신이 경험하고 있는… 불편함을 나타내는 것이라고 알아차리세요. 그리고 당신이 숨을 내쉬면서 당신이 민들레를 불어 버려서 당신의 고통을 간직하고 있는 그 씨들이 바람에 날려간다고 알아차리세요.

고통스럽거나 불편한 부분에 당신의 주의를 계속해서 집중시키고, 숨을 들이 마시고 내쉬면서 각 숨에 당신의 내적 경험을 간직하고 있는 민들레 씨들을 알아차리며 그것들이 날아가는 것을 바라보세요.(클라이언트가 이것을 충분히 경험하도록 5분에서 10분을 허용하라; 당신은 클라이언트에게 앞의 지시를 한 번 또는 두 번 반복함으로써 촉발시킬 수도 있다.) 이제 당신은 부드럽게 눈을 뜨고 방으로 들어오세요.

과정을 따라가기 (O'Connell, 2013)

의자에 편안하게 앉아서 몇 번의 깊은 호흡을 하세요. 네, 좋아요. 눈을 감고 싶다면, 그렇게 하세요. 그렇지 않다면, 당신 앞의 한 지점에 부드럽게 주의를 집중하세요. 당신의 몸이 의자에 꼭 맞는지 그리고 당신의 손이 무릎 위나 의자 팔걸이에 편하게 있는지 알아차리세요. 어떤 소리들, 아마도 시계가 째각거리는 것 또는 에어컨의 윙윙거리는 소리를 알아차리세요. 당신의 알아차림을 당신의 신체 감각에 부드럽게 데리고 와서 발, 다리, 허벅지, 엉덩이, 등, 목, 팔, 손, 손가락, 그리고 머리에서 점검하세요.

이제 당신의 알아차림을 특히 호흡과 함께 오는 변화하는 감각 양식에 데려가도록 하세요. 당신의 주의를 호흡을 가장 강하게 충분히 잘 할 수 있는 신체의 지점에 집중하는데, 이 지점은 당신이 가장 생생하게, 또 뚜렷하게 호흡 감각을 느낄 수 있는 지점이에요. 아마 그 지점은 당신의 가슴에 있을 수도 있고, 또는 당신의 배에 있을 수도 있어요. 그것들이 그냥 있는 그대로 움직임의 감각을 알아차리세요. 개방성과 호기심을 가지고 당신의 주의를 호흡 느낌으로 부드럽게 가져와서 이것이 어떻게 당신의 몸을 움직이는지를 보세요. 어떤 식으로든 당신의 호흡을 통제하는 노력을 할 필요는 없어요. 단순히 당신의 몸이 저절로 호흡하도록 내버려 두세요.

이제 공기가 당신의 몸 안으로 들어옵니다. 각 들숨의 가볍고 미묘한 감각에 당신의 주의를 집중해서 들숨의 변화하는 신체 감각에 따라가도록 스스로를 허용하기를 바랍니다. 당신이 할 수 있는 한 최선을 다해 들숨의 시작부터 당신의 폐가 최대한으로 가득찰 때까지 순간순간 당신의 몸에 들어오는 공기와 연합된 각 감각과 접촉을 유지하세요. 개방성과 호기심으로 매 순간의 들숨이 어떻게 느껴지는지를 탐색하세요. 당신은 그것을 따라감으로써 들숨 전체 과정의 각 순간에서 무언가 새로운 것을 찾을 수 있나요? 들숨의 체험을 밝혀 보세요. 각각의 새로운 들숨은 순간순간 이러한 감각을 탐색하고 조사하는 또 다른 기회예요.

이제 당신의 알아차림을 들숨과 날숨 사이의 전환점의 감각으로 부드럽게 옮기세요. 순간인가요? 과정인가요? 어떻게 느껴지나요? 호흡 주기 중 그 부분의 가벼운 감각에 알아차림을 집중하세요. 각 호흡과 함께 당신은 주의를 안정시키고, 들숨에서부터 날숨까지의 변화와 연합된 감각을 탐구하는 새로운 기회를 허용하세요. 단순히 그 체험을 밝혀 보도록 하세요.

이제 부드럽게 당신의 주의를 날숨의 감각으로 데려가세요. 당신의 알아차림을 날숨에 집중하고, 각 날숨의 감각을 따라가세요. 당신이 할 수 있는 한 최선을 다해 당신의 몸을 떠나는 호흡과 연합된 각 감각에 접촉을 유지하면서 순간순간 날숨의 시작에서부터 또다시 들숨의 충동을 느끼는 지점까지 머물러 보세요. 당신은 날숨의 전 과정에 주의를 기울이면서 무엇을 발견하였나요?

이제 당신이 할 수 있는 한 최선을 다해 당신의 알아차림을 날숨과 들숨 사이의 전환점으로 돌리고, 변화하는 감각 양식을 알아차리세요. 각 호흡 주기의 특별한 순간을 연결해 보세요. 그 순간에 접촉하고, 그것과 연합된 감각을 단순히 밝혀 보도록 하세요. 이제 당신의 알아차림을 전체 호흡 과정으로 부드럽게 데려가세요. 그것을 순간순간 따라가는데, 당신의 호흡 전체 주기와 연합된 당신의 신체에서 변화하는 감각 양식을 따라가세요.

이 연습의 끝으로 가면서 들숨에서 날숨까지, 그리고 또다시 들숨으로 되돌아가는 전체 호흡 주기를 반영하는 순간을 가지세요. 당신이 호흡 주기가 불안(또는 내담자가 투쟁하고 있는 무엇이든 그것으로 대체하라) 또는 당신 삶의 어떤 다른 과정처럼 여겨질 수 있는지를 보세요. 호흡의 주기처럼, 변화하고 있는 불안 감각 양식이 순간순간 밝혀질 수 있어요. 개방성과 호기심으로 당신의 주의를 전체 불안 주기로 데려갈 수 있는데, 단순히 그것을 밝혀 보도록 하세요.

당신이 준비가 되었을 때, 내 목소리와 이 방으로 되돌아오세요. 우리 주변의 소리와 방 안의 온도를 알아차리세요. 당신이 눈을 뜰 때, 그 방이 어떻게 보일 것 같은지 상상해 보세요. 그런 다음 곧바로 눈을 뜨세요.

생각을 관찰하기 (Kates, 2013)

이 연습에서 우리는 관찰을 하는 데 얼마간의 시간을 보낼 거예요. 의자에 자리를 잡고, 계속해서 눈을 감고, 몇 번 깊은 호흡을 하세요. 그렇지 않으면, 의자에 자리를 잡고 부드럽게 시선을 집중할 벽의 한 지점을 찾아서 유지해도 좋아요.

그 순간 그리고 당신의 신체에 머물면서 시작하는데, 지면에 디딘 발의 감각과 당신의 몸을 지지하는 의자의 감각을 알아차리고… 이러한 감각들을 현재 순간에 두며… 당신이 이미 있는 공간으로 가져오도록 하세요. 이러한 감각들에 주의를 기울임으로써 당신의 주의—당신의 마음—를 당신에게 연결하고, 여기에 있는 당신의 신체에 연결하도록 초대하고 있는 것입니다.

공기가 코, 입 및 폐에서 교환되면서 들어오고 나가는 호흡과 부드러운 움직임을 알아차리게 되는 순간을 가지세요. 당신은 이 부드러운 공기의 움직임이 상승과 하강을 만들어 낼 때 배나 가슴의 감각에 주목할 수 있어요. 단순하게 앵커 포인트(고정점)가 되도록 감각, 즉 마음의 주의를 붙잡아 두는 어떤 것을 알아차리도록 하세요. 그리고 이제 당신이 감각을 관찰하면서 바꿀 필요도 없으며, 그것들에 관해서 어떤 것도 하지 않은 채 당신 마음의 움직임을 알아차릴 수 있는지를 보세요. 마음의 활동이 더 분명해지고 있는 것을 관찰할 수 있는지 보세요. 생각의 움직임과 생각하고 있는 마음의 움직임을 알아차리기 시작하세요. 당신이 주의의 이 한 지점을 발견하면서 호흡으로서 행하였던 많은 것처럼, 생각이 오고가는 것을 단순히 허용하세요. 우리가 호흡을 관찰했던 것과 마찬가지로 단순하게 그것들과 함께 앉아 계세요.

어떤 생각이 떠오를 때, 관찰자의 자세를 취하고, 생각이 존재하는 자리를 발견하고, 생각을 지켜보고, 단순하게 생각을 관찰하세요. 지금 한 순간을 포착해서 단순히 왜 그 생각이 떠올랐는지를 알아차리세요. 그 생각을 변화시키거나 판결하거나 수정할 필요는 없어요. 단순하게 그 생각을 알아차리세요. 당신이 호흡 감각을 알아차리는 것과 마찬가지로 생각의 특징들을 알아차릴 수 있는데, 그 생각이 어떤 색조를 가지고 있거나, 무겁거나, 어둡거나, 밝은지를 알아차리세요. 생각이 빨리 움직이고 있나요? 아니면 느리게 움직이고 있나요? 그 생각이 당신을 미래로 데려가나요? 아니면 과거로 데려가나요? 그 생각의 재질, 색조, 느낌을 알아차리고, 생각이 떠오르고 생각이 움직일 때 그 생각의 움직임을 단순하게 관찰하는 것이 무엇과 같은지를 보세요. 자신의 신체 호흡과 감각을 당신이 되돌릴 수 있는 닻이 되도록 허용하세요.

마음이 생각을 떠올리는 것을 판결하지 말고… 호기심을 가지고… 수용하면서 알아차리고, 지켜보면서… 당신이 호흡과 감각을 관찰하는 것과 마찬가지로, 그 생각을 관찰하는 것입니다.

생각은 거품이나 구름처럼 떠오르는데, 지나가고 있고, 당신은 지켜보는 겁니다. 한 가지 특정한 생각을 따라가거나, 황급하게 혹은 순간에 휘말릴 필요는 없어요. 우리가 어떤 것을 행하는 것을 요구하지 않은 채 호흡이 자연스럽게 오르고 내리는 것과 마찬가지로, 그 순간 떠오르는 것을 단순하게 알아차리세요. 그러고 나서 어떤 생각이 떠오를 때, 그렇게 할 것 같을 때, 당신이 그 순간에 떠오르는 생각이 정확하게 무엇인지 알아차릴 수 있는지를 보세요. 또다시 호흡 감각을 주목했던 것과 마찬가지로, 그 생각의 특징에 주목하는데, 생각이 떠오르고 움직일 때 그것의 움직임을 단순히 관찰하면서… 그 색조, 재질, 속도, 방향을… 알아차리는 것입니다. 신체 호흡과 감각을 당신이 되돌릴 수 있는 닻이 되도록 허용하세요. 당신이 호흡과 감각을 관찰하는 것과 마찬가지로, 마음이 생각을 일으키고, 당신이 그 생각을 관찰하는 것을 판결하지 말고, 호기심을 가지고 수용하면서 단순하게 알아차리고, 지켜보는 것입니다.

이제 스스로를 호흡으로 되돌아가게 하세요. 공기, 가슴, 배의 움직임, 그리고 당신에게 가장 눈에 띄는 감각이 어디에 있든지 그 움직임을 알아차리는데, 그것을 당신의 주의 초점이 되도록 허용하세요. 몇 번의 깊은 호흡을 하는데, 각 들숨에 약간 더 깊은 호흡을 하도록 하세요. 공기가 어떻게 당신의 폐에 가득차는지 알아차리고, 그런 다음 당신은 공기를 각각의 날숨에 완전히 내보내는데… 숨을 내쉬고 들이마시세요. 바닥에 닿은 발의 감각과 의자에 닿은 등의 감각을 알아차리세요. 당신이 알아차림을 이 방으로 되돌릴 준비를 하면서 조금의 감사를 스스로에게 제공할 수 있는데, 이 감사는 어쩌면 당신의 생각과 함께 오늘 현재 순간에 있을 수 있는 시간을 갖는 것이며, 관찰하는 실습을 하는 것이며, 당신 자신의 경험에 단순하게 주목하는 자세를 선택하는 것입니다. 그리고 당신이 준비가 될 때, 눈을 뜨고 방으로 되돌아오세요.

마음챙김 걷기 (Niloofar Afari, 2010)

여기에 당신의 주의를 집중시킬 한 가지 연습 방법이 있어요. 당신의 알아차림을 걷기 체험에 두십시오. 이 연습에는 합격이나 불합격은 없어요. 당신이 경험하는 것은 무엇이든 좋아요. 만약 당신의 마음이 방황하고 현재 순간과 걷기 체험으로부터 떠나 있는 것을 발견한다면, 그저 스스로를 목소리와 걸음으로 부드럽게 되돌리세요. 떠나 있거나, 다시 되돌아오는 것은 마음챙김을 배우는 중요한 부분임을 기억하세요.

의자에 앉아 눈을 감고, 몇 번 깊은 호흡을 하세요. 당신의 몸이 의자에 어떻게 꼭 들어맞는지를 알아차리세요. 의자와 닿아 있는 자리에서 등과 다리의 감각을 알아차릴 수 있는지를 관찰해 보세요. 당신의 주의를 발과 신발 안에서 쉬고 있는 발의 느낌에 두십시오. 당신은 발가락들을 꼼지락거릴 수 있는데, 발가락들이 서로 마찰하는 것이 어떻게 느껴지는지를 보세요.

이제 나는 당신이 발을 바닥에 단단하게 디디고, 눈을 감은 채로 천천히 일어나서 신체의 움직임, 서 있는 자세에서 당신을 당겨 줄 때의 감각, 그리고 발목과 발의 압력의 느낌을 알아차리기를 바라요. 계속해서 거기에 서 있으면서 몇 번 깊은 호흡을 하세요.

이제 눈을 뜨고 걷기 위해 오른발을 들어올리세요. 앞으로 걸으면서 당신의 오른발을 바닥에 닿게 하세요. 바닥에 부딪히는 발의 감각과 발바닥의 느낌을 알아차리세요. 당신은 세게 걷고 있습니까, 아니면 가볍게 걷고 있습니까? 당신은 발뒤꿈치로 먼저 걷고 있습니까? 당신의 엄지발가락 아래쪽의 동그란 부분으로 먼저 걷고 있습니까? 또는 당신의 발가락으로 먼저 걷고 있습니까? 발 안쪽으로 걷고 있습니까, 아니면 바깥쪽으로 걷고 있습니까?

이제 왼발을 들고 오른발에 당신의 무게를 이동시키는 것을 알아차리세요. 다리의 움직임 과정을 알아차리세요. 어느 근육이 당신이 움직이는 동안 긴장되거나 이완이 되나요? 당신이 왼발로 밟는 동안, 당신은 발뒤꿈치가 먼저 닿는지, 엄지발가락 아래쪽의 동그란 부분이 먼저 닿는지 또는 발가락이 먼저 닿는지 알아차리세요. 같은 방법으로 걷기를 계속하면서 신체의 감각들을 알아차리세요. 당신은 걸으면서 당신이 보는 것으로 산만해지는 스스로를 발견할 수도 있으며, 또는 당신의 마음이 방황할 수도 있어요. 당신의 생각과 느낌이 당신을 걷는 것으로부터 멀어지게 하는 것을 발견할 수도 있어요. 만약 이런 일이 일어난다면, 부드럽게 내 목소리로 스스로를 다시 데려오고, 걷고 있는 당신의 다리와 발의 감각으로 되돌리세요.

이제 나는 당신이 잠시 동안 실험하기를 바라요. 당신이 걸을 때 다리를 더 높이

올리고, 엉덩이, 다리 및 발의 근육의 감각을 알아차리세요. 당신이 체중을 한쪽에서 다른 쪽으로 옮길 때 당신의 몸이 좌우로 움직이는지를 알아차리세요. 당신은 바닥을 세게 밟고 있습니까? 아니면 가볍게 밟고 있습니까? 각각의 걸음에서 당신은 먼저 뒤꿈치로 밟았나요? 당신 발의 엄지발가락 아래쪽의 동그란 부분으로 먼저 밟았나요? 또는 당신은 발가락으로 먼저 밟았나요? 당신은 발의 안쪽으로 걷고 있습니까, 아니면 바깥쪽으로 걷고 있습니까?

이제 매우 천천히 걷도록 하는데, 당신의 움직임과 각 걸음의 의도성을 알아차리세요. 당신의 몸이 스스로 균형을 잡기 위해 고군분투하나요? 각각의 발의 움직임을 알아차리세요. 당신은 뒤꿈치에서부터 발가락으로 걷나요? 아니면 발가락에서 뒤꿈치로 걷나요?

당신은 몇 걸음을 천천히 걸었는데, 더 빨리 걸으면서 당신이 걷는 동안 걸음의 속도, 그리고 다리와 발의 감각을 알아차리세요.

이 연습의 끝으로 오면서 나는 또한 당신이 어떻게 걷는지를 선택하는 능력을 알아차리기를 바라요. 당신은 느리게 또는 빠르게 걸을 수 있어요. 당신은 각 걸음의 높이를 선택할 수 있고, 어느 쪽으로 걸을지 방향을 선택할 수 있어요. 계속해서 천천히 마지막 걸음을 걷고, 그리고 멈춘 다음 당신이 선 자리에서 편안하게 쉬세요. 몇 번의 깊은 호흡을 하고, 당신의 알아차림을 이 방으로 되돌리세요.

참조할 만한 또 다른 은유(손정락, 2016 참조)

- 호흡에 주의를 두기(attending to breathing: Walser & Westrup, 2007, pp. 43-44)
- 당신이 이것을 읽는 동안 당신의 발에 마음챙김하라(be mindful of your feet while you read this: Hayes, 2005, pp. 114-115)
- 계속해서 마음챙김하기(be-still mindfulness: Walser & Westrup, 2007, pp. 86-87)
- 당신이 있는 곳에 존재하기(be where you are: Hayes, 2005, pp. 107-108)
- 신체 스캔(body scan: Walser & Westrup, 2007)
- 마음챙김으로 호흡하기(breathing mindfully: Zettle, 2007, pp. 143-144)
- 작은방(cubbyholing: Hayes, 2005, pp. 109-110)
- 차 마시기(drinking tea: Hayes, 2005, pp. 111-112)
- 마음챙김으로 먹기(eating mindfully: Hayes, 2005, pp. 112-113)

- 마음챙김으로 건포도 먹기(mindfully eating raisins: Kabat-Zinn, 1991, pp. 27-29)
- 중심-찾기 마음챙김(finding-the-center mindfulness: Walser & Westrup, 2007, pp. 113-114)
- 구름을 응시하기(gazing at the clouds: Zettle, 2007, pp. 145-146)
- 단지 듣고 있기(just listening: Walser & Westrup, 2007, p. 68)
- 단지 앉아 있기(just sitting: Hayes, 2005, pp. 116-118)
- 당신의 발로 지구에 키스하라(kiss the earth with your feet: Walser & Westrup, 2007, pp. 164-165)
- 고전 음악 듣기(listening to classical music: Hayes, 2005, pp. 113-114)
- 평화의 장소(place of peace: Walser & Westrup, 2007, p. 142)
- 경험에 대한 자각을 실습하기(practicing awareness of your experience: Hayes et al., 1999, p. 179)
- 묵언 걷기(silent walking: Hayes, 2005, p. 109)
- 시간에 맞춰 당신의 생각을 따라가기(tracking your thoughts in time: Hayes, 2005, pp. 100-101)

맥락으로서의 자기 및 관점 취하기

(개념화된 자기, 즉 내용으로서의 자기 대 관찰하는 자기, 즉 맥락으로서의 자기)

교실 (Stoddard, 2013)

학생들로 가득찬 교실을 상상해 보세요. 어떤 학생들은 선생님에게 말대꾸를 하고, 책상 밑에 껌을 붙이고, 선생님이 보지 않을 때 문자 메시지를 보내는 '문제' 학생들이 있는 반면에 어떤 학생들은 수업에 집중하고, 좋은 성적을 받고, 선생님의 비위를 맞추는 '착한' 학생들이 있습니다. 어떤 학생들은 자신의 책상에 앉아 있으며 비교적 눈에 띄지 않는 '보통' 학생도 있습니다. 그래서 모든 학생을 평가하는 선생님이 교실 앞쪽에 있는데, 문제 학생에게 '조용히 해라' '집중해라' '얌전히 있어'라고 말을 하며, 좋은 학생에게는 칭찬을 하고, 그들의 시험지에 금상을 줍니다.

생각과 느낌은 교실의 학생들과 같습니다. 일부는 부정적이고, 일부는 긍정적이며, 일부는 중립적입니다. 그리고 또한 당신의 생각과 느낌을 평가하는 경향이 있는 당신의 일부분입니다. 선생님처럼, 부정적인 생각은 조용하게 하고, 긍정적인 생각이 주변에 있도록 하기 위해 금별을 주는 것과 같습니다. 그러나 이 은유에 대한 또 다른 부분이 있습니다. 학생들과 선생님을 포함하는 교실, 교실은 그들과 밀접한 관계가 있지만 또한 여전히 그들로부터 분리됩니다. 교실은 그들을 포함하고 있는 맥락입니다. 그래서 당신은 학생 또는 선생님—생각, 느낌 또는 평가—이 아니고, 교실—그러한 경험들을 단지 포함하고 있는 그릇—인 것입니다.

왕자와 거지 (Scarlet, 2013)

꼭 닮았지만 서로 다른 옷을 입고, 서로 다른 집에서 사는 왕자와 거지를 상상해 보세요. 어느 날 그들이 만나서 하루 동안 사는 곳을 바꾸기로 결정했다고 상상해 보세요. 왕자가 거지의 옷을 걸치고, 거지는 왕자의 예복을 입습니다. 왕자는 악취가 나는 옷을 입고 도시를 돌아다니며, 거지가 당했던 것처럼 밀쳐집니다. 거지는 비싼 옷을 입고, 왕족처럼 대우받습니다. 왕자의 옷을 입고 있는 거지는 그가 받은 호화로운 음식에 매우 감사해 하며, 다른 거지들과 함께 음식을 나눕니다. 거지 옷을 입고 있는 왕자는 어린 소녀의 빵을 훔칩니다; 어쨌든 그는 그것을 취할 권리가 있다고 느낍니다! 그는 다른 거지들을 깔보는 투로 말하고, 그들과 같이 먹지 않습니다. 그래서 왕자와 거지는 서로 다른 옷을 입고, 다른 사람들에게 다르게 대우를 받지만, 각 사람은 실제로 변화하지 않은 채로 남아 있습니다.

자신의 갑옷을 벗기 (Gillanders, 2013)

이것은 마치 당신의 초기 삶이 자기 스스로를 방어하기 위해서 강한 갑옷을 착용해야 하는 전투와 같아 보이지 않나요? 당신은 계속되는 전쟁에서 기사가 되어야 하고, 그러므로 내내 갑옷을 입고 있어야 했어요. 당신은 갑옷 속에서 아주 편안했기 때문에 갑옷은 자신의 피부의 확장인 것 같으며, 어느 정도는 갑옷을 입고 있다는 것을 잊어버립니다. 그것은 정말로 그렇게 작용해 버렸어요. 이것은 당신이 크게 다치는 것을 막아 주었습니다.

지금 당장 당신의 삶을 바라보세요. 당신은 주변 사람들과 여전히 싸우고 있나요? 전쟁은 끝났지만, 당신은 이 한 벌의 갑옷 안에서 여전히 쾅쾅 부딪히고 있나요? 당신은 얼마나 자유롭게 움직이고 있나요? 당신에게 이 갑옷의 진정한 대가는 무엇이었나요? 갑옷을 계속 입는 것이 다치는 것으로부터 당신을 지켜 주는 것은 사실이지만, 이것은 당신이 진정으로 안기는 느낌, 사랑받는 느낌을 멈추게 하고 있지는 않나요? 더이상 맞지 않는 것처럼 보이는 이 한 벌의 갑옷을 벗는 것은 어떨까요?

참조할 만한 또 다른 은유(손정락, 2016 참조)

- 경험적으로, 나는 그것이 아니다(experientially, I'm not that: hayes, 2005, pp. 97-98)
- 이름표 퍼레이드(label parade: Walser & Westrup, 2007, pp. 126-131)
- 정체성을 내려놓기(letting go of identity: Walser & Westrup, 2007, pp. 136-137)
- 정신의 양극성(mental polarity: Hayes et al., 1999, p. 190)
- 관찰자(observer: Hayes et al., 1999, pp. 192-196)
- 정체성 줍기 … 어떠한 정체성이든(pick an identity … any identity: Hayes et al., 1999, pp. 196-197)
- 자신의 스토리를 다시 말하기(retelling your own story: Hayes, 2005, pp. 91-92)
- 체스판(chessboard: Hayes et al., 1999, pp. 190-192, 219, 268)

가치

강의실 교수 (Stoddard, 2013)

한 교수가 그의 앞에 있는 테이블 위에 커다란 빈 항아리를 올려놓고 학생들 앞에 서 있다. 그는 항아리를 탁구공으로 채우고는 학생들에게 그 항아리가 가득찼는지를 물었다. 학생들은 그렇다고 동의하였다.

다음 교수는 작은 돌들이 들어 있는 그릇 하나를 집어 들어 그 돌들을 항아리에 쏟자 돌들은 탁구공 사이의 공간을 채웠다. 다시 한 번, 그는 학생들에게 그 항아리가 가득찼는지를 물었다. 학생들은 그렇다고 동의하였다.

그 다음, 교수는 모래 한 봉지를 들어서 항아리 속으로 부으면서 작은 돌들 사이의 공간을 채웠다. 그는 다시 한 번 항아리가 가득찼는지 물었다. 학생들은 만장일치로 '예'라는 반응을 보였다.

교수는 테이블 아래에서 맥주 두 병을 꺼내 항아리 속으로 부으면서 모래 알갱이들 사이의 공간을 채웠다.

그런 뒤 교수는 말하였다. "이 항아리가 우리의 삶을 나타냅니다. 탁구공들은 중요한 것들입니다—당신의 가족, 당신의 아이들, 당신의 신체적 건강, 당신의 우정, 그

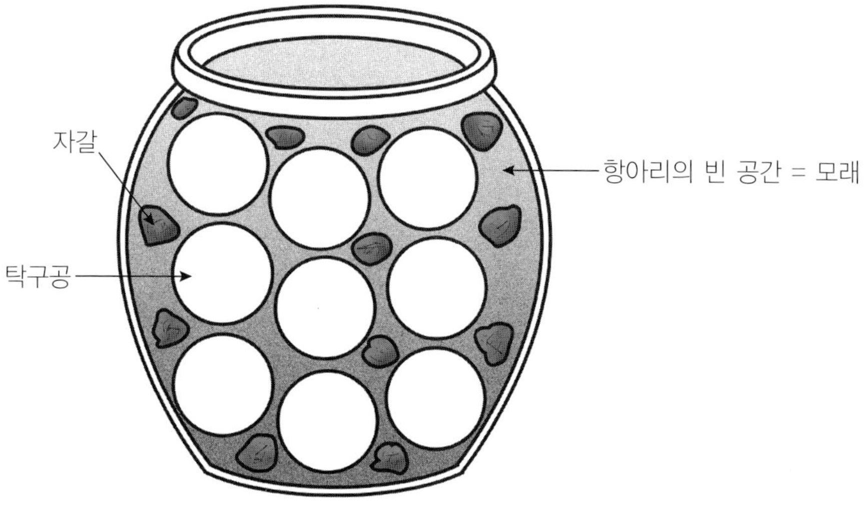

리고 당신의 열정—그 밖의 모든 것을 잃어버리고 오직 그것들만이 남아 있어도 당신의 삶이 여전히 충만할 수도 있을 정도로…" 그는 계속해서 "작은 돌들도 중요한 것들입니다. 당신의 경력, 당신의 집, 그리고 당신의 차와 같이… 모래는 그 밖의 모든 것입니다… 자잘한 것들…. 만약 당신이 빈병에 모래를 먼저 붓는다면, 당신은 탁구공은 커녕 모든 작은 돌조차 설치할 수 없을 것입니다. 인생도 똑같습니다. 만약 당신이 모든 시간과 에너지를 작은 일에 써 버린다면, 당신에게 가장 중요한 것들을 위한 공간을 가질 수 없을 것입니다. 의미 있는 삶에 매우 중요한 것을 위해 시간을 내어 보세요. 당신의 아이들과 노세요. 당신의 의사를 만나 보는 데 시간을 내세요. 당신의 배우자 혹은 파트너와 데이트를 하러 가세요. 휴가를 가세요. 백열 전구를 갈거나 허드렛일을 할 시간이 있을 것입니다. 처음에는 핑퐁(탁구) 공의 우선순위를 정하세요. 정말로 중요한 것들부터요. 나머지는 모래일 뿐입니다.".

학생들 중 한 명이 손을 들고 맥주 두 병에 대해 질문하였다. 교수는 웃었다. "당신이 질문해 줘서 기뻐요. 그것은 당신에게 당신의 삶이 아무리 바빠 보일지라도, 친구와 함께 맥주 한 잔을 마실 여지는 항상 있다는 것을 보여 주는 것입니다."

마음을 읽는 기계 (Harris, 2009, p. 201)

당신에게 매우 중요한 누군가의 마음에 맞춰져 있는 마음을 읽는 기계를 가지고 있다고 상상해 보세요. 그래서 당신은 그 사람의 모든 생각을 들을 수 있어요. 당신이 조율하면, 그 사람이 당신에 대해 생각하고 있는 것을 들을 수 있어요: 그 사람에게는 당신이 어떻게 나타내지고 있는지, 당신의 강점이 무엇이며, 그 사람에게는 어떤 의미인지, 그 사람의 삶에서 당신의 역할은 무엇인지를 그 사람이 생각하고 있는 것을 들을 수 있어요. 이상적인 세상에서, 당신은 진정으로 되고자 하는 사람으로서 당신의 삶을 살아왔는가요, 당신은 이 사람이 무엇을 생각하기를 바라나요?

영웅 (Archer, 2013)

당신의 영웅들에 대해 생각해 보세요. 당신의 인생에서 직접적인 역할을 했던 사람들을 고찰해 보세요. 가족 구성원, 친구, 교사, 코치, 동료 등이 있을 것입니다. 이제 당신에게 간접적으로 영감을 준 사람들에 대해 생각해 보세요. 저자, 예술가, 유명인사 혹은 심지어는 소설 속 인물이 있을 것입니다. 당신이 가장 되고 싶어 하는 사람은 누구인가요? 당신이 정말로 존경하는 한 사람을 고르세요. (내담자에게 이것에 대해 생각할 시간을 주라.) 이제 당신이 이 사람에게서 정말로 존경하는 모든 특질—그 사람의 상황이 아니라 개인적인 특질들—에 대해 생각해 보고, 그것들을 적으세요. 일단 당신이 이것을 다하면 이것을 살펴보고, 어떻게 이것들이 당신 자신만의 개인적 가치들로 전환될 수 있을지 생각해 보세요.

최고의 순간 (Wilson & DuFrene, 2009, pp. 203-209)

우리는 당신의 증상, 문제, 그리고 힘겨운 생각 및 느낌뿐만 아니라 그러한 생각과 느낌을 회피하기 위해 당신이 시도하고 있는 것들 중 일부에 대해 많이 이야기해 왔습니다. 나는 이러한 고통과 투쟁을 이해하기 시작하고 있다고 생각합니다. 그러나 오늘 내가 이야기하고 싶은 것은 사실 그것과는 다릅니다. 나는 당신이 자신의 인생에서 최고의 순간—당신이 경험했던, 비록 짧은 순간에 불과할지라도 자신의 생각 및 느낌과의 투쟁을 내려놓았을 수도 있는 경험—을 경험했던 것을 이해해 보고 싶습니다. 그것은 발생했던—혹은 그렇게 될 수도 있는—가장 거대하거나, 가장 기념비적인 것일 필요는 없습니다. 크든 작든, 최근이든 오래전이든, 당신이 정말로 존재하고 참여하고 혹은 살아 있다고 느낀 어떤 순간이라도 바로 골라 보세요.

당신은 바로 지금 스스로가 작은 정신적인 핑퐁(탁구)에 참여하고 있다고 여길 수도 있는데, '옳은' 혹은 '최고의' 순간을 선택하려고 시도하고 있는 것입니다. 당신이 그것을 알아차릴 수 있는지를 확인해 보고, 그 투쟁을 놓아 버리고, 최고의 순간이 나타내는 것은 무엇이든지 오직 그것에 정착하는 것입니다. (당신은 여기서 당신 자신의 예를 공유할 수도 있다. 만약 당신이 그렇게 한다면 그것을 공유하면서 자세하게 얘기해야 하며, 당신이 그것을 묘사할 때 스스로 각 세부사항을 충분히 경험할 수 있도록 하라.) 당신이 한 가지를 떠올렸다면, 내게 알려 주세요.

좋습니다! 이제 나는 당신이 잠시 동안 시간을 내어 그 순간에 존재했던 모든 세부사항에 대해 정말로 알아차리기를 바라는데, 당신 마음의 눈에 있는 감각을 이용하는 것입니다. 당신은 무엇을 보았으며, 그것이 어떻게 나타났나요? 누군가가 당신과 함께했나요? 다른 사람들은 어떻게 보이나요? 거기에 어떠한 종류의 소리, 냄새 혹은 맛이 났나요? 당신은 어떤 걸 느꼈나요? 일단 당신이 전체의 심상을 떠올렸다면, 내가 이 순간이 바로 당신이 느낀 진정한 최고의 순간이라고 이해할 수 있도록 당신의 최고의 순간에 대한 세부사항들을 나와 함께 공유해 주기를 바랍니다.

자서전 쓰기 (Stern, 2013)

당신은 자서전을 읽을 때마다 그 사람이 누구였는지, 그 사람이 어떻게 살았는지, 그리고 그 혹은 그녀가 무엇을 나타냈는지를 엿볼 수 있게 됩니다. 가치와 주된 관심에 대한 주제가 자서전 전반을 통해 드러납니다. 나는 당신이 당신만의 자서전을 상상하는 곳에서 연습을 행하기 바랍니다.

나는 당신이 눈을 감고, 깊은 심호흡을 하며, 길고 만족스러운 삶—의미로 충만한 삶—을 살아왔다고 상상하기를 바랍니다. 당신은 당신이 되고 싶어 했던 사람이어 왔으며, 당신에게 중요한 것을 나타내었다고 상상해 보세요. 그리고 지금 당신은 자신의 이야기를 자서전으로 쓰고 있습니다. 스스로에 대해 무엇을 표현하고 싶은가요? 당신의 독자들이 당신에 관해 무엇을 배우길 원하나요?

당신이 어떻게 거기에 도달하게 되었는지에 대한 세부사항보다는 당신이 어떻게 살았고, 당신이 어떤 사람이 되었는지에 대한 전체적인 심상에 초점을 맞추길 바랍니다. (만약 클라이언트가 당신이 의미한 것에 대해 전혀 확신하지 못한다면, 어떤 예를 줄 수 있지만, 너무 많이 주면 안 된다; 당신은 이것이 클라이언트의 혁신이 되기를 바란다.) 예를 들어, 만약 사람들이 당신이 지난 30년을 건강한 음식을 먹고, 규칙적으로 체육관에 가거나 혹은 질병을 잘 관리하는 데 상당한 노력을 했다는 것을 읽는다면, 그들은 당신이 건강에 가치를 둔 사람이었다는 인상을 받게 할 수도 있습니다. 당신은 자서전을 쓸 때, 어떤 가치들을 드러나게 하는 것이 자랑스럽겠습니까?

이제 다시 눈을 감기 바랍니다. 오늘 자서전을 쓰게 된다면, 그것이 펼쳐질 수도 있는 것처럼 자신의 자서전을 상상해 보세요. 현재 스토리에서는 어떤 메시지와 가치가 강조될 것인가요? 당신 자신에 관하여, 당신이 하는 선택에 관하여, 그리고 자신의 삶을 어떻게 살지에 관하여 무엇을 쓸 것인가요?

득점판 (Taryn Gammon & Jill Stoddard, 2013)

당신이 특히 좋아하는 스포츠는 무엇입니까? 자, 미식축구하는 것을 상상해 보세요. 상쾌한 어느 가을날, 선수들이 공격진과 방어진으로 정렬해 있습니다. 쿼터백이 센터에게 공을 차라는 신호를 보내고 난 후 패스를 위해 뒤로 빠져서 리시버에게 던졌는데, 리시버는 태클을 벗어나 터치다운을 위해 엔드존으로 달려들어 갑니다. 그리고 그와 같은 행동은 필드 위아래에서—퍼스트 다운, 필드골, 태클, 터치다운—그다음의 몇 시간 동안, 계속됩니다. 다른 팀이 득점하여 당신 팀을 따라잡았습니다. 다른 팀이 다시 앞서 나갔지만, 마지막의 조마조마한 수초 동안의 게임에서 당신 팀은 승리를 위한 빅 플레이로 역전승을 합니다! 득점판의 최종 스코어는 당신 팀이 21점, 그리고 상대팀이 14점이라고 적혀 있습니다.

자, 이제 기록원이 게임이 시작될 때 따라나와서 당신 측 게시판에 그 점수를 게시할 것을 제안한다면 어떻게 될까요? 당신 팀은 21점을 얻었고, 다른 팀은 14점을 얻었으며, 그래서 당신들은 이겼고—게임은 끝났습니다. 더이상 경기는 할 필요가 없는 것입니다. 당신은 그가 게시판 위에 그렇게 하도록 할 것입니까? (클라이언트는 항상 '아니오'라고 말한다.) 왜 안 되나요? (클라이언트들에게 답변할 기회를 제공하라.)

이것은 가치와 목표 간의 차이점과 같은 것입니다. 게임에서 승리하는 것은 당신의 목표일 수도 있는데, 당신은 그것을 달성할 수도 달성하지 못할 수도 있습니다. 그러나 진실로 중요한 것은 당신이 그 목표를 성취하는 과정입니다. 그것은 당신이 게임을 어떻게 운영할지에 관한 것보다 실제로 더 중요한 것입니다. 그것은 가치와 같은 것입니다.

집 리모델링 (Stern, 2013)

당신의 집을 리모델링하는 것을 상상해 보세요. 당신은 신이 나서 매력적인 새 타일과 현대식 설비들을 선택하고, 멋지고 새로운 색으로 담벽을 칠합니다. 예산을 짜고, 모든 것을 면밀히 계획을 세웠습니다. 하지만 곧 당신은 건물 토대에 심각한 균열이 있다는 것을 발견합니다. 당신이 정말로 되고 싶어 하는 사람이 누구이며, 당신이 나타내고 싶어 하는 것이 무엇인지 결정하기 전에 당신이 인생을 사는 방법을 알아내려고 노력하는 것(이 문제를 해결하는 방법, 이런 선택을 하는 방법 등등)은 건물의 기초를 튼튼히 하지 않은 채 리모델링 계획을 진행시키는 것과 같을 것입니다.

만약 당신이 예쁜 커튼을 치고, 아늑한 카펫을 깔았으나, 토대에 파손이 있다면, 당신의 집은 결국 기울거나 무너져 내릴 것입니다. 당신은 여분의 시간과 돈을 토대를 적절하게 고치는 데 쓸 필요가 있고, 이것은 당신이 당장 매력적인 타일과 현대식 설비를 살 여유가 없다는 것을 의미합니다. 그렇지만 결국 가장 중요한 것은 당신이 견고한 집을 가질 것이라는 것입니다. 당신의 가치를 규명하는 일은 당신의 집에 견고한 토대를 만드는 것과 같습니다. 당신의 가치와 일치하여 사는 것은 당신이 원하는 모든 것이 발생하거나, 혹은 당신이 반드시 안락함을 느끼는 것을 보장하는 게 아닙니다. 당신은 당신이 올바른 길을 따라가고 있다는 것을 알게 될 것이고, 당신이 되고 싶어 하는 사람과 일치되는, 더 충만하고, 더 풍요롭고, 더 의미 있는 삶을 살게 될 것입니다. 가치를 둔 삶을 산다는 것은 일이 완벽하게 진행되지 않을 때조차, 당신은 여전히 굳건하게 존재할 뿐만 아니라, 당신이 그 건축물의 구조적 건전성을 유지할 것이라는 것을 의미합니다.

자전거 경주 (Vuille, 2013)

어떤 면에서 삶은 자전거 경주와 같습니다. 우리는 모두 페달을 밟고 있고, 글귀가 쓰인 셔츠를 입고 있습니다. 프랑스어 구절-Vous roulez pour qui?-이 있는데, 문자 그대로 '누구를 위해 여행을 하는가?'로 번역이 됩니다. 이 생각은 밥 딜런이 〈누군가를 위해 봉사해야 해〉라는 노래에서 표현한 것과 똑같습니다. 우리는 때때로 아무것도 쓰여 있지 않은 셔츠를 입어도 된다거나, 또한 우리가 무엇을 위해 페달을 밟는지 알 수 없다고 믿기도 합니다. 그러나 설령 그렇더라도, 우리는 셔츠에 무언가를 쓰는데, 즉 '아무것도 아냐' 혹은 '내가 뭘 위해서 페달을 돌리는지 몰라'와 같은 글귀입니다. 당신이 그 셔츠의 주인으로 여행을 한다면 어떤 느낌이 들까요?

이제 상점에 모든 종류의 단어가 쓰인 무더기의 셔츠가 있다고 상상해 보세요. 셔츠에는 '우아함' '관대함' '충성심' '건강' '사랑' '돌봄' '정직' 등이 쓰여 있습니다. 당신은 자유롭게 그것들 중 어떤 것이든 하나를 선택할 수 있어요. 당신은 어느 것을 선택할 것입니까?

선택을 할 때, 무엇이 일어나는지 알아차리세요. 당신은 "안녕, '우아함'이라고? 농담하니? 거울을 통해 스스로를 본 적이 있어? 그것은 절대로 너에게 해당되는 게 아니야" 라고 말하는 목소리를 들을 수도 있어요. 혹은 "어째서 당신은 당신의 그 형편없는 내향적 성격을 지닌 '돌봄' 받기를 원하게 되었어요?"와 같은 말을 하는 목소리를 들을 수도 있어요. 요점은 이렇습니다. 당신은 이러한 온갖 생각을 할 수 있는데, 자신의 인생에서 중요한 선택을 하고 있는 특질을 나타내는 셔츠를 여전히 입고 있나요?

이제 어떤 목표, 오히려 어떤 작은 목표—당신의 인생을 그러한 가치의 방향으로 조금이나마 이끌 행동—를 찾으세요. 그런 다음 그것을 행하세요. 그 셔츠를 입고 있는 동안 자전거 페달을 밟으세요! 물론 그 목소리는 당신과 함께할 것입니다—달리는 내내. 당신이 그 목소리를 아주 낮추려는 시도 없이, 또한 그 목소리에 복종하지 않으면서 그 목소리를 환영할 수 있는지 확인해 보세요.

참조할 만한 또 다른 은유 (손정락, 2016 참조)

- 아가일 양말(argyle socks: Hayes et al., 1999, pp. 211-212)
- 가치, 목표, 행동 및 장애물에 대한 평가(assessment of values, goals, actions, and barriers: Hayes et al., 1999, pp. 222-223)
- 자신의 장례식에 참석하기(attending your own funeral: Hayes, 2005, pp. 166-170)
- 아동기 소망을 재방문하기(revisiting childhood wishes: Zettle, 2007, pp. 120-121)
- 당신의 인생이 무엇을 나타내기를 바라는가?(what do you want your life to stand for?: Hayes et al., 1999, pp. 215-218)
- 나침반(compass: Zettle, 2007, pp. 124-125)
- 정원꾸미기(gardening: Hayes et al., 1999, pp. 219-220, 228)
- 마법의 알약(the magic pill: Zettle, 2007, pp. 197-198)
- 산에 오르는 길(path up the mountain: Hayes et al., 1999, pp. 221-222)
- 스키 타기(skiing: Hayes et al., 1999, pp. 220-221)

전념 행동

여행 파트너 (Afari, 2013)

여행하는 것이 항상 당신의 꿈이었는데, 이제 당신이 그 꿈을 실현하고 있다고 상상해 보세요. 당신은 세계 여행 계획을 세워 왔습니다. 수년 동안 당신은 당신이 방문하고 싶은 국가의 모든 것, 가장 보고 싶은 매력적인 것, 머무를 곳, 먹고 싶은 것, 그리고 한 장소에서 다른 장소로 어떻게 이동할지에 관한 것을 읽는 데 많은 시간을 보냈습니다. 당신은 당신의 관광을 예약하기 위해 최고의 여행사에 많은 돈을 들였습니다.

마침내 중요한 날이 왔습니다. 당신은 비행기를 타기 위해 공항에 갔고 당신의 굉장한 모험이 시작되었습니다. 제트웨이로 걸어 내려가는 동안, 당신은 다른 승객들이 잡다하게 섞인 집단의 사람들(지저분한 머리카락을 가진 일부 사람들, 냄새가 나는 일부 사람들, 양치를 깜빡한 일부 사람들, 담배 냄새가 나는 일부 사람들 등등)과 함께해야 한다는 것을 알아차렸습니다. 이들은 당신의 멋진 세계 여행에 파트너가 될 예정입니다. 이제 당신은 선택을 해야만 합니다: 당신은 돌아서서 집으로 가 버려서 평생의 기회를 놓치고 말 것인가? 아니면 이러한 여행 파트너들과 함께 비행기를 타고 세계를 보러 갈 것인가?

당신은 비행기를 타는 것을 선택하지만, 당신의 여행 파트너들을 무시할 것이고 자기만 알고 있을 것이라고 스스로에게 말한다고 해 보세요. 그것은 당신이 비행기를 탄 후 책을 읽거나 잠을 자는 척을 해서 당신의 여행 파트너들과 상호작용을 하지 않아도 될 수 있을 때 어느 정도 효과가 있을 것입니다. 하지만 당신은 첫 목적지에 도착하여 전체 집단과 유명한 조각상을 보러 갑니다. 당신은 이 조각상을 보기 위해 당신의 모든 삶을 기다려 왔습니다. 당신의 여행 파트너들이 더 잘 보려고 앞으로 돌진할 때, 당신이 머뭇거리는 동안 당신은 그들과 상호작용을 할 필요가 없게 됩니다. 그 결과, 당신은 조각상의 일부분만을 짧게 흘깃 보게 됩니다.

당신은 또한 여기에서도 해야 할 선택이 있습니다: 당신은 계속해서 뒤에 남아 머뭇거리고 있거나 당신의 여행 파트너들을 회피하고 있을 것인가—그리고 이 여행이 제공하는 모든 것을 충분히 경험하는 것을 계속해서 놓치고 있을 것인가? 또는 당신은 그 집단과 접촉하여 인사를 건네거나 어떤 식으로든 당신의 여행 파트너들을 인정하면서 최선을 다해 모든 면을 볼 것인가? 이것은 전체 여행에 대한 당신의 선택입니다.

비눗방울 (Ferreira, 2013)

지난 몇 주 동안, 당신은 아마도 당신 스스로 이전에 행하지 않았던 것을 행하는 것을 보았을 것입니다. 당신은 당신이 회피하였던 행동을 하였는데, 왜냐하면 그것들은 당신에게 중요한 의미를 가지기 때문에 그렇게 행동을 하였던 것입니다. 당신은 아마도 그러한 행동들에 전념하고, 그 행동을 따라감으로써 당신이 가치를 둔 방향으로 당신을 이끌게 될 점점 더 많은 행동에 문을 열어 두었다는 것을 깨달을 것입니다. 그래서 당신은 더욱더 많은 선택을 하기 시작하였습니다. 전념 행동의 과정이란 회피와 융합으로 위축된 삶에서부터 당신의 가치 방향으로 나아가는 삶, 그리고 선택과 행동 확장이 한결같은 삶으로 변경시켜 주는 바로 그것입니다. 당신의 가치와 일치된 방식으로 행동하고 나아갈 때, 당신은 아마도 삶의 확장감을 경험할 것입니다. 당신에게 그 느낌이 들게 해 주는 연습을 해 봅시다.

당신의 삶이 부서지거나 파열되지 않은 채 비눗방울 주변의 모든 것을 흡수할 수 있는 특별한 재료로 만들어진 비눗방울이라고 상상해 보세요. 당신은 비눗방울 속에 얼마나 많은 공기가 들어 있는지, 그래서 그것을 얼마나 많이 팽창시킬지 혹은 수축시킬지를 통제하고 있는 유일한 사람이에요. 비눗방울의 바깥에는 날카로운 것들이 있어요. 그것들은 당신의 힘든 경험들이에요. 날카로운 것들은 당신의 비눗방울을 터뜨리려고 하는 것 같이 보이기 때문에 당신이 그것들에 관해서 무서워하게 되면, 당신은 비눗방울을 부풀리는 것을 멈추게 되며, 당신의 삶은 수축하게 됩니다. 설사 그것들이 날카롭게 보인다고 하더라도 이러한 경험들을 당신 삶 속으로 수용하게 되면, 이러한 힘든 것들과 접촉하게 되고, 그것들을 흡수하도록 당신의 비눗방울을 기꺼이 팽창시키게 되어서 당신의 삶은 팽창하게 되는 것입니다.

당신이 지난주에 착수하였던 전념 행동을 검토해 봅시다. 당신의 가치 면에서 이들 행동 중 어떤 것을 행하였는지, 그리고 그 과정에서 당신이 체험한 모든 것을 충분히 받아들였는지를 고찰해 봅시다. 만약 그랬다면, 그것들을 활력적인 행동이라고 부릅시다. 또한 어떤 것이 비활력적인 행동의 예가 되는지를 고찰해 봅시다. 이것들은 당신이 행하기로 계획하였지만 힘든 경험을 회피하는 면에서 행하지 않고 끝낸 것입니다. 혹은 당신이 행한 행동들이 있었지만, 그것은 당신이 힘든 경험을 회피하는 면에서, 또는 핑계 면에서, 또는 스스로나 다른 사람들에게 어떤 것을 입증해 보이는 면에서, 또는 심지어 단지 성공적으로 끝내지 못하는 것을 원치 않는 면에서 그 행동들을 행하였을 수도 있어요. 만약에 당신의 행동들 중 어떤 것들이 비활력적이라고 느껴졌더라도 괜찮습니다. 어쨌든, 당신은 여전히 가치를 둔 삶을 향해 첫걸음을 내딛은 것입니다.

이제 당신이 착수한 행동을 적기 위해서 작업지를 사용하세요. 각 행동에 대해서 당신이 생각하기에 그것이 활력적인지 아닌지를 표시하세요. 그 다음, 당신이 느끼기에 각 행동이 당신의 삶에서 확장감이나 위축감을 생성하였는지를 표시하세요. 당신은 그 주 내내 자신의 행동을 계속해서 추적하기 위해서 이 작업지를 사용할 수 있으며, 그 행동들이 활력과 확장감을 생성하는지를 확인할 수 있습니다.

잘못된 기차 기다리기 (Aidan Hart, 2006)

당신이 여행을 떠날 거라고 상상해 보세요. 목적지는 당신이 정말로 방문하길 원했던 곳—당신이 기억할 수 있는 한 당신이 가고 싶어 하는 어떤 곳—으로 어딘가 정말로 특별합니다. 당신이 기차역에 도착하였을 때 당신은 두 기차를 보았는데, 모두 당신이 선택한 목적지 표시를 하고 있습니다. 한 기차는 조금 이상하게 보이고 낯섭니다. 좌석의 일부는 딱딱하고, 불편해 보이고, 전반적으로 더러워 보입니다. 옆 플랫폼에 있는 기차는 상당히 다릅니다. 그것은 친숙하고, 안전하고, 믿을 만하게 보입니다. 표지판에는 그 기차에 에어컨이 있고, 영화관 및 프랑스 요리를 공짜로 마음껏 먹을 수 있는 멋진 식당차가 있다고 쓰여 있습니다. 당신은 생각합니다. 우아! 나는 꼭 이 기차를 타야만 해. 나는 다른 기차를 타고 여행할 수 없어—절대 안 돼!

그래서 당신이 멋진 기차를 타기 위해 기다리는 동안 괴상하게 보이는 기차가 자기 갈 길을 갑니다. 당신은 안전하고, 편안한 기차를 탑승하기 위해 기다리는 동안 또 다른 괴상한 기차가 역을 떠나가고, 또 다른 기차, 그리고 또 다른 기차가 떠납니다. 당신은 훌륭한 여행을 위해 믿을 만한 기차를 탑승하려고 기다리고 있습니다. 그러나 여기에는 이런 사실이 있습니다: 만약 안전한 기차가 역을 한 번이라도 떠나지 않는다면 어떻게 될까요? 만약 당신이 잘못된 기차를 기다리고 있다면 어떻게 될까요?

밧줄 다리 (David Gillanders, 2013)

"자, 이거 받으세요." 당신은 자신이 열망하는 어떤 것—당신 파트너와의 더 잦은 연결과 친밀성—이 있다는 것을 인정할 수 있는데, 당신이 그것과 접촉하게 되면 많은 두려움이 당신에게서 나타납니다. 당신이 노력을 해야만 하는지 여부에 관해 많은 생각이 듭니다. 만약 그가 나를 거부한다면 어쩌지? 만약 일이 더 나빠지면 어쩌지?

이것은 당신이 높은 절벽 위에 서서 좁고 깊은 협곡을 내려다보고 있는 것과 비슷할 것입니다. 당신은 협곡의 다른 쪽에서 당신이 정말로 원하는 어떤 것을 볼 수 있습니다. 당신은 당신이 꿈꾸던 곳을 볼 수 있는데, 그곳에서 당신은 당신의 파트너와 연결되고 사랑받을 수 있습니다. 당신은 협곡의 다른 쪽에 도달하는 길이 있는 것을 봅니다. 그것은 당신 바로 앞에 있는 오래된 밧줄 다리예요. 당신은 그것을 바라보면서 그 다리가 안전하다는 것을 확신하지 못하고 있어요. 아마도 널빤지 몇 개는 빠져 있을 수 있어요. 조금 낡아 보이거든요. 그러나 당신은 이것이 확실히 안전하지 않다고 확신도 못해요. 다른 쪽은 당신이 정말로 있게 되기를 바라는 곳입니다.

이것이 실제 상황이라면, 당신은 어떤 선택을 하겠습니까?

길 따라 걷기 (David Gillanders, 2013)

우리가 여기서 행하고 있는 작업은 거친 산비탈을 가로질러 걷는 것과 같습니다. 이 작업은 완전히 새로운 것이므로 걷는 길이 나 있지 않습니다. 매 발걸음마다 애를 써야 하고, 계속 그래야 할지도 모릅니다. 그때 당신은 오른쪽의 잘 닦여진 길을 봅니다. 그 길로 걷는 것은 키가 크고 마구 자란 풀들을 가로지르는, 표시도 안 된 길을 따라 계속 고수하는 것보다 훨씬 더 쉬울 것이라고 여겨집니다.

실은 당신은 그 잘 닦인 길이 어디로 나 있는지 정확하게 알고 있는데, 왜냐하면 이전에 아주 많이 걸어봤기 때문이에요. 그 길은 당신의 삶에서는 어디로 이끌어 주나요?

자, 다 왔어요. (물리적으로 클라이언트 옆에 앉기 위해서 움직이거나, 나란히 함께 있다는 감을 가리키기 위해서 당신의 손을 사용하는 것을 고려해 보라.) 우리는 함께 새로운 지역을 가로질러 걸어가고 있는데, 때때로 이것은 아주 쉬운 것만은 아닙니다. 그때 당신은 오래되고 친숙한 길을 봅니다. 당신이 그 오래되고 친숙한 길로 이끌리고 있다는 것을 알아차리는 그 순간(당신에게 유용할 수도 있는)에 당신은 우리가 함께하는 작업에서 무엇을 알게 되었나요? 이 새로운 길이 결국에는 잘 닦이고 걷기에 더 쉽게 되는 데 얼마나 걸릴까요?

잠시 이 새로운 길이 가고 있는 방향을 알아차리고, 접촉하는 시간을 갖도록 합시다. 이 새로운 길은 어디로 이끌고 있나요? 이 새로운 길을 따라 우리가 볼 수 있는 것들에는 어떤 것이 있나요?

참조할 만한 또 다른 은유(손정락, 2016 참조)

- 농구 게임(basketball game: Luoma et al., 2007, pp. 166-167)
- 길 위의 비눗방울(bubble in the road: Hayes et al., 1999, pp. 229-230)
- 원을 팽창시키기(expanding circle: Luoma et al., 2007, pp. 167-168)
- 미끄럼(skidding: Luoma et al., 2007, p. 170)

제4부

메타포의 창조 및 새로운 시도

제9장 동양 문화권에서의 메타포 발견

선(善) 가운데서도 최선은 언제나 물과 같다.
물은 모든 만물을 이롭게 하지만 높고 깨끗한 곳에 있으려고 하지 않고
항상 사람들이 싫어하는 낮고 더러운 곳에 스며든다.
그래서 이러한 물의 성질은 도에 가깝다.
이와 같이 가장 최선인 물과 같은 선을 실천하는 사람은
처신을 겸손하게 하고, 마음가짐은 고요하게 하며,
널리 베풀되 보답은 바라지 않으며, 말은 진실 되어 망령되지 않으며,
정치를 하면 좋은 성과를 얻고, 일을 하면 좋은 효과를 거두며,
행동은 좋은 시기를 선택한다.
오직 남과 다투지 않기 때문에 무슨 일을 하든지 잘못이 없게 되는 것이다.
- 노자(老子)

이 장에서는 '마두금과 낙타의 눈물'로 동양 문화권의 메타포를 시작해 본다. TV에 방영된 다큐멘터리 〈낙타의 눈물〉(독일과 몽골 합작)에서 고비 사막의 몽골 유목민들의 낙타에 대한 관습을 보여 주었다. '난산으로 태어난 새끼 낙타를 외면하는 어미 낙타 때문에 가족 회의를 연다. 그들은 몽골 전통의 후스(Hoos) 요법을 쓰기로 하고는 몽골 전통 현악기 연주자를 초청하여 마두금[1]에 파란 천을 묶어 낙타의 쌍봉 중 한 봉에 걸어 두고 낙타와 마두금 간의 호흡을 맞춘다. 그리고 아기를 키우는 이 가족의 며느리가 아기를 다루듯 어미 낙타를 쓰다듬으며 노래를 부르고, 연주자가 노랫소리에 맞추

1) 마두금은 우리나라의 해금과 비슷한 현을 활로 마찰시켜서 소리를 내는 몽골 전통 악기로, 악기의 끝부분에 말머리 문양을 장식한 탓에 이런 이름을 얻었다. 몽골어로는 모린 호르라고 하는데, '모린(morin)'은 말이고, '호르(Khuur)'는 음악을 뜻한다. 마두금은 2008년에 유네스코의 인류 무형문화유산으로 등재되었다.

어 연주를 하는 동안 아기 낙타를 데려왔다. 어느 정도 시간이 흐르자, 어미 낙타가 닭똥 같은 눈물을 줄줄 흘리면서 아기 낙타에게 젖을 주게 되는' 장면이다. 마두금의 신비스런 음색과 이에 반응하는 어미 낙타의 눈물, 마두금의 선율은 단호하게 닫힌 마음의 빗장을 열고 호르몬을 돌게 만들고 유선을 자극한다. 그리하여 다시금 강렬한 모성애의 본능을 되찾게 된다. 어찌 짐승에게 감정이 없다고 할 수 있겠는가? 허준혁은 어느 칼럼에서 〈낙타의 눈물과 마두금〉이라는 제목에서 다음과 같이 글을 썼다. "황량한 사막에서 유목민들은 낙타젖을 짜 먹기도 하고, 짐도 나릅니다. 낙타들 중에는 열악한 환경 탓인지 간혹 비정한 낙타들이 있다고 합니다. 새끼를 낳고도 돌보지 않는 낙타들이 있다는 것입니다. 새끼가 굶주려 죽게 생겼는데도 젖은 물론이고, 발로 차 근처에 얼씬도 하지 못하게 한다는 것입니다. 어미에게 버림받은 새끼 낙타는 결국 불쌍하게도 죽고 맙니다.

몽골 사람들은 이런 매정한 어미를 다스리는 독특한 비법을 가지고 있습니다. 마두금이라는 현악기와 함께 그 마을에서 가장 자식을 많이 낳은 할머니가 노래를 부르는 것입니다. 그러면 놀랍게도 구슬픈 가락을 듣고 낙타는 눈물을 흘립니다. 그러고는 모성애를 되찾아 새끼에게 젖을 물리고 정성껏 잘 키운다고 합니다. 감동을 받을 때 생성되는 다이돌핀은 엔도르핀보다 4,000배의 효과가 있다고 하지요. 감동… 글자 그대로 느껴야 행동을 한다는 것이지요. 누군가를 이끌려면 감동을 주어야 합니다."

이 〈마두금과 낙타의 눈물〉은 ACT에서 은유의 역할을 연상시킨다. 앞서 언급하였듯이, 괴로움은 인간 삶에서 기본적인 특징이라는 것이 ACT의 철학적 핵심이다. 이러한 인간 고통은 크게는 효력이 작동되지 않는 영역에서 언어와 인지를 사용하려는 능력 때문이다(Alvis, 2010). 즉, 인간이 정보를 얻고 문제 해결을 위해 언어를 사용하는 유익한 능력이 한편으로는 허구적인 실체를 만들어 낼 뿐만 아니라 아직도 일어나지 않은 암울한 미래를 만들어 내기도 하는 것이다. ACT의 기본 목표는 이 능력들이 한 사람의 생활을 강요하지 않으면서 인간 언어와 문제 해결에 사용될 수 있게 하는 것이다(Hayes, Strosahl, & Wilson, 1999, 2011). 은유가 이 과정에서 중요한 역할을 한다. 마치 마두금처럼.

수호의 하얀 말: 마두금 이야기

몽골에는 이 마두금과 관련된 많은 이야기가 전해지는데, '수호의 하얀 말'도 그 중의 하나이다. 수호의 하얀 말 이야기는 어린이와 어른들에게 모두 감동을 주는 이야기이다. 이 이야기를 먼저 소개해 본다.

넓고 넓은 풀밭으로 펼쳐진 초원의 나라 몽골은 중국 북쪽에 있는 나라입니다.
그 나라 사람들은 옛날부터 양, 소, 말들을 기르며 살았지요.
몽골에는 '마두금'이라는 악기가 있는데, 악기 위쪽이 말머리 모양을 하고 있기 때문에 마두금이라고 합니다.
이 마두금이 만들어지기까지는 아름답고 슬픈 이야기가 깃들어 있습니다.

옛날 몽골의 넓은 초원에 '수호'라는 가난한 양치기 소년이 살고 있었습니다.
늙은 할머니와 둘이서 살았던 수호는 어른들보다 일을 더 잘했습니다.
날마다 아침 일찍 일어난 수호는 할머니를 도와 아침 밥상을 준비하고
스무 마리의 양을 이끌고 넓고 넓은 초원으로 달려갔습니다.
수호는 노래를 참 잘했습니다. 양치기 친구들이 부탁하면 곧잘 노래를 불렀지요.
수호의 노래는 초원을 지나 멀리멀리 퍼져 나갔습니다.

어느 날, 해가 지고 어두워지는데도 수호가 돌아오지 않았습니다.
할머니는 걱정이 되어 견딜 수가 없었지요.
모두 걱정이 되어 찾으러 가려고 할 때 수호가 무언가를 안고 돌아왔습니다.
그것은 갓 태어난 하얀 망아지였어요.
"내가 돌아오는 길에 이 망아지를 발견했어요. 이 녀석이 땅바닥에 쓰러져 발버둥치고 있었는데 그대로 두면 늑대의 밥이 될지 몰라서 데리고 왔어요."

세월은 하루하루 흘러갔습니다.

수호는 정성껏 망아지를 돌보았고, 망아지는 훌륭하게 자랐습니다.
온몸이 눈처럼 하얗고, 야무지고 씩씩한, 누가 보아도 탐낼 그런 말이었습니다.
수호는 이 말이 귀여워서 어쩔 줄 몰랐어요.

어느 날 밤 모두가 자고 있을 때, 말 울음소리와 떠들썩한 양들의 울부짖음이 들렸습니다.
수호는 벌떡 일어나 후다닥 뛰쳐나갔습니다.
커다란 늑대가 양들에게 덤벼들고 있었고, 하얀 말이 힘껏 늑대를 막고 있었습니다.
수호가 늑대를 쫓아 버리고 하얀 말에게 다가갔을 때, 하얀 말의 몸은 땀으로 축축하게 젖어 있었습니다.
꽤 오랫동안 혼자서 늑대와 싸우고 있었기 때문입니다.
수호는 땀에 젖은 하얀 말의 등을 쓰다듬으며 동생에게 말하듯 속삭였습니다.
"참 잘했어, 하얀 말아. 고마워, 정말 고마워!"

세월은 하늘을 날아가듯 지나갔습니다.
어느 해 봄, 넓은 초원에 소문이 퍼졌습니다.
고장을 다스리는 원님이 말타기 대회를 열어서 1등을 한 사람을 딸과 결혼시켜 준다는 것이었습니다.
친구들이 수호에게 나가라고 권했습니다.
"수호야, 하얀 말을 타고 대회에 나가 봐."
수호는 이 세상에서 제일 사랑하는 하얀 말과 함께 넓고 넓은 초원을 지나 말타기 대회가 열리는 마을로 갔습니다.

말타기 대회가 열리는 곳에는 구경꾼들이 구름처럼 모여 있었고,
단상에는 원님이 의젓하게 앉아 있었습니다.
말타기 대회가 시작되자 여러 곳에서 모여든 씩씩한 젊은이들이 일제히 말채찍을 휘두르며 달렸습니다.
말들은 하늘을 날듯이 달렸습니다.

"저 하얀 말이 1등이다. 하얀 말을 탄 사람을 데리고 오너라!" 원님이 외쳤습니다.
그런데 1등을 한 젊은이가 가난한 양치기라는 걸 알게 된 원님은 사위로 삼겠다는 약속을 모른 척했습니다.
"은화 세 개를 줄 테니 그 하얀 말을 두고 돌아가라."
수호는 어이가 없어서 소리쳤지요.
"저는 말타기 대회에 왔지 말을 팔러 오지 않았습니다."

"뭣이라고! 감히 양치기 녀석이 대들다니… 저 녀석을 당장 때려 눕혀라!"
원님의 명령에 부하들이 우르르 수호에게 덤벼들었습니다.
수호는 원님의 부하들에게 얻어맞고 발길에 차여 정신을 잃고 말았지요.
원님은 수호의 하얀 말을 빼앗아 부하들과 돌아갔습니다.

수호는 친구들의 부축을 받으며 겨우 집까지 돌아올 수 있었습니다.
수호의 몸은 상처와 멍투성이였습니다. 할머니는 정성껏 수호를 간호했습니다.
며칠이 지나자 몸의 상처는 아물었지만 수호의 슬픔은 없어지지 않았습니다.
수호는 하얀 말 생각만 하고 있었지요.
한편, 멋진 말을 빼앗은 원님은 자랑이 하고 싶어 손님들을 불러 잔치를 했습니다.
잔치가 무르익자, 원님은 많은 사람 앞에서 하얀 말에 올랐습니다.
원님이 등에 올라타자 하얀 말은 사납게 펄쩍 뛰어 고삐를 뿌리치고는 술렁이는 사람들 틈을 바람처럼 빠져나갔습니다.

화가 난 원님은 죽여도 좋으니 말이 도망 못하게 잡으라고 소리쳤습니다.
원님의 부하들이 하얀 말을 향해 활을 쏘았습니다.
화살은 바람 소리를 내며 날아가 하얀 말의 등에 잇달아 꽂혔습니다.
그래도 하얀 말은 계속 달렸습니다.

그날 밤, 수호가 자려고 할 때 밖에서 이상한 소리가 들렸습니다.
누구냐고 물어도 대답이 없이 따그락따그락 소리만 계속 들렸지요.

수호가 밖으로 나가 보니 하얀 말이 있었습니다.
하얀 말은 많은 화살을 몸에 꽂고 땀을 폭포처럼 흘리고 있었습니다.
하얀 말은 심한 상처를 입은 채로 달리고 또 달려
자기가 제일 좋아하는 수호의 집으로 돌아온 것입니다.

수호는 이를 악물고 하얀 말의 몸에 꽂혀 있는 화살을 뽑아냈습니다.
상처에서는 붉은 피가 계속 뿜어져 나왔지요.
"하얀 말아, 내 사랑하는 하얀 말아. 제발 죽지 말아다오!"
그러나 하얀 말은 끝없이 지쳐 있었습니다. 숨결은 점점 가늘어지고 눈빛도 희미해져 갔습니다.
이튿날 하얀 말은 숨을 거두고 말았습니다.
수호는 슬픔과 분함으로 며칠 동안 밤잠을 이루지 못했습니다.
그러던 어느 날 밤, 겨우 잠에 든 수호의 꿈에 하얀 말이 나타났습니다.
수호가 등을 쓰다듬어 주자 하얀 말은 몸을 기대었습니다.
그리고 수호에게 부드럽게 말했습니다.
"그렇게 슬퍼하지마. 내 뼈와 가죽과 심줄과 털로 악기를 만들어 줘.
그렇게 하면 난 언제나 너의 곁에 있을 수 있어. 내가 언제나 너를 위로해 줄게."

수호는 잠에서 깨어나자마자 악기를 만들기 시작했습니다.
꿈 속에서 하얀 말이 가르쳐 준대로 뼈와 가죽과 심줄과 털로 정성껏 악기를 만들었습니다.
이렇게 만들어진 악기가 바로 마두금입니다.
수호는 어디를 가더라도 마두금을 늘 지니고 다녔습니다.
마두금을 연주할 때마다 수호는 억울하게 죽은 하얀 말과 하얀 말을 타고 즐겁게 초원을 달렸던 일들을 떠올렸습니다.
마두금을 연주하면 자기 곁에 하얀 말이 있는 것처럼 느껴졌습니다.
그럴 때면 마두금의 선율은 더욱 아름답게 울렸고, 듣는 이의 마음을 흔들었습니다.
수호의 마두금은 넓은 몽골의 초원 멀리까지 알려졌습니다.

해질 무렵이 되면 양치기들은 한자리에 모여 그 아름다운 소리에 귀를 기울였습니다.
그러면 하루의 피로가 스르르 풀렸습니다.

'수호의 하얀 말'은 유명하기도 하려니와 내용이 단순하여 설명이 필요 없다. 옛이야기 형식을 취하고 있어 이해가 쉽고, 사실적이며, 그 안에 단순한 비장함이 배어 있다. 옆으로 긴 판형을 꽉 채우는 그림은 몽골의 '넓고 넓은 평원'의 정취를 충분히 담고 있고 단순한 그림체와 독특한 색감이 내용과 조화를 이루며 감동을 준다.

아이들은 수호의 하얀 말의 이야기를 들으며 순수한 분노와 감동에 눈물을 흘린다. 어른들도 몽골의 넓은 초원을 떠올리며 마두금이 전해 주는 위안에 감동을 받을까?

필자도 마두금의 연주를 유튜브에서 들어 본 적이 있는데, 수호의 하얀 말 이야기를 떠올리며 듣자니, 무언가 신비감을 주는 음악으로 여겨졌다. 이렇게 애절하고 비장함이 감도는 몽골 음악이 우리의 정서와 잘 맞는 것은 이러한 이야기의 메타포가 전달해 주는 힘일 것이다.

이제 우리에게 너무나도 잘 알려져 있는 장자를 인용해 보자.

하루살이는 밤과 새벽을 모르고, 매미는 봄과 가을을 모른다

- 장자(莊子)

어느 날 하루살이와 매미가 격렬한 논쟁이 붙어 끝날 기미가 보이지 않자, 매미가 하루살이에게 말하였다. "오늘 밤 잠을 자고 난 후에 내일 아침에 다시 시작하면 어떻겠는가?"

"……."

어느 날 매미와 메뚜기가 논쟁이 붙어서 마찬가지로 끝이 보이지 않자, 메뚜기가 말하였다. "너무 더우니 이 뜨거운 여름이 지나고 서늘한 가을에 다시 얘기해 보는 것이 어떻겠는가?"

"……."

어느 날 메뚜기와 참새가 뜨거운 논쟁을 하게 되었다. 또한 너무나 격렬하여 참새가 제안하였다. "저 황금들판의 벼가 추수되고, 그 논에 얼음도 얼고, 흰 눈도 내리는 겨울이 지나고, 다시 봄이 되어 만물이 생동하고 새싹이 파릇파릇 돋아날 때 다시 우리의 논쟁을 시작하면 어떻겠는가?"

"……."

장자의 글을 이렇게 우화로 다시 옮겨 보았다. 물론 이 얘기는 인간의 지식이나 판단차원은 상대적이므로 하루살이의 차원일 수도, 매미의 차원일 수도, 또는 그 어떤 차원일 수도 있다는 것을 깨달아야 한다는 것을 시사하고 있다. 이야기로 우리가 묶여 있기 쉬운 판단 차원을 무너뜨릴 수도 있는 것이다.

우물 안 개구리

이와 비슷한 이야기를『티베트의 지혜』(오진탁 역, 1999)에서 살펴본다:

파툴 린포체는 우물 속에서만 줄곧 살아온 늙은 개구리 이야기를 들려 주었다.

어느 날, 커다란 호수에 사는 개구리가 우물 속에 사는 개구리를 방문했다.

"너는 어디서 왔니?"우물 속에 사는 개구리가 물었다.

"큰 호수에서." 그가 대답했다.

"너의 호수는 얼마나 크니?"

"놀랄 정도로 어마어마하게 커요."

"여기 내 우물의 4분의 1정도 되나?"

"훨씬 커요."

"더 크다고? 우물의 반 정도?"

"아니야, 훨씬 크다니까."

"그것은… 이 우물만 하냐?"

"비교도 안 돼요."

"말도 안 돼! 내 눈으로 직접 봐야지."

그들은 함께 호수를 향해 떠났다. 우물 안에서만 살던 개구리는 호수를 보자 엄청난 충격을 받아 머리가 산산조각 났다.

'우물 안 개구리'의 몽골편을 인용해 보자:

옛날 옛날 한 옛날에 이 세상 어느 한쪽에 우물 하나가 있었다. 그 우물 안에는 애꾸눈 개구리 한 마리가 살고 있었다.

어느 날 바다에서 큰 폭풍우가 일어 파도가 높이 치면서 거북 한 마리를 뭍에 날라다 놓았다. 거북은 도무지 그곳이 어디인지 방향을 알 수 없었다. 바다가 어느 쪽에 있는지조차도 가늠할 수 없었다. 거북은 배가 몹시 고프고 목도 타서 물을 찾아 헤매었으나 찾을 수가 없었다. 거의 죽게 된 거북은 천만다행으로 우물 하나를 찾았으나, 그 속에는 개구리 한 마리가 살고 있었다.

우물 안의 개구리는 생전 처음 보는 피조물을 보고 깜짝 놀라 물었다.

"댁은 뉘신가요? 어디서 왔으며, 어디로 가시는 건가요?"

"내가 사는 곳은 큰 바다예요. 조금 전에 큰 폭풍우가 일어나 높은 파도가 나를 뭍으로 데려다 놓았어요. 그래서 그만 돌아갈 길을 잃고 어찌어찌 하다가 이곳으로 오게 된 것입니다."

"아, 그러시군요? 그래서 여기가 어떻다고 생각하시나요? 당신의 의견은 어떠세요?"

우물 안 개구리가 물었다.

바다에서 온 거북이 대답했다.

"난 다시 바다로 돌아가진 못할 것 같아요. 내가 살던 곳은 아주 아주 멀리 있어요. 방향도 알 수 없고, 그러니 돌아갈 희망이 없어요. 나는 여기서 댁의 이웃이 되어 함께 살았으면 하는데요."

그러자 우물 안 개구리는 우물물의 1/3을 보여 주며 물었다.

"댁이 살던 곳은 물이 이 정도쯤 되나요?"

"아니오. 바다는 이곳보다 훨씬 더 크답니다."

그러자 우물 안 개구리는 이번에는 2/3를 보여 주며 다시 물었다.

"그럼 이만큼 되나요?"

"아니오, 우리 바다와 이 조그만 우물을 비교하는 것은 불가능해요. 바다는 너무 커서 잴 수가 없답니다."

그러자 애꾸눈 개구리는 화가 나서 소리를 질렀다.

"네 바다가 아무리 크다고 할지라도 내 우물보다 클 수는 없어! 너는 가엾은 떠돌이 거지 신세이면서 네가 살던 곳을 자랑하고, 나를 설득하려고 하다니 기분 나쁘다!"

우물 안 개구리는 거북을 쫓아 버렸다.

그러자 거북은 애꾸눈 개구리를 찬찬히 살펴보고는 말했다.

"그래, 네 맘대로 생각하려무나. 이 불쌍한 것아! 너는 애꾸눈일 뿐만 아니라 생각하는 것도 장님이고, 네 지식은 고작 이 우물 크기밖엔 안 되는구나."

우물 안 개구리에 대한 티베트와 몽골의 이야기는 인간은 자신이 만든 생각에 갇혀 살 수도 있다는 주제를 다루고 있는데, 비슷하면서도 또 다른 스토리를 전개하고 있다. 그래서 문화를 이해하는 것이 새삼 중요함을 알 수가 있다.

늙은 말의 지혜

이제 우물 안 개구리 이야기와는 아주 대조가 되는 중국의 고사에 나오는 노마지지(老馬之智) 이야기를 해 보자.

춘추 시대 어느 봄, 제(齊)나라 환공은 명재상 관중(管仲)과 대부 습붕(隰朋)과 함께 고죽국(孤竹國)을 정벌하러 나섰는데, 전쟁이 의외로 길어지는 바람에 그해 겨울에야 끝이 났다. 추운 날씨에 지름길을 찾아 귀국하려다가 그만 길을 잃어 전군이 진퇴양난에 빠졌다.

그때 관중이 나서서 "늙은 말의 지혜(老馬之智)가 필요하다."라고 하고는 즉시 늙은 말 한 마리를 풀어놓고 전군이 말을 따르자 얼마 지나지 않아 큰길이 나타났다.

한비자(韓非子)가 그의 저서『한비자(韓非子)』에 이 사실을 기록하였고, 그 후부터 '노마지지'는 '경험을 쌓은 사람이 갖춘 지혜'란 뜻으로 쓰이고 있다. 노령 시대가 다가오고 있는 우리나라에서 노인 문제가 날로 증가하고 있는데, 노인들의 지혜가 우리를 이끌어 주는 커다란 자산이 되는 사회를 생각하게 되고, 노인 자신들도 이러한 지혜를 전해 줄 수 있는 사회를 그려 본다.

몽골, 인도, 일본, 중국의 민담 및 설화

다음에는 몽골, 인도, 일본, 중국의 민담 및 설화를 살펴본다:

박쥐는 왜 낮에 날지 않을까? (이정희, 2000)

옛날에 짐승과 새들 사이에 치열한 경쟁이 벌어졌다. 그래서 온 세상에 짐승털과 새털이 풀처럼 깔리게 되었다.

힘센 독수리와 사나운 매와 종달새와 그 밖의 다른 새들이 한편이 되고, 용맹스런 사자와 무서운 호랑이와 다람쥐와 그 밖의 다른 동물들이 한편이 되었다. 그런데 박쥐만 어느 편에도 끼지 않았다.

큰 전쟁이 시작되었다. 하늘의 새들이 땅의 짐승들을 이기는 것같이 보였다. 박쥐는 새들 편으로 가서 날개를 펄럭이며 말했다.

"나는 새 편이야. 땅의 짐승을 쪼아 대고 찔러서 내 발톱으로 꼼짝 못하게 잡고 있을 테야. 자, 전진!"

그러나 얼마 후 짐승들이 이기는 듯하니까 박쥐는 짐승 편에 와서 이빨을 드러내어 웃음 지으면서 하는 말이,

"나는 날카로운 이빨을 가진 동물이야. 새들을 공격하여 섬멸하고, 잔인하게 물어뜯어야지! 자, 우리 편 만세!"

그러다가 새 편도, 짐승 편도 승부를 가릴 수 없을 만치 막상막하가 되었다.

드디어 휴전협정을 맺게 되어 휴전이 선포되었다. 양쪽 편 다 사상자와 생존자를

조사해 보았다. 그런데 어느 편도 박쥐를 자기편으로 계산하기를 거절했다. 박쥐는 완전히 두 얼굴을 가지고 양편을 드나들며 서로 이간질을 붙였기 때문이다. 박쥐는 겁을 먹고 짐승들과 새들로부터 도망하여 오늘날까지도 낮에 나타나기를 꺼려하며 바위굴이나 음침한 곳에 숨어서 밤에만 나와 그럭저럭 먹을 것을 구해다 먹고 살고 있다고 한다.

세상의 세 과대 망상가 (이안나, 2007)

두루미는 자기가 지구를 힘껏 밟으면 지구가 내려앉게 되고, 그러면 많은 동물이 그 함몰된 곳으로 떨어지게 될 것이라고 하면서 땅을 조심스럽게 살살 밟는다고 한다.

매미는 세상이 온통 물로 뒤덮이게 되어 모든 생물이 물에 빠져 죽게 되는 큰 재난을 당하게 될 것이라고 하면서 걱정스럽게 높은 돌 위에 앉아 아래를 내려다보고 있다고 한다.

박쥐는 하늘이 무너져 동물들이 멸종될 것이라고 걱정스러워하면서 높은 곳에 매달려 위를 향해 하늘을 살펴보고 있는 것이라고 한다.

지혜로운 신하와 어리석은 신하 (이안나, 2007)

옛날에 지혜로운 신하와 어리석은 신하를 둔 왕이 살았다. 왕비는 날마다 눈이 아파 고생을 하고 있었다. 어느 날, 왕이 지혜로운 신하에게 물었다.

"왕비의 눈이 왜 이렇게 심하게 되었을꼬?"

"아, 그것은 사랑스러운 자식을 많이 낳았기 때문입니다."

왕은 어리석은 신하에게 같은 것을 물었다.

"아, 안쓰럽게도 한쪽 눈에 병이 나신 것입니다."

"지혜로운 신하에게 물었더니 자식을 많이 낳아서 그렇다고 하던데."

"그렇다면 날마다 알을 낳는 닭은 완전히 장님이 되겠군요."

왕은 지혜로운 신하에게 이 세상의 새끼 가운데 가장 사랑스러운 새끼는 무엇이냐고 물었다. 그러자 지혜로운 신하가 말했다.

"폐하의 자손들이 가장 사랑스럽지요."

다시 어리석은 신하에게 묻자, "이 세상에 개새끼보다 더 사랑스러운 새끼는 없다."고 대답했다. 또 왕이 지혜로운 신하에게 물었다.

"내 수염이 왜 이렇게 무성하게 자라고 있느냐?"

"폐하께서 빵을 너무 많이 드셨기 때문입니다."

어리석은 신하에게 묻자,

"폐하께서 이렇게 수염이 무성하게 자라는 데에는 이유가 있습니다."라고 했다.

"지혜로운 신하는 내가 빵을 많이 먹었기 때문이라고 하던데."

"그렇다면 숫염소에게 누가 그렇게 많은 빵을 먹였을까요?"

왕은 지혜로운 신하에게 물었다.

"백조는 어떻게 그렇게 아름다운 소리를 가지게 되었을까?"

"그것은 목이 길고 위가 길기 때문입니다."

왕이 어리석은 신하에게 같은 것을 물었다.

"그것은 원래부터 그렇게 목소리가 아름다운 동물이기 때문이죠."

지혜로운 신하가 목이 길기 때문이라고 말했다고 하니,

"그렇다면 낙타는 그보다 훨씬 목소리가 좋아야 되겠군요."라고 했다. 그 후 왕은 어리석은 신하에게 '지혜롭다'는 칭호를 붙이고 특권을 더해 주었으며, 지혜로운 신하는 소똥과 땔감을 준비하는 종으로 삼았다.

꿈꾸는 애벌레만이 나비가 될 수 있다: 내 이름은 오나미(큰 파도)

일본의 메이지 시대에 한 유명한 스모(일본 씨름) 선수가 있었다. 그는 정말 힘이 장사였고, 스모 기술도 뛰어났다. 그는 비공식 시합에서는 자신의 스승조차도 이길 정도였지만, 공식 시합에서는 너무 긴장하여 우승을 하지 못하고 패하기만 하였다. 그는 명상 전문가에게 도움을 청할 것을 결심하였다. 마침 하쿠유라는 방랑 수도자가 근처의 작은 사원에 머무르고 있어서 만나 뵙고 자신의 고충을 얘기하게 되었다.

"자네의 이름을 오나미(큰 파도)라고 하게."

그 스승은 조언하였다. "오늘 밤 이 사원에 머물게. 그리고 자네가 큰 물결이라고 상상하게. 자넨 더이상 두려워하는 스모 선수가 아니네. 자네 앞에 있는 모든 것을 휩쓸어 꿀꺽 삼켜 버리는 거대한 파도라고 상상해 보게. 그러면 이 땅에서 가장 훌륭한 요코즈나(최고의 스모 선수)가 될 걸세."

그리고 스승은 사라졌다. 오나미는 자신을 큰 파도라고 상상하면서 명상에 잠겼다. 많은 다른 생각들도 같이 떠올랐다. 점차 파도의 느낌을 가질 수 있었다. 밤이 깊어짐에 따라 파도는 점점 더 커졌다. 파도는 화병의 꽃들을 쓸어 갔고, 심지어 사원의 불상에까지 밀어닥쳤다. 날이 밝기 전, 사원은 더 넓은 바다의 밀물과 썰물만으로 가득차게 되었다. 아침이 되어 스승은 오나미가 명상에 잠겨 얼굴에 미소를 머금고 있는 것을 보았다. 스승은 오나미의 어깨를 두드렸다.

"이제 아무도 자네를 막지 못할 걸세. 자네는 이제 파도라네. 자네 앞에 있는 모든 것을 휩쓸어 버리는 파도…" 그날 오나미는 스모 경기에 참가하여 우승하였다. 그 후로 일본에서는 아무도 그를 이길 수 없었다.

이 이야기는 심상치료를 소개할 때 흔히 인용된다. 중요한 것은 우리 마음속에 있는 재능을 나의 자아가 인식할 때 비로소 내가 그것을 생생하게 깨달을 수 있다는 점이다. 다시 말하면, 만일 내가 어떤 재능을 가졌는데도 자아가 그것을 의식하지 못한다면 아무 일도 일어나지 않을 것이란 것이다. 즉, 그 재능은 존재하지 않는 것과 같다고 할 수 있다. 우리가 잘 알고 있는 바와 같이, 인간은 자기 두뇌에서 100억 개나 되는 뉴런 가운데 10% 내지 20% 밖에 사용하지 않는다고 한다. 그렇다면 우리가 해야 할 일은 무엇일까? 대답은 자명하다. "우리의 잠재력은 대단하고, 성취는 우리가 어떻게 하느냐에 달려 있는 것이다." 인간을 컴퓨터에 비유한다면, 하드웨어(신체)도 중요하고, 소프트웨어(정신)도 중요하다는 말이다.

한 번 더 강조하면 도토리가 참나무가 되고, 알이 새가 되고, 꿈이 현실이 되는 것이다. 세상의 모든 훌륭한 수천 가지의 활동도 꿈에 의해 이루어졌다. 꿈은 언제라도 가지고 있어야 한다. "꿈꾸는 애벌레만이 나비(이마고)가 될 수 있다!"

깨달음이 있으면 미물도 스승이다. 배움이란 깨달음이다

일본의 명필 오노 도후(小野道風, 894~966)는 일본 3대 서예가 중 한 사람이다. 그는 전통적인 중국 서체에서 탈피해 독자적인 '조다이요(上代樣)' 서체를 완성했는데, 그의 서체는 일본 서예의 전형으로 간주되고 있다.

젊은 날 서예에 자신감과 열정이 넘쳤던 그는 날마다 "더 잘 쓰도록 하여라."라는 스승의 말에 진저리가 나서 서예가의 길을 포기해야겠다고 생각했다.

끝내 그는 스승에게 인사도 없이 짐과 우산을 챙겨 떠나려던 날, 대문 앞 버드나무에서 새로 돋아난 이파리를 잡으려고 수차례 뛰기를 반복하고 있는 개구리 한 마리를 발견했다. 무엇 때문에 되지도 않는 짓에 그리도 애를 쓰는지 그 모습이 처량해 더이상 보기가 싫어 막 그 자리를 떠나려던 찰나, 뛰기를 반복하던 개구리는 마침내 이파리를 간신히 부여잡았다. 그는 망연자실한 채 버드나무 밑에서 한참을 서 있으면서 자신의 결정이 틀렸음을 후회했다. 깨달음이 온 것이다.

그 길로 다시 서당으로 돌아가 필사적으로 서예 연습에 매달려 마침내 일본 최고의 서예가의 반열에 올랐다.

우산을 받쳐 든 사람,
뛰어오르는 개구리,
버드나무가 그려진 화투장, 12월의 '비광' 상황이 바로
'오노 도후'의 깨달음이다.

일본의 옛날 이야기 하나를 더 보자(천호재, 2011 참조).

가장 먼저 손에 잡히는 것을 소중히 하라

옛날 옛날에 가난한 청년이 살았는데, 이 청년은 신에게 부자가 되게 해 달라고 열심히 빌었습니다. 청년의 정성에 감복한 신은 이 청년에게 지금 여기서 나가서 가장 먼저 손에 잡히는 것을 소중히 하라고 말했습니다.

나가다가 청년은 돌에 넘어져 일어나면서 지푸라기를 잡았습니다. 그 지푸라기를 가지고 가는데, 등에가 붕붕거리며 얼굴 주위를 집요하게 날아다녀 그 지푸라기로 등에를 묶었습니다. 등에를 묶은 지푸라기를 들고 가는데, 소 구루마에 탄 꼬마아이가 등에를 묶은 지푸라기를 가지길 원하여 그것을 주니 소 구루마에 타고 있던 사람이 청년에게 밀감을 주었습니다.

다시 밀감을 가지고 길을 가던 중 아름다운 공주님이 목이 말라 길에 힘없이 주저앉아 있었습니다. 그래서 그 밀감을 아름다운 공주님에게 드리자 답례로 비단을 청년에게 주었습니다. 비단을 가지고 길을 가는데, 사무라이가 탄 말이 피로로 길에 넘어져 있었습니다. 청년은 가지고 있던 그 비단을 사무라이에게 주고 말을 받았습니다.

말을 튼튼하게 잘 관리한 청년은 다시 길을 떠났습니다. 유명한 사무라이가 어딘가를 떠나려는데 말이 없어 곤란을 겪고 있던 터라 청년의 말을 보고는 자신에게 말을 주면 다녀 올 동안에 자신의 저택과 논밭을 관리해도 좋다고 하였습니다.

그러나 떠나간 사무라이는 돌아오지 않았고, 결국 청년은 사무라이의 저택과 논밭을 모두 차지하였습니다.

'겨자씨' 은유

다음에는 불교『경전』에 나타난 '아무도 죽지 않은 집의 겨자씨'의 은유를 통한 심리치료의 사례(주성옥, 2012)를 들어 본다:

아장아장 걸음마를 떼던 어린 아들의 죽음은 세상의 어머니라면 모두 극심한 고통일 것이다. 끼사 고따미 역시 아들의 죽음을 인정할 수 없었으며, 어느 누구의 말도 듣지 않고 고집스럽게 아들을 살리겠다면서 죽은 아이를 등에 업고 약을 구하러 다닌다. 이 여인을 불쌍히 여긴 마을 사람이 부처님이라면 아이를 살릴 방법을 알고 있을 거라고 생각하여 부처님에게 안내한다. 하지만 부처님은 끼사 고따미에게 아들이 죽었다는 현실을 직시하게 하거나 제행무상의 진리를 가르치지 않고, 그 대신 아들을 살리는 약을 달라는 끼사 고따미의 요청을 순순히 받아들인다. 그래서 한 줌의 겨자씨를 얻어 오면 아들을 살릴 약을 주겠노라고 약속한다. 단, '아들도, 딸도, 어떤 사람도 죽은 적이 없는 집에서 한 줌의 하얀 겨자씨를 구해 와야 한다.'는 전제를 달았다. 아들을 살릴 수 있다는 희망에 부풀어 끼사 고따미는 마을로 가서 한 집 한 집 문을 두드리지만, 사람이 죽지 않은 집을 찾을 수 없다. 해가 저물고 어둡도록 다녔지만 한 줌의 겨자씨를 구할 수 없었다. 망연자실하며 주저앉아 있던 그녀는 문득 깨닫는다. '아! 내가 무거운 짐을 지고 있었구나. 나만 아들을 잃은 줄 알았는데 모든 집이 산 사람보다 죽은 사람이 더 많구나.'

현실을 깨닫자 죽은 아들에 대한 사랑으로 충격에 빠졌던 마음이 정상으로 돌아왔다. 끼사 고따미는 아들을 시체 버리는 곳에 내려놓고 부처님에게 돌아간다. 제정신이 돌아온 끼사 고따미에게 부처님은 "너만이 아이를 잃었다고 잘못 생각하지 마라. 모든 살아 있는 존재는 무상하다. 죽음의 왕은 사나운 급류처럼 모든 살아 있는 존재를 파멸의 바다로 휩쓸어 가 버린다. 그들이 욕망을 채 충족하기도 전에"라고 말

쏨하신다. 이 게송을 듣고 끼사 고따미는 수다원과를 성취하고, 부처님의 허락을 받아 출가하여 비구니가 된다.

부처님은 '겨자씨'라는 은유를 사용하여 치료에서 해답을 제시하지 않고 열린 채로 남겨 둠으로써 스스로 문제를 해결할 수 있도록 하였다. 부처님은 문제를 '정면으로 해결하는 것이 아닌 해소하는' 방법을 통해 끼사 고따미의 고통을 해결해 주었다. 그 후 포살당의 촛불을 켜면서 끼사 고따미는 촛불이 타오르고 꺼지는 모습을 바라보면서 깊은 생각에 잠긴다. "이 촛불처럼 세상의 살아 있는 모든 존재도 불꽃처럼 확 피어올랐다가 가물가물 하며 사그라져 간다. 니르바나에 도달한 사람만이 불꽃처럼 일어났다 사라지는 생사가 없다." 그리하여 끼사 고따미는 사무애해를 갖춘 아라한이 된다(주성옥, 2012).

물론 다른 여러 종교에서도 은유가 매우 많은 것을 발견할 수 있지만, 먼저 우리에게 더 친숙할 수도 있는 동양의 불교『경전』에서 더 찾아보기로 한다: 다음에 소개하는 은유들을 ACT의 육각형에서 적절하게 변형함으로써 치료적 은유로 활용할 수 있을 것이다. (불교『경전』속 은유 모음(2)부터는 부록에 수록하였으니 참조하면 될 것이다.)

불교 경전 속 메타포

(1) 불교『경전』속 은유(메타포) 모음 (J. H. Kwon, 2016. 4. 19. Personal Communication)

옛날, 한 임금이 온 나라 안의 소경들을 불러 궁중의 마구간으로 데리고 가 코끼리를 구경시켰다. 그런데 앞을 못 보는 그들은 손으로 더듬을 수밖에 없어서 코끼리의 다리를 만진 자도 있고, 코를 만진 자도 있고, 귀나 꼬리를 만진 자도 있었다. 구경을 마친 뒤에 그들은 코끼리의 생긴 모양을 놓고 의견을 교환했다. 그런데 다리를 만진 자는 코끼리가 큰 기둥처럼 생겼다고 했고, 코를 만진 자는 동아줄과 같다고 하고, 귀를 만진 자는 키와 같다고 하고, 꼬리를 만진 자는 큰 지팡이 같다고 하며 서로 다투었다. 이는 실물을 보지도 못한 소경들이 각기 제 생각이 옳은 줄 자신한 데에서 온 결과이다. 그 본 바가 적고 경험한 것이 확실치 못한 주제에 나는 그 진리를 잘 알고 있다고 자처하는 사람들도 역시 이런 부류라고 하겠다.

『삼혜경(三慧經)』

온갖 사물은 신속히 변화해 머무르지 않고 시시각각으로 바뀌어 가므로 꽃잎에 맺힌 이슬과 같으며, 산골짜기의 물은 쏜살같이 흘러내려 잠시도 쉬지 않는 것과 같으며, 모래땅이 견고치 못한 것과 같다. 어떻게 지혜 있는 사람이라면 집착을 일으키겠는가?

『보운경(寶雲經)』

악(惡)은 마음에서 나와 도리어 제 몸을 파괴한다. 쇠에서 녹이 생겨나 도리어 그 몸(쇠 자체)을 좀먹는 것과 같다.

『법구경(法句經)』

해는 낮을 비추고, 달은 밤을 비추고, 갑주는 군인을 비추고, 선정(禪定)은 도인을 비춘다. 그런데 부처님은 세상에 나타나사 온갖 어둠을 비추신다.

『법구경(法句經)』

사문(沙門)이 밤에 가섭불의 『유교경』을 소리 내어 읽는데, 그 소리가 애절해서 이렇게 깨닫지 못할 바에는 출가나 하지 말 것을 하고 뉘우쳐 중노릇을 그만둘 생각이 있는 것 같았다. 부처님께서 물으셨다.

"예전에 집에 있을 때, 너는 무슨 일을 하였느냐?"
사문이 대답했다.
"거문고 타기를 좋아했습니다."
"거문고 줄이 너무 느슨하면 어떻더냐?"
"그래 가지고는 소리가 안 나나이다."
"그렇다면 줄이 너무 팽팽하면 어떻고?"
"소리가 끊어집니다."

"줄이 팽팽하지도, 느슨하지도 않아 알맞을 때는?"

"소리들이 고르게 울립니다."

부처님께서 말씀하셨다.

"사문이 도를 수행하는 경우도 마찬가지이다. 마음 씀이 적당하면 도를 얻을 수 있으려니와 도를 구함에 있어서 너무 다급할 때에는 몸이 지칠 것이고, 그 몸이 지칠 때에는 마음이 괴로울 것이고, 마음이 괴로울 때에는 수행이 뒷걸음질칠 것이고, 그 수행이 뒷걸음질치고 났을 때에는 죄가 반드시 더해 갈 것이다. 오직 마음과 몸이 청정, 안락해야만 도를 잃지 않으리라."

『사십이장경(四十二章經)』

물은 사물의 그림자를 잘 나타낸다. 그러나 이것을 솥에 넣고 불을 많이 때어 솥 속의 물이 들끓게 만든다든가, 다시 헝겊으로 그 위를 덮는다든가 한다면 사람들이 그 곁에 가 서서 비추어 보려 한다고 해도 자기의 그림자를 비추어 볼 수 있는 사람은 아무도 없게 된다. 우리 마음속에도 삼독(三毒)이 진작부터 있어서 안으로부터 날뛰고 탐욕, 진에(瞋恚), 수면, 도거(掉擧), 의(疑) 따위의 오개(五蓋)가 밖을 덮기 때문에 진실을 보지 못하는 것이다.

『사십이장경(四十二章經)』

"선남자야, 여름에 구름, 우레, 번개가 일어나면 반드시 큰 비가 와서 온갖 곡식과 초목이 젖게 마련이다. 여래도 오늘 마찬가지여서 대니원의 미묘 비밀한 법운(法雲)을 일으키고, 큰 법음(法音)을 울리며, 감로의 법우(法雨)를 반드시 오게 하여 중생을 안락케 할 것이다."

『대반니원경(大般泥洹經)』

세존께서 아난(阿難)에게 이르셨다. "어부는 고기를 잡기 위해 큰 못물 같은 곳에 낚싯밥을 던져 고기로 하여금 먹게 한다. 고기가 이것을 삼키기만 하면 제 아무리 물 속 깊이 있다고 해도 얼마 있지 않아서 안 나올 수 없게 된다. 왜 그런가? 고기는 낚싯줄에 걸리고, 낚싯줄은 기슭의 나무에 매여 있으므로 어부가 그곳에 나타나 고기가 걸린 것을 알고 낚싯줄을 잡아당겨 기슭으로 끌어올리기 때문이다. 온갖 중생이 부처님들 계신 곳에 나타나 경건한 믿음을 일으켜 여러 선근(善根)을 심고 보시를 닦든가, 내지는 발심하여 일념의 믿음만이라도 얻는다면, 비록 악업(惡業)의 방해하는 바 되어 지옥, 축생, 아귀 등 여러 난처(難處)에 떨어져 있을지라도 여러 부처님께서 불안(佛眼)으로 이 중생의 신심(信心), 선근(善根)을 살피사, 지옥 등에서 빼내어 열반의 기슭에 올려놓으신다."

『대비경(大悲經)』

어둔 방 속에 여러 가지 물건이 있다고 해도 등불이 없어서 어둠에 의해 가리우는 바가 되면 눈이 있어도 볼 수 없는 것과 같으니, 비록 지혜가 있다고 해도 남을 좇아 가르침을 듣지 않으면 이런 사람은 능히 선악의 뜻을 분별치 못하느니라.

『대비파사론(大毘婆沙論)』

비유컨대 큰 불이 초목을 송두리째 태워 버리듯, 성자의 지혜의 불꽃도 번뇌를 태워 없앤다.

『대정법문경(大淨法門經)』

반딧불은 무량 천만 억 개가 있다고 해도 해의 광명은 가리지 못한다. 보살도 이와 같다. 비록 번뇌가 무량, 무수하게 있다고 해도 보살의 지혜의 광명은 가리지 못한다.

『대집경(大集經)』

아가타(阿伽陀: 약, 특히 해독제)의 한 알의 약은 능히 큰 독(毒)을 깨뜨린다. 보살의 지혜 또한 마찬가지이다. 작은 지혜의 약이, 능히 끝없이 많은 큰 번뇌(煩惱)의 독을 깨뜨린다.

『대집경(大集經)』

"선남자야, 물이 더러움을 씻어 우물, 못, 강물, 시내, 도랑, 바다의 구별이 없는 것과 같으니 물도 능히 중생의 더러움을 맑게 씻어 내느니라."

『무량수경(無量壽經)』

사람이 좋은 과일을 얻고 싶을 경우, 과수를 심어 그 뿌리를 땅에 깊이 묻고, 때에 맞추어 물을 주어서 윤기 있게 하면 싹이 트고 가지, 잎, 꽃, 열매가 생겨나 마침내는 과일을 먹게 된다. 보살이 아뇩다라삼먁삼보리(부처님의 최상이자 절대로 완전한 지혜)를 얻고 싶다면 마땅히 여섯 바라밀(波羅蜜: 보시, 지계, 인욕, 정진, 선정, 지혜)을 닦아야 할 것이다.

『반야경(般若經)』

씨가 좋은 땅을 만나면 뿌리와 줄기가 잘 자라지만, 나쁜 밭에 심겨지면 열매를 맺지 못한다. 이 진리도 마찬가지이다. …… 그러므로 온갖 중생들은 실지(實智)를 일으켜 선악을 구별하고, 마땅히 이 바른 가르침을 부지런히 익혀야 한다.

『방편심론(方便心論)』

중생의 세계가 곧 법신이요, 법신이 곧 중생의 세계이니, 이 둘은 이름만 다를 뿐 그 내용에 차별이 있는 것은 아니다. 마치 밝은 태양이 구름에 가리워진 것과 같다. 번뇌의 구름만 제거하면 법신의 '태양'이 밝게 나타날 것이다.

『법계무차별론(法界無差別論)』

강물은 빨리 흘러 한 번 가면 돌아오는 일이 없다. 사람 목숨도 이러해서 죽어 가면 돌아오지 않는다.

『법구벽유경(法句壁喩經)』

부처님께서 사위국에 계실 때, 성중에 여든에 가까운 바라문(婆羅門) 한 사람이 살고 있었다. 아주 큰 부자였으나 위인이 진리에 어둡고 인색하여 교화하기 어려웠다. 사람이 행해야 할 도리도 모르고, 무상함도 헤아리지 못했다. 그는 새로 좋은 주택을 짓고 있었는데, 앞채, 뒤채, 누대, 난실과 동서의 곁채가 수십 동에 이르는 굉장한 저택이었다. 일이 다 끝나고 뒤채 앞의 차양만이 남아 있었으므로 때에 바라문은 언제나처럼 스스로 보살펴서 온갖 일을 지휘하고 있는 중이었다.

부처님께서는 도안(道眼)을 들어 이 늙은이를 바라보셨다. 그리고 이 날이 끝나기도 전에 죽게 되어 있는 이 사나이가 그런 일은 꿈에도 생각하지 못하고 바쁘게 움직여 몸이 여위도록 안간힘을 쓰고 있는 모습이 매우 가엾게 여겨지셨다.

부처님께서는 아난(阿難)을 데리고 그 집에 이르사 늙은이를 위문하셨다.

"피로하지 않은가? 지금 이 집을 짓고 있거니와, 다 무엇에 쓸 것인고?"

늙은이가 대답했다.

"앞채는 손님을 접대하고, 뒤채는 제가 거처할 것이오며, 동서의 곁채는 자식들과 재물, 하인을 둘 곳이옵니다. 여름에는 누대에 오르고, 겨울이면 온실에 들어가 지내려 하나이다."

부처님께서 늙은이에게 말씀하셨다.

"노인의 숙덕(宿德)을 오래 들어 이야기를 나누고 싶었는데, 마침 요긴한 게송(偈頌)이 있어서 생사에 유익하기에 그것을 설해 주려 하오. 잠시 일을 쉬고 같이 앉아 이야기를 나눔이 어떤가?"

늙은이가 대답했다.

"지금 몹시 바쁜 중이어서 앉아 이야기할 겨를이 없습니다. 후일에 다시 왕림하신다면 지성껏 접대하여 말씀하시는 요긴한 게송을 기꺼이 듣잡겠나이다."

그러나 세존께서는 그 말을 묵살하시고 곧 게송을 설하셨다.

"재물이라, 자손이라
급급하여도
나 또한 나 아니니
그 어인 걱정이리?
여름, 겨울 머무를 곳
각기 지어서
생각은 많으나
앞일 몰라라.
어리석고 지혜론 듯
스스로 알면
우(愚)로 지(智)를 꺾음이니
진정으로 미련한 일!"

바라문이 말했다.

"이 게송을 잘 설하기는 하셨으나 지금은 참으로 바쁘오니 뒤에 왕림하사 다시 설해 주시옵소서."

세존께서는 탄식하시면서 그곳을 떠나셨다.

부처님께서 떠나가시자, 늙은이는 지붕의 서까래에 쓸 목재를 스스로 건네어 주다가 서까래가 떨어져 머리를 치는 바람에 그 자리에서 숨졌고, 온 식솔이 곡하는 통해 이웃들이 깜짝 놀랐다. 부처님께서 얼마도 가시지 않은 사이에 이 변이 일어난 것이다.

부처님께서 동구(洞口)에 이르셨을 때였다. 수십 명의 바라문이 부처님을 뵙고 여쭈었다.

"어디로부터 오시나이까?"

부처님께서 말씀하셨다.

"지금 죽은 늙은이의 집에 가서 그를 위해 설법했건만, 내 말을 믿지 않아 무사의 도리를 모른 끝에 이제 갑자기 죽고 말았도다."

『법구벽유경(法句壁喩經)』

마음은 화가가 여러 세상의 모습을 그려 내는 것과 같아서 오온(五蘊)이 모두 이로부터 생긴다. 그리하여 사물을 만들지 않음이 없다.

『법화경(法華經)』

태양이 나타나면 반딧불과 별들은 자취를 감춘다. 지혜의 나타남도 마찬가지여서 온갖 외도의 무명의 등불이 자취를 감춘다.

『보살행변화경(菩薩行變化經)』

옹기장이는 한 종류의 진흙으로 갖가지 그릇을 만들고, 같은 불로 유기, 소기, 밀기, 부정기 등을 구워 낸다. 그렇다고 이 진흙의 본성에 차별이 있는 것은 아니고, 불도 마찬가지여서 아무런 차이도 없다. 이같이 같은 법성(法性)도 그 업행(業行)을 따라 차별이 생기는 것이니, 소기, 유기가 성문(聲聞), 연각(緣覺)의 비유라면, 밀기는 보살들, 부정기는 범부의 비유가 될 것이다.

『보협경(寶篋經)』

봄에 곡식의 씨를 심은 바에는, 가을에 가서 익지 않고자 한 대도 도저히 될 일이 아니다. 나무에 과일이 열린 바에는, 떨어지지 않으려 한 대도 될 일이 아니다. 여러 근본(根本)을 심은 바에는, 태어나지 않고자 한 대도 될 일이 아니다. 사람이 독을 먹은 바에는, 죽지 않고자 한 대도 될 일이 아니다. 사람이 헤어질 인(因)을 지은 바에는, 헤어지지 않고자 한 대도 될 일이 아니다. 사람이 변소에 들어간 바에는, 악취를 안 맡고자 한 대도 될 일이 아니다. 노(老), 병(病), 사(死)의 원인을 심은 바에는, 이 괴로움을 면하고자 한 대도 될 일이 아니다.

『사불가득경(四不可得經)』

범부들은 여러 가지 별개의 진리에 각자 집착해서 자기 것은 옳고 다른 사람 것은 그르다고 비난한다. 그리하여 이런 고집 때문에 서로 싸우기 일쑤인데, 타고난 소경이 코끼리를 보는 것에나 비길 어리석은 것이다. 그래서 가장 뛰어난 죽음도, 싸움도 대립이 일어나는 일도, 전도함(그릇된 견해)도 없는 성제(성스러운 진리)의 지혜를 나타내고자 하여 이를 설한다.

『사제론(四諦論)』

마음의 본성은 청정하여 더러움에 물드는 일이 없다. 마치 하늘에 연기나 먼지, 구름, 안개 따위가 뒤덮여 밝고 깨끗하지 못한 경우에도 허공의 본성이 더럽혀지는 일이 없는 것과 같다. 온갖 중생도 바르지 않은 생각 탓으로 여러 번뇌를 일으키고는 있으나, 그 마음의 자성(自性)은 청정하여 더럽혀지는 일이 없다. 이같이 더럽혀지는 일이 없으므로 그 마음의 자성은 청정하여서 해탈을 얻게 되는 것이다.

『승사유범천소문경(勝思惟梵天所問經)』

물속에 본래 달의 그림자가 있는 것은 아니건만 맑은 물로 말미암아 원 달을 보게 된다. 온갖(존재)도 연에서 생기는 것이어서 허구에 불과하건만, 어리석은 사람은 망령되이 분별하여 실체인 듯 착각한다.

『심지관경(心地觀經)』

“선남자야, 구워 내지 않은 그릇은 깨어지기 쉽다. 중생의 받은 몸도 역시 그러해서 일단 몸을 받고 나면 바로 온갖 괴로움의 그릇이 되고 말아서 큰 나무의 무성한 꽃과 과일을 뭇새들이 쉽사리 깨는 것과 같고, 많은 마른 풀을 조그만 불이 능히 태우는 것 같아 중생이 받은 몸도 괴로움에 의해 파괴되고 마느니라."

『열반경(涅槃經)』

중생을 가엾이 여기되 갓난애와 같이 하라.

『열반경(涅槃經)』

가섭보살이 부처님께 여쭈었다.

"세존이시여, 중생은 한 몸밖에는 갖고 있지 못합니다만, 어찌하여 갖가지 번뇌를 일으키게 되나이까?"

부처님께서 말씀하셨다.

"선남자야, 한 그릇 속에 갖가지 씨가 있어서 그것이 물이나 비를 만나면 각각 스스로 생겨나는 것과 같으니, 중생의 그릇(몸)이 하나이긴 해도 애집(愛執)의 인연으로 말미암아 갖가지 번뇌가 생겨나 자라게 되느니라."

『열반경(涅槃經)』

비유컨대 그물을 잡을 때 먼저 그 벼리를 거두어야만 그물코가 다 바르게 되는 것이니, 벼리를 거둘 줄 모른 채 그물코만 먼저 바르게 하려 하다가는 뒤죽박죽 서로 뒤엉켜 버려 풀 수 없게 되고 만다. 배움도 이와 마찬가지이다. 그 긴요한 취지를 이해하지 못한다면 경의 설하는 바를 듣는다 해도 방편(方便)을 알아보지 못하고 분별치 못해서 서로 비난을 일삼게 된다. 그러고는 마침내 자기 생각이 옳다고 고집하여 노여움을 일으켜 근본을 잃고 도리를 잊은 채 바른 것을 헐뜯고 그릇됨을 쫓는바, 여기에 그 제자들까지 각기 뇌동하여 산울림이 소리를 쫓듯 가세하기에 이르러서는 다시 바로잡을 수 없는 사태가 되고 만다. 이리하여 진실을 아는 자는 적고, 타락한 자만 더욱 많아지는 결과가 되는 것이니 이런 부류들은 공연히 배운다는 이름을 지니고 있을 뿐이라고 해야 한다.

『오고장구경(五苦章句經)』

밝게 깨달으면 금강산을 어떤 모진 바람도 흔들지 못하는 것 같고, 깨닫지 못하면 갈꽃이 모진 바람에 불려 휘돌고 떠돌아 공중에서 머뭇대는 것과 같다.

『오사비파사론(五事毘婆沙論)』

마음의 모습은 공(空)한 것이어서 환술(幻術)로 만들어 낸 현상 같으니, 보리심(菩提心)도 없고 성문(聲聞)심도 없다.

『유마경(維摩經)』

온갖 존재가 다 망견(妄見)일 뿐이어서, 꿈 같고, 불꽃 같고, 물속의 달, 거울에 비친 그림자 같아 망상에서 생겨난다.

『유마경(維摩經)』

대해의 물결이 사나운 바람으로 인해 일어나면 큰 파도가 바다에 물결쳐서 끊일 새가 없게 된다. 아리야식(阿梨耶識)도 그러해서 경계의 '바람'이 불어와 흔들면 여러 가지 식(識)의 '물결'이 치솟아 날뛰고 자꾸 생겨나게 마련이다.

『입능가경(入楞伽經)』

옛날 어느 장자의 아들이 새로 아내를 맞아들여 매우 사이가 좋았다. 하루는 남편이 아내에게 말했다. "당신이 주방에 가서 술을 좀 가져오시오. 같이 마십시다."

아내는 부엌에 가 술독을 열었다. 그런데 제 그림자가 독 속에 있는 것을 보고 여자가 또 있는 것으로 생각했다. 화가 잔뜩 난 그 여인은 방으로 돌아오자 남편에게 대들었다.

"당신이 아내를 독 속에 숨겨 두고 나를 다시 맞이한 것이 아니오?"

의아히 여긴 남편이 부엌에 들어가 독 속을 보았더니 자기 그림자가 보였다. 그는 도리어 화가 나 돌아와 아내를 추궁했다.

"당신이야말로 사잇서방을 그 속에 숨겨 두지 않았는가?"

이리하여 서로 성을 내고 각기 자기 말이 사실이라 하여 싸웠다.

얼마 후, 도인이 나타나 싸우는 연유를 듣고 주방에 들어가 독을 들여다보았다. 그리고 그것이 그림자였음을 알고는 크게 탄식했다.

"세상 사람이 어리석어 실체 없는 것을 실재하는 듯 아는구나! 이제 당신들을 위해 독 속에 든 사람을 나오게 할 것이니 잘 보시오."

그러고는 큰 돌을 들어 독을 깨어 버렸는데, 술이 없어지자 사람의 모습은 찾을 길이 없었다. 이에 싸우던 두 사람은 그것이 그림자였음을 알고, 각기 부끄러워했다. 그리고 이때에 비구(比丘)는 법요(法要)를 설해 도를 얻게 했다.

이것은 삼계(三界)의 중생들이 사대(四大)의 고공(苦空)을 몰라 생사를 되풀이하는 일을 부처님께서 비유하신 것이다.

『잡벽유경(雜壁喩經)』

신심(信心)은 씨요, 고행(苦行)은 단비(時雨)이니라.

『잡아함경(雜阿含經)』

부처님이 세상에 계심은 연꽃이 진흙 속에서 나되 진흙에 물들지 않음과 같으니, 온갖 번뇌를 깨고 마지막 깨달음에 도달하사 생사의 한계를 떠나셨으므로 부처님이라 한다.

『잡아함경(雜阿含經)』

부처님께서 약왕에게 이르셨다.

"비유컨대 한 사나이가 물을 구하기 위해 고원을 파는데, 매일 일해도 보이는 것은 마른 흙뿐이어서 상당한 시일이 지나 그 구멍이 어지간히 깊어졌는데도 물은 나지 않더니, 그래도 단념치 않고 또 다른 날 흙을 더욱 파들어 가자 드디어 물이 솟구쳐 오른 것과 같다. 설사 보살이 있어서 이 경전 설함을 들었다 해도, 꾸준히 수지(受持)하여 외우지 않는다면 이 행자(行者)는 더없는 부처님의 깨달음으로부터는 아주 멀리 놓이는 결과가 된다. 이와는 달리 보살들이 이 경전을 듣고 난 뒤에도 외우고 열심히 닦아서 늘 가르침을 마음에 두어 실천한다면 이 사람은 가장 뛰어난 깨달음을 빨리 이루게 될 것이다."

『정법화경(正法華經)』

부처님의 맑고 청정한 '해'는 사람의 어리석음의 '어둠'을 없애신다.

『정토론(淨土論)』

저 곡식의 씨로부터 싹이 나오고, 싹으로부터 줄기와 잎 따위가 상속(相續)하고, 이 상속으로부터 열매가 있어서 생겨나는 것 같으니 씨를 떠나서는 상속해 열매가 생길리 만무하다. 그러므로 곡식의 씨에서 상속이 이루어지고, 상속에서 열매가 이루어져 먼저 씨가 있고 나서 뒤에 열매가 있는 터이므로 끊어진 것도 아니요, 상주하는 것도 아니라고 보아야 한다. 이 곡식 씨의 비유 모양으로 업과(業果)도 또한 이 같아서 초심에 죄복(罪福)을 일으키는 과정이 곡식 씨와 마찬가지이다. 이 마음으로 말미암아 다른 마음과 마음의 작용이 상속해 뒤에 가서 과(果)가 있게 되는 점에서 볼 때, 이것 또한 끊어진 것도 아니요, 상주하는 것도 아니라고 해야 한다.

『중론(中論)』

부처님께서 말씀하셨다.

"예전에 한 사미가 그 사승과 함께 길을 가다가 땅에 금덩이가 떨어져 있는 것을 보자, 말없이 이를 주워 가졌다. 그리고 사승에게

"빨리 가사이다. 여기는 무인지경이라 퍽 무서운 생각이 듭니다."라 하니,

스승은

"네가 금덩이를 가졌기 때문에 무서운 생각이 드는 것이니, 그 금덩이를 버려라. 그러면 다시는 무서울 것이 없을 것이다." 하였다.

이에 금덩이를 버리고 나서 사미는 스승에게 절한 다음,

"제가 어리석어 아는 것이 없어서 잘못을 저질렀습니다. 이제 금덩이를 버렸더니 무서운 생각이 안 납니다." 하였다.

"제자들아 학인(學人)이 도 탐하길 이 사미의 금덩이 탐함과 같이 한다면, 어찌도 없음을 걱정할까 보냐?"

『처처경(處處經)』

사람이 산마루에 서서 마을을 두루 바라보면 사람들의 가고, 앉고, 드나들고, 오가고, 울고, 노래하며 춤추고, 기뻐하여 웃는 모습을 다 볼 수 있다. 부처님께서도 이러

하시다. 지혜의 산마루에 서서 오취 중생의 간사한 자, 어리석은 자, 제도키 어려운 자, 제도키 쉬운 자를 다 분별하사, 가시어서 교화하신다.

『출요경(出曜經)』

비유컨대 사람이 배를 타고 가는 것과 같다. 여러 사람을 싣고 물을 건너 기슭에 이르면 배는 버리게 되는바, 몸을 버림이 배를 버리는 것과 같다.

『칠녀경(七女經)』

그 때에 문수사리보살이 덕수보살에게 물었다. "불자여, 여래의 깨달음의 내용이 오직 하나거늘, 어찌해 무량한 가르침을 설하시며, 내지는 무변한 가지가지의 경계를 나타내시는 것입니까?

덕수보살이 대답했다. "비유하자면 바다가 하나인 것 같습니다. 파도가 천 가지 만 가지로 다른 모습을 나타낸다 해도, 물에 가지가지의 차별이 있는 것은 아닙니다. 또 바람의 본성이 하나인 것 같습니다. 그것이 온갖 물건에 불어 댄다 해도 바람은 동일하다느니 다르다느니 하는 생각이 없습니다. 부처님의 가르침도 이와 같습니다."

『화엄경(華嚴經)』

비유컨대 땅속에 온갖 보배의 곳집이 있어서 갖가지 진귀한 것들이 꽉 차 있는데, 지혜가 뛰어나고 통찰력이 탁월한 사나이는 땅에 묻힌 물건을 다 알아서 생각대로 자유로이 꺼내다가 부모를 봉양하기도 하고, 가난한 친척을 돕기도 하고, 늙은이, 병자, 빈민을 고루 구제도 하지만, 지혜와 복덕이 없는 사람의 경우에는 설사 보배의 곳집이 있는 처소에 이른다 할지라도 그것에 대해서는 알지도 보지도 못하는 까닭에 아무런 이익도 입을 수 없는 것과 같다. 온갖 대보살은 청정한 지혜의 눈이 있으므로 능히 여래의 불가사의하고, 심원한 경지에 들어가며, 능히 부처님의 위신력을 뵈오며, 능히 온갖 법문에 들어가며, 능히 삼매(三昧)의 바다에 노닐며, 능히 온갖 부처님을 공양하며, 능히 바른 가르침으로 중생을 깨닫게 한다.

『화엄경(華嚴經)』

(2) **불교『경전』속 은유(메타포) 모음** (S. H. Park, 2016. 4. 19. Personal Communication))

(부록 2에 수록함)

(3) **불교『경전』속 은유(메타포) 모음/ 금강경** (J. H. Kim, 2016. 4. 19. Personal Communication))

(부록 2에 수록함)

(4) **불교『경전』속 은유(메타포) 모음 / 팔만대장경** (J. S. Lee, 2016. 4. 19. Personal Communication)

(부록 2에 수록함)

제10장 한국 문화권에서의 메타포 발견

가은리(佳隱里)

분홍빛 물여뀌꽃
날개 말리는 밀잠자리

늙은 화강암 그늘 아래
꼬리 끊는 도마뱀

여울엔 버들치 닮은
낮달이 빠져 있다.

– 유재영

한국에서도 ACT는 최근 약 10여 년간 연구와 그에 따른 활동이 매우 활발하게 이루어지고 있으며, 많은 성과와 진전이 이루어지고 있다. 그런데 ACT 프로그램을 실행하는 대부분의 연구자와 실무자는 ACT에서 주요한 부분을 차지하고 있는 은유의 메시지 전달에 대한 불만족 혹은 아쉬움을 느껴 온 것이 사실이다. 즉, 서구 문화권에서는 서구 문화에서 나온 은유의 메시지가 자연스럽게 잘 전달되더라도 한국과 같은 동양 문화권에서는 그렇지 않다는 것이다. 예를 들어, '구덩이에 빠진 사람'에 대한 은유는 이 은유가 의도한 대로 잘 전달이 되지 않는다. 우리 문화권에서는 구덩이에 빠지는 예가 드물고, 빠지더라도 거기에서 빠져나오는 방법에 대한 생각이 서구적인 생각과는 다르기 때문으로 보인다. 그런데 지금까지 한국에서는 ACT 프로그램에서 유익한 은유를 많이 활용해 왔지만 거의 기존의 ACT 교과서에 나오는 은유를 대부분 그대로 사용해 온 것이 사실이다. 이러한 활동이 유용한 면도 있지만, 문화적인 맥락을 간과한 것 또한 사실이다.

은유란 한 개념을 설명하거나 전달하려고 할 때 어떤 다른 것에 비유해서 설명하는 것이다. 우리 인간의 많은 활동은 은유적이며, 위대한 사상가나 현자, 성인, 스승, 어른 및 부모는 의미를 전달하기 위해 은유를 사용하여 왔다. 그런데 그 은유는 문화와 맥락에 따라 달라질 수밖에 없다. 물론 공통적인 부분도 있기 때문에 오늘날에는 이전보다는 더 잘 소통이 되기도 하고, 이해할 수도 있다. 그렇지만 은유가 본래의 의도대로 그 의미가 더 잘 전달된다면 더할 나위 없을 것이다.

따라서 이미 ACT에서 사용하고 있는 다양한 은유를 ACT의 여섯 가지 핵심 치료 과정(현재에 접촉하기, 수용, 탈융합, 맥락으로서의 자기, 가치 및 전념 행동)에 따라서 모으고 분류하며, 또한 한국인들에게 그 의미가 잘 전달되는 다양한 은유(예, 김준영, 2006)를 동양 문화권 특히 우리 문화에서 발견하여 모으고 분류하는 작업이 필요하다. 한국 문화권에서 메타포를 살펴보자.

입에 익은 우리말 (김준영, 2006)

개구리 소리도 들을 탓

어떤 소리나 말이 자기 주관이나 환경에 따라 긍정적으로나 부정적으로 들릴 수도 있다는 뜻으로 인용하는 말이다. 또 남의 어떤 일이나 말을 좋은 면으로 이해하라는 뜻으로도 인용한다.

'개구리'는 맹꽁이까지 싸잡아 일컫는 말이다. 즉, 맹꽁이를 개구리라고도 한다.

고전 기록을 보면, 저녁에 맹꽁이 울음소리 때문에 잠을 이룰 수 없어 하인을 시켜 웅덩이 가에 앉아 저녁 내내 장대로 물을 쳐서 맹꽁이가 울지 못하도록 막았다는 기록이 많다. 또 그와 반대로 맹꽁이 소리에 대한 흥취를 읊은 시도 많으니 '개구리 소리도 들을 맛'이라는 말은 그런 점에서 유래했다고 할 수 있다. 그러나 그보다는 모든 사람의 실제 체험에서 생긴 말일 것이다.

'가을 저녁 풀벌레 소리는 슬픈 사람에게는 슬픔을 더해 주고, 기쁜 사람에게는 기쁨을 더해 준다.'라는 말이 있듯이, 맹꽁이 소리도 정자에서 술을 마시거나 기쁠 때 듣는 경우와 슬플 때의 느낌이 어찌 같겠는가?

개구리 제 땅 바라보기

경상도 개구리가 전라도 산천 풍경이 경상도보다 더 아름답다는 말을 듣고 구경하려고 전라도를 향해 길을 떠났다. 그때 전라도 개구리도 경상도 풍경이 더 아름답다는 말을 듣고 경상도를 향하여 떠났다. 그 두 개구리는 결국 경상도와 전라도 경계에 있는 지리산 최고봉에서 만나게 되었다. 서로 인사를 하고 자신들이 이곳에 찾아온 까닭을 말하니 그 목적이 서로 같았으므로 먼저 산천을 두루 살펴본 후 이야기 하자고 했다. 두 개구리는 서로 멀리 바라보려고 뒷발만 디디고 반듯이 일어서서 한참 동안 산천 풍경을 바라보았다.

경상도 개구리가 주저앉으며 말했다. "전라도 풍경이 좋다더니 경상도와 다를 바 없구먼." 전라도 개구리도 주저앉으며 말했다. "경상도 풍경이 어쩌면 저렇게 전라도와 같은지 모르겠다."

개구리들은 눈이 뒤쪽에 붙었기 때문에 그들이 뒷발만 디디고 곧바로 일어서서 살핀 것은 경상도 개구리는 도로 경상도만 바라보았고, 전라도 개구리도 도로 전라도만 바라보았던 것이다.

자기가 잘못 본 것이나 잘못 생각한 것은 깨닫지 못하고 자기 견해가 옳다고 고집하는 사람을 꼬집는 말이다. 따라서 '우물 안 개구리' 속담이나 한자말 '정저와(井底蛙)'와 거의 같은 뜻으로 쓰인다. 다만 '우물 안 개구리'가 좁다는 뜻이라면, '개구리 제 땅 바라보기'는 제가 잘못 보고 제 주장만 한다는 뜻이다.

우산 장사 하는 아들과 짚신 장사 하는 아들

한 늙은 부부에게 두 아들이 있었다. 큰 아들은 우산 장사를 하고, 분가 시킨 작은 아들은 짚신 장사를 해서 먹고 살았다.

어머니는 날이 맑으면 큰 아들 우산이 팔리지 않겠다고 걱정하고, 비 오는 날이면 작은 아들 짚신이 팔리지 않겠다고 걱정하여 하루도 걱정이 떠날 날이 없었다.

그와 반대로 아버지는 날이 맑으면 작은 아들 짚신이 잘 팔리겠다며 좋아하고, 비가 오는 날이면 큰 아들 우산이 잘 팔리겠다며 좋아하여 즐거워하지 않는 날이 없었다.

개 눈에는 똥만 보인다

뭔가에 집착하여 그 일에만 정신을 쏟거나 자신의 잘못된 견해를 합리화하려고 사실이 아닌 것을 고집하는 사람을 꼬집는 말이다.

예전에는 어린아이의 똥을 먹이기 위해 개를 기르는 일이 많았다. 젖을 먹이다가 방에 똥을 싸면 “워리” 하고 큰 소리로 개를 불렀다. 자기 집 개가 없으면 남의 집 개가 달려와 묽은 똥을 귀한 음식 만난 듯 모조리 핥아먹었다. 그만큼 개는 똥을 좋아한다. 따라서 그런 모습을 빗대어 ‘개 눈에는 똥만 보인다.’라는 말이 생겼겠지만 한편으로는 다른 이야기도 있다.

어떤 사람이 눈이 멀어 개의 눈을 떼어다 박았다. 그랬더니 그가 똥만 보면 먹으려고 달려들었다고 한다.

골동품 좋아하다 파산한다

옛날 한 부자가 골동품을 좋아하여 희귀한 것이라면 값을 헤아리지 않고 사들였다. 한번은 어떤 사람이 깨진 표주박 하나를 가지고 와서 “이것은 요임금 때 허유가 더러운 말을 들었다고 물을 떠서 귀를 씻었던 표주박입니다.”라고 말하니 그것을 금 100개를 주고 샀다.

또 어떤 사람이 다 헤진 방석을 가지고 와서 “이것은 공자님께서 행단에서 제자를 가르치실 때 깔았던 방석입니다.”라고 하자 또 금 백 개를 주고 사들였다. 또 한 사람이 대지팡이를 가지고 와서 “이것은 동한 사람 비장방의 변화무쌍한 갈피지장입니다.”라고 하였더니 그것도 금 100개를 주고 사들였다.

그는 마침내 재산을 탕진하여 사들인 방석은 팔에 끼고, 양손에 지팡이와 표주박을 들고 거리로 나오니 영락없는 거지 중의 상거지 꼴이었다.

들쥐와 집쥐

어느 이른 봄날이었다. 눈이 채 녹지 않아 먹을거리를 찾을 수도 없고, 지난 가을에 저장해 둔 곡식은 벌써 떨어져 여러 날을 굶은 들쥐가 마을 근처에 무슨 먹을 것이 없을까 하여 마을로 나아갔다.

마을 근처에 이르렀을 때 쥐 한 마리를 만났는데, 서로 인사를 나누고 보니 그는 마을에서 사는 집쥐였다. 들쥐가 집쥐에게 이 춘궁기에 어떻게 살아 가느냐고 묻자,

집쥐가 자랑스럽게 우리에게 무슨 춘궁기가 있느냐고 하였다. 그가 사는 주인집 곳간에는 언제나 쌀, 보리, 콩 등 갖은 곡식이 몇십 석씩 쌓여 있고, 부엌이나 대청 독에도 곡식이 그득하여 봄, 가을이 뭐가 다르겠냐고 하였다.

들쥐가 부러워하며 그러면 그 곡식을 마음대로 먹을 수 있느냐고 묻자, 집쥐가 얼굴을 붉히며 그것을 먹을 수는 없지만 그래도 곡식을 방아 찧으면 땅에 흘리는 것이 있고, 밥을 지어 먹으면 구정물통에 찌꺼기가 나오기 마련이며, 고기나 생선을 먹고 버린 뼈에 고기가 붙어 있고, 또 시궁창이나 변소 근처에는 고자리와 번데기가 많은데 그것이 아주 별미라며 자랑을 늘어놓았다.

들쥐가 부러워하며, 우리는 가을이 되어 온 들에 곡식이 있을 때에는 지상 천국이지만 그 곡식을 굴 속에 많이 저장할 수 없어 초겨울이 지나면 양식이 떨어지니 그때부터 초봄에 눈이 녹을 때까지 견디기가 고통스럽다며 어떻게 여기서 초봄을 나도록 할 수 없겠느냐고 물었다.

집쥐가 자랑만 하고 달리 말할 수도 없어 자기를 따라오라고 했다. 들쥐가 집쥐를 따라가는데 갑자기 큰 개가 나타나자 집쥐가 어서 피하라고 하여 둘이 함께 담 밑의 구멍으로 피했다.

집쥐가 저 개란 놈은 잡아서 먹지도 않으면서 사람에게 충성을 다한답시고 우리를 보기만 하면 죽이는 고약한 심술쟁이라고 했다.

개가 지나간 뒤 조금 가니 "야옹" 하는 고양이 소리가 들렸다. 혼비백산하여 쥐구멍을 찾아 들어가 오랫동안 숨었다가 겨우 나오니 이제는 저쪽에서 사람이 걸어오고 있었다. 그래서 또 도망쳐야 했다.

들쥐는 겁이 났다. 무엇을 얻어먹기는커녕 어떻게든 이곳을 빨리 빠져나가야겠다는 생각이 들어 집쥐에게 "당신이나 혼자 잘 먹고 사시오. 나는 개도 고양이도 사람도 없는 들로 돌아가겠소."라고 말하고 다시 돌아갔다.

우리말 속담 (김승용, 2016)

(1) 수용

개구리 소리도 들을 탓

논에서 개구리들이 떼를 지어 울어 대는 소리는 워낙 크고 시끄러워 잠을 설치게 만든다. 그렇다고 거기에 돌을 던져 봐야 조용해지는 건 잠깐이고 다시 개굴개굴 시끄럽게 울어 대는 건 마찬가지, 이 개구리 소리가 얼마나 요란했던지 개구리를 조용히 하는 비법들이 돌거나 아예 잿불을 뿌려서 죽여 버리기도 했을 정도이다. 하지만 어떤 사람은 그 시끄러운 개구리 소리도 운치 있는 소리라고 생각하고 잠만 잘 잔다. 요새 아파트 층간 소음으로 이웃 간에 살인이 나기도 한다. 겪어 본 사람들은 알겠지만 윗집에서 쿵쿵대는 소리는 참 견디기 힘들다. 그래서 어떤 아파트 단지에서는 지혜롭게도 아파트 이웃끼리 반상회 등으로 모여서 서로 얼굴을 보며 양해를 구하고 서로 조심하자고 다짐한다고 한다. 덕분에 층간 소음으로 인한 민원이 매우 적어지고 또 위층에서 쿵쿵대는 소리가 나더라도, "음, 저건 민석이 녀석 소리이네" 하면서 잘 아는 사람이 내는 소리라 스트레스도 덜 받게 되었다고 한다. 또 어떤 사람은 밖에서 쾅쾅쾅쾅 소리가 나서 이게 뭔 소리냐며 짜증을 내다가 앞집에서 대문 수리하는 소리라는 걸 안 순간부터 그나마 짜증이 덜 나더라고 한다. 뭐든 생각하기 나름인 듯하다.

(2) 인지적 탈융합

개 짖어 담장 무너지지 않는다

큰 개가 짖는 소리는 고막이 먹먹할 정도로 크다. 하지만 아무리 개가 크게 짖는다고 해도 그 소리에 튼튼한 담장이 무너질 리 없다. 별로 영향력 없는 사람들이 아무리 소란을 피우고 떠들어 댄다고 해도 한낱 '개소리'에 불과하다는 뜻이다. 지금도 인터넷상에서 악플을 다는 사람들이 있는데, 세상을 바꾸려는 강한 의지도, 그럴 만한 능력도 없는 사람들이니 일일이 대꾸하고 신경 쓸 필요가 없다.

까마귀 울어 범 죽지 않는다

옛 사람들은 까마귀가 울면 사람이 죽는다고 여겨 재수가 없다고 생각했다. 또 까마귀는 잡식성이라서 동물의 죽은 시체도 뜯어먹는다. 따라서 까마귀는 죽음을 연상시킨다. 그렇지만 하찮은 까마귀가 아무리 재수 없게 운다고 해도 호랑이가 죽을 리는 없다.

참새가 아무리 떠들어도 구렁이 안 움직인다

옛날 초가집 지푸라기 더미 속에는 참새가 집을 짓고 살며 알을 낳았고, 이 짚더미에는 구렁이도 같이 살았다. 그래서 가끔 구렁이가 보이면 참새들이 행여나 알이나 새끼를 잡아먹을까 봐 부산을 떨며 매우 시끄럽게 울었다. 하지만 미약한 참새가 자신을 어쩔 수 없다는 걸 잘 아는 구렁이는 그러든가 말든가 느릿느릿 제 할 일을 했다.

남생이 등에 풀쐐기 쐼 같다

남생이는 옛날에 개울가에서 흔하게 볼 수 있던 작은 민물거북의 이름이다. 관상용으로 기르는 수입종 붉은귀거북보다도 작다. 요새는 환경이 오염되어 거의 찾아보기가 어렵다. 남생이도 거북이기 때문에 풀쐐기, 즉 침을 쏘는 애벌레에게 딱딱한 등딱지를 쏘여 봤자 아무런 느낌도 없다. 여기서 거북 대신 남생이가 등장한 건 거북은 바다에 살기 때문에 풀쐐기에 쏘일 일이 없어서이다.

(3) 맥락으로서의 자기

경주 돌이면 다 옥석인가

왕이 사용하는 도장을 옥새라고 하고, 왕의 앉는 의자를 옥좌라고 부르는 것처럼, 옥은 오랜 옛날부터 전 세계적으로 왕이나 귀족의 권위와 귀한 신분을 나타내는 보석이었다. 삼국시대 초기에 금을 많이 사용하면서도 금관에 옥구슬을 수십 개씩 달았던 것을 보아도 이를 잘 알 수 있다. 삼국시대에 고구려나 백제에서도 옥으로 된 유물이 많이 나오는데, 그중에서도 신라의 고분에서 나오는 옥 유물이 특히 더 많다. 옥을 귓바퀴 모양처럼 구부러진 모양으로 갈아서 만든 곡옥은 5~6세기 것인 경주 천마총, 월성로 고분, 금관총, 황남대총 등에서 많이 출토되었는데, 특히 천마총에서는 전체 유물 가운데 68%가 옥 제품이었으며, 황남대총 금관에는 곡옥이 77개 이상, 천마총 금관에는 58개가 달려 있었다. 또한 흔히 경주 남산이라고 부르는 금오산에서는 좋은 수정옥이 많이 나왔는데, 그래서 '남산 옥돌'이라는 말이 널리 알려졌다. 그 밖에 비취와 비슷한 천하석옥이란 옥도 많이 사용되었지만 그리 귀하게 여겨지질 않았다고 한다. 경주에서 너무 많이 나는 옥이라 희귀성이 떨어져서 귀한 대접을 받지는 못했다. 앞서의 이러한 사실들을 놓고 보면 경주 지역은 옥이 많이 나는 지역이었음을 충분히 알 수 있다. 하지만 아무리 옥이 많이 나는 경주 지역이라고 해도 모든 돌이 옥은 아니니 무턱대고 경주에 있는 돌이라고 모두 옥이라고 단정할 수는 없다는 말이다. 지금도 학연이나 지연에 얽매여 어느 대학 출신이면 다 잘나고 똑똑하다고 생각하거나, 능력과 상관없이 자기 출신 대학이나 고향 출신이면 무조건 좋은 자리에 데려다 앉히는 경우가 종종 있다. 하지만 학연과 지연을 따지지 않고 옥과 돌, 즉 옥석을 가려서 그 자리에 가장 적합한 사람을 등용하는 것이 가장 바람직한 인사가 아니겠는가.

(4) 현재 순간 자각

고릿적 얘기

우리가 흔히 '고리짝 같은 얘기'라고 잘못 쓰는 말이다. 원래는 '고려 적 얘기'이다. 그리고 학자에 따라서는 고려라는 한자의 옛 발음은 '고리'였다고도 한다. 고려 때 해외 무역이 매우 발달하여 지금도 세계 곳곳에서 한국은 고려라는 이름으로 더 잘 알려져 있다. 코리아는 물론 러시아에서의 까레이, 중국에서의 까올리, 기타 꼬리/꼬레/꼬레아 등이 있다. 하지만 세월이 오래 흐른 뒤에 麗의 발음이 '려'로 바뀌면서 사람들이 '고리'가 고려임을 모르고 가장 발음이 비슷한 '고리'라는 수납함을 말하는 것이라고 착각하게 된 것이다. 고리는 버드나무 가지나 싸리나무 또는 대나무를 얇게 쪼갠 것으로 짠 두 짝(뚜껑과 몸체)의 바구니를 말하며, 주로 옷가지를 담는 용도로 사용한 수납함이다. 고리는 두 짝이라서 '고리짝'이라고도 부르는데, 그래서 '고릿적(고려 적)'을 '고리짝'이라고 잘못 쓰게 된 듯하다. 오래된 고리의 쾨쾨한 모양까지 연상해서 그랬을 수도 있다. 아무튼 조선시대 사람들에게 있어 고려 적 얘기라는 것은 매우 오해된 얘기라는 뜻이 된다.

(5) 가치

마음에 있으면 꿈에도 있다

꿈은 늘 현실을 반영한다. 평소에 겪었던 일이나 바라는 일, 마음에 걸리는 일들이 꿈으로 나타나는 것이다. 그렇게 때문에 어떤 일에 대해 전혀 관심이 없으면 꿈에서조차 나타나지 않는 법이다. 참고로 별똥별이 떨어질 때 소원을 빌면 이루어진다는 속설이 있다. 별똥별이 떨어지는 것을 볼 수 있는 시간은 순간이고 매우 짧다. 그 찰나와도 같은 짧은 순간에 바로 소원을 빌 수 있으려면 항상 늘 정말 간절하게 생각하고 있어야 한다. 그만큼 간절한 소원이라면 안 이뤄질 리 없지 않을까?

큰 북에서 큰 소리 난다

북은 울림통에 가죽을 씌운 형태를 하고 있다. 몸체의 전체가 울림통인 셈이다. 그런데 이 울림통은 악기에서 매우 중요한 일을 한다. 울림통은 소리를 크게 증폭시켜 주기 때문이다. 바이올린이나 피아노 같은 경우에도 울림통이 없으면 모깃소리밖에 안 난다. 북의 경우에는 울림통이 클수록 더욱 큰 소리가 나고 더 멀리 퍼진다. 그래서 사찰의 법고나 군대의 전고 역시 매우 크다. 멀리까지 그 울림을 전해야 하기 때문이다.

(6) 전념 행동

구슬이 서 말이라도 꿰어야 보배

지금은 구슬을 기계로 마구 찍어 내서 흔하고 흔한 게 구슬이지만, 옛날에는 옥이나 뿔 등을 사람이 일일이 갈아서 동그랗게 만들고, 거기에 또 하나하나 구멍을 뚫어야 했기에 구슬은 매우 귀한 장식품이었다. 하지만 그렇게 힘들게 만든 구슬도 낱알의 상태로 두면 큰 가치를 갖지 못한다. 끈으로 꿰어 마무리를 지어야 비로소 매우 가치 있는 보배로 거듭난다.

부뚜막의 소금도 집어넣어야 짜다

소금은 국과 반찬에 대부분 들어가므로 지금도 소금이나 후추, 설탕, 조미료 등을 가스레인지 근처에 두듯, 요리하면서 손닿기 쉬운 부뚜막 위에 두었다. 이렇듯 손만 뻗으면 닿을 수 있는 소금이더라도 이를 가져다 쓰지 않으면 간을 맞출 수 없다. 아주 사소하고 쉬운 마무리라고 해도 마지막까지 깔끔하게 끝내야 지금까지 해 온 모든 노력이 빛을 볼 수 있다.

제11장 새로운 시도

1. 마음챙김, 감정이입 및 자비를 위한 하이쿠와 시조

너의 본래 면목은
무엇이니
눈사람아

- 나쓰메 소세키

믈아래 그림재 지니 다리 우헤 즁이 간다
져 즁아 게 셨거라 너 가는 데 무러 보자
막대로 흰 구름 가르치고 도라 아니 보고 가노메라

- 정철

1) 하이쿠 시 짓기를 통한 마음챙김, 감정이입 및 자비

ACT의 은유의 활용과 함께 역기능적인 관점을 전환시킬 수 있는 마음챙김 명상에서의 '**달리 지각하기**(reperceiving)'(손정락, 2013 참조)를 달성하기 위한 새로운 하나의 방법으로 은유와 **하이쿠**(Haiku, 일본의 아주 짧은 정형시)의 조합을 시도해 볼 것을 제안한다. 달리 지각하기는 조금 뒤로 물러서서 자신에게 일어나고 있는 것을 봄으로써 이전에는 '주관적'이었던 것이 이제는 '객관적'으로 되어 의식에서 미묘한 방향 전환을 일으킬 수도 있다고 본다. 하이쿠는 자신이나 타인에 대한 자비나 감정이입(empathy)의 함양에 활용되고 있기도 하다(예, 강혜자, 손정락, 2018; Gair, 2012; McLaren, 2013). 감정이입, 마음챙김 및 자기자비는 매우 높은 상관이 있다(Ligocki, 2010). 하이쿠는 자신과 타인을 맥락적으로 객관적으로 볼 수 있기 때문에 ACT의 은유의 활용과 조합되어 사용된다면 훨씬 더 효과적일 것으로 본다.

먼저, 하이쿠 시 짓기를 통한 마음챙김과 감정이입 함양에 관한 강혜자와 손정락(2018)의 논문을 보자. 이 논문은 하이쿠를 마음챙김의 방법으로 수용전념치료에서 활용할 수 있다는 것을 보여 주고 있다:

Kohut(1977)은 " … 사람들이 산소가 없는 대기 속에서는 신체적으로 생존할 수 없는 것과 마찬가지로 자신에게 감정이입적으로 반응하지 않는 심리적 환경에서는 심리적으로 생존할 수 없다."(p. 85)라고 하였다. 즉, Kohut은 감정이입적 거울반사가 박탈된 상태를 심리적 산소가 박탈된 상태로 비유하였던 것이다. 더욱이 "냉담함, 비인간적인 무관심, 감정이입적으로 반응하지 못하는 세계에 노출되면"(Kohut, 1984) 인간을 파괴로 이끌 수도 있다고 하였다.

Rogers는 심리치료에서 감정이입적인 면접에 근거한 관계치료를 추구하였다. 그는 정신역동성과 전이에 초점을 둔 Freud 학파를 거부하였는데, 대신에 내담자에게 무조건적인 수용 관계, 즉 자기실현에 도움이 되는 분위기를 제공하려고 하였다. 이러한 치료적 관계에서 해석을 배제하지는 않지만 감정이입적 이해와 감정 수용에 더 초점을 두었다(Mischel, Shoda, & Smith, 2004; 손정락, 2006). 그래서 Rogers는 내담자 중심치료에서 내담자를 무조건 긍정적으로 존중해야 한다고 주장하였던 것이다. 이는 내담자를 무조건적으로 수용하는 것인데, 감정이입적 이해와 감정 수용이 무엇보다 중요함을 강조했다. Rogers는 감정이입을 심리치료의 핵심으로 보았다!

오늘날의 심리치료 분야에서도 또다시 떠오른 **감정이입**을 위한 **수용**, **거리두기**(한발 물러서서 보기), **자기자각**(메타 인지) 등은 **수용전념치료**(Acceptance Commitment Therapy: ACT)에서의 마음챙김의 목표일 뿐만 아니라, 이는 치료자와 내담자 모두가 감정이입을 함양할 필요성이 중요한 화두로 떠올랐음을 의미한다.

'사람은 다른 사람의 모카신을 신고, 자기가 걷던 길을 걸어 보아야 한다'는 인디언 속담이 있는데, 이는 우리의 일상생활에서도 감정이입의 필요성을 잘 말해 주고 있다. 더욱이 오늘날 감정이입은 심리치료 관련 분야뿐만 아니라, 개인적 갈등, 분노조절장애, 갑질, 불통, 보복 운전, 종교 분쟁, 인종 차별, 정신장애, 대인관계, 학교폭력, 성폭력, 국제문제에까지 광범위하게 적용되어야 할 필요가 있다고 생각된다.

감정이입은 독일어 Einfühlung(Ein은 영어의 in, Fühlung은 영어의 feeling)에서 나왔고, 이는 그리스어 Empathos에서 어원을 찾을 수 있는데, '들어가서 느낀다'라는 뜻을 가지고 있다. 그러므로 우리말로 옮길 때 공감이 아니라 감정이입이라고 해야 한다. 그래야 뜻이 더 잘 전달될 뿐만 아니라, 논리적으로도 옳기 때문이다. 왜냐하면 어머니는 어린아이를 감정이입할 수 있으나, 어린아이는 공감이나 동감을 할 수 있을 뿐 어머니를 감정이입하지 못하기 때문이다. 독일의 Prekop(2002; 신홍민, 2008)은 어린아이에게 감정이입을 기대하기는 아직 무리라고 하면서, 공감은 감정이입보다는 낮은 발달 단계에 속한다고 하였다.

감정이입은 타고 나지만, 배려의 감정이 감정이입으로 발전할 기회를 얻지 못하면 퇴화할 수도 있다고 한다. 이는 심리학자 Daniel Goleman의 감성지능(Tan, 2012 참조) 개념의 발달 주장과 유사하다. 우리 문화에서 전통적으로 있어 왔던 태교는 감정이입의 발달을 위해서도 필요하다고 여겨지는 좋은 방법이다. 어머니는 아기에게 생물심리사회적인 거울 역할을 한다고 볼 수 있다. 감정이입을 할 수 있는 거울 뉴런이 있더라도 이것이 발달하는 많은 요인이 있기 때문에 이를 도와줄 수 있는 심리학적 기법 등이 또한 필요한 이유가 여기에도 있다. 감정이입은 모든 인간관계와 심리치료자 및 클라이언트에게서 함양되어야 내면에 있는 감정이입이 거울 반사될 수 있다. 감정이입에 관한 상이한 주장도 있지만(예, Davis, 1990), 감정이입은 가르치고 배울 수 있다는 많은 연구가 있다(예, Furman, 2005; Gair, 2012; Hojat, 2007; White, Perman, Fantone, & Kumagai, 2010).

Tirch, Schoendorff 및 Silberstein(2014)은 ACT의 **맥락주의 행동과학** 개념으로 우리가

자신의 과정을 알아차리고 개방되어 있을 때 다른 사람에게 더 잘 감정이입할 수 있다고 하였다. 즉, ACT에서는 마음챙김이 감정이입 능력을 이끌어 내는 데 필요한 중요한 요인으로 제안되고 있다(예, Block-Lerner, Adair, Plumb, Rhatigan, & Orsillo, 2007; Kim & Son, 2017). Ligocki(2010)는 감정이입과 마음챙김이 상관이 높으며, 심리치료 효과에 주요한 구성개념이고, 역시 상관이 높은 자기자비도 새로운 치료효과 구성개념이며, 자기반추는 이들 세 구성개념과는 부적 상관이 있는 구성개념으로 앞으로 더 탐구될 필요가 있다고 제안하였다.

마음챙김은 어딘가 다른 곳에 도달하는 일이 아니라 자신이 이미 있는 곳에 온전히 존재하며, 지금 이 순간에 자기 존재와 인식의 힘을 깨닫는 것이다. 그것은 발견이다. 즉, 이미 내 소유인 내 존재의 온전한 실체를 재발견한 마음을 체계적인 계발과 연습을 통해 발전시키고 개량하는 일이다(Kabat-Zinn, 2012). 마음챙김은 현재 순간에 대한 완전히 의식적인 상태의 고도의 알아차림이며, 그러므로 마음챙김 명상은 그 순간에 전심할 수 있는 모든 생각, 느낌 및 감각과 같은 것이다(Feist & Rosenberg, 2010). 이와 같이, 마음챙김에 관한 많은 정의가 있지만 대체로 마음챙김은 유연성, 개방성 및 호기심을 가지고 주의를 기울이는 것을 말한다(Collard & Walsh, 2008; Kabat-Zinn, 2005; Kim, 2016; Kim & Son, 2017; Siegel, 2007 참조).

이러한 마음챙김에서 알아차림과 수용이 자신뿐만 아니라 다른 사람에 대한 감정이입 능력을 증진하는 데 영향을 주는 것으로 밝혀지면서 마음챙김과 감정이입에 대한 연구가 관심을 받고 있다(예, Fulton, Germer, & Siegel, 2005; Hayes & Strosahl, 2004; Kabat-Zinn, 1998; Kim, 2004; Kim, 2011; Lee, Park, & Kim, 2011; Plumb, Orsillo, & Luterek, 2004; Segal, Williams, & Teasdale, 2002; Shim & Yun, 2008). 이들 연구는 마음챙김이 감정이입 능력을 증진시키는 데 효과적인 심리적 기제임을 나타낸다.

한편, 창조적 글쓰기와 이야기 글쓰기 접근법이 특히 도움을 주고 있는 임상 실무에서 정서적 긴장을 이겨 내고, 치료적 지지를 제공하고, 반영적인 학습을 촉진하고, 감정이입을 길러 주고, 감정 표현에 도움이 되고, 영적 치유를 촉진시키는 데 유용하다는 많은 연구가 있어 왔다(예, Hojat, 2007; Pennebaker & Segal, 1999; White & Epstein, 1990; Wingard & Lester, 2001). 또한 Williams(2011)와 Furman(2005)은 시 읽기와 쓰기를 통하여 자기 자각, 관점 취하기 및 감정이입을 증진시킬 수 있다고 주장하였다. Biley와 Champney-Smith(2003)는 하이쿠가 임상 실무와 관련된 정서적 이슈를 탐색하고, 민감성을 증진시키는 데 활용될 수 있다고 보고하였다. Stephenson(2009)은 하이쿠가 힐링에도 활용될 수 있는 글쓰기 패러다임의 확장이라고 보았다. Gair(2012)는 감정이입을 탐색하고 창조적 글쓰기로서의 하이쿠 활용을 제안하였다.

하이쿠는 세상에서 가장 짧은 시 형식인 17음절(초장, 중장, 종장의 5-7-5 음절) 안에 자연의 변화를 담는 계절어를 포함하며, 그 순간 마음의 기록인 시어로 함축하여 표현하는 정형시이다. 하이쿠를 잘 짓기 위해서는 잘 표현된 스냅 사진과 같이 순간을 포착하지만, 영원까지도 내포할 수 있는 시 짓기의 자세가 필요하다. 따라서 하이쿠는 여기-지금을 가장 잘 포착하는 수단을 제공하는 시 형식으로 마음챙김을 함양하고 감정이입을 탐구해 내는 훌륭한 시 짓기 형식이라고 추론된다. 하이쿠란 '감동을 만들어 내는 언어 장치'(오오오까 마꼬또)로 한 마디라도 가슴과 영혼에 신선한 충격을 주고, 자신을 북돋아 주고, 깨닫게 해 주는 말이 곧 하이쿠의 말이다(Cheon, 2004).

따라서 이 연구에서는 마음챙김을 하는 데 하이쿠가 유용한 도구가 될 것이며, 또한 감정이입의 함양에도 많은 변화를 이끌어 낼 수 있을 것으로 보아서 이를 적극적으로 활용해 보기로 하여 시도해 보기로 하였다. 이와 함께 ACT 육각형(Son, 2015)에서의 현재-순간 자각과 연결되어 있는 수용 및 이와 상관이 높은 자기자비도 같이 살펴보기로 하였다.

참가자는 정신병리학을 수강하는 ○○대학교 대학원 임상심리학 전공 대학원생 22명으로 구성되었다. 참가자들에 대한 구체적인 신상 정보는 요구되지 않았다. Park(2006)이 개발한 마음챙김 척도를 사용하였다. 이 척도는 탈융합적 주의 5문항, 비판적 수용 5문항, 현재 자각 5문항 및 주의집중 5문항으로 된 4개 요인 총 20문항의 5점 리커트 척도이다. 감정이입 능력을 측정하기 위하여 Davis(1994)의 감정이입 척도인 대인관계반응지수를 사용하였다. 대인관계반응지수는 네 가지 요소로 구성되어 있는데, 관점 취하기와 상상하기는 인지적 감정이입이며, 감정이입적 관심과 개인적 고통은 정서적 감정이입으로 볼 수 있다. 자기자비는 Neff(2003)가 개발하고, Kim, Yi, Cho, Chai 및 Lee(2008)가 번안한 한국판 자기자비 척도를 사용하였다. 자기친절과 자기비난을 측정하는 10문항, 보편적 인간성과 고립을 측정하는 8문항, 마음챙김과 과잉동일시를 측정하는 8문항으로 총 26개의 문항으로 구성되어 있다. 수용 행동 질문지(AAQ)는 경험의 수용과 활동에의 전념을 강조하는 수용전념치료(ACT) 이론을 토대로 Hayes와 Strosahl(2004)이 개발하였다. AAQ는 자신의 가치와 목적에 일치하는 방식으로 행동하면서 생각이나 감정을 기꺼이 수용하는 정도를 측정하는 척도이다.

하이쿠는 일본의 정형시로 5-7-5 음절(예, 한 낮의 정적/ 바위에 스며드는/ 매미의 소리)로 되어 있어서 세상에서 제일 짧은 시 형식의 하나로 여겨지고 있다. 전통적인 하이쿠 짓는 방법은 이 음수율을 지키면서, 계절을 상징하는 시어(季語)가 들어가면서(예, 오래된 연못/ 개구리 뛰어드는/ 물소리), 초장, 중장 혹은 종장 어느 한 곳에 키레지(예, 1. 유채꽃이여/ 달은 동녘에/ 해는 서산에. 2. 밤이 새도록/ 추풍에 귀를 기울이누나/ 뒷산. 3. 길가의 무궁화/ 말에게/ 먹히고 말았구나!)라고 하는 여운을 남기면서 전환을 꽤하는 어구를 넣기도 하는 누구나 쉽게 지을 수 있는 시 형식이라고 할 수 있다. 오늘날에는 전 세계 60여 국가에서 자국어로 하이쿠를 지으며, 형식도 점점 다양해지는 추세이다. 이 연구에서는 자연, 상황 동영상, 자기 자신 등을 대상으로 매주 1~2수 이상의 하이쿠를 짓는 과제를 부과하였다. 2014년 2학기 한 학기 동안(9월 17일부터 12월 17일까지) 하이쿠 짓기를 통한 마음챙김과 감정이입 함양 프로그램을 진행하였다. 총 14회기가 진행되었다. 9월 17일에 정신병리학 수강 대학원생 22명에게 마음챙김 척도, 수용 행동 질문지, 대인관계반응지수 척도 및 자기자비 척도를 실시하였다. 이어서 임상심리학 현장에서 감정이입의 함양이 중요함을 설명하고, 감정이입에 관한 간략한 오리엔테이션을 하였으며, 또한 감정이입에 관한 정보를 탐색하게 하고, 감정이입에 관한 짧은 보고서를 1주일 뒤에 제출하게 하였다. 이 과제의 목적은 감정이입은 우리 안에 거울 뉴런과 같이 내재되어 있으며, 탐구될 수 있다는 생각과 느낌을 갖게 하기 위한 것이었다.

이어서 감정이입을 탐색하기 위한 한 단계로 마음챙김에 관한 설명을 하고, 마음챙김을 할 수 있는 또 다른 방법으로 하이쿠를 소개하였다. 즉, 하이쿠는 '지금-여기'를 가장 잘 표현할 수 있는 훌륭한 한 가지 방법임을 설명하면서 하이쿠의 '순간 포착과 영원의 추구'에 관한 방법론적인 이론적 근거를 강조하였다. 하이쿠에 관한 설명과 함께 하이쿠 짓는 방법에 관하여 설명하고, 하이쿠가 마음챙김하는 데 좋은 매개 수단이 될 수 있다는 것을 유명한 하이쿠를 예로 들면서 소개하는 시간을 가졌다. 이후 매주 하이쿠를 한 수 이상씩 짓도록 지시를 주었는데, 처음에는 자연의 변화를 보고 느끼는 대로 짓도록 하고, 그 다음 단계에는 상황 동영상(예, 스리랑카의 진흙 벽돌을 만드는 아이들, 인도의 돌 깨는 아이들)을 본 후에 하이쿠를 짓게 하고, 나중에는 본인에 관한 '관찰하는 자기' 관점으로 하이쿠를 짓게 하였는데, 한 학기 동안 매주 1편 이상을 지어서 최소한 12편 이상의 하이쿠를 창작하게 하였다. 하이쿠 짓기를 통한 마음챙김과 감정이입 함양 프로그램이 끝나는 14회기(12월 17일) 때에 마음챙김 척도, 수용 행동 질문지, 대인관계반응지수 척도 및 자기자비 척도를 다시 실시하였다.

그리고 이 프로그램에 대한 주관적인 소감문을 작성하게 하였다. 한 학기 동안 하이쿠를 지은 주관적 소감의 예는 다음과 같다. 하이쿠 짓기는 자신과 다양한 대상, 상황에 대한 그 순간의 생각과 느낌, 감정을 집중해서 관찰할 수 있는 스킬을 길러 주었다; 하이쿠 짓기 훈련은 상대방에 대한 관심 증가에 도움이 되며, 자연스럽게 감정이입이 되었다; 자신의 감정을 수용하면 타인의 감정을 수용하는 데 도움이 된다. 하이쿠 짓기는 자신의 마음을 잘 어루만져 주며, 감정이입의 능력을 계발하게 되고, 성장할 수 있게 된다. 하이쿠는 '말을 적게 해도 된다.'라고 마음을 풀어 놓게 하여 이야기를 듣는 아주 절묘한 기법이다. 하이쿠 짓기를 통해 심리적 경직성을 깨닫게 되었고, 심리적으로 유연해지는 것을 느꼈다. 하이쿠 짓기를 통해 감정이입의 증진과 함께 자신을 사랑할 수 있게 되어 감사하다. 하이쿠 짓기는 매 순간순간 느끼는 현재 정서를 그대로 느끼게 해 주는 수행 활동이다. 동영상 다큐멘터리(예, 흙벽돌을 만드는 아이들)를 보고 하이쿠 짓기가 감정이입하는 데 유용하였다; 하이쿠 짓기는 일상의 삶에서 감정이입하는 데 활용될 것 같다. 그래서 하이쿠 짓기는 현재를 마음챙김해 주므로 마음이 차분해지고 밝아지는 느낌을 받는다. 한 학기 동안 자연, 동영상, 자신에 대한 하이쿠를 창작하면서 자신을 보다 세밀하게 관찰할 수 있는 계기가 되었으며, 감정이입 활동을 도와주는 스킬을 갖춰 주어서 진정한 심리치료자가 될 것이다. 하이쿠 짓기는 환자의 평가와 진단에 도움이 될 것이며, 환자의 강점을 발견하게 되고, 또한 따뜻한 임상심리학자가 되는 데 도움이 될 것이다. 이러한 주관적 소감을 요약하면, 하이쿠 짓기는 마음챙김을 하고, 자신과 타인 그리고 상황을 감정이입하는 데 많은 도움이 되며, 또한 자신을 사랑하게 되고, 수용하며, 수행하는 데 활용할 수 있는 절묘한 스킬이라는 질적인 변화를 볼 수 있다는 것이다.

대학원생들이 지은 하이쿠는 자연의 변화, 다큐멘터리 동영상, 그리고 자신에 대한 것이었는데, 몇 편은 다음과 같다:

노란 은행잎
살포시 떨어지네
벅차는 마음

– H. J. M

단풍이 드니
단풍만 보아야지
현재가 선물

– S. C. N.

촉촉한 가랑비
쌀쌀한 아침 기운
그 속의 나

– N. J. Y.

진흙더미 속
벅찬 인생의 무게
그래도 미소

– O. J. E

날이 밝아도
어제와 똑같구나
변화가 올까

– R. M. H.

6살 노동자
양손 가득 흙반죽
꿈조차 사치

– L. K. B

일교차 크고
걱정 또한 커지네

지나가리라

- H. J. M.

내년 봄에는
너와 나 우리 모두
동기야 힘내

- R. M. H.

짧은 기간이지만 대학원생들의 하이쿠 짓기는 처음보다 많은 발전을 하였다. 다음의 하이쿠 등과 비교해 보아도 알 수 있다.

나비 한 마리
절의 종에 내려앉아
졸고 있다

- 부손

넓은 들판을
단 한 입에 삼키네
꿩의 울음

- 야메이

마음챙김은
나의 일상이라네!
물가의 백로

- 손정락

앞의 연구는 하이쿠 짓기가 마음챙김과 감정이입을 함양하는 데 유용할 것이며, 이와 관련된 자기자비와 수용도 함께 증진될 것이라는 목적으로 수행되었다. 그리고 새로운 시도로 하이쿠로 마음챙김을 실습하는 첫 번째 연구로서 이 연구가 수행되었다. 먼저, 양적 분석 결과를 살펴본다. 첫째, 마음챙김이 하이쿠 짓기 프로그램 전보다 후에 증가하였다. 이는 하이쿠가 그 순간의 마음을 스냅 사진과 같이 순간을 잘 포착하는 수단을 제공해 주는 시 형식이기 때문이기도 할 것이다. 하이쿠를 마음챙김하는 도구로 활용할 수 있다는 것이 입증된 것이다. 따라서 앞으로 ACT 프로그램에서도 마음챙김 회기에 하이쿠를 도입하는 계기가 마련될 것으로 보인다.

둘째, 감정이입이 하이쿠 짓기 프로그램 전보다 후에 증가하였다. 이는 창조적 글쓰기, 이야기 글쓰기 접근법이 감정이입을 길러 주고, 감정 표현에 도움이 되며, 치유를 촉진시키는 데 유용하다는 연구들(예, Hojat, 2007; Pennebaker & Segal, 1999; White & Epstein, 1990; Wingard & Lester, 2001)을 지지하는 결과이며, 시 읽기와 쓰기를 통하여 자기 자각, 관점 취하기 및 감정이입을 증진시킬 수 있다는 연구들(예, Furman, 2005; Gair, 2012; Hojat, 2007; White, Perman, Fantone, & Kumagai, 2010)을 지지하고 있다. 또한 하이쿠가 민감성을 증진시키고, 힐링에 도움이 되며, 감정이입을 탐색하는 창조적 글쓰기에도 확장될 수 있을 것이라는 연구들(예, Gair, 2012; Biley & Champney-Smith, 2003; Stephenson, 2009)을 지지하는 결과이다. 이는 특히 하이쿠가 한발 물러서서 관점 취하기를 강조하는 맥락주의 행동과학과도 같은 입장에 있기 때문일 것이다.

셋째, 자기자비가 하이쿠 짓기 프로그램 전보다 후에 증가하였다. 이는 하이쿠가 자신을 들여다보는 자기자각, 관점 취하기, 민감성 증진, 힐링에 도움이 된다는 연구들과도 같은 맥락으로 보이며, 자신을 객관적으로 볼 수 있는 안목이 더 넓어진 것으로 생각된다.

넷째, 수용이 하이쿠 짓기 프로그램 전보다 후에 증가하였다. 이는 하이쿠가 순간을 포착하지만, 영원까지도 내포할 수 있는 시 짓기 자세로 자연과 자신을 받아들이는 하이쿠 전통과 같은 맥락이기도 하다. 수용은 또한 마음챙김과 뗄 수 없는 관계이기도 하기 때문에 하이쿠 짓기로 수용이 증가되었을 것이다.

다음으로, 앞서 언급한 바와 같이, 참가자들이 하이쿠 짓기는 마음챙김을 하고, 자신과 타인 그리고 상황을 감정이입하는 데 많은 도움이 되며, 또한 자신을 사랑하게 되고, 수용하며, 수행하는 데 활용할 수 있는 절묘한 스킬이라고 한 질적 반응은 하이쿠가 앞으로 마음챙김과 감정이입 함양에 적극적으로 활용될 수 있을 것으로 생각된다([그림 11-1] 참조).

이 연구의 의의, 한계점 및 앞으로의 연구를 위한 제언은 다음과 같다. 하이쿠로 마음챙김과 감정이입을 함양하는 데 유용하게 활용할 수 있다는 유의한 결과를 얻었다는 점이 이 연구의 의의로 생각된다. 특히 임상심리학 전공 대학원생들과 마찬가지로

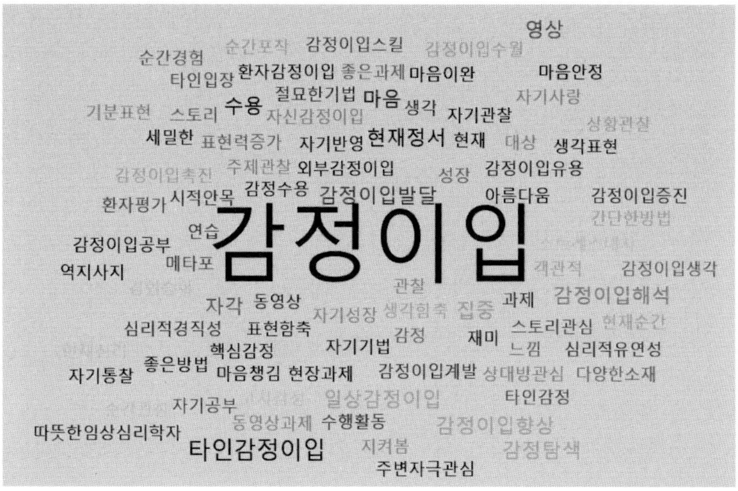

[그림 11-1] 임상심리학 전공 대학원생들의 하이쿠 시 짓기 12회기 후의 질적 반응

환자를 케어하는 데 도움을 주는 다른 관련 전공 학생들의 마음챙김과 감정이입 탐구를 증진시키고 심화시키는 전문 교육에도 유익할 것이다. 그러나 이 연구는 한 학기 동안 연구자와 참가자들의 많은 노력이 있기는 하였지만, 다른 비교 집단과 통제집단이 없는 단일 집단이라는 점과 대학원생들의 졸업 등으로 추적 조사를 하지 못하였다는 점을 들 수 있다. 그렇지만 아주 장기적인 추적으로 이들이 앞으로 하이쿠 짓기 경험으로 마음챙김과 감정이입을 일상에서 그리고 임상 업무에서 보여 주기를 기대해 본다. 끝으로 이 연구는 강의실 기반 연구이지만, 앞으로 다양한 하이쿠 짓기 상황 및 연구 집단 설정, 그리고 추적 조사를 해 볼 필요가 있다.

다음 절에서는 하이쿠 짓기가 마음챙김, 감정이입 및 자비의 함양을 하는 좋은 방법이 될 수 있다는 앞의 결과를 계기로 우리의 시조도 이러한 시도를 해 볼 필요가 있을 것이라는 생각에서 먼저 시조와 하이쿠의 간략한 차이점을 알아보고, 수용전념치료(ACT)에서 시조의 활용 가능성을 시도해 보는 것을 제안하고자 한다.

2) 하이쿠와 시조의 차이—일본과 한국의 문화적 차이

하이쿠는 5-7-5(17음절)의 정형시이고, 시조는 3-4-4-4(15), 3-4-4-4(15), 3-5-4-3(15)(45음절)의 정형시이다. 이렇게 음절의 차이도 있지만, 무엇보다 이 둘의 차이는 여러 가지 면에서 찾아볼 수 있는데(이어령, 2009 참조), 여기서는 몇 가지만을 살펴 본다.

이어령은 하이쿠와 시조를 사물의 시와 관념의 시라고 그 차이점을 찾아냈다. 시조는 어떤 의미를 주기 위해서 이념을 내세우고 논쟁적인 주장과 설복 그리고 교훈적인 가르침을 주려고 할 때, 하이쿠는 단지 어느 한 순간에 일어난 일들을 포착하여 그것을 제시하고 묘사하여 종국에는 어떤 깨달음을 얻어 내려고 한다는 것이다. 주장하는 것이 아니라 깨달음과 발견에 그 주안점을 둔다. 다음의 하이쿠와 시조를 보고 이를 확인해 보자.

마른 가지에
까마귀 앉아 있네
저무는 가을

- 바쇼

이화에 월백하고 은한이 삼경인제
일지 춘심을 자규야 알냐마는
다정도 병인양 하여 잠못 드러 하노라

- 이조년

장경렬(2017)은 하이쿠는 순간에 감지되는 세계를 포착하는 시 형식인데 비해, 시조는 시간의 흐름 속에서 감지되는 세계 또는 인간의 삶을 포착하는 시 형식이라고 하였다. 즉, 시조에는 인간의 이야기가 있다. 이야기의 시작이 있고, 그 이야기의 끝맺음이 있다. 다시 말해, 기승전결이라는 흐름이 있고 시작과 끝이 있다. 따라서 시간의 흐름이 감지된다는 것이다. 반면, 하이쿠는 초월적이고 영원한 세계와 순간의 세계 사이의 접합점이 제시되어 있을 뿐 시간은 감지되지 않는다고 주장하였다. 즉, 하이쿠에는 순간만이 존재하기에 이야기가 없다고 한다. 이를 순간의 예지와 삶의 경륜 사이의 대비로 하이쿠와 시조를 나누는 기준으로 생각해 볼 수도 있다. 또 다른 하이쿠와 시조를 다시 보자.

번갯불이여
어둠 속에 묻히는
해오리 울음

- 바쇼

가노라 삼각산아 다시 보자 한강수야
고국산천을 떠나고자 하랴마는
시절이 하 수상하니 올동말동하여라.

- 김상헌

장경렬(2017)의 하이쿠와 시조에 대한 또 다른 비교를 살펴 보자.

떨어진 꽃잎
가지로 되날아가네
나비로구나.

– 아라키다 모리타케

이몸이 주거주거 一百番 고쳐 주거
白骨이 塵土 되여 넉시라도 잇고 업고
님向 一片丹心이야 가실 줄이 이시랴.

- 정몽주

"무엇보다 우리의 눈길을 끄는 차이는 아라키다 모리타케의 하이쿠가 자연의 한 순간에 대한 관찰의 시선을 담고 있다면, 정몽주(鄭夢周, 1338~1392)의 시조는 인간사의 난제(難題)에 직면하여 자세를 가다듬는 한 인간의 모습을 보여 주고 있다는 점이다. … 주목하고자 하는 것은 시조의 경우 비록 인간사가 아닌 자연을 노래하더라도 '순연히 자연을 그린 게 거의 없다.'라는 김윤식의 지적이다. 즉, 시조 시인의 눈길이 향하고 있는 것은 '인간적인, 너무도 인간적인 인간의 현실'이다. 한편 전자의 경우, 시인의 눈길은 순연히 자연의 한 순간을 향하고 있다. 시인의 의식 안에서는 있는 그대로 떨어진 꽃잎과 나비의 날개가 언뜻 하나로 겹쳐졌다가 다시 나뉜다. 바로 이 절묘한 인식의 순간을 간명한 언어로 시화(詩化)하고 있는 앞의 하이쿠에서 우리가 감지할 수 있는 것은 인간의 시간이 아닌 자연의 시간이다. 하지만 자연이란 시간을 초월하여 존재하는 것이 아닌가. 비록 시간을 초월하여 존재하는 영원한 것이 자연이지만 자연도 나름의 시간성을 지니고 있음을 부정할 수 없거니와, 그 예 가운데 하나가 바로 계절의 변화로 요약되는 영원회귀의 시간성이다. 봄을 암시하는 자연의 시간 안에서 시인은 자연이 일깨우는 찰나적 깨달음에 이르고 있는 것이다. 어찌 보면 수많은 하이쿠 작품이 증명하듯, 하이쿠란 인간의 시간 저편에 존재하는 초월적 세계를 향한 시인의 초월적 인식과 감성을 담기 위한 정형시 형식이라 할 수 있다.

여기서 우리는 세계에 대한 찰나적 이해와 깨달음을 담고 있는 것이 하이쿠라면, 인간의 현실에 대한 인간의 현실적 이해와 깨달음을 담고 있는 것이 시조라는 정리에 이를 수도 있다."(장경렬, 2017)

앞에서 언급한 바와 같이, 하이쿠와 시조는 여러 면에서 다르며, 이는 일본과 한국의 역사와 문화의 차이가 반영되어 있을 것이다. 그런데 역사와 문화도 변화하는 것처럼, 그에 따라 하이쿠와 시조도 변화되어 오는 것을 감지할 수 있다. 즉, 하이쿠는 이데올로기의 영향을 받고 있는 반면에, 관념적인 시조도 사설시조를 거쳐 오면서 현대에 와서는 자연을 그대로 그리는 듯한 시조로 변화하는 측면도 발견하게 된다.

3) 시조 짓기를 수용전념치료(ACT)에 활용하기

시조는 우선 초장(15음절), 중장(15음절), 종장(15음절)으로 하이쿠의 5-7-5와 그 길이 면에서 엄청나게 길어 보이는 것이 사실이다. 그리고 길이도 길이이지만, 하이쿠의 병치 기법과는 달리 매우 관념적이며 인지적인 측면이 있기 때문에 창작이 매우 어려운 것이 사실이다. 이에 비해, 하이쿠는 순간의 직관을 짧은 몇 마디 음절로 짓는 것이기 때문에 어렵다면 한없이 어려운 것이 하이쿠 창작이지만, 쉽사리 접근해서 시도해 보기가 용이한 것도 사실이다. 그래서 하이쿠가 일본의 대중뿐만이 아니라 전 세계 60 여 국가에서 자국어로 하이쿠를 짓는 대중화가 가능하였을 것으로 본다.

그래서 시조도 하이쿠처럼 단순미를 살려서 이를 인지적인 접근보다는 감성적인 접근으로 시도해 보면 어떨까 하는 생각이 든다. 그리고 현대에 와서 시조도 형식이나 표현 면에서 변화가 보이는 것이 사실이기 때문에 쉽게 접근하는 방법도 이제는 시도해 보아도 좋을 시점이 된 것으로 보인다. 또한 시조는 한국인에게 익숙한 세 음절, 네 음절로 주로 구성되어 있으니, 기승전결보다는 초중종을 더 마음에 두는 기법이면 어떨까 하는 생각이 든다. 유재영(2001)의 시조 〈이 순간〉을 보자.

이 순간

덩굴손
긴 봄날이
흘림체로
쓰여지고
뻐꾸기
울음소리에
번져 가는
푸른 적막
못 이룬
지상의
꿈이
메꽃으로
지고 있다.

시조의 모든 형식을 그대로 간직하고 있지만 자연의 아름다움을 그대로 보는 자세가 드러나 있다. 유재영의 시조집에는 『절반의 고요: 유재영 시조집』(2009), 『변성기의 아침』(2013), 『느티나무 비명: 유재영 시조집』(2014)이 있으니, 참조하면 좋을 듯 하다. 윤금초, 박시교, 이우걸 및 유재영의 시조집 『네 사람의 노래』(2012)도 있다.

그러므로 이와 같이 시조를 마음챙김이나 수용의 방법으로 활용하는 것도 충분히 가능할 것이다. 물론 이에 따른 기법적인 기술 개발도 필요할 것이다. 시조를 하이쿠만큼이나 쉽사리 접근해 나가는 길은 그리 쉽지만은 아닐 것이기 때문이다. 그렇지만 현대 시조에는 하이쿠의 순간에 대한 포착에 더해 시간의 흐름까지 초중종 어딘가에서 엿보게 할 수 있는 장점을 살릴 수도 있는 이점이 있다고도 생각된다.

우리에게 익숙한 시조는 다음과 같을 수도 있다. 이러한 시조에서 현대적인 시조 짓기의 힌트를 얻을 수도 있다고 생각된다.

태산이 높다 하되 하늘 아래 뫼히로다
오르고 또 오르면 못 오를리 없건마는
사람이 제 아니 오르고 뫼만 높다 하더라.

\- 양사언

태산이 높다 하여도 하늘 아래 뫼히로다
하해(河海) 깊다 하여도 따 우에 므리로다
아마도 높고 깊을 손 성은(聖恩)인가 하노라.

\- 김술

창(窓) 내고자 창 내고자 이내 가슴에 창 내고쟈
고모장지 셰살장지 들장지 열자지에 암도져귀 수돌져귀
매목걸새 크나 큰 장도리로 뚝딱 바가 이 내가슴에 창 내고쟈
잇다감 하 답답할 제면 여다져 볼까 하노라.

\- 사설시조

탄노가(嘆老歌)
한 손에 막대 잡고 또 한 손에 가시 쥐고
늙는 길 가시로 막고 오는 백발 막대로 치려
터니 백발이 제 먼저 알고 지름길로 오더라.

\- 우탁(1263~1343)

하여가(何如歌)
이런들 어떠하며 저런들 어떠하리
만수산 드렁칡이 얽어진들 어떠하리
우리도 이같이 얽혀져
백년까지 누려 보세.

\- 이방원(1371~1422)

단심가(丹心歌)
이 몸이 죽고 죽어 일백 번 고쳐 죽어
백골이 진토되어 넋이라도 있고 없고
님 향한 일편단심 가실 줄이 있으랴.

- 포은 정몽주(1337~1392)

백설이 자자진 골에 구름이 머흐레라
반가운 매화는 어느 곳에 피었는고
석양에 홀로 서서 갈 곳 몰라 하노라.

- 목은 이색(1328~1396)

회고가(懷古歌)
오백 년 도읍지를 필마로 도랐드니
산천은 의구한데 인걸은 간데 없네
어즈버 태평연월이 꿈이련가 하노라.

- 야은 길재(1353~1419)

가마귀 싸우는 골에 백로야 가지 마라
성낸 가마귀 흰 빛을 새오나니
창파에 조히 씻은 몸을 더럽힐까 하노라.

- 이 씨(정몽주의 어머니)

가마귀 검다 하고 백로야 웃지 마라
겉이 검은들 속조차 검을소냐
겉 희고 속 검은 이는 너 뿐인가 하노라.

- 이직(1362~1431)

강호에 봄이 드니 이 몸이 일이하다
나는 그물 깁고 아희는 밭을 가니
뒤뫼에 엄 긴 약초를 언제 캐려 하나니.

- 황희(1363~1452)

가노라 삼각산아 다시 보자 한강수야
고국산천을 떠나고자 하랴마는
세월이 하 수상하니 올동말동하여라.

- 김상헌(1570~1652)

동창이 밝았느냐 노고지리 우지진다
소칠 아이는 여태 아니 이렇느냐
재 너머 사래 긴 밭을 언제 갈려 하나니.

- 남구만(1629~1711)

꽃은 무슨 일로 피면서 쉬이 지고
풀은 어이하야 푸르는 듯 누르나니
아마도 변치 않을손 바위 뿐인가 하노라.

- 윤선도(1587~1671)

자네 집에 술 익거던 부디 날 부르시소
내 집에 술 익거던 나도 자네 청하옵세
백년 덧 시름 잊을 일을 의논코자 하노라.

- 김육(1580~1658)

술을 취케 먹고 둥글게 앉았으니
억만 시름이 가노라 하직한다
아이야 잔 가득 부어라 시름 전송하리라.

- 정태화(1602~1673)

붕우가(朋友歌)
마음이 지척이면 천리라도 지척이오
마음이 천리오면 지척이라도 천리로다
우리는 각재 천리오나 지척인가 하노라.

- 작자 미상

처세가(處世歌)
들은 말 즉시 잊고 본 일도 못 본 듯이
내 인사 이러하매 남의 시비 모르로다
다만 손이 성하니 잔 잡기만 하노라.

- 송인(1517~1854)

청산도 절로절로 녹수도 절로절로
산 절로 수 절로 산수 간에 나도 절로
이 중에 절로 자란 몸이 늙기도 절로절로

- 김인후(1510~1560)

송림에 눈이 오니 가지마다 꽃이로다
한 가지 꺾어 내어 님 계신 데 보내고져
님이 보신 후에야 녹아진들 어떠리.

- 정철(1536~1593)

옥에 흙이 묻어 길가에 버렸으니
오는 이 가는 이 흙이라 하는고야
두어라 알이 있을지니 흙인 듯이 있거라

- 윤두서(1668~1715)

오륜가(五倫歌)
아버님 날 낳으시고 어머님 날 기르시니
부모옷 아니시면 내 몸이 없으렸다
이 덕을 갚으려니 하늘 끝이 없으리.

- 주세붕(1495~1570)

청산리 벽계수야 수이감을 자랑 마라
일도 창해하면 다시 오기 어려워라
명월이 만공산 하니 쉬어간들 엇더리.

- 황진이

산은 옛 산이로되 물은 옛 물이 아니로다
주야에 흐르거든 옛 물이 있을소냐
인걸도 물과 같아야 가고 아니 오노매라

- 황진이

앞의 시조들과 좀 더 현대적인 시조에서도 변화해 가는 맥락을 정완영(2010)의 시조 〈반만 보고 반만 듣고〉와 〈꽃과 물이 한 세상〉, 유재영(2001)의 시조 〈둑방길-햇빛시간•4〉와 〈여울목 한나절〉, 그리고 윤현자의 시조 〈조약돌〉을 음미해 보고 또 생각해 보자.

반만 보고 반만 듣고

세상사 보기 싫거든 반만 보고, 먼 산 보고
인간사 듣기 싫거든 반만 듣고, 구름 보고
그렇게 살다가 갈거나, 반만 보고, 반만 듣고

꽃과 물이 한 세상

유채꽃이 바다에 들면 바닷물이 꽃밭 되고
바닷물이 꽃밭에 오르면 유채밭도 바다일세
이 저승 따로 없어라 꽃과 물이 한 세상

둑방길-햇빛시간•4

어린 염소
등 가려운
여우비도
지났다

목이 긴
메아리가
자맥질을
하는 곳

마알간
꽃대궁들이
물빛으로
흔들리고

부리 긴 물총새가
느낌표로
물고 가는

피라미
은빛 비린내
문득 번진
둑방길

어머니
마른 손 같은
조팝꽃이
한창이다

여울목 한나절

허리 가는 바람이 자꾸만 간지러워
뿔대 말간 달팽이 천천히 옮겨 가고
장다리 푸른 꽃대엔 봄을 물고 앉은 새
낮달도 풀물이 든 여울목 한나절은
피부 하얀 햇빛들이 레이스를 짜고 있다
호밀밭 지나서 오는 메아리고 은빛이다

조약돌

달각달각 구르다가
동글동글 맴돌다가

매몰찬 동댕이에도
또록또록 눈을 뜨고

쪼매한
몸뚱아리를
다시 곧추 세운다.

지나온 골목골목
눈물만 있었으랴.

날 선 각을 벼리고
모난 구석 궁글리는 동안
파도도
지우지 못한
원 하나를 품었다.

2. ACT 육각형을 위한 메타포의 발견, 활용 및 창조

은유는 논리보다 힘이 세다

RFT에 근거를 두고 여섯 가지 핵심 치료 과정의 각각을 이해하면, 누구라도 ACT와 일관된 은유와 체험 연습을 창조할 수 있다. 내담자와 치료자가 공동으로 맞춤식 은유와 체험 연습 재료를 창조해 볼 필요가 있다. 자신만의 독특하고 개인적인 은유와 체험 연습을 개발하고, 나아가서 공유하면 더욱더 효과적인 ACT가 될 것이다. 이것이 또한 ACT의 장점이라고 할 수 있다. 이 책을 저술하는 의의는 이러한 ACT의 장점을 문화적 맥락을 충분히 고려하고, 다양한 새로운 방법을 모색하면서 ACT에서 관계 틀 관점으로 은유를 지금 여기에서 더욱 앞으로 나아가게 하는 것이라고 생각된다.

이 절은 임상심리학 전공 대학원생들에게 한 학기 동안 ACT 강의와 실습을 하고, ACT 육각형을 위한 메타포를 문화권 별로 적용해 보게 하고, 자신의 하이쿠를 창작하는 과정의 결과를 살펴본 것이다.

1) ACT 육각형을 위한 메타포(인도)와 하이쿠 창작 (J. H. Kwon, 2016. 6. 27. Personal Communication)

(1) 수용

바가반께서는 종종 자기 그림자를 구덩이에 파묻으려고 애쓴 한 사나이의 이야기를 하셨습니다. 이 사람은 구덩이 하나를 파고 나서 자기 그림자가 방금 판 구덩이 바닥에 비치도록 그 가장자리에 섰습니다. 그림자를 이렇게 맞춘 다음 그는 그림자를 묻으려고 그 위에 흙을 던지기 시작했습니다. 물론 아무리 많은 흙을 구덩이에 던져도 그림자는 여전히 바닥 위에 그대로 있었지요.

그대의 마음은 실체가 없는 하나의 그림자이며, 그대가 어디로 가든 그대 곁을 따라올 것입니다. 그것을 없애거나 제어하려고 노력한다고 하더라도, 그대가 여전히 마음을 실재한다고 여기면서 물리적이거나 정신적인 활동으로 그것을 제어할 수 있으리라고 믿는 한, 성공할 수 없습니다.

- 스리 안나말라이 스와미

사각형의 큰 물탱크, 바로 그 옆에 빨래를 들어올렸다 내리쳐 빠는 돌 빨래판, 그리고 알루미늄으로 된 원통형의 작은 탈수기가 있는 빨래터. 이런 빨래터가 다닥다닥 붙어 있는 인도 뭄바이의 공동세탁장에서 불가촉천민 계급에 속하는 세탁부인 도비(dhobi)들이 빨랫감을 모아다가 세탁을 하고 있다. 빨래터의 여건은 열악하고 그들의 고통은 고돼 보인다. 그러나 그들이 고된 노동의 대가로 얻는 소득은 아주 적다. 이곳을 취재하던 리포터가 아버지 옆에서 일을 돕고 있는 어린 소년에게 다가가 묻는다.

"너는 커서 무엇이 되고 싶니?"

아이는 수줍은 듯 웃기만 할 뿐 말이 없다. 리포터가 다시 묻는다.

"변호사나 교수가 되고 싶니?"

미소를 지으며 또 고개만 젓는다.

"그럼 영화배우나 스포츠 스타가 되고 싶니?"

여전히 소년은 고개를 젓는다.

"그럼 도비가 될 거니?"

그 아이는 얼굴에 미소를 가득 띄우며 그때서야 고개를 끄덕인다.

- 인도 관련 다큐멘터리의 한 장면

어둠이 없으면 빛을 느낄 수가 없다.

불행이 없으면 행복을 알 수가 없다.

'악'을 앎으로써 우리는 '선'을 알 수가 있다.

껍질이 있기 때문에 망고 열매는 자라고 무르익게 되는 것이다. 그리하여 열매가 다 익어 먹을 수 있게 되면 껍질은 벗겨져 버려진다. 껍질은 더이상 필요치 않기 때문이다.

무지의 이 껍질이 있기 때문에, 즉 마야(환영)의 이 껍질이 있기 때문에 오히려 신에 대한 지혜가 자라는 것이다. 그러므로 '비드야; 지혜'와 '아비드야; 무지' 이 두 개의 마야는 망고의 껍질과 같은 것으로 지금의 우리에게는 둘 다 필요한 것이다.

- 라마크리슈나

(2) 인지적 탈융합

뱀과 밧줄의 비유

그대가 땅에 있는 한 토막의 밧줄을 뱀으로 오인하면, 그 뱀은 그대의 마음속에 하나의 관념으로서 존재할 뿐입니다. 그 관념은 그대에게 많은 걱정과 두려움을 야기할 수 있고, 그대는 뱀을 피해야 하나 죽여야 하나 궁리하느라고 많은 정신적 기력을 낭비할 수도 있습니다. 그러나 이 사실은 남습니다. 즉, 그대의 상상 밖에서는 뱀이란 존재하지 않는다는 것이지요. 뱀이라는 그대의 거짓된 관념이 덧씌워지는 바탕인 그 밧줄을 바로 보게 되면 뱀이 한 마리 있고, 그것이 실재한다고 하는 관념은 일순간에 사라집니다. 사라진 것은 진짜 뱀이 아니라 그릇된 관념뿐입니다.

야다브 족의 조상인 야두가 한 학식 있는 젊은이를 만나 그에게 이 모든 것을 어디서 배웠고, 구루(영적인 안내자)는 누구냐고 물었다. 이에 젊은이가 이렇게 대답했다.

"꼭 어떤 특정한 구루가 필요한 것은 아닙니다. 땅을 보세요. 땅은 모든 생명체의 발자국으로 계속해서 상처를 받지만 그들 모두를 용서합니다. 이런 땅에게서 용서하는 법을 배울 수 있습니다. 공기를 보세요. 공기는 모든 살아 있는 것들을 생명으로 채워주면서도 누구에게도 집착하지 않습니다. 공기에게서 집착하지 않는 법을 배울 수 있습니다.

하늘을 보세요. 하늘은 구름이 가로질러 움직이지만 그것으로 방해받지는 않습니다. 하늘에게서 아트만(인간의 본질인 진정한 자아)은 우리의 감각이 만들어 내는 변화무쌍한 감정으로도 자극받지 않는다는 것을 배울 수 있습니다. 물을 보세요. 물은 모든 것을 깨끗이 해 줍니다. 물에게서 정화의 덕을 배울 수 있습니다.

불을 보세요. 그것은 너무도 많은 다른 형태를 취합니다. 불처럼 빠람 아트만(우주의 근원인 우주적 자아)도 여러 형태를 취할 수 있다는 것을 배울 수 있습니다. 달을 보세요. 달은 찼다가 기우는 것으로 보입니다. 하지만 어떤 것도 실제로 일어나는 것은 아닙니다. 아트만에게는 어떤 것도 발생하지 않는다는 것을 달에게서 배울 수 있습니다.

우리를 잘못된 길로 이끄는 이 모든 나타남은 모두 환영(마야)입니다. 태양을 보세요. 여름에는 물을 거두어 갔다가 우기에는 되돌려 줍니다. 태양처럼 학식 있는 이는 감각을 만족시키는 것을 버리고 그것을 지니지 않습니다."

– Bhagavata Purana, Debroy et al., 2000: 114–115

미친 코끼리

어느 숲 속에 성자 한 분이 살고 있었다. 성자는 어느 날 제자들에게 말했다.

"이 모든 것 속에 신이 있다. 그러므로 너희는 이 말을 깊이 새겨 듣고, 이 모든 것에게 존경심을 갖도록 해야 한다."

어느 날 제자 한 사람이 숲 속으로 들어갔다. 나무를 하기 위해서였다. 마침 그때 고함소리가 들려왔다.

"도망쳐라, 미친 코끼리이다."

이 고함소리를 듣고 주위에 있던 사람들은 모두 피해 버렸으나 그 제자만은 피하지 않고 거기 그대로 서 있었다.

'저 미친 코끼리 속에도 신이 있는데 어째서 피한단 말인가.'

그는 이렇게 생각하며 길 복판에 서 있었다. 그리고 두 손을 모으고 미친 코끼리 속의 신을 찬양하기 시작했다. 코끼리 몰이는 "어서 비켜라."라고 고함을 지르며 달려오고 있었다. 미친 코끼리는 그를 향하여 무서운 속도로 달려왔다. 그래도 그는 계속해서 길 복판에서 있었다. 미친 코끼리는 길 복판에 서 있는 그를 집어 올려 길바닥에 사정없이 내동댕이쳐 버렸다. 그는 의식을 잃은 채 쓰러져 버렸다.

이 소식을 들은 성자는 그를 급히 데리고 와 치료를 했다. 다행히 상처는 그리 깊지 않았다. 의식을 차린 그에게 한 친구가 물었다.

"미친 코끼리가 온다는데 자네는 왜 도망치지 않고 그대로 있었는가?"

그는 말했다.

"선생님께서는 이 모든 것 속에 신이 있다고 말했다네. 그래서 나는 그 미친 코끼리 속에 있는 신을 찬양하기 위하여 그대로 서 있었던 거라네. 그러다가 그만 이 변을 당하고 말았다네."

이 말을 들은 성자는 말했다.

"그대 말이 옳다. 저 미친 코끼리 속에도 신이 있는 것은 사실이다. 코끼리 몰이를 하는 사람의 가슴 속에도 신이 있다. 그 사람의 가슴 속에 있는 신께서 '위험하다, 비켜라.'라고 말하지 않았는가. 세상 모든 것 속에 신이 있다면, 어째서 그 코끼리 몰이(속에 있는 신)의 말을 듣지 않았는가. 코끼리 몰이 속에 있는 신의 말을 당연히 들었어야 하지 않았는가."

- 라마크 리슈나

카멜레온 이야기

어떤 사내가 숲에 가서 나무에 앉아 있는 카멜레온을 보았다. 그는 친구에게 말했다.

"나는 숲 속에서 빨간 도마뱀을 보았다."

그는 카멜레온은 붉은색 이외의 빛깔은 있을 수 없다고 확신하고 있었다. 그러자 사내의 친구는 그 나무가 있는 곳으로 가 보고는 이렇게 말했다.

"아냐, 그 도마뱀은 푸른색이야."

이렇게 하여 사내와 친구는 오랫동안 말다툼을 벌였는데, 옆에서 이 말다툼을 듣고 있던 다른 사내가 이렇게 말했다.

"나는 여러 해 동안 그 나무 아래서 살고 있습니다만 당신 두 사람의 말은 어느 쪽이나 모두 사실입니다. 그 카멜레온이란 놈은 몸 빛깔이 시시각각 변합니다. 어떤 때에는 빨개졌다가, 또 어느 때에는 파래지기도 하며, 또 어느 때에는 노랗게 변하는가 하면 보라색이 될 때도 있습니다. 그런가 하면 몸 빛깔이 아주 없어져 버릴 때도 있습니다."

(3) 현재-순간 자각

질문자: 그대가 사무실에서 일하고 있는데 그대의 집에 불이 났다는 전화를 받았다면, 그대는 어떻게 할 것인가?

슈리푼자: 집으로 당장 달려갈 것입니다.

질문자: 좋다. 달려가는데 한 친구가 "우리 레스토랑에 가자."라고 말한다. 그대는 어떻게 할 것인가?

슈리푼자: 저는 집으로 갈 것입니다.

질문자: 집으로 간다! 그래, 왜 그래야 하는가? 왜냐하면 그대의 집에 불이 났기 때문이다. 그대는 먼저 집을 돌보아야 한다. 그렇지? 그대는 그날 음식조차도 못 먹을 수 있다. 그렇지? 그대는 점심을 먹는 것도 잊을 수 있다. 그대는 길에 보이는 친구들조차 잊을 것이다. 이것처럼 그대는 의식을 보기 위해 나에게로 왔다. 그렇지?

좋다. 과거나 미래에 대해서는 생각하지 마라. 과거는 묘지이다. 그곳은 사무실이다. 그러므로 그대는 자신의 집을 향해 달려가고 있다. 과거에 대하여 생각하지 않는다면, 미래에 대하여도 생각할 수 없다. 미래를 생각하려면, 그대는 과거 속에 서야 한다. 그러므로 과거와 미래가 마음 내에 있지 않도록 하라. 마음은 오직 과거와 미래이다. 그러므로 이제 생각하지 마라. 됐는가? 단지 수초 동안만 그렇게 해 보라. 나는 그대의 삶 중에서 단지 수초만을 원한다.

아무런 생각이 없도록 하라. 아무런 과거도 없고, 아무런 미래도 없도록 하라. 지금 나에게 말해라. "그대는 누구인가?" 이 생각 없음 속에서 그대는 의식을 마주하고 있다.

아버지가 아들에게 말했다. "이 물에 소금을 담그고 내일 아침에 오너라." 아들은 그대로 했다. 아침이 되자 아버지는 아들 슈베타케투에게 말했다. "네가 어젯밤에 물에 담근 소금을 꺼내 오거라." 아들은 완전히 녹아 버린 소금물에서 소금을 찾을 수 없었다. "이 한쪽 끝에 있는 물 표면의 맛을 조금 보거라. 어떠냐?" 하고 아버지가 물었다. "짭니다." 아들이 대답했다. "이제 물 가운데 표면의 맛을 조금 보거라. 어떠냐?" "짭니다." "이제 물 반대쪽 끝 표면의 맛을 조금 보거라. 어떠냐?" "짭니다." "그러면 이제 물을 버리고 내게 오거라." 아버지의 말씀에 따라 아들은 그대로 했고, 눈에 보이지 않아도 소금은 항상 그대로 있음을 알았다.

아버지가 말했다. "아들아, 실로 순수의 존재가 여기 있어도 너는 알지 못했구나. 실로 그 존재는 여기에 있다. 만물의 근원인 그 미세한 존재를 세상 만물이 아트만으로 삼고 있다. 그 존재는 진리이다. 그 존재는 아트만이다. 그것이 바로 너다, 슈베타케투야."

(『찬도기야 우파니샤드』, VI. 13, pp. 1-3)

호마새 이야기

하늘 아득히 높은 곳에 호마새가 살고 있다. 호마새는 높은 하늘에서 알을 낳는다. 그러면 그 알은 밑으로 떨어지기 시작한다. 너무나 높은 곳이어서 알은 며칠을 계속 떨어진다. 떨어지는 도중에 알이 갈라지며 새끼가 나온다. 떨어지면서 새끼는 눈을 뜨고 날개도 돋아난다. 눈을 뜬 새끼는 자신이 땅으로 떨어지고 있다는 것을 깨닫는다. 또한 떨어져 땅에 닿는 순간 박살이 난다는 것도 안다. 그 순간 새끼는 곧 방향을 바꿔 어미새가 있는 곳을 향해 온 힘을 다하여 올라간다.

- 라마크 리슈나

(4) 맥락으로서의 자기

만일 그대가 진아라면 어떤 운명도 그대에게 영향을 주지 않을 것입니다. 그대가 셔츠를 찢는다고 그대도 같이 찢어집니까? 아니지요. 그대가 아닌 어떤 것에 어떤 일이 일어난 것입니다. 그와 마찬가지로 몸과 마음은 금생으로 넘어온(과거의) 업에 따라 쾌락, 행복, 불행 따위를 경험할 것입니다. 그러나 진아에게는 집착도 없고, 초연함도 없고, 행복도 불행도 없고, 아무런 업도 없습니다. 육신은 진아가 아니며, 마음은 진아가 아닙니다. 진정한 '나'가 진아입니다. 그리고 진아에는 어떤 일도 일어나지 않으며, 어떤 것도 진아에 영향을 주지 못합니다.

생각의 잠재력이 그대에게 남아 있는 한 생각들은 일어날 것입니다. 좋은 생각들, 나쁜 생각들—그런 식으로 계속 일어나겠지요. 그대가 이 흐름을 막을 방도는 없지만, 그렇다고 해서 이 생각들의 흐름이 문제가 되어야 할 필요도 없습니다. 진아가 되십시오. 그러면 무엇이 오든 상관없을 것입니다.

- 스리 안나말라이 스와미

바다 표면에는 파도들이 있습니다. 그러나 우리가 깊이 잠수하면 아무 파도도 없고 고요만이 있습니다. 나무 꼭대기의 잎과 가지들은 (바람에) 흔들리지만 나무 줄기는 결코 흔들리지 않습니다. 마찬가지로, 비록 마음은 여러 가지 생각을 하고 있을지라도 자기 자신의 진아는 고요히 머무릅니다. 이 진리를 깨달으면 진아의 평안이 결코 흐트러지지 않을 것입니다.

- 스리 안나말라이 스와미

지혜로운 이의 명상은 물과 같다. 위도 아래도 끝없는 물일 뿐, 처음도 끝도 없는 물의 흐름일 뿐. 그러나 이 끝없는 물속에서 명상가는 고기처럼 헤엄치고 있다. 가야 할 곳도 이르러야 할 목적지도 없이 여기 오직 물, 물이 있을 뿐.

이 물속에 유리병 한 개가 떠 있다. 병의 밖에는 물이요, 병의 안에도 물일 뿐. 물, 물, 오직 물이 있을 뿐. 지혜로운 이는 깨닫는다. 병 속의 물(나)과 병 밖의 물(신)은 둘이 아니라는 것을.

그렇다면 이 물병은 무엇인가. 이 병이 있음으로 해서 물이 둘로 나뉘어졌다. 이 병이 있음으로 해서 '나'(아트만)가 존재하게 되었다. 그러나 병을 없애면, 즉 '나'를 없애면 '나'를 말할 입마저 없게 된다.

저 무한의 하늘의 새여, 마음껏 나래를 펴라. 명상이여, 무한 끝까지 가라.

순수의식의 하늘에 아트만의 새여, 무한히 날개를 펴라.

- 라마크리슈나

우리의 본래 모습인 참된 자기는 어느 것에도 영향을 받지 않는다. 그 속에는 지혜(비드야)도 있고, 무지(아비드야)도 있으나 이 참된 자기는 그 어느 쪽에도 영향을 받지 않는다.

공기 속에서는 좋은 향기가 나기도 하고, 나쁜 냄새가 나기도 한다. 그러나 공기 그 자체에는 그 어느 쪽에도 영향을 받지 않는다. 좋은 향기와 나쁜 냄새에 조금도 오염되지 않는다.

- 라마크리슈나

(5) 가치

제자리에서 뺑뺑 돌면서 놀고 있는 아이는 그렇게 뺑뺑 돌면 곧 어지러워서 넘어지겠지만, 만약 그 아이가 자기 팔 길이에 있는 기둥 하나를 꽉 붙잡고 뺑뺑 돈다면, 기둥을 잡고 있기 때문에 자세가 곧게 유지되어 넘어지지 않겠지요. 윤회계라고 하는 이 어지럽게 뺑뺑 돌아가는 세계에서도 그대가 진아라는 기둥을 꽉 붙들면, 자세를 곧게 유지할 수 있어서 넘어지지 않을 것입니다.

- 스리 안나말라이 스와미

이 세상일에 묶인 사람들, 그들은 마치 누에고치와 같다. 그럴 마음만 있다면 얼마든지 밖으로 나올 수 있는데도 불구하고, 애써 만든 자신의 집을 누에는 뚫고 나오려고 하지 않는다. 그래서 결국 누에고치는 그 속에서 생을 마치고 만다.

- 라마크리슈나

나의 스승은 생애의 절반은 영성의 획득을 위해서, 나머지 세월은 그것을 펴기 위해서 소비했습니다.

우리나라 사람들은 종교의 교사나 산야 신을 찾아가는 데 관해서, 이곳의 여러분이 지닌 것과 같은 습관을 지니고 있지는 않습니다. 누군가가 뭔가에 관해서 그에게 묻기 위해서 찾아오는 것입니다. 어떤 자는 단 한 가지의 질문을 하기 위해서, 그에게서 한 마디를 듣기 위해서 수백 마일을 걸어서 찾아옵니다.

"나의 구원을 위해서 부디 한 말씀만 들려주십시오."

이같이 그들이 찾아오는 것입니다. 그들은 그가 있다고 들은 장소에 무례하게 찾아 몰려옵니다. 그는 나무 밑에서 발견될지도 모릅니다. 그들은 질문을 합니다. 최초의 한 무리가 아직 떠나기 전에 다음 사람들이 도착해 있습니다. 그 때문에 만약 그 사람이 매우 존경받고 있다면, 그는 밤도 낮도 쉴 수가 없고 끊임없이 얘기를 계속하지 않으면 안 됩니다.

이와 같이 스승한테로 사람들은 떼 지어 찾아왔습니다. 그래서 그는 하루 24시간 중 20시간씩 몇 개월이고 그 무서운 긴장 때문에 결국 건강이 악화될 때까지 얘기를 계속했습니다. 인류에 대한 그의 강렬한 사랑은 그의 도움을 구해 찾아오는 몇 천 사람 중의 가장 비천한 사람들을 돕기를 거부하는 일조차도 그에게 허락하지 않았던 것입니다.

이러하여 그의 목구멍에 치명적인 병(후두암)이 나타나기 시작했습니다. 그래도 그는 이 노력을 그만둘 줄 몰랐습니다. 사람들이 면회를 요구하고 있는 소리가 들리면 언제든 들여보내라고 하여 그들의 질문 전부에 대답하는 것이었습니다. 몸도 생각하라는 충고를 받으면 그는 이렇게 대답했습니다.

"나는 한 사람을 돕기 위해서 이 육체를 헌신짝처럼 버린다고 해도 아깝게는 생각지 않아. 단 한 사람이라도 구제하는 것은 위대한 일이니까."

그에게 휴식은 조금도 없었습니다. 그는 밤이고 낮이고 쉴 새 없이 사람들에게 설법을 계속했습니다. 그래서 그의 육체는 머지않아 죽게 될 것이라는 소문이 퍼졌습니다. 그러자 전보다도 더 많은 사람이 떼 지어 몰려들기 시작했습니다.

- 라마크리슈나

(6) 전념 행동

할다르의 연못

예전에 내가 사마디에 들었을 때, 고향에 있는 할다르 연못이 보였다. 그 연못에서 한 농부가 물풀을 헤치고는 손바닥으로 그 물풀 밑의 물을 떠서 몇 번이고 쳐다보고 있었다. 그 순간 나는 '물풀을 헤치지 않으면 물은 보이지 않는다.'는 것을 깨달았다. 즉, 무엇인가 일(행동)을 하지 않으면 신을 깨달을 수가 없음을 암시하는 순간이었다.

- 라마크리슈나

바자(시장)

단지 책을 읽는 것만으로 무엇을 알 수 있단 말인가. 직접 실행에 옮겨 경험해야 한다. 바자(시장)에 도착하기 전에는 멀리서 와~ 와~ 웅성거리는 소리만 들릴 뿐이다. 그러나 바자가 가까워지면 이야기는 전혀 다르다. 무슨 소리이든 똑똑히 들을 수 있고, 또 무엇이든 분명히 볼 수 있다. "바나나 열 개만 주세요." "네, 알았습니다." 이런 식으로 모든 것을 들을 수 있고 또 볼 수가 있다.

- 라마크리슈나

버터를 만들 때에는 사람이 없는 조용한 곳에서 응어리진 우유를 굳혀야 한다. 우유를 흔들거나 움직이면 잘 굳지 않기 때문이다. 그 후 다른 일을 모두 밀어 두고 혼자 조용한 곳에 앉아 천천히 그 응결된 우유를 저어 가며 골고루 섞는다. 그렇게 해서 버터가 만들어지는 것이다.

강은 바다에 도달할 때까지는 계속 흘러가야 하지만, 바다에 도착하면 그것은 바다가 되고 흐름은 멈춥니다. 강물은 원래 바다에서 왔습니다. 흘러가면서 그것은 단지 자신의 근원으로 돌아가고 있을 뿐입니다. 명상을 하거나 수행을 할 때, 그대는 자신이 온 근원으로 도로 흘러가는 것입니다. 그 근원에 그대가 도달하고 나면, 존재하는 모든 것—세계, 신, 마음—이 하나라는 것을 발견합니다. 어떤 차이나 구별도 거기서는 일어나지 않습니다.

- 스리 안나말라이 스와미

ACT 통해
눈앞의 손 내리니
스미는 평온

한 학기 동안 ACT를 배우며 어떤 생각이든, 심지어 긍정적인 말일지라도 눈앞에 가까이 가져다 대고 이 문제를 없애는 데, 혹은 잘 수행하는 데 급급해 한다면 융합된 사고, 경직된 사고를 하게 된다는 것을 알게 되었다. 이러한 눈앞을 가리고 있는 '손'을 무릎에 내리고 조금 더 유연한 사고를 하고, 수용하며 삶을 살아가야 한다는 것을 ACT를 통해 배울 수 있었다. 실제로 저에게 ACT를 적용해 보니 마음이 한결 평온해지고 평화로워짐을 경험해 이 하이쿠를 지었다.

2) ACT 육각형을 위한 메타포(파키스탄, 터키, 인도네시아)와 하이쿠 창작 (S. H. Park, 2016. 6. 27. Personal Communication)

(1) 수용 (개방하라)

✈ 계단을 밟아야 계단 위에 올라설 수 있다_터키

✈ 실수는 종종 그를 따르는 사람들을 즐겁게 한다_수피

✈ 당나귀는 당나귀답게 _터키

: 어느 나라에 유명한 당나귀 조련사가 있었다. 그에게 서커스단장이 찾아와 사람처럼 말하는 당나귀가 필요하다고 말했다. 드디어 서너 개의 단어가 들어간 문장을 말할 수 있게 된 당나귀는 많은 돈을 단장에게 안겼다. 단장은 연설까지 할 수 있는 당나귀를 요구했고, 조련사는 다른 당나귀를 훈련시켜 보냈다.

이제 다른 단장들도 조련사에게 말하는 당나귀를 사가기 시작했다. 그러자 다른 당나귀 조련사들이 나타났고, 거의 모든 집에서 말하는 당나귀를 갖게 되었다. 마침내 서커스단 단장은 다른 쇼를 생각해 냈다. 바로 당나귀처럼 우는 사람. 이제는 당나귀처럼 우는 사람이 유행이 되었다.

그럼 세상은 어떻게 되었을까? 당나귀가 일을 하지 않자 농작물은 썩었고, 당나귀처럼 우는 사람 역시 자신들이 했던 역할이나 구실을 못하게 되었다. 평범하지 않은 일은 서커스에서나 멋진 법. 세상은 서커스가 아니다. 그래서 다시 각자의 자리로 돌아갔다는 이야기이다.

✈ 사막의 지혜 _수피(이슬람교의 신비주의자) 우화시

강이 있었다.
그 강은 머나먼 산에서 시작해 마을과 들판을 지나
마침내 사막에 이르렀다.

강은 곧 알게 되었다.
사막으로 들어가기만 하면
자신의 존재가 사라져 버린다는 것을.

그때 사막 한가운데에서 어떤 목소리가 들려왔다.
"바람이 사막을 건널 수 있듯이 강물도 건널 수 있다."
강은 고개를 저었다.
사막으로 달려가기만 하면
강물이 흔적도 없이 모래 속으로 사라져 버린다고.
바람은 공중을 날 수 있기에
문제없이 사막을 건널 수 있는 것이라고.

사막의 목소리가 말했다.
"그 바람에게 너 자신을 맡겨라.
너를 증발시켜 바람에 실어라."

하지만 두려움 때문에 강은
차마 자신의 존재를 버릴 수가 없었다.
그때 문득 어떤 기억이 떠올랐다.
언젠가 바람의 팔에 안겨 실려가던 일이.

그리하여 강은 자신을 증발시켜
바람의 다정한 팔에 안겼다.
바람은 가볍게 수증기를 안고 날아올라
수백 리 떨어진 건너편 산꼭대기에 이르러
살며시 대지에 비를 떨구었다.

그래서 강이 여행하는 법은
사막 위에 적혀 있다는 말이 전해지게 되었다.

✈ 사람은 자기 몸이 잘려져 조각이 되어도 버릇을 결코 버리지 않는다_파키스탄
✈ 흠 없는 친구를 원하는 사람, 외롭게 죽을 것이다_터키
✈ 물로 칼을 베어도 베어지지 않는다_인도네시아

(2) 탈융합 (당신의 생각을 관찰하라)

✿ 등에 걸친 안장이 아무리 값비싼 가죽으로 만든 것이라도, 당나귀는 당나귀일 뿐이다_터키

✿ 생사불명 야샤르_터키

: 억세게 운 나쁜 사나이가 있다. 사나이의 이름은 야샤르 야샤마즈이다. 열두 살 때 초등학교 입학 서류를 떼려 동사무소에 갔다가 자신이 '공식적으로 죽었다'는 사실을 알게 된다. 호적 대장에 전사자로 처리되어 있었던 것이다. 여기까지는 '뭐, 그럴 수도 있는 일이겠거니' 넘어갈 수 있다.

그런데 어찌된 영문인지 야샤르는 이후 주민등록증을 발급받으려고 할 때마다 번번이 퇴짜를 맞는다. 게다가 더 황당한 일은 정부가 엿장수처럼 제멋대로 그를 죽였다

살렸다 한다는 사실이다. 참다못해 공무원에게 대들다 정부 모독죄로 수감된 야샤르는 감방의 동료들에게 자신의 억울한 사정을 하소연한다.

형님들, 제가 이렇게 살아왔습니다. 학교에 가려고 할 때에는 '넌 죽었어.'라고 하더니 군에 입대할 때가 되니 '넌 살아 있어.'라고 했어요. 아버지의 빚을 갚으라고 할 때에는 '넌 살아 있어.'라고 하더니, 유산을 상속받을 때가 되자 '넌 죽었어.'라고 하네요. 그리고 정신병원에 처넣을 때에는 '넌 살아 있어.'라고 하고."

✿ 운명에 관한 몽테뉴의 우화 _파키스탄

: 왕자가 호랑이 때문에 죽는다는 예언을 듣게 된 왕은 아들의 사냥을 금지했다. 그래도 불안했던 왕은 아들을 궁궐 밖으로는 한 걸음도 못 나가게 했다. 궁궐 안에서만 놀게 된 왕자는 어느 날 파리를 잡기 위해 벽을 쳤는데, 그만 손에 큰 상처를 입고 말았다. 벽에 못이 튀어나와 있었던 것이다. 결국 왕자는 파상풍으로 죽게 된다. 그런데 왕자가 손을 다쳤던 벽에는 호랑이 그림이 그려져 있었으니 왕자는 결국 호랑이 때문에 죽은 것이었다.

(3) 현재-순간 자각(지금 여기에 머물라)

❀ 자선을 베풀고는 그 기억은 우물에 던지라. 자신이 베푼 선한 행동은 바로 잊어버리고, 보답을 바래서는 안 된다_파키스탄

❀ 내일 할 일을 오늘 먼저 하지 마라_터키

❀ 절대로 죽지 않을 것처럼 이 세상을 위해 살고, 내일 죽을 것처럼 저 세상을 위해 살아라_터키

(4) 맥락으로서의 자기 (온전한 자각)

❦ 네 혀를 입안의 죄수처럼 간직하라_터키

(5) 가치 (중요한 것을 알기)

✱ 의사가 되면
총에 맞은 한 사람을
치료할 수 있을 뿐이지만,

운동가가 되면

총에 맞는 사람이 없는

그런 세상을 만들 수 있어요_말랄라 유사프자이 / 파키스탄

* 그대는 오로지 난파선 속에서도 잃을 수 없는 것만을 갖고 있을 뿐이다_수피
* 연금술사는 고통과 좌절 속에서 죽는다. 그러나 바보는 폐허 속에서 보물을 찾는다_수피
* 70마리 쥐를 잡아먹은 고양이가 메카(성지)순례를 한다고 해서 신이 용서하진 않는다_파키스탄
* 정의를 행하는 한 시간은 기도하는 일백 시간의 가치가 있다_마호메트교
* 당신이 얼마나 멀리 갔을지라도 그 길이 잘못된 길이라면 되돌아오라! _터키

(6) 전념 행동 (중요한 일을 하라)

☆ 행복을 느끼려면 어려움을 먼저 느끼라 _인도네시아

☆ 험한 파도를 타지 않으면 배가 항구에 닿지 않는다_인도네시아

☆ 걸을 때는 국경까지, 항해할 때는 섬까지 _인도네시아

☆ 미스킨 이야기 _인도네시아

: 옛날에 몹시 가난한 소년이 있었습니다. 부모를 다 여의었는데, 남은 재산이라고는 그가 살고 있는 집뿐이었습니다. 그러나 돈이 없어서 그 집도 팔아야 했습니다. 5일 후에 그가 갖게 된 돈은 겨우 30두이트(인도네이사의 통화 단위) 밖에 안 되었으므로 그는 여행을 하기로 마음먹었습니다. 그의 이름은 미스킨(가난뱅이란 뜻임)이었습니다. 미스킨은 허리에 찬 염낭에 돈을 넣고, 우선 북쪽으로 길을 떠났습니다. 그렇게 길을 가고 있던 어느 날, 그는 논에서 사람한테 쫓기고 있는 뱀 한 마리를 보았습니다. 그 뱀은 미스킨 쪽으로 달려왔습니다. 미스킨은 그 뱀이 가엾게 생각되어 쫓고 있는 사람한테 10두이트틀 주고, 뱀을 허리께의 염낭에 넣었습니다. 얼마쯤 또 걸어가자니까, 사람한테 구박받는 고양이가 눈에 띄었습니다. 미스킨은 고양이도 10두이트를 주고 사서 일행으로 삼았습니다. "내 왼쪽에서 걸어라." 미스킨이 말하니까 고양이는 "알았습니다, 주인 나으리." 하고 대답했습니다. 그 무렵에는 동물도 인간처럼 말을 할 수 있었습니다. 다시 얼마쯤 걸어가니, 이번에는 사람한테 매를 맞는 개가 눈에 띄었습니

다. “제발 저를 가엾게 생각해 주십시오.” 개가 말하자 미스킨은 매를 맞고 있는 그 개가 자유로운 몸이 되게 해 주려고, 마지막 10두이트의 돈도 개 임자에게 주었습니다. 이 개한테는 오른쪽에서 걸어가라고 말했습니다. 그렇게 해서 미스킨은 세 마리의 동물과 함께 북쪽의 바닷가까지 걸어갔습니다. 바닷가에 닿은 미스킨은 일자리를 구하려고 돈 많은 상인한테 갔습니다. 미스킨은 배의 인부들을 감독하는 십장으로 채용되었습니다. 그 배는 이튿날 출항할 예정이었습니다. 이튿날 미스킨은 아침 일찍 부두로 나갔습니다. 그는 뱀을 품에 안고, 고양이와 개를 좌우 양쪽에 거느리고 있었습니다. 그런데 어찌된 영문인지, 미스킨이 갑판에 발을 들여 놓자마자 배가 기울었습니다. 그만큼 미스킨과 그의 친구들은 무거웠습니다. 그러니까 돈 많은 상인은 궁리 끝에 미스킨과 동물들을 바다에 내던져 버렸습니다. 미스킨은 헤엄을 못 치므로 뱀 위에 올라앉고, 고양이는 개한테 업혀서 다시 바닷가로 나올 수 있었습니다. 뱀이 미스킨한테 말했습니다. “주인 나으리, 저를 따라 오십시오. 저의 아버님한테 안내하겠습니다. 아버님은 금반지를 가지고 계시는데, 틀림없이 주인 나으리한테 드릴 것입니다. 주인 나으리께서는 저를 구해 주셨거든요.” 그들은 함께 출발하여 큰 밀림을 지나고, 마지막으로 큰 호수에 이르렀습니다. 이 호수의 기슭에는 산 속으로 깊이 이어져 있는 두 개의 동굴이 있었습니다. 미스킨이 구해 준 뱀의 아버지인 큰 뱀이 그 동굴에 살고 있었습니다. 그 큰 뱀은 대단히 큰 데다가 반지를 끼고 있었으므로 금빛을 내뿜고 있었습니다. 그런데 그 반지는 무슨 물건에든 대고 문지르기만 하면 곧 그 물건이 금이나 보석으로 바뀌게 된다는 이상한 반지였습니다. 큰 뱀의 아들은 자기가 어떻게 죽을 고비에서 살아났는가를 아버지에게 이야기했습니다. 그러자 큰 뱀은 아들 뱀을 자기 곁에 남겨 준다는 조건을 붙여서 그 이상한 반지를 미스킨에게 주었습니다. 미스킨은 이제 부자가 되었습니다. 비단옷을 입고, 낮이나 밤이나 잔치를 벌였습니다. 그런데도 고양이와 개는 언제나 그의 곁에 있었습니다. 고양이한테는 황금 찻잔에 음식을 담아 주었습니다. 개는 보석 목걸이를 두르고 있었습니다. 큰 뱀한테서 받은 금반지는 미스킨이 자주 문질러 써 먹었기 때문에 더럽혀져 있었습니다. 그래서 미스킨은 그 반지를 금세공사한테 가져갔습니다. “금세공사, 이 반지가 매우 더러워졌소이다. 새 반지처럼 깨끗하게 손질해 주시오.” “알았습니다, 나으리.” 반지를 받아든 금세공사는 곧 닦기 시작했습니다. 그러자 반지를 닦는 데 쓰는 헝겊이 금으로 바뀌고, 깔고 앉아 있던 돗자리가 보석으로 가득 채워지게 되었습니다. 놀란 금세공사는 곧 안쪽의 작업장으로 들어가서 진짜와 똑같은 가짜 금반지를 만들었습니다. 그리고 진짜 금반지를 상자 속에 넣고 커다란 자물쇠를 채웠습니다. 미스킨이 금세공사한테서 금반지를 찾아온 것은 그 반지가 급하게 필요한 때였습니다. 음식을 살 돈이 마침 한 푼도 없었던 것입니다. 그는 급히 반지를 대나무에 대고 문질렀습니다. 그런데 대나무는 변하지 않았습니다. 그래서 미스킨은 쇠막대기를 집어 들고 반지로 문질러 보았습니다. 역시 변하지 않았습니다. 긴 의자도 문질러 보았지만, 역시 나무인 채로 그냥 있을 뿐 아무런 변화가 없었습니다. 미스킨은 절망한 나머지 기절하고 말았습니다. 개와 고양이는 여전히 미스킨의 곁에 있었습니다. 미스킨은 기절한 채로 잠을 자다가 꿈을 꾸었습니다. 그 꿈에 큰 뱀이 나타나서 이렇게 말했습니다. "미스킨, 당신은 금세공사한테 속은 거요. 그의 집에 있는 상자 속에 당신의 반지가 숨겨져 있소. 친구들의 도움을 받으시오. 당신이 그들을 죽음의 위험에서 구해 주었으니 그들도 틀림없이 당신한테 은혜를 갚을 거요." 미스킨은 잠에서 깨서 고양이와 개한테 말했습니다. "나는 너희를 구하기 위해 내 재산을 전부 쓴 적이 있다. 지금은 너희가 나를 도와줄 좋은 기회이다. 꼭 도와달라." 그러고는 꿈에 큰 뱀이 한 이야기를 했습니다. 그날 밤 고양이와 개는 금세공사의 집에 살그머니 들어갔습니다. 고양이는 다락방으로 올라가서 구석에 앉아 동정을 살폈습니다. 그러자 곧 여기저기서 쥐들이 찍찍 하는 소리가 들렸습니다. 고양이는 얼른 뛰어가 그중 큰 쥐를 잡았습니다. "쥐야, 나는 언제든 너를 죽일 수 있다. 하지만 나를 도와주면 살려주겠다." 고양이가 말했습니다. 쥐는 고양이를 도와주겠다고 약속한 후 다른 쥐들과 함께 아래로 내려가 금세공사의 상자를 갉아 내기 시작했습니다. 쥐가 드나들 만한 구멍이 뚫리자 고양이가 다시 말했습니다. "그 상자 속에 들어가면 금반지가 있을 테니 그걸 나한테 가져와라. 그렇게 하면 너희를 다 살려 주겠다." 잠시 후 고양이가 반지를 물고 개가 있는 곳으로 왔습니다. "내가 가져가마. 이건 우리의 공동 작업이야." 개가 이렇게 말하더니 반지를 제 입에 물었습니다. 그런데 그들이 주인한테 돌아가려면 강을 건너야 했습니다. 개는 고양이를 등에 업고, 강 건너편으로 헤엄치기 시작했습니다. 그들이 강의 한가운데쯤 이르렀을 때 납작한 과자 1개가 떠내려 왔습니다. 어떤 부잣집 아이가 강물의 흐름을 살펴보려고 물에 띄웠던 과자였습니다. 그것을 본 개는 먹고 싶은 생각을 억제하지 못하여 과자를 입에 물었습니다. 그 순간 반지가 개의 입에서 물속으로 떨어져 버렸습니다. 고양이와 개는 어쩔 줄 모르고 멍하니 서 있기만 했습니다. 둘 다 몸이 흠뻑 젖어서 밤이 깊어질수록 추위에 몸이 덜덜 떨렸습니다. 그런데 다행스럽게도 그곳에는 그들을 도와줄 들고양이가 살고 있었습니다. "친구여, 내가 조금 전에 금반지를 물속에 빠뜨렸네. 그 반지를 가져가지 못하면 나는 주인 나으리한테 큰 죄를 짓게 되네. 부디 도와주게." 개가 들고양이한테 애원했습니다. 들고양이는 반지를 찾으려고 물속에 뛰어들었습니다. 들고양이는 물속에서 몸 전체가 금빛인 물고기를 보고, 그 고기를 붙잡았습니다. 그랬더니 바로 그 물고기의 뱃속에 금반지가 들어 있었습니다. 물고기는 뭍으로 끌려나와 반지를 개한테 준 뒤에야 다시 물속으로 들어갔습니다. 개는 반지를 또 잃어버리게 될까 봐 입에 물려고 하지 않았습니다. "개야, 꼬리에 반지를 끼고 매듭을 만들면 절대로 반지가 빠지지 않을 거야." 고양이가 말했습니다. 개는 제 꼬리에 반지를 끼고, 꼬리 끝에 매듭을 만들었습니다. 그 뒤로 꼬리에 매듭이 있는 개들이 많아졌습니다. 반지를 되찾은 미스킨의 기쁨은 참으로 대단했습니다. 한편 고양이는 칭찬받았지만, 개는 욕심쟁이라 하여 꾸지람을 들었습니다. 그래서 지금도 고양이와 개는 사이가 나쁘다고 합니다.

☆ 산아 이리로 오라! 오지 않으면 내가 가겠다_마호메트

☆ 인간은 오로지 스스로의 노력에 의하여서만 보답을 받을 수 있는 것이다. 노력은 인간을 참된 세계로 이끈다_코란

불 꺼진 교실
내 마음 편안할 때
너 또한 편해

학기 중 다른 강의실을 사용하게 되어 불을 끄고 발표를 한 적이 있는데, 그때 다른 날보다 훨씬 마음이 편했고, 발표를 마치고 나서 피드백도 좋았다. 그때 순간을 떠올리며 하이쿠를 지어 보았다.

3) ACT 육각형을 위한 메타포(몽골, 인도, 미얀마)와 하이쿠 창작 (J. H. Kim, 2016. 6. 27. Personal Communication)

(1) 수용

별을 향해 자라는 나무 꼭대기에 둥지를 틀고 편안히 지내고 싶습니다. 많은 사람을, 세상일을 하늘 가까이에서 살피며 오래오래 누워 있고 싶습니다. 어딘가에서 차가운 바람이 불어 보이는 모든 형체가 변하고 일그러질 때, 둥지에서 고개를 한 번 살짝 들어 보이고는 나뭇잎이 나를 잎사귀라고 생각할 때까지, 가지가 나를 가지라고 여길 때까지, 침묵의 작은 부분이 될 때까지 팔십, 구십, 백 년을 꾸벅꾸벅 졸고 있고 싶습니다. 고독해질수록 살아 있다는 사실이 절실해지고 매순간을 음미하며 이렇게 기다리는 것이 얼마나 아름다운 일인지요?

– 『아름다운 기다림』 몽골문학가 일 을지터그스

아무 노력도 하지 마라. 노력하면 에고가 강화된다. 노력하는 순간 '나'가 들어온다. 사랑은 노력이 아니다. 사랑하기 위해 노력하는 것은 불가능하다. 만일 그대가 노력한다면, 거기에 사랑은 있을 수 없다. 사랑 안으로 들어가라. 사랑이 일어나도록 허용하라. 노력하지 마라. 사랑은 행위가 아니라 저절로 일어나는 것이다. 아무 노력도 하지 말고 다만 그것과 함께 흘러가라. 유동적이고 자연스러운 상태를 지키라. 이것이 탄트라의 길이고 근본이다. 요가는 노력하라고 말한다. 요가는 에고를 지향하다가 마지막에 에고를 뛰어넘는다. 그러나 탄트라는 처음부터 무아를 지향한다. 요가는 마지막에 가서야 "이제 에고를 버려라."라고 말한다. 그러나 탄트라는 처음부터 무아이다.

– 『탄트라』 인도

"수행승들이여, 늙음과 죽음을 있는 그대로 알지 못하고 보지 못하면 늙음과 죽음을 있는 그대로 알기 위해 인내해야 한다. 늙음과 죽음의 원인을 있는 그대로 알지 못하고 보지 못하면 늙음과 죽음의 원인을 있는 그대로 알기 위해 인내해야 한다. 늙음과 죽음의 소멸을 있는 그대로 알지 못하고 보지 못하면 늙음과 죽음의 소멸이 있는 그대로 알기 위해 인내해야 한다. 늙음과 죽음의 소멸로 이끄는 길을 있는 그대로 알지 못하고 보지 못하면 늙음과 죽음의 소멸로 이끄는 길을 있는 그대로 알기 위해 인내해야 한다. 수행승들이여, 태어남을 있는 그대로 알지 못하고 보지 못하면 태어남을 있는 그대로 알기 위해 인내해야 한다.… 형성의 소멸로 이끄는 길을 있는 그대로 알기 위해 인내해야 한다.

-『삼장(Tipitaka)』 미얀마

(2) 인지적 탈융합

연극의 주인공은 사랑하고 아파하며 집착하고 그 연극 속에서 필요한 모든 마음을 다 일으킨다. 그러나 그것은 연극일 뿐 실제가 아닌 줄 알기 때문에 사랑하고 아파하며 집착하지만 마음이 거기에 머물러 있지 않다. 집착 없이 집착하고, 집착 없이 사랑하며, 집착 없이 아파하고 즐거워하고 있을 뿐이다. 머물지 않고 마음을 낼 뿐이다.

-『삼장(Tipitaka)』 미얀마

노를 젓는 사람이 배를 몰고 동으로 가고자 하면 동으로 가는 것이요, 서로 가고자 하면 서로 간다. 동이나 서로 가거나 머묾이 자유로워 큰 파도나 작은 물결에 따라 올라갔다 내려갔다 한다. 올바른 지혜로 법성의 파도에 들어가면 옳으면 모두 옳은 것이요, 그르면 모두 잘못된 것이다. 모든 법을 없애는 것도 나에게 있고, 온갖 법을 펼치는 것도 나에게 있으니 내가 법왕이 되어 법에 자유자재하다.

-『금강경』

그 무엇도 없어 투명하기가 푸르른 허공에 한 점 티끌도 없는데 한 생각 일어나자 텅 빈 성품이 어두워져 온갖 망념이 다투어 일어나 끝이 없이 많아진다. 수행자는 스스로 망념이 원래 없음을 알고 망념을 끊어 없애겠다는 마음이 없어 한 생각 일어나고 사라지는 것에 그대로 모든 것을 맡긴다. 망념을 끊지 않겠다는 수행자를 비웃지 마라. 불 속에서 연꽃이 피어 영원할 것이니라.

-『금강경』

그대 자신과 싸우지 마라. 유연하게 대처하라. 그대 주변에 인격과 도덕이라는 틀을 만들지 마라. 그대 자신을 계율에 얽매이지 마라. 그렇다면 그대의 계율은 속박이 된다. 그대 자신을 감옥에 가두지 마라. 유동적으로 대처하라. 상황과 더불어 움직이라. 인격이라는 갑옷을 입히지 마라. 고정된 태도를 갖지 마라. 얼음처럼 굳어지지 마라. 물처럼 흘러가라. 자연이 인도하는 그대로 따라가라. 자신에게 어느 것도 강요하지 마라.

-『탄트라』 인도

어떤 사람이 무거운 바위를 짊어지고 걸어가고 있다. 그런데 이 사람은 어릴 적부터 그 바윗덩이를 늘 짊어지고 살아왔기 때문에 또 날마다 그렇게 짊어지고 살기 때문에 그것을 전혀 이상하게 생각하지 않았고 당연하게 생각해 왔다. 그렇지만 너무 무겁다. 이렇게 큰 바위를 들고 살아가기가 너무 힘에 겹다. 그래서 괴롭다고 야단이다. 어느 날 바위를 이렇게 붙잡고 있을 필요가 없음을 깨닫게 된 한 사람이 이 사람에게 놓아 버리라고 말한다. 그러나 이 사람은 한 번도 놓아본 적이 없었고, 놓으면 안 되는 줄 알고 있었으며, 남들도 다 붙잡고 살아가고 있다 보니 놓을 수 없다고 고집한다. 안 놓으려고 꼭 붙잡고 살려고 한다.

-『삼장(Tipitaka)』 미얀마

(3) 현재-순간 자각

그는 소들을 채찍질하고 '흐즈, 흐즈' 하고 소리를 치고 가다가 우연히 뒤에서 큰 소리를 들었다. 놀라서 뒤를 보면 끌고 가던 소들은 그대로 가만히 있었고 아무 뜻 없이 뒤따라오는 것을 보고 마음이 놓였다. 그런데 그 소리가 갈수록 점점 커지고 마침내는 그 소리가 하늘에서 들려오자 롭상은 깜짝 놀라 잠시 많은 생각에 잠겼다. '초봄에 천둥이 치진 않을텐데, 설마 천지개벽하는 것은 아니겠지.'라고 생각하며 사방팔방을 살펴보면 하늘엔 구름이 하나도 없고 주변엔 아무 생명체가 없었다.

그때 하늘에서 들리는 그 소리가 더 가까워지자 롭상은 하늘에 새처럼 큰 것이 위로 지나 날아가는 것을 보았다. 롭상은 이때까지 살면서 그러한 새를 본 적이 없었고, 항가리드라는 새가 있다고 들었지만 이 대륙에는 존재하지 않는다고 했기에 어찌할 줄을 모른 채 한참을 망설였다. 게다가 그 새 같은 것을 궁금해 다시 찾아보았지만 그 새가 순식간에 산 뒤로 사라졌다. 그 순간 롭상은 잠시 꿈인지 현실인지를 망설이며 '화신일까? 도대체 무엇일까?'라고 궁금해 하였다. 아무튼 울란바토르 시에 가서 사람들에게 나눌 재미있는 소식이 하나 생겼다.

-『새와 같은 회색 말』 몽골문학가 데 나착도르지

어제부터 초원은 봄의 문턱을 넘어온 것 같다. 하늘은 높고 푸르다. 하늘가를 두른 눈처럼, 흰구름은 어느 솜씨 좋은 아가씨가 수놓은 그림과 같다. 종다리의 무리는 너의 머리 위에서 날갯짓을 하며, 너를 향해 봄의 송가를 부르고 있다. 그 촉촉한 바람은 사람들이 신경쓰지 않는 틈을 타서 산비탈의 꽃과 풀들의 마른잎 아래에 입김을 불어넣어 보드라운 싹을 틔우게 한다. 대지는 신비롭고, 청아한 향기를 내뿜고 있다.

가을, 초원 위에는 먼 곳으로부터 옅고 투명한 흰 안개가 나부껴 온다. 뿌연 안개 속에 희미하게 보이는 울퉁불퉁한 산들은 한 폭의 아름다운 아득한 모습의 산수화를 그려 낸다. 가까운 곳 눈부신 황금빛 평지 위에는 아직 남아 있는 여름의 열기가 끓어오르며, 다양하면서도 옅은 색조를 분출하여 소나무의 꼭대기와 고요한 호수면으로부터 천천히 하늘로 올라간다.

-『봄의 송가』 몽골문학가 마라친 푸

(4) 맥락으로서의 자기

전체에는 경계선이 없다. 그대는 전체처럼 되어야 한다. 이때 비로소 만남과 합일이 가능하다. 텅 비어 있을 때 그대는 경계선이 없이 존재한다. 돌연 그대는 전체가 된다. '나'가 존재하지 않을 때 그대는 전체가 된다. '나'가 존재하면 그대는 추한 에고가 된다. 그러나 '나'가 존재하지 않으면 존재는 전체가 된다. 무가 되라. 그러면 모든 것이 성취된다. 죽으라. 그러면 신이 된다. 사라지라. 그러면 전체가 된다. 여기에서 하나의 물방울이 사라지면 저기에서 거대한 바다가 태어난다. 거대한 심연 속에 그대 자신을 방치하라. 일단 방치하면 그대는 심연 그 자체가 된다. 이때 죽음은 존재하지 않는다. 무의 심연이 어떻게 죽을 수 있겠는가? 이 심연에는 끝이 없다. 무는 끝이 없다. 유는 끝이 있다. 반드시 종말이 오게 되어 있다. 그러나 무는 영원하다.

-『탄트라』 인도

몸집이 큰 사람이라는 것은 크고 작은 둘을 나누어서 그 가운데 큰 쪽을 택한 큰 몸을 이야기하는 것이 아니다. 몸집이 큰 사람은 크고 작은 것을 초월한 절대 큰 몸집을 말하고 있는 것이다. 그것은 곧 어떤 한 몸을 말하는 것이 아니다. 어떤 한 사람의 몸집을 말한다면 그것은 분명 크고 작은 분별이 생겨난다. 그러나 어떤 한 사람의 육신이 아닌, 온 우주 법계를 다 담아낼 수 있는 삼라만상의 당체인 법신의 몸에서는 그 어떤 크고 작은 분별도 다 사라지고 만다. 온 우주의 어떤 한 부분을 차지하는 몸집을 가졌다면 크고 작다는 분별이 생기고 따라서 어떤 한 몸, 큰 몸집이라고 말할 수 있겠지만 온 우주 법계 그대로인 법신의 몸집을 따로 떼어 얼마만 한 몸의 법신이라고 말할 것이 없다.

우주 법계의 크기가 100이라면, 그 가운데 몸집이 1이나 2정도의 크기라면, 그것은 크다 작다고 말할 수 있겠지만 법신의 몸은 그대로 우주 법계의 크기인 100이기 때문에 크다 작다고 분별할 수 없으며, 별도로 얼마만큼 크냐 작냐를 논할 수 없다. 어떤 한 큰 몸이 아니라 법신은 전체를 말하는 것이기 때문이다. 그래서 일체법이 곧 불법이라는 말처럼, 일체 모든 법계가 그대로 법신으로서의 큰 몸이 되는 것이다. 그러니 큰 몸이라는 것도 이름을 큰 몸이라 이름 붙였을 뿐 따로 큰 몸이 있는 것이 아니다. 참된 큰 몸은 큰 몸이라고 이름 붙일 수 없기 때문에 큰 몸일 수 있는 것이다. 작은 몸, 큰 몸 하나 나누어 놓고 그 가운데 큰 몸을 택하는 큰 몸은 참된 큰 몸일 수 없다.

-『삼장(Tipitaka)』 미얀마

(5) 가치

'롭상'은 원래 신중한 사람인지라 우선 섣불리 말하는 것을 삼가고 아는 관료 한 사람을 만나 물어보았다. 그리고 이 '날아다니는 차'(비행기)라는 것이 사람의 지혜와 교육으로 만들어진 것이라는 모든 사실을 듣고 너무 놀랐다. 시골에서 이 세상을 끝까지 사는 것이 아니라 갈 수 있는 곳을 모두 가 보고 배울 수 있는 모든 것을 배우고 싶었다. 지식과 문화라는 것이 얼마나 좋은 것인가를 깨닫게 되었지만 롭상은 나이가 이미 너무 많았으므로 내년부터 일을 시키려고 했던 열두 살 된 아들만을 인민학교에 입학시키기로 마음먹었다.

-『새와 같은 회색 말』 몽골문학가 데 나착도르지

맑고 푸르게 하는 자, 이 하늘에서 우리는 지혜와 밝은 지성을 배운다. 끝도 없는 이 광활한 초원에서 우리는 순결하고 넓은 마음을 얻는다. 멈춤없이 앞으로 물결쳐 흐르는 강물에서 우리는 목적한 곳에 이르는 믿음을 생각한다. 수직으로 연이은 회색빛 산에서 우리는 용기와 인내의 이야기를 듣는다. 분홍빛 작약꽃 그에게서 우리는 가슴을 성스럽게 하는 사랑을 발견한다. 즐겁고 명랑한 여름, 우리는 뜨거운 청춘의 생명력을 느낀다. 누렇게 변한 초원의 가을에서 고통을 맛보려는 자의 인고를 생각한다. 균열되는 소리를 낼 듯한 겨울의 희디흰 성애에서 우리는 백발의 생애를 읽는다. 풍요롭고 드넓은 고향에서 우리는 삶을 영위하는 법칙을 얻는다.

-『맑고 푸른 하늘』 몽골문학가 이스 돌람

에렌칭은 죽으며 바트에게 "학승, 너는 지혜로운 사람, 다른 길을 생각할 필요가 있어. 나처럼 삶을 돌아보고 보람 없이 슬퍼하고, 보아 온 모든 것에 믿음을 잃는 슬픔에 이르지 말거라. 내 삶이 끝나는 곳에서 네 삶이 사작할 필요가 있다. 처음 갈 때는 넓디넓은 길처럼 생각되었다. 그러나 이제 내 앞에는 오솔길이 없게 되었다. 얘야, 너는 처음에는 좁지만 갈수록 넓어지는 길을 가거라. 그것은 평범한 세속 생활의 길일 것이야.

-『맑은 타미르 강』 몽골문학가 차르다발 로도이담바

(6) 전념 행동

롭상은 '하라' 강가에서 한 밤을 보내고, 다음 날 오전에 '보러' 강으로 출발했다. '롭상'은 평소보다 일찍 일어나서 피곤하여 하품하며 먼 길을 걸어가는 것은 비록 힘들지만, 상쾌한 바람이 앞에서 불고, 햇살이 뒤에서 내리쬐는 것은 그에게 행복인 것처럼 여겨진다.

-『새와 같은 회색 말』 몽골문학가 데 나착도르지

고지대의 매서운 추위가 살을 에이면, 몽골 젊은이들의 얼굴은 불꽃처럼 빛나고 눈은 불처럼 타오른다. 고통의 얼음은 열망의 불꽃이 되고, 고통의 추위는 열정의 뜨거움으로 타오른다. 프레이아데스 성좌는 위에서, 불등은 옆에서 빛을 비추고, 늙으신 노인들은 불을 지피고 앉아 지난일을 이야기한다.

-『사계』 몽골문학가 데 나착도르지

눈보라 속에
나의 시린 두 뺨은
불타오른다

4) ACT 육각형을 위한 메타포(이스라엘)와 하이쿠 창작 (J. S. Lee, 2016. 6. 27. Personal Communication)

『탈무드』는 유대인의 정신적 지주 역할을 해 온 책이다. 경전이자 잠언집이요, 하나의 문학이기도 하다. 삶의 지혜는 물론이고, 처세술 관련 교훈이나 일화들이 있는가하면 어린이들도 재미있어 할 우화나 동화 같은 이야기도 많다. 『탈무드』의 성립은 유대인 곧 이스라엘 민족의 역사와 깊게 연계되어 있다. 이집트에서 노예생활을 하던 이스라엘 민족을 구출한 모세는 시나이 산에서 하나님으로부터 토라(율법)를 받고, 그 가르침을 여호수아에게 전했고, 여호수아는 예언자들에게, 예언자들은 최고회의의 학자들에게 입에서 입으로 그 가르침을 전했으며, 에스라(Ezra)와 같은 학자들이 그것을 일반 백성에게 가르침으로써 오늘날까지 전해 오게 되었다고 한다.

(1) 수용

집착을 버리고 마음을 즐기라

한 마을에 말을 잘 타기로 소문이 자자한 마부가 있었다. 어느 날 소문을 들은 젊은 무사가 그 마부를 찾아와 자신과 경주를 할 것을 청했다. 마부는 처음에 그 청을 거절하였으나 젊은 무사의 끈질긴 부탁에 못 이겨 결국 경주를 하게 되었다. 마부와 젊은 무사의 경주는 하루 종일 계속 되었지만 그때마다 마부의 승리로 돌아갔다. 결국 경주에 지친 젊은 무사는 실망하여 돌아가려고 마부에게 인사를 했다. 그때 마부가 그를 불러 앉혀 놓고 말했다. "이보게 젊은이, 말을 잘 타려면 내가 말을 타고 있다거나, 혹은 말 또한 나를 태우고 있다거나 하는 의식 자체가 없어야 되네. 그건 바로 사람과 말이 하나가 되어야 한다는 뜻일세. 그리고 너무 승리에만 집착해서도 안 되는 것이네. 말을 타고 경주를 하다 보면 앞설 수도, 뒤에 처질 수도 있는 것이라네. 그런데 항상 말에게 앞설 것만을 요구하니 어찌 말과 하나되어 물 흐르듯 달릴 수가 있겠는가?

(2) 탈융합

거미와 모기와 미치광이

다윗 왕은 평소에 거미는 장소를 가리지 않고 아무데나 거미줄을 치는 더러운 동물이고, 아무 짝에도 쓸모가 없는 벌레라고 생각하고 있었다.

그런데 어느 전쟁에서 다윗은 적군에게 포위되어 빠져나갈 수 있는 길을 잃고 말았다. 궁여지책으로 그는 어떤 동굴 속으로 피신했다. 그런데 그 동굴 입구에는 때마침 거미 한 마리가 줄을 치기 시작하였다. 그를 추격하여 온 병사들은 일단 동굴 앞까지 이르렀지만 입구에 거미줄이 쳐 있는 것을 보고는 동굴 안에 사람이 없으리라 판단해 그냥 돌아가게 되었다. 이렇게 쓸모없다고 생각한 벌레가 목숨을 구해 준 것이다.

또 언젠가는 다윗 왕이 적의 장군 침실에 침입하여 칼을 훔쳐 온 이튿날 아침, 이 사실을 적장에게 알려 "나는 그대의 칼을 가져왔을 정도이니 그대를 언제라도 죽일 수가 있다."라고 하며 그를 굴복시키려는 계략을 꾸몄다.

그러나 그 기회가 좀처럼 오지 않았다. 그러던 어느 날 밤, 간신히 적의 장군 침실에 잠입하지만 칼이 그 장군의 발밑에 들어가 있어 해낼 수가 없었다. 다윗 왕은 포기하고 돌아가려고 했다.

그런데 바로 그때였다. 모기 한 마리가 날아와 장군의 발에 앉았다. 장군은 무의식중에 발을 움직였다. 순간 다윗왕은 칼을 빼냈다.

그리고 또 언젠가 다윗 왕이 적에게 포위되어 위기를 맞았을 때 그는 느닷없이 미치광이 시늉을 했다. 적의 병사들은 설마 미치광이가 왕이라고는 생각하지 못하고 지나가 버렸다. 이러한 예에서 보듯이, 어떤 것이나 세상에 쓸모없는 것은 없다. 그러므로 아무리 하잘것없는 것이라도 절대 소홀히 해서는 안 된다.

(3) 현재-순간 자각

'인생의 일곱 계절'

『탈무드』에 의하면, 남자의 일생은 7단계로 나뉜다.

- **1단계**: 한 살은 왕-모든 사람이 왕을 모시듯이 받들어 주기도 하고, 비위를 맞춰 준다.
- **2단계**: 두 살은 돼지-진흙탕 속을 마구 뛰어다닌다.
- **3단계**: 열 살은 어린 양-웃고 떠들어 대며 뛰어다닌다.
- **4단계**: 열여덟 살은 말-덩치가 커져 힘을 뽐내고 싶어 한다.
- **5단계**: 결혼하면 당나귀-가정이라고 하는 무거운 짐을 지고 끙끙거리며 걸어가야 한다.
- **6단계**: 중년은 개-가족을 부양하기 위해 구걸하게 된다.
- **7단계**: 노년은 원숭이-어린아이로 되돌아감에도 불구하고 아무도 관심을 기울여 주지 않는다.

(4) 맥락으로서의 자기

희망

랍비 아키바가 여행을 하고 있었다. 당나귀와 개가 그의 동행이었고, 조그마한 램프를 가지고 있었다.

날이 저물어 어두워지자 아키바는 한 채의 헛간을 발견하고 거기서 자기로 했다. 그러나 잠을 자기에는 아직 이른 때였기 때문에 그는 램프에 불을 붙이고서 책을 읽기 시작했다. 그런데 갑자기 바람이 불어 램프 불이 꺼져 버렸다. 그래서 그는 할 수 없이 잠을 자기로 했다.

그가 자는 동안, 여우가 와서 그의 개를 죽이고 사자가 와서 그의 당나귀를 죽여 버렸다. 아침이 되자 그는 램프만을 가지고 홀로 길을 떠났다. 마을에 도착해서 보니 사람의 흔적은 전혀 없었다. 그는 전날 밤 도둑 떼가 이 마을에 쳐들어와 집을 파괴하고 마을 사람들을 모두 죽였다는 것을 알게 되었다.

만일 램프 불이 바람에 꺼지지 않았더라면 그도 도둑들에게 발견되었을 것이다. 그리고 만일 개가 살아 있었더라면 개가 짖어대서 도둑들이 몰려왔을 것이다. 당나귀도 살아 있었다면 소란을 피웠을 것이 분명했다. 결국 그는 이 모든 것을 잃어버린 덕분으로 자신은 살아 남을 수 있었다. 그래서 랍비 아키바는 깨달았다.

"사람은 최악의 상태에서도 희망을 잃지 말아야 한다. 세상을 살다 보면 나쁜 일이 좋은 일로 바뀌는 수도 있다는 사실을 믿어야 한다."

유대인의 전통

어느 왕이 많은 양떼를 기르고 있었다. 왕은 양치기를 시켜 그 양들을 날마다 방목하게 했다. 그런데 어느 날 양과 닮기는 했지만 양이 아닌 짐승 한 마리가 그 안에 끼어들었다. 그래서 양치기가 왕께 여쭈었다. "낯선 동물 한 마리가 양떼 속으로 끼어들었는데, 어떻게 하면 좋겠습니까?" 그러자 왕이 말했다. "그 동물을 특별히 잘 보살펴 주도록 하여라." 양치기가 의아스러운 표정을 하고 있자 왕은 이렇게 말했다. "양들은 본디 내 양으로 길렀지만, 그 동물은 전혀 다른 환경에서 자라고 있었는데도 이렇게 내 양들과 똑같이 행동하고 있으니 기특한 일이 아니냐?" 유대인들은 태어날 때부터 유대의 전통 속에서 자랐다. 그러나 유대의 전통이 아닌 다른 환경에서 자란 사람이 유대 문화를 이해하고 유대화한 경우에는 원래의 유대인보다 더 존경을 받는다. 『탈무드』에는 사람들은 어떤 신앙을 가지고 있든 선한 사람은 누구나 구원을 받을 수 있기 때문에 굳이 유대인처럼 만드려고 애쓰지 않아도 된다고 씌어 있다.

(5) 가치

그릇

머리는 매우 총명하지만 얼굴이 못생긴 랍비가 공주를 만나게 되었다. 공주는 그를 보고는 이렇게 말했다. "그렇게 놀라운 지혜가 이렇게 추한 그릇에 담겨 있군요." 그러자 랍비는 "공주님, 이 궁궐에 술이 있습니까?" 하고 물었다. 공주가 고개를 끄덕이자 그는 "그 술은 어떤 그릇에 들어 있나요?" 하고 다시 물었다.

"보통 단지나 주전자 같은 데 들어 있지요" 하고 공주가 대답하자 랍비는 깜짝 놀라며 이렇게 말했다. "로마의 공주님쯤 되는 분이 금이나 은그릇도 많을 텐데, 왜 그런 항아리 같은 보잘 것 없는 그릇에 담아 놓으십니까?" 그러자 공주는 지금까지 금이나 은그릇에 담아 놓았던 물을 보잘 것 없는 그릇에 옮겨 담고, 값싼 그릇에 담겨 있던 술을 금과 은으로 만든 그릇에 옮겨 담았다. 황제는 진노하여 크게 꾸짖었다. "죄송합니다. 그렇게 하는 편이 나을 것 같아 제가 옮겨 담았습니다." 하고 공주가 말하고는 랍비에게로 가서 "랍비여, 선생은 어째서 내게 그런 일을 하게 했습니까?" 하고 화를 냈다. 그러자 랍비는 이렇게 말했다. "저는 다만 아주 귀중한 것도 때로는 싸구려 그릇에 넣어 두는 것이 나을 경우가 있다는 것을 공주님께 알려 드리고 싶었을 뿐입니다."

진정한 부

이 이야기는 어느 배 위에서 있었던 일이다. 배에 탄 승객들은 모두 큰 부자였는데, 랍비 한 사람이 함께 타고 있었다. 부자들은 서로 자기의 재산을 비교하며 자랑하고 있었다. 그러자 랍비는 이렇게 말했다.

"나는 내가 제일 부자라고 생각하고 있지만, 그 재산을 보여 줄 수는 없군요." 그런데 갑자기 해적들이 나타나 그 배를 습격했다. 부자들은 그들의 금은보석과 모든 재산을 해적들에게 빼앗겼다. 해적들이 물러간 뒤에 배는 겨우 항구에 닿았다. 랍비의 높은 교양은 곧 그 항구 사람들에게 인정을 받았다. 랍비는 학교에 학생들을 모아 놓고 그들을 가르쳤다. 얼마 후 랍비는 함께 배를 타고 여행했던 부자들을 만나게 되었는데, 그들 모두가 비참한 가난뱅이로 전락해 있었다. 그들은 랍비를 보고 이렇게 말했다. "당신이 최고의 부자라는 그 말이 옳았어요. 지식을 가지고 있는 사람은 모든 것을 가지고 있는 것과 마찬가지예요." 지식은 빼앗기지 않고 언제나 가지고 다닐 수가 있다. 그러므로 교육이 가장 중요하다는 유대인의 지혜이다.

인생 여정의 선행과 쾌락

어떤 배가 항해 도중 거센 비바람과 심함 폭풍우 때문에 항로를 잃고 말았다. 아침이 되자 바다는 다시 잠잠해지고, 배는 아름다운 항구가 있는 어느 섬에 닿아 있었다. 배는 포구에 닻을 내리고 잠깐 쉬기로 했다.

그 섬에는 형형색색의 아름다운 꽃들이 만발해 있고, 맛있는 과일들이 주렁주렁

달린 나무들이 신선한 녹음의 향기를 풍기고, 온갖 새들이 다정하게 지저귀고 있었다. 배에서 내린 승객들이 다섯 무리로 나뉘었다. 첫째 무리는 자기들이 섬에 올라가 있는 동안에 순풍이 불어 배가 떠나 버릴지도 모른다고 생각했기 때문에 아무리 섬이 아름다울지라도 빨리 자기들의 목적지로 가고 싶다고 하면서, 아예 상륙조차 하지 않고 배에 남아 있었다. 둘째 무리는 서둘러 섬으로 올라가 향기로운 꽃냄새를 맡고, 녹음 짙은 나무 그늘 밑에서 맛이 기막힌 열매를 따먹고 원기를 되찾고는 배로 돌아왔다. 셋째 무리도 섬에 올라갔다. 그러나 섬에서 너무 오랫동안 지체하는 바람에 배가 떠났을지도 모른다고 생각하여 허둥지둥 돌아오느라고 소지품을 잃기도 하였고, 배 안의 명당자리를 놓쳐 버렸다. 넷째 무리는 순풍이 불어 선원들이 닻을 걷어 올리는 것을 보았지만, 돛을 달려면 아직 시간이 남아 있고, 선장이 자기들을 남겨 두고 떠나지 않을 것이라는 등의 이유를 붙여 그대로 섬에 있었다. 그러다가 막상 배가 포구를 떠나가자 허둥지둥 헤엄을 쳐서 가까스로 배에 올라갔다. 그래서 바위나 뱃전에 부딪힌 상처는 항해가 끝날 때까지도 아물지 않았다. 다섯째 무리는 맛있는 과일을 너무 많이 먹고 아름다운 경치에 도취되어 배가 출항을 알리는 소리조차 듣지 못했다. 그래서 숲속의 맹수들에게 잡아먹히기도 하고, 독이 있는 열매를 먹어 병이 들기도 하여 전멸하고 말았다.

이 이야기에 나오는 배는 인생 여정의 선행을 상징한다. 그리고 섬은 쾌락을 상징하고 있다. 첫째 무리는 인생에서 쾌락을 전적으로 외면했다. 둘째 무리는 쾌락을 조금 맛보았지만 배를 타고 목적지에 닿아야 한다는 의무는 잊어버리지 않았다. 이것이 가장 현명한 무리이다. 셋째 무리는 쾌락에 지나치게 빠지지 않고 돌아오기는 했지만 역시 고생을 좀 했고, 넷째 무리는 결국 선행으로 돌아오기는 했지만 그것이 너무 늦어 목적지에 도착할 때까지 상처가 아물지 않았다. 그러나 인간이 빠지기 쉬운 것은 다섯째 무리이다. 일생 동안 허영을 위해서 살거나, 장래의 일을 망각하거나, 달콤한 과일 속에는 독이 들어 있다는 진리를 잊고 그것을 먹기만 하는 것이다.

(6) 전념 행동

옛날 어느 임금에게 딸이 하나 있었다. 그 딸이 중병에 걸려 사경을 헤매게 되었다. 의사는 묘약을 쓰지 않는 이상 살아날 가망이 없다고 진단했다. 그래서 임금은 자기 딸의 병을 고치는 사람에게 딸을 주고, 다음 왕으로 삼겠다고 포고문을 써 붙였다.

한편, 멀리 떨어진 시골에 삼형제가 살고 있었는데 어느 날 맏형이 마법의 망원경으로 그 포고문을 보고는 그 사정을 딱하게 생각하여 셋이서 어떻게 해서든 공주의 병을 고쳐 주자고 상의했다.

삼형제 중 둘째는 마법의 양탄자를 가지고 있고, 막내는 마법의 사과를 가지고 있었다. 양탄자는 먼 거리도 순식간에 갈 수 있고, 마법의 사과는 어떤 병이라도 고치는 영약이었다. 그래서 삼형제는 양탄자를 타고 왕궁에 도착하여 마법의 사과를 공주에게 먹이자 공주의 병은 거짓말 같이 나았다. 모든 사람은 뛸 듯이 기뻐하였고, 임금님은 곧 잔치를 열고 새로운 왕위 계승자를 발표하기로 했다.

그러자 맏형은 "만일 내가 망원경으로 포고문을 보지 못했더라면 우리는 여기에 올 수 없었어."라고 말했다. 그러자 둘째는 "만일 내 양탄자가 아니었더라면 이렇게 먼 곳까지 어떻게 올 수 있었을까?"라고 말했고, 막내는 "만일 내 사과가 아니었더라면 공주의 병은 고치지 못했을 거야!"라고 말했다.

만일 당신이 임금님이라면 이 세 사람 중 누구에게 공주를 주겠는가? 그 답은 사과를 가지고 있던 막내이다. 망원경을 가지고 있던 맏형은 망원경이 그대로 남아 있고, 양탄자를 가지고 있던 둘째도 양탄자가 그대로 남아 있다. 그러나 사과를 가지고 있었던 막내는 사과를 공주에게 주어 버렸기 때문에 아무것도 남아 있지 않다. 그는 공주를 위하여 모든 것을 주었던 것이다. 『탈무드』에 의하면, '무엇을 해줄 때나 어떠한 행동을 할 때 자신이 가지고 있는 모든 것을 아낌없이 사용하는 것이 중요하다.'라고 말하고 있다.

쉬려면 때를 찾지 말고 지금 당장 쉬라

갈대가 우거진 강가에 먼 길을 여행하던 기러기 떼가 잠시 내려앉았다. 기러기들은 강가에서 며칠을 쉬며 곤한 몸의 피로를 풀었다. 강에는 먹이가 풍부해 쉬이 떠나기가 아쉬웠지만, 다가올 겨울을 생각하며 서둘러 떠날 채비를 했다. 그런데 기러기들이 막 출발하려는 순간, 한 기러기가 동료 기러기들에게 주저하며 말했다. "나는 이곳이 너무 마음에 들어. 그래서 조금만 더 있다가 떠날 생각이야." 동료 기러기들이 내년에 다시 오면 되니 같이 가자고 달랬지만 그 기러기는 그 말을 들은 체도 하지 않았다. 할 수 없이 동료 기러기는 한시라도 빨리 자신들을 쫓아오라는 당부의 말을 남긴 뒤, 아쉬운 표정으로 먼저 떠났다. 동료들이 떠나가고 혼자 남은 기러기는 맛있는 먹이들을 잔뜩 먹으며 '하루만, 하루만…' 하면서 떠날 날짜를 계속 늦추었다.

어느새 강가에 피었던 아름다운 갈대들도 모두 찬바람에 시들어 가고, 새벽이면 찬 서리가 온 대지를 하얗게 뒤덮었다. 추운 겨울이 성큼성큼 다가오고 있었던 것이다. 그제야 기러기는 정신을 차리고 떠날 준비를 서둘렀다. 그런데 기러기가 막 날개를 펴고 하늘로 날아오르려고 하는 순간, 불행하게도 너무 살이 찐 나머지 제대로 몸을 가눌 수조차 없는 상황이 되어 있었다. 결국 가야 할 때를 놓친 기러기는 가엾게도 강가에서 추위에 얼어 죽고 말았다.

지금 여기서
현재에 살기 위해
배우는 우리

5) ACT 육각형을 위한 메타포(중국; 공자, 노자, 장자)와 하이쿠 창작
(B. B. Lee, 2016. 6. 27. Personal Communication)

(1) 현재에 접촉하기

"어느날 장자가 꿈에 나비가 되어 훨훨 날아다녔다. 스스로 유쾌하여 마음대로 노닐면서 그 자신이 장자인 줄 모르다가 조금 뒤에 문득 깨어 보니 분명한 장자였다. 알 수 없는 일이다. 장자가 꿈에 나비가 되었던가? 아니면 나비의 꿈에 장자로 되었던가? 그러나 장자는 장자이고, 나비는 나비로서 반드시 구별이 있으니 이것을 물화라고 한다."

장자는 꿈이 많은 사람이었다고 한다. 하루는 장자가 창가의 책상에 앉아 잠이 들었는데 꿈을 꾸었다. 꿈속에서 장자는 나비가 되었고, 어느새 그 나비가 또 장자가 되어 장자가 나비가 되었는지 나비가 장자가 되었는지 알 수 없었다고 한다. 이것은 두 가지 의미를 나타낸다. 하나는, 꿈은 하나의 깨달음이라는 것이다. 즉, 꿈속에서 무엇인가에 집착하는 모습을 보이다가 꿈이 깨면 이것이 꿈이었다는 것을 깨닫는다. 이 깨달음도 허상의 세계에 대한 일종의 통찰이다. 현실도 얼마든지 꿈과 같이 하나의 허상일 수 있다. 다음은 현실도 꿈이라는 것을 알면 인생의 괴로움도 덧없는 것이고, 이 덧없는 세상에 대한 괴로움도 없앨 수 있다.

(2) 인지적 탈융합

"도는 그 이름을 도라고 불러도 되겠지만, 항상 도라고 부를 필요는 없다. 어떤 명칭으로서 그것의 명칭을 삼을 수 있지만 항상 그 이름으로 불러야 할 필요는 없다. 이름이 없는 때에는 천지의 시작이니 우리가 알 수 없고, 우리가 이름을 붙이면 만물의 근원으로서 모습을 드러낸다. 이름을 붙이기 전의 천지의 오묘함을 보아야 하지만 이름을 붙이기 전에는 볼 수 없다. 이름을 붙인 후에야 비로소 그것의 가장자리(현상)를 파악할 수 있다. 이 두 가지는 동일한 것인데, 다르게 보인 것은 그 이름뿐이다. 실상은 모두 현묘하고 또 현묘하다. 이것이 바로 현상의 다양함이 흘러나오는 문이다."

> "인위적으로 하는 자는 그것을 무너뜨리고, 집착하는 자는 그것을 잃어버린다. 이 때문에 성인은 무위하므로 무너뜨리지 않는다. 집착하지 않으므로 잃어버리지 않는다."

노자는 만물은 모두가 순환하는 과정 속에서 존재하기 때문에 어떤 것의 하나의 일면에 집착해서는 안 된다고 주장했다. 이는 가치 문제에서도 마찬가지이다. 모두 상대적인 것이기 때문에 어느 일면에 집착할 필요가 없는 것이다.

> "배우면 나날이 늘어난다. 도를 행하면 나날이 줄어든다. 계속 줄어들면서 무위에 이른다. 무위하지만 이루어지지 않는 것이 없다."

고통에 집착하면 집착할수록 그것에 융합되어 고통이 늘어나지만, 탈융합을 행하면 행할수록 고통이 줄어들어 결국 고통이 사라지는 무위에 이른다는 것으로 ACT에서 융합과 탈융합의 작동을 설명해 주는 은유 같다.

(3) 수용

"마음에 서서히 젖어 드는 비방과 살을 파고드는 상처와 같은 발언에도 흔들리지 아니하는 사람이야말로 현명한 사람이라 할 수 있다."

군자불기(君子不器)
"군자는 그릇처럼 한정되어 있지 않다."

(4) 맥락으로서의 자기

"타인을 아는 사람은 지혜롭고, 자기 자신을 아는 사람은 밝을 뿐이다."

만일 타인만을 안다면 이것 역시 일부분의 지식에 불과하다. 그러나 노자는 타인뿐만 아니라 자기 자신에 관해서도 알아야 함을 주장한다. 노자는 상대적 분별지를 초월하여 절대지를 강조하고 있음을 알 수 있다. 타인을 아는 것도 일종의 지식이고, 자신을 아는 것도 일종의 지식이다. 그러나 이는 자타가 구별된 지식이기 때문에 도에 합일된 지식이라고 할 수 없다. 따라서 이 단계에 머무르지 말고 한 단계 초월하여 절대지에 진입해야 함을 강조한 것이다. 노자는 학문도 부정하지 않았다. 단지 주관적이고 상대적인 가치만을 추구하는 학문을 반대하였을 뿐이다.

(5) 가치
"그러므로 대장부는 후한 곳에 거처하고, 경박한 곳에 거처하지 않으며, 실질에 거처하지 허망한 곳에 거처하지 않는다. 성인은 가식적인 것을 버리고 실질적인 것을 취한다."

(6) 전념 행동
"모든 것이 참되면 그것이 밖으로 나타나기 마련이다."
"매년마다 꽃은 비슷하나, 매년마다 사람들은 다르다."

드나들어라
너는 있는 그대로
내 마음속을

6) ACT 육각형을 위한 메타포(일본)와 하이쿠 창작 (J. E. Kang, 2016. 6. 27. Personal Communication)

수용전념치료(ACT)는 삶에서 가치 있는 참여에 초점을 두는 행동치료이며, 수용 및 기꺼이하기, 인지적 탈융합, 현재 순간 자각, 맥락으로서의 자기, 가치, 그리고 전념 행동이라는 여섯 개의 핵심 과정을 통해서 클라이언트가 그들이 경험하는 다양한 생각이나 느낌, 경험에 개방될 수 있도록 돕는다. 고통이 가져다주는 이익을 위해 고통을 느끼는 것을 기뻐하는 것이 아니라, 고통스러운 느낌들을 회피하려는 노력들이 괴로움을 만들어 내기 때문에 ACT에서는 내부 경험에 대한 개방을 지지하는 것이다. ACT는 전념된 삶에 방해물로 작용하는 생각과 느낌들을 확인하는 데 초점을 두고, 그러한 내부 경험들 자체를 변화시키기보다는 오히려 그것들에 대한 우리의 관계를 바꾸려고 한다.

한편, ACT는 심리적 경직성이 인간의 괴로움의 핵심이며, 경직성은 언어적 법칙과 언어의 덫에 말려듦으로써 발생한다고 제안한다. ACT는 문자적인 언어가 본래 갖추고 있는 문제들의 일부를 피하려고 시도하는데, 광범위한 은유와 체험적인 연습의 사용은 클라이언트들이 지적인 방식이 아닌 체험적인 방식으로의 접근을 이해하도록 도와준다.

(1) 수용

불꽃놀이 즐기기

: 여름이 되면 곳곳에서 불꽃놀이를 한다. 그때마다 사람들이 잔뜩 몰려서 정신이 없고, 더운데다가 하필 유카타를 입고 나와서 움직임도 불편하다. 이 상황에서 사람들이 많아 복잡하고 덥다며 짜증을 내거나 예민하게 행동하는 것은 도움이 되지 않는다. 그 상황을 있는 그대로 받아들여야 아름다운 불꽃놀이를 마음껏 즐기고 돌아 올 수 있다.

새해 첫 꿈 꾸기

: 일본에서는 정월 둘째 날에 꾸는 꿈을 새해 첫 꿈이라고 여기고, 이 꿈이 한 해를 점치는 것이라고 생각한다. 때문에 좋은 꿈을 꿀 수 있도록 부적 등을 베개 밑에 넣고

잠을 청하는 등 다양한 노력을 한다. 만약 좋은 꿈을 꾸고 싶다는 생각에 너무 집착해서 그것에만 몰두하고 있으면 잠에 들지 못하거나, 잠을 설치다가 꿈 내용도 기억하지 못하게 된다.

온천에 들어가기

: 온천에 들어가려고 하면 물이 너무 뜨겁게 느껴져서 조심히 들어가게 된다. 하지만 이때 물이 너무 뜨겁다고 해서 몸부림을 치거나 계속 나왔다 들어갔다를 반복하면 오히려 더 그 물에 적응을 못한다. 하지만 몸부림을 치는 대신 가만히 들어가서 앉아 있으면 어느새 몸이 물에 적응하여 뜨거움은 더이상 느껴지지 않고 편안하게 온천욕을 즐길 수 있게 된다.

꽃꽂이(生け花)하기

: 클라이언트에게 지금 꽃꽂이(生け花)를 하고 있다고 상상하게 한다. 다양한 꽃을 조화롭게 표현하고자 하는 중인데 갑자기 어떤 꽃 한 송이의 모양이 자신이 원하는 모양이 아니었다고 가정한다. 그 꽃의 모양을 바꾸어 보려고 노력하지만 모양 자체는 변하지 않고, 다른 꽃을 대체하려고 해도 그 꽃이 자꾸 눈에 밟혀 신경이 쓰인다. 시간은 점점 지체되지만 완성도 하지 못하고 꽃들은 점점 시들어 간다. 이 상황에서 모양이 마음에 들지 않았다고 하더라도 있는 그대로 받아들이고, 그 꽃을 사용하여 꽃꽂이를 완성해 봤더니 오히려 더 좋은 작품이 탄생하게 되었다는 것을 이야기한다.

찻잎 세우기

: 차를 마시면서 찻잔 속에 있는 찻잎이 꼿꼿이 서게 되면 행운이 온다는 말이 있다. 만약 이를 위해 찻잎을 세우려고 차를 마시지 않고 찻잔을 흔들거나 입으로 바람을 불어 대지만 전혀 서지 않는다. 그 와중에 따뜻했던 차는 점차 식어가고 다른 사람과의 대화에도 신경을 쓰지 못하게 된다. 하지만 이를 멈추고 차를 조금씩 마시다 보면 어느 순간 찻잎이 꼿꼿이 서 있는 경우가 있다.

(2) 인지적 탈융합

사진 메일 전송하기

: 클라이언트가 클라이언트 자신이 평소 걸어다니던 길(통학길, 출근길 등)에서 새롭게 발견한 것들을 휴대 전화 카메라로 찍어서 치료자에게 전송한다. 평소에는 아무렇지 않게 스쳐 지나 갔던 것들을 다른 관점에서 관찰할 수 있도록 도와주고, 이러한 관점에서 스스로를 다시 바라볼 수 있게 한다.

언어 유희

: 일본어는 히라가나와 가타카나로 구성되어 있는데, 일반적으로는 히라가나를 사용하지만, 의성어나 의태어, 외래어 등은 가타카나로 표기한다. 하지만 이러한 것들을 변형시켜서 히라가나를 써야 할 곳에 가타카나를 써서 표현하기도 한다. 같은 단어라도 다른 방식으로 표현하게 되면 그 뜻이 새롭게 다가오기 때문에 그러한 점을 이용하는 것이다.

한자 분해하기

예시) ~ 念

: 念이라는 단어는 생각을 의미하는데, 일본어에서 이 단어를 ねん(넨)으로 읽으면 조금 후회스러운 생각을 의미하는 것으로 받아들인다. 하지만 이 한자를 분해해 보면 今과 心으로 이루어져 있는데, 今은 '지금, 현재'를 의미하고, 心은 '마음, 생각'을 말한다. 따라서 念이라는 한자를 '지금(현재) 생각하는 것'을 의미하는 것으로 받아들일 수 있도록 한다.

~ちゃん(~짱) 붙이기

: ~ちゃん(~짱)은 누군가를 친근감 있게 부를 때 쓰는 호칭이다. 이 호칭을 이용해서 자주 떠오르는 자신의 모든 생각이나 감정에 ~ちゃん(~짱)이라고 친근감 있게 부르게 한다. 일종의 라벨링 과정을 통해 감정과 융합되지 않고 떨어져서 볼 수 있도록 하는 것이다.

고유 캐릭터 만들기

: 일본의 각 지역에는 그 지역을 대표할 만한 캐릭터가 있다. 그 지역의 특성을 살린 캐릭터는 여행자들에게 많은 사랑을 받고 있다. 여기서 착안하여 내담자의 부정적인 생각이나 감정을 캐릭터화시켜 본다. 그래서 그러한 기분이 들 때마다 거기에 사로잡히기 보다는 '아, ○○(캐릭터 이름)이 나타났다.'라고 생각해 보도록 하고, 그 캐릭터가 어떻게 해서 나타나게 되었는지에 대한 스토리를 생각해 보게 한다.

(3) 현재-순간 자각

냉수에 자신의 손을 계속 담그기(高橋 · 武藤 · 多田 · 杉山, 2002)

: 차가운 물에 손을 넣고 될 수 있는 한 오래 담그고 있기, 그리고 불쾌한 감각, 감정, 사고에서 도망치지 않고 그것의 좋고 나쁨을 판단하지 않으며, 지금 자신이 경험하고 있는 감각을 알아차리고 충분히 맛본다.

차를 음미하기(다도)

: 일본의 다도 문화는 일본의 생활 속에 깊이 스며들어 있는 대표적인 전통문화이다. 엄숙한 분위기 속에서 차를 음미하는 다도는 단순히 티백을 우려 내서 마시는 차와는 다르다. 차를 마시면서 차의 색과 향기, 차의 거품과 그 맛을 하나하나 음미해 본다. 얼마나 쓴지, 어떤 향이 나는지, 거품은 얼마나 부드러운지에 대해 그 감각을 하나하나 음미한다.

하이쿠 작성하기

: 하이쿠는 5-7-5 형태로 이루어진 일본 고유의 단시(短詩)이다. 하이쿠를 짓기 위해서라면 자신이 현재 경험하고 있는 이 순간을 있는 그대로 살펴볼 필요가 있다, 지금 내담자가 느끼는 생각과 내담자 주변의 환경들을 관찰하게 하고, 이를 바탕으로 하이쿠를 작성하도록 한다.

酸いも甘いも噛み分ける(신맛도 단맛도 잘 씹어 본다)

: 신맛도 단맛도 잘 씹어 본다는 말이 있다. 무슨 일이 있어도 이를 차분히 음미해 본

다는 의미인데, 이와 같이 자신이 현재 경험하고 있는 생각에 대해 이 생각이 어떻게 해서 발생했는지, 어떻게 흘러가고 있는지, 이 생각을 했을 때 신체 변화는 어떤지 하나씩 살펴보는 시간을 갖는다.

(4) 맥락으로서의 자기

『나는 고양이로소이다』(나츠메 소세키 作)

: 나츠메 소세키의 소설을 보면, 고양이가 주인공으로 나와 사람들을 관찰한다. 그것처럼 고양이가 되어 자신의 모습을 관찰해 본다. 이 과정을 통해 있는 그대로의 자기 자신을 객관적으로 바라보도록 한다.

가부키 배우 되기

: 가부키 배우들은 남성이지만, 무대 위에서 여성의 역할을 하는 경우도 많다. 여성의 역할을 하기 위해 화장을 하고, 예쁜 기모노를 입고, 여성의 몸짓을 하지만, 극이 끝나 대기실에 들어가는 순간 그들은 본래의 자신의 모습으로 돌아간다. 아무리 여성스럽게 꾸몄다고 하더라도 남성인 그 자신은 그대로 남아 있다는 것을 이야기한다.

애니메이션 속 캐릭터로 변장하기

: 애니메이션 속 캐릭터가 되고자 많은 사람이 그들의 옷을 제작해서 입고, 캐릭터의 포즈를 취하며 그 상황을 즐긴다. 하지만 같은 캐릭터로 변장한 사람들이라도 그들 각각이 다르다. 키도 다르고, 목소리도 다르고, 얼굴 생김새도 다르다. 각각의 고유의 모습이 남아 있는 것이다.

お節(오세치) 요리

: 찬합에 일본의 설 음식인 오세치 요리가 담겨 있다고 생각한다. 이 오세치 요리는 재료에 따라 각각의 의미가 있어 재료의 의미를 생각하며 먹는다(예, 무는 새하얀 마음을 의미하고, 새우는 허리가 휠 때까지 장수하라는 의미가 담겨 있다). 오세치 요리를 받았을 때, 어떤 음식들은 현재 나에게 그다지 필요 없어 보이는 의미를 가진 재료로 만들어진 것이고, 어떤 음식들은 꼭 그렇게 되었으면 하는 재료로 만들어진 음식이라고 생

각한다. 하지만 그 음식들이 다 갖춰져야 오세치 요리가 되는 것이다. 내가 원치 않는 음식이 있다고 해서 그것이 오세치 요리가 되지 않는 것은 아니다.

(5) 가치

기차 도시락 사기

: 일본의 기차 내에서 먹는 도시락을 사용한 것인데, 만약 삶이라는 기차를 타려고 하는데 배가 고파서 도시락을 하나 들고 타야 한다. 도시락은 모두 맛있게 생겨 보이는데 그 위에는 다양한 삶의 가치가 쓰여 있다. 이 중에 어떤 도시락을 들고 기차에 오르겠는가?

오미야게(여행지에서 사 오는 선물) 고르기

: 여행을 다녀오면서 학교 친구와 가족에게 오미야게를 선물하려고 한다. 하지만 사가는 사람들이 너무 많아 거의 품절이 되어 각각 한 종류씩 밖에 남지 않았고, 서둘러 사지 않으면 다른 사람에게 빼앗기게 된다. 이때 가장 먼저 사게 될 것은 무엇인가? 그리고 그 물건을 가지고 집으로 돌아갔을 때 그것을 산 것에 대하여 후회하지 않을 것인가?

一期一会(일기일회)

: 일기일회는 인생에 단 한 번 뿐인 만남이라는 의미이다. 이를 사용하여 인생에 단 한 번 뿐인 만남이 있다면 어떤 것을 원하는지에 대해 이야기를 나눈다. 이를 통해 가치를 명료화한다.

おみくじ(오미쿠지=점)

: 클라이언트가 오미쿠지를 뽑는다고 했을 때 그 속에 어떤 내용이 적혀 있기를 원하는가. 어떤 방식의 삶이 되었으면 좋겠는지에 대해 이야기한다.

(6) 전념 행동

백야행(하얀 어둠을 걷기)

: 백야, 즉 밤이 아닌 밤을 자신의 가치를 위해서라면 걸어나갈 수 있을 것인가. 너무 힘들어서 이전의 삶의 방식으로 돌아가고 싶어도 꾹 참고 갈 수 있을 것인가.

가마(神輿) 짊어지기

: 가마는 일본의 축제 때 등장하는 것으로, 신이 타고 있다고 여기며 많은 사람이 가마를 들고 길거리를 행진한다. 하지만 이 가마는 굉장히 무거워서 한 발 한 발 걷는 것이 고되다고 한다. 만약 가마 속에 자신이 가장 중요하다고 여기는 가치가 들어 있지만 굉장히 무거워서 이 가마를 들고 걸어가는 길이 고되다고 한다면 어떨까? 그래도 잘 짊어지고 갈 것인가.

정원 꾸미기

: 일본의 정원은 자연을 있는 그대로 옮겨 놓고자 한다. 정원에 어떤 것들이 들어갈지에 대해 정하게 되었을 때, 그에 맞춰 돌을 운반하고, 나무를 심고, 자갈로 무늬를 만드는 과정이 전념 행동이라고 할 수 있다.

장마로구나
울적한 내 마음도
수용해야지.

7) ACT 육각형을 위한 메타포(한국)와 하이쿠 창작 (Ryu, 2016)

ACT는 심리적 유연성이 건강한 정서적 기능의 핵심이라고 주장한다. 여섯 가지 핵심 치료 과정—수용 및 기꺼이하기, 인지적 탈융합, 현재-순간 자각, 맥락으로서의 자기, 가치, 전념 행동—을 통하여 내담자들은 마음 혹은 신체가 요구하는 것보다는 오히려 실제의 경험에 개방되고 이에 근거하여 행동하도록 인도된다.

ACT의 궁극적인 목표는 심리적 유연성이고, 이것은 가치로 인도되는 행동을 취할 수 있도록 충분히 현재에 존재하고 우리의 경험에 개방하는 능력이다. 좀 더 간단히 말해서, 심리적 유연성은 현재에 존재하는 능력, 마음을 터놓는 능력, 그리고 중요한 것을 하는 능력이다(Harris, 2009). 궁극적으로, 현재에 존재하기, 마음을 터놓기, 그리고 중요한 것을 행하는 것은 풍요롭고 의미 있고 참된 활력이 특징인 삶으로 이끈다.

(1) 수용 및 기꺼이하기

꼬리 잡기 명상

한국의 전통놀이인 꼬리 잡기 놀이에서 착안한 이 명상은 꼬리에 꼬리를 잡듯 내담자의 문제에 대해 끊임없이 생각하는 것을 뜻한다. 수용은 자신에게 일어난 사건을 도피, 변화 혹은 통제하려는 시도 없이 내부의 경험과 충분히 접촉하는 것을 포함한다. 자신에게 일어난 일이나 심리적 고통을 주는 사건에 대해서 포기하거나 항복하거나 체념을 하는 것이 아닌 그 문제를 받아들이고 깊이 탐색해 보는 것이 이 명상의 핵심이다. 문제가 발생한 원인과 과정을 하나하나 생각해 보며 그 문제가 자신에게 주는 의미를 알아보고 그 안에 생기는 비합리적인 신념을 수정해나가는 것이다. 이 문제가 자신에게 그다지 큰 문제가 아니며 잘 해결될 것이라는 믿음이 생길 때까지 끊임없이 생각한다.

두 손 모아 물 받기

두 손을 모아 물을 받을 때 그 물을 가장 안전하게 지키는 방법은 최대한 가만히 두 손을 오므리고 있는 것이다. 너무 꽉 쥐거나 몸을 흔들면 물은 금새 다 빠져나가 버린다. 수용은 간단히 말해서 무엇이 발생하든 부드럽게 쥐는 것을 의미하는데, 자신의 문제에 대해서 조급하게 꽉 쥐거나 외부에 흔들려 흘려버리는 것보다는 안정감을 가지고 그 문제를 차근히 바라보며 수용하는 것의 중요성을 깨우치는 것이 이 은유의 핵심이다. 손 안에 든 물을 바라보며 차분한 마음을 가지고 이 물(즉, 문제)이 나에게 어떤 압박감을 주는지, 이 문제를 헤쳐 나가면 어떤 것들을 얻게 될지를 생각한다.

선인장을 움켜쥐기

선인장에는 많은 가시가 있다. 이 선인장이 손에 있을 때 가장 고통을 덜 받는 방법은 손의 힘을 빼고 그대로 놔두는 것이다. 당장 이 선인장이 고통을 유발한다고 해서 꽉 움켜쥐거나 손을 털어 버리는 등 회피하는 방식을 쓴다면 문제가 반복될 때 마다 다치게 되거나 제대로 해결하지 못한 채 회피하게 된다.

이 점을 기억해 치료자는 아무리 내담자에게 심리적인 고통을 주는 문제에 대해서도 유연한 마음과 안정된 마음을 가지고 부드럽게 수용하는 것에 대한 교훈을 줄 수 있는 메타포 연습이 필요하다.

(2) 인지적 탈융합

젖은 코트 벗어 놓기

치료자는 클라이언트에게 사람들은 저마다 자신을 무겁게 하는 젖은 코트를 걸치고 있다는 사실을 상기시킨다. 이 젖은 코트는 무겁고 축축하지만 모든 사람이 걸치고 있다. 하지만 밖은 매우 춥고, 이 코트를 벗는다면 클라이언트는 자신이 추위에 떨게 될 것을 알기 때문에 쉽사리 벗지 못한다.

이 코트를 버릴 수는 없다. 이 코트를 버리는 것은 영원히 추위에 시달리는 것을 선택하는 것과 같다. 우리는 잠시 젖은 코트에 대해 초점을 맞춰 생각해 보기로 한다. 코트의 질감과 색깔, 젖어 있는 정도, 그리고 자신에게 느껴지는 무게에 대해 생각한다. 코트를 잠시 벗어도 좋다(하지만 영원히 버리는 것은 불가능하다). 코트를 잠시 벗고 추위에 떨어 보기도 하고, 또 잠시 나와 분리시켜 코트를 벗은 기분에 대해서도 느껴본다. 결국 클라이언트는 코트를 다시 입게 되겠지만 코트에 대해서 잘 알고 있기 때문에 곧 이 코트가 말라 따뜻하게 자신을 보호해 줄 것이라는 믿음을 가지게 된다.

언어의 순서를 뒤바꾸기

이 연습은 언어를 탈문자하는 탈융합 연습이다. 단어를 소리로 연결하고, 문자 그대로의 언어의 의미에서 떼어놓음으로써 탈융합을 촉진하는 것을 목표로 하는 연습 각

본을 제공한다. 이 연습은 기존의 주어, 목적어, 동사의 순서를 바꾸어 말하는 것이 연습의 핵심이다. 예를 들어, 나는 밥을 먹었다→먹었다 밥을 나는 이런 식으로 바꾸어 자신이 생각하는 언어의 의미와 좀 더 멀어지게 하는 것이 이 연습의 핵심이다. 이 연습의 목표는 클라이언트에게서 그 언어의 말 뜻에 대해서 다른 경험과 생각을 갖도록 이끄는 것이다. 연습을 넘어서서 이 체험을 일반화할 수 있도록 격려하는 것은 치료자가 해야 할 역할 중의 하나이다.

쥐불놀이 명상

한국의 전통놀이인 쥐불놀이에서 아이디어를 얻은 이 연습은 깡통에 자신이 적은 걱정거리나 고민거리를 넣고 불을 붙인다. 그리고 쥐불놀이를 하듯이 두 팔로 힘껏 깡통을 돌린 후 던져 버린다. 이 깡통에는 자신의 고민이 들어 있고, 온 힘을 다해 고민을 돌리는 것은 자신에게 힘든 일이다. 하지만 그 시간들을 이겨 내어 시원하게 던지면서 후련한 기분을 느끼고 또 그 깡통이 멀리 날아가는 과정을 지켜보며 현재 자신을 괴롭게 하는 문제와 분리되어 객관적으로 바라볼 수 있는 기회를 제공한다.

(3) 현재-순간 자각

사진을 이용한 현재-순간 자각

다양한 주제나 사건을 암시하는 극적인 표정이 들어간 인물 사진이나 임상 장면에서 널리 쓰이는 대표적인 투사 검사인 주제통각검사(Thematic Apperception Test: TAT) 자극을 클라이언트에게 제시한다. 이때 클라이언트는 이 자극을 보고 이야기를 만들어 나가려고 시도하겠지만 치료자는 이 사건이 일어나게 된 경위나 사진 속 주인공의 과거보다는 현재에 초점을 맞추어 볼 것을 권유한다.

사진 속 주인공의 과거나 미래에 대한 이야기보다는 그 사람이 현재 느끼고 있는 감정이나 생각에 초점을 맞추어 이입해 보도록 한다.

과거나 미래로부터 비롯되는 걱정에서 분리되어 그 감정을 고스란히 느껴보는 것은 클라이언트에게 탐색과 통찰의 기회를 제공한다.

장님이 코끼리 만지기

한국의 전래동화에는 임금님이 장님들을 모아 코끼리를 만지게 하고, 만진 것에 대해 이야기를 해 보게 하는 전래동화가 있다. 장님들은 각각 다른 부위를 만졌기 때문에 똑같은 한 마리의 코끼리를 만졌음에도 불구하고 모두 다른 이야기를 한다. 이 이야기에서 착안한 이 연습은 먼저 치료자가 클라이언트에게 눈을 가리거나 감을 것을 요청한다. 그리고 치료자는 자신이 준비해 온 사물이나 물체를 오직 클라이언트의 촉감을 이용해서만 만지게 한다.

이후 클라이언트들은 각자 자기가 만지고 본 것에 대해 이야기를 나누며, 같은 물건을 만졌음에도 불구하고 서로 다른 것을 느끼고 생각했음을 자각하게 된다. 이러한 각각의 의견은 자신의 경험과 떼어놓을 수 있는 기회를 제공하고, 이러한 알아차림을 촉진시키는 토의의 장을 마련한다. 이 연습은 클라이언트들에게 현재-순간 알아차림과 그들의 생각, 감정, 감각 및 다른 사적 사건에 대한 알아차림을 가져오는 것 간의 연결을 만들어 보다 더 일상적인 생활에 적용할 수 있도록 격려한다.

(4) 맥락으로서의 자기

나는 누구인가

사람들은 모두 저마다의 역할을 가지고 있다. 나는 대학원에서는 심리학 공부를 하는 학생이지만 집에서는 부모님의 첫째 딸이고, 동생들에게는 첫째 언니이며, 병원 실습에서는 환자들에게 프로그램을 진행하는 선생님이 된다. 이렇게 나라는 존재는 분명 하나이지만 사회나 가정에서 맡는 역할은 그 상황에서 하는 역할에 따라 다들 하나 이상의 자기를 가지게 된다. 이 아이디어에서 착안한 이 연습은 클라이언트에게 자신을 자신이 가진 이름 말고 또 어떻게 다르게 불릴 수 있는지를 생각해 보고 리스트를 작성하게 한다. 예를 들면, 한 클라이언트는 서강준이라는 이름 대신 부모님의 둘째아들, ○○대학교의 학생, ○○편의점에서 야간 알바를 하는 직원 등 여러 가지 자신의 역할에 대해 작성할 것이다.

이 과정에서 맥락에 따라 자신이 다른 정체성을 가질 수 있음을 자각한다. 여기서 치료자의 역할은 사회적 역할뿐만 아니라 클라이언트가 경험하는 심리적 고통 또한 맥락에 지배를 받음을 상기시켜 준다. 클라이언트가 겪는 고민은 현재 클라이언트에게 많은 압박감과 불안감을 주지만 클라이언트의 인생 전체를 조망하여 보면 작은 문제일 수 있고, 또 전 세계적으로 보면 사소한 문제일 수 있음을 자각하게 해주는 것이다.

이 연습은 자신의 정체성을 탐색해 보는 작업에서 출발해 개인의 심리적 고통으로 확장시킨다는 데에서 의미가 있는 연습이다.

유명인이 되어 보기

유명인이 된다는 것은 많은 사람의 비판과 칭찬을 감수해야 한다는 것을 의미한다. 유명인에게 어떤 사건이 터졌을 때 기사를 본 많은 사람은 저마다의 의견을 인터넷 공간에 표출한다. 비판적인 입장이 있는가 하면 옹호하는 입장도 있다. 이렇게 자신이 겪는 심리적 문제가 유명인이 되었다고 가정하고 이 문제에 대해 여러 가지 시각을 나눠 본다. 이 연습은 혼자보다는 다른 클라이언트들과 함께 작업하는 것이 더 효율적일 수 있다.

클라이언트가 자신이 겪는 문제를 유명인처럼 모두에게 공개하고, 나머지 클라이언트들은 대중이 되어 그 문제에 대한 자신의 시각을 말하는 것이다.

문제를 내놓은 클라이언트는 다른 클라이언트들의 시각을 수용하며 자신의 문제를 바라봤던 편협한 시각을 알아차리게 되고, 시야를 넓히며, 문제에 대한 깊은 통찰을 촉진시킬 수 있는 기회를 갖게 된다. 또한 자신이 생각했던 맥락뿐 아니라 다른 맥락에서도 자신의 문제를 바라볼 수 있음을 알아차리게 된다는 것이 이 연습이 갖는 의미이자 핵심이다.

(5) 가치

버킷리스트 작성하기

버킷리스트는 죽기 전에 꼭 해야 할 일이나 하고 싶은 일들에 대한 리스트이다. 버킷리스는 클라이언트가 소망하고 희망하는 것을 적어 봄으로써 클라이언트가 평소 가치를 두는 일들에 대해 알 수 있다. ACT에서 가치는 개인이 중요하고 의미 있는 것으로 규정하는 선택된 길로서 목적이 분명하거나 중요한 무언가를 할 때마다 우리는 가치화 행동에 관여한다. 자신이 죽기 전에 꼭 해 보고 싶은 일을 고민해 보고 적어 보는 작업은 이러한 가치화 행동을 탐색해 볼 수 있다.

카탈로그 만들기

가치는 사람들이 우리를 어떻게 대하는가에 관한 것이 아니다. 가치는 개인이 어떻게 행동해야 할지 선택에 관한 것으로서 자신의 가치는 타인이 아닌 자기 자신에 의해 정해진다. 카탈로그는 선전을 목적으로 그림과 설명을 덧붙여 작은 책 모양으로 꾸민 일종의 상품 안내서이다. 카탈로그에는 제품의 장점 및 사야 하는 이유들이 예쁜 사진과 함께 적혀 있다. 상품의 가치를 선전하기 위한 목적인 것이다. 여기서 아이디어를 얻은 카탈로그 만들기 연습은 자신이 생각하는 자신의 가치를 카탈로그에 직접 작성하고 표현해 보는 연습이다.

유서 써 보기

유서에는 죽을 때 자신이 하고 싶은 말, 평소 자신이 생각했던 중요한 가치, 소중한 사람들을 쓰기 마련이다. 가치는 개인적인 것으로서 자신에게 중요한 것이 배우자에게는 중요하지 않을 수 있고, 클라이언트의 부모, 종교 집단 혹은 사회가 가치를 두는 것이 클라이언트에게는 중요하지 않을 수 있다. 유서에는 이러한 외부나 사회의 압력에 상관없이 자신의 개인적인 가치를 마음껏 쓸 수 있다. 이 연습은 클라이언트 자신의 가치를 규명하고 명료하게 도와주기 위해 만들어졌다. 클라이언트에게 이것에 대해 생각할 시간을 충분히 주고 생각해 볼 기회를 주는 것은 자신의 가치화 행동을 촉진시키며 동기화하는 기회가 된다.

(6) 전념 행동

두 시간 동안 식사하기

우리는 식사를 할 때 약 20분에서 30분의 시간을 소요한다. 식사를 하는 상황에 따라, 또는 밥을 먹는 사람의 성격이나 음식의 특성에 따라 이것은 더 짧아지기도 한다. 특히나 급하게 밥을 먹어야 하는 상황에서 우리는 제대로 씹지 못하고 맛보지 못한 채 그냥 넘겨 버리고 배만 채운 적도 있다. 이런 상황은 우리가 다음에 해야 할 일, 또는 다른 것을 생각하느라고 밥 먹는 행동에 전념하지 못한 경우라고 할 수 있다.

이 연습에서 치료자는 클라이언트에게 평소의 식사 시간보다 몇 배는 더 많은 시간을 들여 식사를 하게 권유한다. 이렇게 오랜 시간 동안 식사를 하려면 클라이언트는 자신의 식사에 전념해야 한다. 숟가락에 얹어 있는 밥의 모양을 관찰하고, 밥의 식감과 반찬과의 조화, 맛과 향을 음미한다. 이렇게 밥을 먹는 행위에 전념해야만이 오랜 시간 동안 식사를 계속할 수 있다. 이런 과정에서 클라이언트는 자신이 식사를 하는 행위에서 평소에 깨닫지 못했던 즐거움과 통찰을 얻을 수 있다. 식사를 그냥 한 끼 때우는 것이 아닌 밥을 먹는 것 이상의 의미를 발견하게 된다. 이렇게 전념 행동은 현재 자신의 심리적 압박감으로부터 분리해 주는 기회와 전념 행동에서 비롯되는 새로운 시야와 알아차림을 깨닫게 해 준다.

개처럼 살기 연습

전념 행동은 한 사람의 가치 방향으로 나아가는 데에서 외현 행동에서의 능동적이고 목적이 있는 참여이다. 행동에 대한 전념은 이들 사건과 다른 사적인 사건들을 경험하기 위해 기꺼이하기를 필요로 하는데, 이는 심리적 유연성을 구축하는 기회를 제공한다.

이 연습은 박웅현의 책 『여덟 단어』에서 아이디어를 얻은 연습이다. 박웅현은 ACT에서의 현재-순간 자각 개념과 같이 현재의 중요성을 강조하며 개처럼 살라고 권유했다. 이 말은 클라이언트에게 궁금증을 일으키지만 개처럼 살라는 뜻에는 이런 의미가 내포되어 있다. '개는 밥을 먹으면서 어제의 공놀이를 후회하지 않고, 잠을 자면서 내

일의 꼬리치기를 미리 걱정하지 않는다.' ACT에서 말하는 전념 행동을 개는 이미 행하고 있는 것이다.

『여덟 단어』에서 저자는 자신의 과거를 돌이켜보며 아쉬움이 많이 남는다고 하였다. 이는 자신이 늘 현재를 살지 못했기 때문이라고 생각한다. 바로 현재에 전념하지 못하고 항상 과거와 미래를 생각하느라고 불안해 했던 것을 후회하는 것이다.

이 연습의 핵심은 걱정과 후회를 안 하는 것은 불가능하겠지만 그럼에도 불구하고 현재를 즐기는 것이다. 이 연습은 앞으로 나아가는 과정에서 나타나는 생각, 느낌 및 반작용을 기꺼이 경험하게 함으로써 선택된 가치 면에서의 의도적인 행동 변화를 할 수 있는 기회를 제공한다. 치료자는 클라이언트들에게 치료 과정 동안에 일어나는 어떤 행동 변화에도 이러한 질문을 적용할 수 있게끔 그들과 함께 작업하는 역할을 한다.

육각형에서
얻게 된 육백 개의
진리와 지혜

15번의 만남
나눴던 수많은 말
성장한 우리

서양에서 온
가장 동양적이던
심리치료법

맺는말

'지금-여기에 머물러서 자신을 관찰하고, 가치를 실천하라.'

인도 콜카타에 가면 세상에서 가장 큰 반얀(Banyan)나무가 있다. 얼핏 보면 숲처럼 보이지만 실제로는 단 한 그루의 나무가 가지에서 뿌리를 내려 번지고 번져서 둘레가 500m나 되는 숲을 이루고 있다. 버팀목처럼 보이는 나무는 뿌리가 내려 땅에 닿으면 그대로 기둥뿌리가 되어 가지를 스스로 받치면서 번식하는 것이다. 예전부터 수행자들은 이런 나무 아래서 명상에 잠겨 우주의 신비에 눈을 떴다.

이러한 수행에 관련된 이야기 가운데 유명한 것으로 베다(Veda는 '지식' 또는 '과학'을 의미하며, 아유르베다는 '생명의 과학'을 의미한다)를 배우기 위하여 집에서 멀리 떠나온 스베타케투라는 젊은이의 이야기가 있다: 옛 인도에서는 베다를 배우려면 스승과 같이 지내면서 길고 긴 신성한 문장들을 외워야 했다. 스베타케투도 그렇게 12년을 보냈

다. 마침내 집으로 돌아왔을 때 그는 그동안 배운 것에 대해서 매우 의기양양해 있었다. 한편으로는 놀랍고, 한편으로는 기뻤지만 그의 아버지는 그의 기를 좀 꺾어 주기로 하였다. 그때의 대화 내용은 대략 다음과 같다:

"가서 반얀나무 열매를 따오너라." 스베타케투의 아버지가 말했다.
"여기 있습니다, 아버님."
"열매를 쪼개서 그 안에 무엇이 있는지 말해 보아라."
"조그만 씨앗들이 많이 있습니다, 아버님."
"그중에 하나를 쪼개서 그 안에 무엇이 보이는지 말해 보아라."
"아무것도 없습니다, 아버님."
그러자 아버지가 말했다. "이 과일의 가장 미세한 정수는 네게는 아무것도 아닌 것으로 보이겠지만 아들아 내 말을 믿어라. 그 아무것도 아닌 것으로부터 이 힘찬 반얀나무가 생겨났단다."
"바로 그것, 모든 것의 가장 미세한 정수인 그것, 최상의 현실, 존재하는 모든 것의 자아, 그것이 너다, 스베타케투야."

이 이야기도 ACT의 **관계 틀 이론**(RFT)과 **기능적 맥락주의**(FC)로 분석할 수 있는가? '두 마리 늑대'(Keller, 2012) 이야기를 하나 더 소개해 보자.

어느 저녁, 한 체로키 인디언 장로가 손자에게 모든 사람의 마음속에서 벌어지는 다툼에 대한 이야기를 들려주었다.
그가 말했다.
"얘야, 그 싸움은 우리 마음속에 있는 두 마리 늑대 사이에서 벌어진단다.
한 늑대는 두려움이라고 해.
놈은 불안과 걱정, 불확실성, 머뭇거림, 주저함, 그리고 대책 없음을 가지고 다니지.
다른 한 늑대는 믿음이라고 해.
그 늑대는 차분함과 확신, 자신감, 열정, 단호함, 흥분, 그리고 행동을 불러온단다."
그 말을 들은 손자가 잠시 생각하더니 쑥스러운 듯 할아버지에게 물었다.
"그럼 둘 중에서 어느 늑대가 이겨요?"

그러자 할아버지가 대답했다.

"바로 네가 먹이를 주는 늑대란다."

남다른 성과로 가는 길은 다른 무엇보다도 믿음을 바탕으로 다져진다. 자신의 목적의식과 우선 순위를 믿을 때에만 비로소 단 하나(the one thing)를 추구할 수 있다(구세희, 2013; Keller & Papasan, 2012). 이러한 이야기들은 ACT 육각형에서 자신의 가치를 실천하는 이야기가 될 수도 있다.

이 책의 앞에서도 말했듯이, 메타포(은유)란 한 개념을 설명하거나 전달하려고 할 때 어떤 다른 것에 비유해서 설명하는 것이다. 우리 인간의 많은 활동은 은유적이며, 위대한 사상가나 현자, 성인, 스승, 어른 및 부모는 의미를 잘 전달하기 위해 은유를 사용하여 왔다. 그런데 그 은유는 문화와 맥락에 따라 달라질 수밖에 없다. 물론 공통적인 부분도 있기 때문에 오늘날에는 이전보다는 더 잘 소통이 되기도 하고 서로를 잘 이해할 수도 있다. 그렇지만 은유가 본래의 의도대로 그 의미가 더 잘 전달된다면 더할 나위 없을 것이다.

따라서 이 책에서는 이미 ACT에서 사용하고 있는 다양한 은유를 ACT의 여섯 가지 핵심 치료 과정(현재에 접촉하기, 수용, 탈융합, 맥락으로서의 자기, 가치, 전념 행동)에 따라서 모으고 분류하며, 또한 한국인들에게 그 의미가 잘 전달되는 다양한 은유를 동양 문화권과 우리 문화에서 발견하여 모으고 분류하는 작업을 하려고 하였다.

이를 위해서, 첫째, ACT에 대한 개관을 특히 심리적 경직성과 심리적 유연성 면에서 다루고, 둘째, ACT의 탄탄한 이론적 배경인 행동주의의 관계 틀 이론과 기능적 맥락주의를 메타포의 견지에서 비교적 자세하게 살펴보고, 셋째, 심리학과 심리치료에서 메타포(은유)를 다루어 온 역사를 다루고, 끝으로, ACT의 핵심 치료 과정인 육각형에 따른 기존의 ACT와 새로운 ACT의 생성(동양 문화권과 한국 문화에서)을 다루며, 특히 마음챙김, 경(敬), 감정이입(empathy) 및 자비를 위한 하이쿠와 시조를 통한 새로운 방법을 소개하려고 하였으며, 그리하여 ACT 육각형을 위한 메타포의 창조를 목표로 하였다.

요약하면, ACT의 마음챙김과 수용은 우리 문화에서 익숙한 최고의 중용(中庸)이며, 그 중용의 핵심은 지행합일인데, ACT는 최고의 지행합일의 행동주의 심리치료라고 생각된다. 이 행동치료의 제3물결은 더욱 진화해 갈 것이다. 그 진화의 흐름 속에서 이

책은 수용전념치료(ACT)에서 행동주의의 기능적 맥락주의와 관계 틀 관점으로 메타포(은유)를 이해하고, 활용하고, 창조하기를 특히 동양 문화권에 속하는 한국 사람들에게 더 잘 전달되도록 연구자들과 실무자들을 위한 은유 지침서가 되는 것이 목표이다.

부록

1. 수용전념치료가 부적응적 완벽주의 대학생의 심리적 수용, 패배감 및 자살 생각에 미치는 효과 / ACT 매뉴얼
2. 불교 경전 속 은유
3. 수용전념치료 메타포
4. 그 외에 각색할 수 있는 메타포

부록 1

수용전념치료(ACT)가 부적응적 완벽주의 대학생의 심리적 수용, 패배감 및 자살 생각에 미치는 효과(김지희, 손정락, 2017)/ACT 매뉴얼*

1회기: 오리엔테이션 및 창조적 절망감

- **목표**: 프로그램에 대한 오리엔테이션을 한 후, 창조적 절망감을 느껴보고 그로 인한 새로운 대안적 방법에 대한 필요성을 느껴본다.
- **준비물**: 명찰, 사인펜, 프로그램 참여 동의서, 프로그램 규칙 서약서, 괴로움 목록 활동지, 회피 억압 활동지, 괴물과의 줄다리기 그림, 수용전념치료 PPT, 명상 오디오 파일
- **활동 내용**:

오리엔테이션

◇ 집단원 소개

안녕하세요? 앞으로 8회기 동안 함께하게 될 리더 김지희라고 합니다. 저는 현재 심리학과 대학원 석사과정에 재학 중이고요, 대학원에 들어와서 우연히 접하게 된 후 수용전념치료(ACT)에 관심을 두고 공부하게 되었습니다. 처음 만나 이렇게 앞에 있으니 조금 떨리면서도 설레고 무척 반갑습니다. 앞으로 8회기 동안 잘 부탁드리겠습니다.

여기 계신 여러분도 서로 돌아가면서 각자 자기소개를 해 봅시다. 자신의 이름을 명찰에 적어 보세요. 실명이 부담스러우신 분들은 불리고 싶은 이름으로 지어 넣으셔도 됩니다. 명찰을 보여 주면서 이름과 함께 간단히 소개를 해 주세요. 어떻게 참여하게

---

* 이 ACT 매뉴얼은 문현미(2006), 손정락(2010), 그리고 여러 ACT 프로그램 등을 참고하여 대학생의 패배감과 속박감에 초점을 맞추어 재구성한 것임.

되었는지, 무엇을 생각하면서 왔는지, 지금 어떤 기분과 생각이 드는지 등을 자유롭게 이야기해 보겠습니다. 질문이 있으신 분은 서로 질문하셔도 좋습니다.

◇ 프로그램 소개

이 프로그램은 이제까지의 상담 방식과 다를 수 있습니다. 여러분이 느끼고 생각하는 방식을 직접 변화시키려는 방식이 아닙니다. 여러분 자신과 여러분 각자의 심리적 경험들(감정, 생각, 감각, 기억 등)과의 관계에 대해 다루게 될 것입니다. 수용전념치료의 기본적인 치료 요소가 6~7개이므로 8회기에 걸쳐서 매 회기에 한 요소씩 다루게 될 것입니다.

◇ 집단 구조화

앞으로 매 회 1시간 30분씩, 주 2회, 총 8회기 동안 만나게 될 것입니다. 간단한 설명이나 비유, 활동지를 통한 연습, 명상, 과제물 등을 통해 진행이 될 예정입니다. 내용이 익숙하지 않아 낯설고 불편하더라도, 불편한 감정이 올라와서 피하고 싶거나 중단하고 싶은 감정이 들더라도 경험 수용을 돕기 위한 과정이므로 끝까지 함께 경험할 수 있으면 좋겠습니다. 또 각 회기마다 다른 요소들로 구성이 되어 있으니 빠짐없이 참여해 주셔야 전체 과정을 알 수 있고, 어느 한 구성 요소라도 경험하지 못한 경우에는 이 프로그램을 경험했다고 말하기 어려울 수 있습니다. 그러므로 8주 동안 매주 이 시간에 여러분이 여기에 있기를 바랍니다. 집단 안에서 편안함보다는 체험과 훈련을 추구하시면 더 많은 것을 느끼실 수 있을 것입니다.

◇ 규칙 정하기

앞으로 한 달 동안 만나면서 지켜야 할 규칙에 대해서 이야기해 보겠습니다. 몇 가지는 제가 미리 적어 두었습니다. 그 외에 제안하고 싶은 규칙이 있다면 말씀해 주세요. 자신에 대해 '이렇게 대해 주었으면 좋겠다' 하는 것도 괜찮습니다. (집단원 모두의 합의로 규칙을 정한 후) 이제 이와 같은 규칙을 지킬 것임을 약속합니다. 자신의 이름을 적어 주시고 서명해 주세요.

창조적 절망감

◇ 괴로움 목록 활동지

우리는 너무 잘하고 싶어서 오히려 실패했다는 느낌이나 벗어날 수 없을 것 같은 느낌에 더 잘 사로잡히기도 합니다. 우리가 실패했다거나 되돌릴 수 없을 것 같은 느낌에 빠져들었을 때를 생각하면서 괴로웠던 순간을 구체적으로 떠올려 보고 5가지 정도 적어 봅시다. 그리고 각 순간마다 괴로움을 극복하기 위해 나는 어떤 행동과 어떤 노력을 했는지 적어 봅시다.

서로 이야기해 볼까요? 어떤 순간들이 있었고, 어떤 노력을 해 왔는지 말씀해 주세요. [서로의 이야기를 들으며 괴로움을 느끼는 순간들이 혼자만 겪는 바보 같은 일이 아니라는 것을 느낄 수 있도록 돕고, 괴로움에 대한 대처 방식의 효과성을 논할 때 실패감을 느끼지 않도록 격려한다.]

◇ 회피 억압 활동지

이와 같이 우리 내면에서 일어나는 생각, 감정, 기억 등이 괴롭다고 느껴지면 우리는 그것을 없애 버리거나 밀어내려고 합니다. 이것은 여기 계신 여러분과 저만 그런 것이 아니라, 언어를 사용하는 우리 모두가 가지고 있는 공통적인 특성입니다. 이렇게 내 마음대로 내 안에서 일어나는 일들을 조정하려고 하는 것을 수용전념치료에서는 '통제한다.'라고 합니다. 우리가 우리 내면에서 일어나는 일들을 어떤 방식으로 통제하려고 했는지 한번 체크해 볼까요?

◇ 통제의 효과성에 대한 논의

이렇게 괴로움을 통제하려고 노력한 결과, 그 괴로움에서 벗어날 수 있었습니까? 효과가 있었다면 얼마나 지속되었지요? [지금껏 해 온 방식들에 대한 효과성을 탐색해 보도록 촉진한다.]

통제하는 방식이 그다지 효과가 있었던 것 같지 않네요. 그렇다면 다른 방법을 고민해 볼 필요가 있겠습니다. 통제가 효과가 없었다면, 이와 정반대되는 방법은 혹시 어떨까요?

수용전념치료 소개

◇ 괴물과의 줄다리기 비유

여러분이 처한 상황은 커다란 괴물과 줄다리기를 하고 있는 것과도 같습니다. 그 괴물은 크고, 못생기고, 매우 강합니다. 당신과 괴물 사이에는 커다란 구덩이가 있는데, 밑바닥을 알 수 없는 깊은 구덩이입니다. 만일 당신이 괴물과의 줄다리기에서 진다면, 이 구덩이 속으로 떨어질 것입니다. 당신은 구덩이에 떨어지지 않기 위해 잡아당기고 또 당깁니다. 그런데 당신이 힘껏 당길수록 괴물도 힘껏 당깁니다. 당신은 구덩이 끝으로 점점 더 가까워집니다. 여기서 우리가 가장 이해하기 어려운 점은 줄다리기에서 이기는 것이 우리가 해야 할 일이 아니라는 것입니다. 당신에게 필요한 것은 밧줄을 내려놓는 것입니다. 그리고 당신이 가고자 하는 방향으로 가는 것이 필요합니다. 그러면 구덩이에 떨어지지도 않을 것입니다.

◇ 수용전념치료란? [PPT로 대체]

◇ 마음챙김 [PPT로 대체]

◇ STOP

한 발 물러나고 / 호흡을 하고/ 지켜보고 / 가치를 실현하라

우리가 어떤 괴로움에 처해 있을 때 그 괴로움에 휩쓸리지 않고 현재로 빠져나와 온전한 나의 삶을 살 수 있도록 도와주는 수용전념치료적 단계입니다. 여기 나와 있는 4단계를 실제로 어떻게 할 수 있는지, 앞으로 차례차례 소개해 드리도록 하겠습니다.

마음챙김 명상

◇ 3분 호흡 명상

수용전념치료에서 명상은 아주 중요한 연습 방법입니다. 지금 발에 양말을 신고 있는 것을 느껴 보세요. 느껴지지요? 조금 전까지만 해도 느껴지지 않았던 발의 미묘한 압박감이 주의를 기울이니 느껴집니다. 사실은 아까부터 이런 상태였지만 주의를 기울이지 않아 알아차리지 못했던 것 뿐입니다. 마음챙김 명상은 이렇게 주의를 기울임

으로써 우리 자신이 경험하는 것들을 잘 알아차릴 수 있도록 도와줍니다. 처음하는 것이라 쉽지 않을 수 있지만, 차차 연습을 통해 내면에서 경험하는 것들을 바라보는 것이 편안해질 것입니다. 오늘은 먼저 생각, 감각, 호흡을 빠르게 훑어볼 수 있는 명상으로 연습을 시작해 보겠습니다. 등받이에 몸을 기대지 않고 반듯하게 편안하게 앉아보세요. 눈을 가볍게 감고 오디오 지시문에 주의를 기울여 잘 따라가 보세요.

어떠셨습니까? 잘 따라갈 수 있었습니까? 계속해서 주의를 집중할 수 있었습니까? 도중에 혹시 어떤 생각이나 감정이 들었습니까? [피드백을 하며 잘한 부분을 관심 있게 듣고 격려해 준다.]

명상 방법에는 여러 가지가 있습니다. 앞으로 몇 가지 명상을 경험해 보고 특별히 자신에게 맞는 명상이 있다면 그 방법을 주로 사용하시는 것도 좋겠습니다.

과제

◇ 알아차림 연습

조금 전 명상에서 해 보았던 것처럼, 하루에 한두 번씩 지금 순간 내가 무슨 생각을 하고 있지? 어떤 기분이지? 몸의 느낌들이 어떻지? 하고 질문해 보시고 느껴 보려고 노력해 보시기 바랍니다. 잘 못해도 괜찮습니다. 처음에는 어렵고 잘 느껴지지 않기 때문에 연습을 하려고 합니다. 연습하려고 하는 자신을 격려해 주세요.

질문 및 소감

- 오늘 회기에서 다룬 내용들 중에 질문이 있으신가요?
- 오늘 회기에 어떤 내용을 다루었고, 마음속에 어떤 변화가 있었고, 어떤 느낌과 생각이 오갔는지 등을 말씀해 주세요.

다음 회기 예고

- 다음에는 통제할 수 있는 것과 없는 것을 구분해 보고, 통제할 수 없는 것들에 대해 통제 대신 사용할 수 있는 방법 중 하나를 살펴보겠습니다.

프로그램 참여 동의서

1. 나는 이 설명을 읽었으며, 담당 조사원과 이에 대하여 의논하였습니다.
2. 나는 위험과 이득에 관하여 들었으며, 나의 질문에 만족할 만한 답변을 얻었습니다.
3. 나는 이 심리치료 프로그램(총 8회기)에 참여하는 것에 대하여 자발적으로 동의합니다.
4. 나는 다른 사람들이 심리치료를 보다 효과적으로 받을 수 있도록 하기 위해 '교육 및 연구 목적'으로 나의 사진 및 동영상 자료를 촬영하는 것에 대하여 자발적으로 동의합니다. 단, 비밀 보호를 위해 내가 원하면 언제라도 녹음 및 녹화를 중단할 수 있습니다.
5. 나는 이 프로그램에서 제공된 나에 대한 정보나 관련 사진 및 동영상 자료를 연구자가 '현행 법률' 및 '○○대학교 생명윤리심의위원회 규정'이 허용하는 범위 내에서 수집하고 처리하는 데 동의합니다.
6. 나는 나의 개인 신상정보가 비밀로 유지되지만, 다음과 같은 경우에는 열람될 수 있음에 동의합니다.
   - 담당 연구자가 연구를 진행하거나 결과 처리를 하는 경우
   - 학교 당국 및 ○○대학교 생명윤리심의위원회가 실태 조사를 하는 경우
7. 나는 언제라도 이 연구 참여를 철회할 수 있고, 이러한 결정이 나에게 어떠한 해도 되지 않을 것이라는 것을 압니다.
8. 나의 서명은 이 동의서의 사본을 받았다는 것을 뜻하며, 프로그램 참여가 끝날 때까지 사본을 보관하겠습니다.

위의 내용에 동의합니다.

년 월 일 이름: ________ (서명)

프로그램 규칙

1) 집단 내에서 이루어진 타인의 이야기에 대하여 비밀을 지킨다.

2) 집단원이 힘든 내적 경험을 집단 과정에서 하게 될 때 어려움에서 구조하려고 들지 않고, 충분히 경험에 머물 수 있도록 놔둔다.

3) 집단 과정과 과제를 가능한 한 성실히 실행한다.

4) 본 프로그램 진행 중에 자신이나 타인에게 위험한 행동을 하지 않는다.

5)

6)

7)

위의 내용에 동의합니다.

년 월 일 이름: ________ (서명)

괴로움 목록

요즈음 당신에게 심리적으로 힘든 모든 문제를 적어 보세요. 당신을 괴롭히는 생각, 감정, 기억, 충동, 신체 감각, 습관, 행동 경향성 등 무엇이든지 좋습니다. 이것들만 적어도 되고, 외부 사건과 함께 적어도 됩니다. 그리고 그 문제를 어떻게 해결하려고 했는지 적어 보십시오.

내가 경험하는 고통스럽고 힘든 문제들	어떻게 해결하려고 했었나요?
1.	1.
2.	2.
3.	3.
4.	4.
5.	5.

회피와 억압

일상생활에서 가장 빈번하게 사용했고, 작동하지 않았던 것으로 평가된 다섯 가지 대처 전략을 규명해 보십시오. 그것들을 여기에 쓰고 적용할 수 있는 답에 동그라미를 해 보십시오.

1. ( )
   a. 정서적 고통을 촉발할 수 있는 상황을 회피하기
   b. 고통스러운 정서, 생각 또는 기억을 억압하거나 회피하려고 시도하기
   c. 고통스러운 정신적 경험으로부터 주의를 분산시키거나 정서적으로 마비시키기
   d. 긍정적 느낌, 생각 또는 기억에 억지로 들어가기

2. ( )
   a. 정서적 고통을 촉발할 수 있는 상황을 회피하기
   b. 고통스러운 정서, 생각 또는 기억을 억압하거나 회피하려고 시도하기
   c. 고통스러운 정신적 경험으로부터 주의를 분산시키거나 정서적으로 마비시키기
   d. 긍정적 느낌, 생각 또는 기억에 억지로 들어가기

3. ( )
   a. 정서적 고통을 촉발할 수 있는 상황을 회피하기
   b. 고통스러운 정서, 생각 또는 기억을 억압하거나 회피하려고 시도하기
   c. 고통스러운 정신적 경험으로부터 주의를 분산시키거나 정서적으로 마비시키기
   d. 긍정적 느낌, 생각 또는 기억에 억지로 들어가기

4. ( )
   a. 정서적 고통을 촉발할 수 있는 상황을 회피하기
   b. 고통스러운 정서, 생각 또는 기억을 억압하거나 회피하려고 시도하기
   c. 고통스러운 정신적 경험으로부터 주의를 분산시키거나 정서적으로 마비시키기
   d. 긍정적 느낌, 생각 또는 기억에 억지로 들어가기

5. ( )
   a. 정서적 고통을 촉발할 수 있는 상황을 회피하기
   b. 고통스러운 정서, 생각 또는 기억을 억압하거나 회피하려고 시도하기
   c. 고통스러운 정신적 경험으로부터 주의를 분산시키거나 정서적으로 마비시키기
   d. 긍정적 느낌, 생각 또는 기억에 억지로 들어가기

괴물과의 줄다리기

괴물을 끌어당기려고 애쓰기

구멍 속으로 줄을 놔 버리기

당신의 인생 여정에
괴물을 초대하기

3분 호흡 명상

첫 번째 단계는 지금 현재 당신에게 어떤 일이 일어나고 있는지 알아차리는 것입니다. 당신의 마음에 무엇이 지나가는지 알아차리도록 하십시오. 어떤 생각이 떠올랐습니까?

자, 다시 가능한 한 최선을 다해 떠오른 생각을 마음의 사건으로 알아차리십시오. 그것들을 알아차리고 그 순간에 떠오른 감정에 주목하십시오. 이것들을 밀쳐 버리거나 내쫓아 버리지 말고 인정하고 '지금 이 순간 이러한 느낌이 드는구나'라고 알아차립니다.

그 외에 느껴지는 것들을 알아차리고 주목하십시오. 그게 지금의 느낌입니다.

"우리는 어떤 일이 일어나는지 느껴 보았고, 자동 조정으로부터 벗어났습니다."

두 번째 단계는 한 가지 대상-호흡의 움직임에 초점을 맞춤으로써 알아차리도록 하는 것입니다. 지금 아랫배의 움직임에 주의를 기울이고 호흡에 따라 부풀어 올랐다 내려가는 것을 느껴 보십시오. 몇 분 동안 복벽이 움직이는 것에 집중하고, 매 순간 매 호흡마다 최선을 다해 보십시오. 그러면 숨이 언제 들어오는지 언제 나가는지를 알게 됩니다. 아랫배가 어떻게 움직이는지 그 패턴을 자각하면서 호흡을 현재 순간의 닻으로 이용해 집중하십시오.

세 번째 단계는 어느 정도 집중을 유지하면서 알아차림을 확장시키십시오. 호흡을 알아차리는 것과 아울러 전 신체의 감각을 알아차려 보세요. 그러면 보다 넓은 영역을 알아차리게 될 것입니다. 답답한 느낌이나 신체를 지탱하면서 어깨, 목, 허리, 얼굴의 느낌을 포함하여 전 신체의 감각을 살펴보십시오.

호흡에 따라 마치 당신의 전 신체가 호흡하는 것 같이 느낄 수 있습니다. 좀 더 부드럽게 유지하면서 감각을 더욱 확장하십시오.

할 수 있는 만큼 충분한 시간 동안 계속해 나갑니다.

호흡 연습은 자동 조정 상태에서 빠져나와 현 순간과 다시 연결시킬 수 있는 방법입니다.

2회기: 기꺼이 경험하기와 수용

• **목표**: 통제할 수 있는 것과 없는 것을 구분할 수 있고, 통제할 수 없는 것을 있는 그대로 받아들일 수 있다는 것을 안다. 불편한 감정을 기꺼이 경험하여 수용할 수 있다.

• **준비물**: 명찰, 인생 게임의 법칙 활동지, 개인 프로그래밍 활동지, 빌(Bill) 인생 활동지, 있는 그대로 수용하기 활동지, 호흡 명상 오디오 파일, 순수한 감정과 혼탁한 감정 기록지, 기꺼이 경험하기 일지

• **활동 내용**

과제 확인

• 내면의 생각, 감정, 감각 등을 바라보았던 경험을 이야기해 봅시다. 어떤 상황에서 무엇을 느꼈고, 그러한 것을 알아차리고 난 후에 어떻게 하였습니까?

통제의 비효과성 체험

◇ 생각 안 하기 게임(1)

이제부터 여러분에게 무언가를 생각하지 말라고 말할 것입니다. 그러면 그것을 일초라도 생각하지 마십시오. 절대로 생각하면 안 된다는 것을 잘 기억하십시오.

자, 시작하겠습니다. '김이 모락모락 나는 호빵을 생각하지 마세요. 생각하면 안 됩니다. 자, 갓 쪄낸 호빵의 냄새가 납니다. 따끈따끈한 호빵을 입에 넣습니다. 자, 호빵을 생각하지 마세요. 따끈하고 맛있는 호빵이 입 안에서 부서집니다. 호빵을 생각하지 마세요. 이건 중요합니다. 호빵을 생각하지 마세요.

호빵 생각을 안 하는 것이 가능했던 사람이 있나요? (저요.)

어떻게 가능했습니까? (다른 걸 생각했어요.)

좋아요. 그걸 어떻게 알 수 있습니까? 무엇을 생각했나요? (OO을 생각했어요.)

좋아요. 호빵을 생각 안 하는 과제에 성공한 것을 어떻게 알 수 있나요? (호빵을 생각

안 했으니까요.)

생각을 안 했는데, 그걸 어떻게 알지요? (생각이 났지만 금방 밀어냈죠.)

'실패했다' '벗어날 수 없다'는 생각도 마찬가지일 겁니다. 마음속에서 몰아내려고 애쓰지요. 문제는 이렇습니다. 당신은 호빵 대신에 ○○을 더했어요. 그러나 생각 안 하는 과제를 100% 성공하지 못했지요. 법칙에 그게 포함되어 있으니 원치 않아도 생각을 조금이라도 안 할 수가 없지요.

◇ 인생 게임의 법칙

이러한 법칙은 내 인생 전반에 걸쳐 만들어지고 작동하고 있습니다. 나를 조금 더 이해해 볼까요? 인생의 주된 영역에서 몇 가지 좋아하는 좌우명을 떠올려 보세요. 다음과 같은 영역에서 작동하는 가장 기본적인 법칙들(아마도 격언의 형태)에 대하여 적어 보세요. 어떤 것들이 있는지 서로 이야기해 볼까요? 이러한 법칙이나 구절들은 언어사회에서 거의 보편적으로 사용되는 흔한 것들입니다. 잠깐 생각해 보았는데도 여러 가지 법칙이 있네요. 다른 사람들이 적은 것도 사실 나에게 해당되는 것이 많이 있었습니다. 평소 나에게는 얼마나 많은 법칙이 오갔던 걸까요? '호빵을 생각하지 마라.'라고 했을 때 이미 호빵이 매우 많이 생각났던 것처럼, 무언가 '하지 마라'거나 '평가적인' 우리의 법칙들 또한 내 안에서 얼마나 많이 그것들을 생각나게 했을까요? 도저히 성공할 수 없는 주문을 많이 외워 왔네요. 얼마나 힘들었을까요? (인생의 어려움을 통제 전략이나 순전한 의지의 힘으로 극복하는 것을 강조하는 일반적인 법칙들에 특별히 관심을 갖고 생각 안 하기 게임의 예시로 활용한다.)

우리는 각자 우리의 기능을 지도해 주는 '삶의 방식'에 관한 어떤 기본적인 법칙들을 사용합니다. 이 법칙들은 대개 임의적이지만, 우리는 그것들을 절대적인 진리라고 보는 경향이 있습니다. '고통이 없으면 얻는 것도 없다' 또는 '뜻이 있는 곳에 길이 있다' 등과 같은 격언들은 우리가 우리 자신과 인생 자체를 어떻게 보는가에 깊은 영향을 미칩니다. [게임의 법칙 찾기는 심리적으로 어려운 순간에 자기훈계(instruction)로서 작용하는 구체적인 언어 법칙들을 인식하는 데 유용한 방법이다.]

◇ 개인 프로그래밍

그러나 우리에게 이러한 법칙들이 생겨난 데에는 이유가 있을 것입니다. 이 활동지

를 한번 채워 볼까요? [프로그램된 반응의 특성을 명료화해 본다.]

우리는 각 장면에서 그때그때마다 열심히 살아오려고 노력하면서 이러한 법칙들을 만들어 내고 받아들였습니다. 그러므로 당신이 이러한 프로그래밍을 지니고 있다는 사실은 문제가 아닙니다. 우리가 자신의 내력을 통해서 축적해 온 프로그래밍에 집착되어 있을 때에는 과거와 현재의 관련성이 매우 증폭될 수 있습니다. 문제는 우리가 시각을 잃고서 이러한 내력적 프로그램에 '융합'되는 것이 문제일 수 있습니다. 자동적으로 프로그래밍이 말하는 것을 믿으면서 우리는 이러한 내력적 사건이 일어났던 맥락에서 우리 자신을 동일시해 버립시다. 그런데 이러한 경험들은 내력적 속성을 지니므로 더이상 그것들이 '진실'이 아니거나 혹은 우리가 기저에 사용한 평가들이 더이상 '옳지' 않습니다. 조금만 생각해 보면 지금 이 상황, 이 시간이 아닌 그때의 그 상황, 그 시간에 있었던 일들로 만들어진 법칙입니다. 주인인 '내가' 잘 살펴봐야지요. 그때 만들어진 법칙을 생각하고 있구나, 지금 상황은 이렇고, 지금 나는 이렇구나, 매번 새로운 상황이 벌어지므로 매번 새롭게 바라보고 행동할 수 있다면 좋겠지요.

◇ 생각 안 하기 게임(2): 생각 그냥 두기 체험

자, 이번엔 내가 하는 이야기를 그냥 듣고 있으세요. "이 방 안에서 갓 쪄낸 호빵의 냄새가 납니다. 따끈따끈한 호빵을 입에 넣습니다. 달콤한 호빵이 입안에서 부서집니다."

어때요, 조금 전과 비교할 때 어느 쪽이 힘이 드나요? 생각나는 것을 놔두는 것과 생각을 안 하려고 애쓰는 쪽 중에서 어느 쪽이 힘이 드나요? 생각나는 것을 생각 안 하려고 애쓰는 것은 힘이 들어가는 것을 알 수 있습니다. 이는 레몬 한 조각을 입에 넣고 레몬의 신맛을 느끼지 마라, 침을 분비하지 말라는 것과도 같습니다. [생각의 영역에서 의식적이고 의도적인 통제가 비효과적이라는 사실에 직접 접촉하게 하기 위한 게임이다.]

순수한 감정 대 혼탁한 감정

◇ 탐지기 비유

지금부터 제가 이야기를 하나 들려 드리겠습니다. 편하게 앉아 잠시 눈을 감고 상상해 보시기 바랍니다.

제가 유사 이래 가장 좋은 탐지기를 여러분에게 걸어 놓는다고 상상해 봅시다. 그 탐지기는 이제까지 만들어진 것 중에서 가장 민감하고 완벽한 기계입니다. 여러분이 조금이라도 긴장하거나 불안하면 기계는 즉각적으로 감지해 냅니다. … 이제 아주 간단한 과제를 내겠습니다. 편안하게 있으세요. 아주 조금이라도 불안하게 되면 탐지기가 탐지해 낼 것입니다. 특별한 자극을 주기 위해서 권총을 여러분 머리에 댈 것입니다. 여러분이 편안한 채로 있다면 쏘지 않을 것이나 조금이라도 불안해진다면 총을 쏠 것입니다. 그러니까 아주 간단합니다. 이완한 채 편안히 있기만 하면 됩니다!

자, 무슨 일이 일어날까요? 여러분이 어떻게 될지 추측해 보세요. 아주 조금의 불안도 끔찍할 것입니다. 당연히 '난 불안해져.' '불안해지네.'라고 말할 것이고, 그리고 … '빵!' 달리 어찌할 수 있겠습니까.

원치 않는 내적 경험에 대해 이러한 태도를 갖고 있지는 않습니까? 우리는 이미 완벽한 탐지기를 걸고 있습니다. 여러분의 신경시스템이지요. 그것은 인간이 만든 어떤 기계보다도 훌륭합니다. 그리고 총보다 더 강력하고 위협적인 것이 겨누고 있습니다-자존감, 자기가치감, 인생의 성취와 능력. 여러분은 이들을 향해 겨누면서 '편안해라' 또는 '걱정마라.', 또는 '불행에서 빠져나와라.' '그렇지 않으면 가치롭지 못한 거야.' '성공 못한 거야.' '능력이 없는 거야.'라고 말하면서 자신의 머리에 총을 겨누고 있습니다. 더 걱정하고, 더 불안하며, 더 불행해지고, 수치감을 느끼며, 그래서 부적절감과 자기비하 속으로 빠져들게 됩니다.

언어적 법칙에 의해 통제될 수 있는 행동과 성공적으로 통제될 수 없는 행동을 비교해 보겠습니다. 예컨대, '바닥청소를 해라, 그렇지 않으면 당신을 쏠 것이다.'라고 하면 당신은 청소를 할 것입니다. 반면에 '이완해라, 그렇지 않으면 당신을 쏠 것이다'라고 하면 이는 되지 않을 뿐 아니라 그러한 요구 자체로 인해 당신은 무지 긴장하게 될 것입니다. 이러한 상황을 잘 조정하려는 어떤 시도라도 효과가 없습니다.

순수한 감정은 생활로 인해 생기는 것으로서 우리 모두가 삶에서 경험하는 것입니다. 예를 들어, 누군가 우리 탓을 할 때 화가 나는 경우 혹은 배우자와 말다툼을 하거나 실직했을 때와 같이 상황 직후에 바로 찾아오는 생각, 감정, 기억 등을 말합니다. 자연스럽게 고통이 따르는 사건들에 자연스러운 반응인 것이죠. 반면에 혼탁한 감정은 이러한 자연스런 반응들(순수한 감정)을 받아들이지 않으려고 할 때 나타납니다. 혼탁한 감정은 우리가 경험하는 정상적이고 자연스러운 순수한 감정을 통제하려는 노력에 의해 만들어지는 정서적인 고통입니다. 즉, 혼탁한 감정은 고통의 끝에 고통을 불필요하게 더한 것입니다. 예를 들어, 두려움에 대한 두려움, 죄책감에 대한 죄책감, 죄책감에 대한 수치감, 두려움에 대한 비난 등이 있습니다. 이 같은 첨가적 과정으로 인해 사람들은 불가피하게 통제/회피 전략을 더 많이 사용하게 되고, 따라서 통제와 고통이 증가되는 악순환이 생기게 됩니다. 우리는 한 상황에 대해 통제/회피 전략으로 굳이 느끼지 않아도 되는 혼탁한 감정을 느껴 온 것이지요. 순수한 불편을 줄이기 위해 통제 전략을 사용해 왔지만 사실은 이러한 전략으로 인해서 느낄 필요가 없었던 감정까지 더해서 고통을 느끼게 된 것입니다. 만약 우리가 순수한 불편을 통제하거나 회피하지 않고 기꺼이 경험했더라면 혼탁한 감정은 느끼지 않을 수도 있는 것입니다.

통제할 수 있는 것과 없는 것 구별하기

◇ 빌(Bill)의 인생 활동지

그렇다면 내가 할 수 있는 것은 아무것도 없는 것일까요? 빌(Bill)이라는 사람을 통해 살펴봅시다. 빌은 15년 전 일하던 중에 화물 운반대를 들어올리다가 등을 다쳤습니다. 일을 계속하기에는 통증이 너무 심해 그는 직장을 그만두었지만 장애 연금에는 영구상해 증거가 없다고 결정되어 거부당했습니다. 아래에는 그럼에도 불구하고 매일같이 통증을 겪는 빌의 삶에 대한 문장들이 있습니다. 빌이 자신의 현 상황에서 통제할 수 있는 것과 없는 것을 구분해 봅시다. 수용해야 할 문장은 A를, 통제를 위해 노력해야 할 문장은 C로 표시해 보세요.

앞서 탐지기 비유에서 경험했듯이, 우리의 감정, 기억, 생각, 감각 등은 어떤 자극에 의해 자동으로 일어나는 우리의 반응입니다. 따라서 우리가 실제로 통제할 수 있는 것은 자신의 주의와 행동뿐입니다.

◇ 있는 그대로 수용하기 활동지

이번에는 자기 자신에 대해 통제할 수 없는 것들을 어느 정도로 받아들이고 있는지 한번 체크해 볼까요? 해당하는 것에 체크해 보세요.

여기 있는 것들은 모두 나의 내면에서 일어나는 일들입니다. 나의 내면에서 일어나는 이러한 경험들은 우리가 통제하려고 하면 이차적인 불편을 불러오는 것들이지요.

기꺼이 경험하기

◇ 눈 마주보기 [불편한 느낌 경험하기]

옆 사람과 2명씩 짝을 지어 마주앉아 보세요. 무릎이 거의 닿을 듯이 가까이 앉아 보세요. 그리고 서로의 눈을 바라보겠습니다. 말을 하거나, 무엇을 하거나, 대화를 할 필요는 없습니다. 단지 그대로 있으십시오. 이제 여러분의 마음이 그렇게 할 수 없는 모든 종류의 이유를 말할 것입니다. 신체적 감각을 주거나, 또는 웃고 싶은 마음이 들거나, 혹은 입냄새가 나지 않을지 걱정할 수도 있습니다. 또는 지루하거나 산만해질 수도 있습니다. 그러나 이러한 것들이 일어날 때 이 모든 것이 올라오는 것을 경험하면서 단지 알아차려 보십시오. 이제 마주보고 있는 사람의 눈을 1분 동안 바라보겠습니다. 자, 시작.

어떠셨나요? 어떤 기분과 어떤 생각이 들었는지, 그래서 어떻게 했는지 이야기해 볼까요?

자, 이번에는 다시 한번 해 보겠습니다. 이번에는 시간을 조금 늘려 볼게요. 3분 동안 바라보도록 하겠습니다. 자, 시작. [마주보고 있는 동안] 나를 바라보고 있는 사람이 있다는 단순한 현실과 더불어 머물 수 있는지를 보도록 합시다. 만일 여러분이 이 연습이나 상대에 대한 평가를 하고 있다면, 그렇게 하고 있는 것을 알아차리기만 하고 다시 이 자리로 돌아와 상대의 눈을 바라보시길 바랍니다. 여러분은 자신을 돌아보면서 다른 사람, 다른 존재와 여기에 있는 것입니다. 이를 알아차려 보세요. 또한 여러분이 다른 사람과 아무것도 하지 않고 단지 존재하는 동안에 느끼는 불편한 느낌을 경험할 수 있는지 보도록 하세요.

[마지막 1분 동안] 이제, 상대가 평가받는 기분이 들지 않고 위로를 받는 느낌을 느낄 수 있도록 따뜻하게 바라볼 수 있다면 그렇게 해 보세요. 지금 하신 것처럼 조금 힘들어도 다시 바라보시면 됩니다.

이번에는 어떠셨나요? 어떤 기분과 어떤 생각이 들었는지, 그래서 어떻게 했는지 이야기해 볼까요?

우리는 방금 불편하고 어색하게 느껴지는 감정, 생각을 피하지 않고 경험해 보았습니다. 평소 자연스럽게 떠오른 나의 생각이나 감정, 감각, 기억 등에 대해서도 이렇게 할 수 있습니다. 조금 불편해도 기꺼이 그것을 바라볼 수 있어요. 그리고 마지막에 한 것처럼 조금 더 따뜻하게 바라볼 수도 있을 것입니다. 이렇게 나의 내면에 일어나는 일들을 바라보다 보면 내 안에서 무슨 일이 일어나는지 조금씩 더 명확하게 알아차릴 수 있습니다.

마음챙김 명상

◇ 호흡 명상

오늘은 호흡 한 가지에 주의를 기울이는 마음챙김 명상을 해 보겠습니다. 등받이에 몸을 기대지 않고 반듯하게 편안하게 앉아 보세요. 눈을 가볍게 감고 오디오 지시문에 주의를 기울여 잘 따라가 보도록 하겠습니다. 주의를 호흡에 두시고 다른 생각이나 기분 등에 주의가 흩어지면, 그것을 알아차리고 다시 호흡으로 돌아와 보세요. 방금 마주본 사람을 피했다가 다시 돌아온 것처럼 그렇게 하시면 됩니다.

어떤 생각이나 감정, 몸의 감각을 느끼셨습니까? 주의가 흩어지는 것을 알아차렸습니까? 그것을 어떻게 했습니까?

과제

- 순수한 감정과 혼탁한 감정 기록지
- 기꺼이 경험하기 일지

질문 및 소감

- 오늘 회기에서 다룬 내용들 중에 질문이 있으신가요?
- 오늘 회기에 어떤 내용을 다루었고, 마음속에 어떤 변화가 있었고, 어떤 느낌과 생각이 오갔는지 등을 말씀해 주세요.

다음 회기 예고

- 다음에는 알아차리는 것에 대해 조금 더 연습해 보도록 하겠습니다.

인생 게임의 법칙

우리는 각자 우리의 기능을 지도해 주는 '삶의 방식'에 관한 어떤 기본적인 법칙들을 사용합니다. 이 법칙들은 대개 임의적이지만, 우리는 그것을 절대적인 진리라고 보는 경향이 있습니다. 예를 들면, "고통이 없으면, 얻는 것도 없다." 또는 "뜻이 있는 곳에 길이 있다." 등이지요. 이는 우리가 우리 자신과 인생 자체를 어떻게 보는가에 깊은 영향을 미칩니다.

★ 다음의 각 영역에서 내가 지닌 가장 기본적인 법칙들(대개는 격언의 형태)을 생각나는 대로 적어 보십시오.

1) 다른 사람과의 관계에 관한 법칙(예, 신뢰, 충성, 경쟁)

2) 좋지 않은 내적 감정에 관한 법칙

3) 인생의 장애물을 극복하는 것에 관한 법칙

4) 삶의 '정의'에 관한 법칙

5) 당신 자신과의 관계에 관한 법칙

개인 프로그래밍 찾기

1. 당신의 어린 시절에 정서적으로 어려웠던 중요한 사건을 기록하십시오.

2. 이 사건과 관련되어 당신이 지닌 어떤 프로그래밍을 확인할 수 있는지 보십시오.

    - 세상이 돌아가는 방식에 대하여 어떤 결론을 내렸습니까?

    - 자신에 대해서는 어떤 결론을 내렸습니까?

    - 이 경험에 기초하여 다른 어떤 법칙들을 형성하게 되었습니까?

    - 당신이 확인할 수 있는 것들을 기록하십시오.

3. 최소한 다른 한 가지 사건에 대해서 위와 같은 작업을 하십시오.

빌(Bill)의 인생 활동지

빌은 15년 전 일하던 중에 화물 운반대를 들어올리다가 등을 다쳤습니다. 일을 계속하기에는 통증이 너무 심해 그는 직장을 그만두었지만 장애 연금에는 영구 상해 증거가 없다고 결정되어 거부당했습니다. 아래에는 그럼에도 불구하고 매일같이 통증을 겪는 빌의 삶에 대한 문장들이 있습니다. 빌이 자신의 현 상황에서 통제할 수 있는 것과 없는 것을 알고 있는지, 통제할 수 없는 부분을 수용하도록 실행하고 있는지, 통제할 수 있는 부분을 통제하려고 노력하고 있는지 살펴봅시다.

★ 수용해야 할 문장은 A를, 통제를 위해 노력해야 할 문장은 C를 선택하십시오.

A	C	1. Bill은 작업장 사고를 겪었다.
A	C	2. Bill은 매일 등의 통증을 겪고 있다.
A	C	3. Bill은 장애연금을 거부당했다.
A	C	4. Bill은 너무 심한 통증으로 다른 어떤 일도 할 수 없다고 생각한다.
A	C	5. Bill은 직업 재활훈련을 거절했다.
A	C	6. Bill은 통증을 더욱 겪게 한 유능하지 않은 의사를 만났다.
A	C	7. Bill은 통증을 억제하기 위해 소파에서 많은 시간을 보낸다.
A	C	8. Bill은 교회에 가지 않는다.
A	C	9. Bill은 통증으로 인해 규칙적으로 운동하지 않는다.
A	C	10. Bill은 고통을 억제하려고 진통제의 양을 점점 더 많이 늘린다.
A	C	11. Bill은 등에서 타고 찌르는 감각을 경험한다.
A	C	12. Bill은 다리가 무감각하고 욱신거리는 느낌을 경험한다.
A	C	13. Bill은 통증을 느낄 때면 화를 내고 짜증을 낸다.
A	C	14. Bill은 부상을 기억한다.
A	C	15. Bill은 자신이 부상을 막을 수 있었다고 생각한다.
A	C	16. Bill은 아이들에게 호통을 친다.
A	C	17. Bill은 아내와 함께하는 시간이 부족하다.
A	C	18. Bill은 부상으로 인해 아내와 성관계를 하지 않는다.
A	C	19. Bill은 자신의 인생이 푸대접받는다고 생각한다.
A	C	20. Bill은 죽는 게 낫다고 생각한다.

있는 그대로 수용하기

내가 나 자신을 얼마나 잘 받아들이고 있는지 살펴보세요.

나의 몸을 있는 그대로 수용하는가?

□ 아플 때 나 자신을 탓하는가?
□ 충분히 매력적이지 못하다고 느끼는가?
□ 머리 모양새가 불만족스러운가?
□ 얼굴과 몸이 나이 들고 있다는 것이 불만족스러운가?
□ 자신을 너무 뚱뚱하거나, 말랐다거나, 신체적으로 건강하지 않다고 판단하는가?

나의 마음을 있는 그대로 수용하는가?

□ 나 자신을 충분히 지적이지 않다고 판단하는가?
□ 유머와 재미가 없다고 판단하는가?
□ 나쁜 생각, 천박하거나 비판적이거나 탐욕스러운 생각을 한다고 나 자신을 부끄럽게 생각하는가?
□ 마음에 잡념이 많다고 비난하는가?

나의 정서와 기분을 있는 그대로 수용하는가?

□ 울어도 괜찮은가?
□ 불안정하고 취약하다고 느껴도 괜찮은가?
□ 우울해지면 나 자신을 비난하는가?
□ 질투를 느끼는 것을 수치스럽게 생각하는가?
□ 참을성이 없고 과민하고 편협하다고 나 자신을 비판하는가?
□ 화가 나거나 걱정을 하는 자신을 비난하는가?

행동 방식 때문에 나 자신을 나쁜 사람이라고 느끼는가?

□ 자기중심적이거나 남에게 상처를 주는 방식으로 행동할 때 나 자신을 미워하는가?
□ 분노의 폭발을 수치스러워하는가?
□ 강박적으로 먹을 때 나 자신이 혐오스럽게 느껴지는가?
□ 가족, 친구들과 관계하는 방식에서 충분하지 못하다고 느끼는가?
□ 친밀감을 느낄 수 없기 때문에 나 자신이 잘못되었다고 느끼는가?
□ 성취할 수 없어서, 일에서 눈에 띄거나 특별하지 않아서 나 자신을 싫어하는가?

※ 감정은 조절할 수 없지만, 반응(행동)은 조절할 수 있다.
※ 개신교에서는 생각 자체를 죄라고 하지만, 교리논쟁이 아니라 ACT에서는 생각 자체를 나쁘다고 판단하지 않는다.

3회기: 현재에 존재하기

- **목표**: 현재에 일어나는 것들에 주의를 두고 내면에 일어나는 경험들을 구체적으로 알아차릴 수 있다.
- **준비물**: 명찰, A4용지, 건포도, 소리 명상 오디오 파일
- **활동 내용**:

과제 확인

- 순수한 감정과 혼탁한 감정 기록지, 기꺼이 경험하기 일지를 작성한 것에 대해 같이 이야기해 봅시다. 어떤 상황에서 무엇을 느꼈고, 나는 어떻게 하려고 했다는 것을 알아차렸습니까? 결과적인 상황과 감정은 어떻게 되었습니까?

수용 보완

◇ 그러나 대 그리고 문장

각자 지금 혹은 삶에서 하고 싶은 것과 방해가 되는 것을 '그러나'라는 접속사를 이용하여 문장을 만들어 봅시다. 5개 정도 만들어 보고 서로 이야기해 봅시다.

문자적으로 but은 그 단어 앞에 왔던 것에 반대되는 단어가 뒤에 옵니다. 이것을 사용하면 이 사적 사건은 저 사적 사건을 배제시킵니다. 그리하여 언어상의 투쟁을 야기하고, 우리를 전쟁 지대로 이끌게 됩니다. 몇 가지 예를 생각해 보겠습니다. '나는 내 남편을 사랑한다. 그러나 그에게 너무 화가 났다.'라는 문장이 있고, 또 '나는 가기 원한다. 그러나 난 너무 불안하다.'라는 문장이 있습니다. 여기서 보면 두 사적 사건이 해결되어야 하는 것으로 느껴지지만, 사실상 두 사건 모두를 다 경험한 것입니다. 이 경우에 but이란 단어를 and란 단어로 대치해 보면 더욱더 명확해집니다. '나는 남편을 사랑한다. 그리고 그에게 화가 났다.'라고 말하거나 '나는 가기 원한다. 그리고 난 불안하다.'라고 말하는 것이 보다 더 정확합니다. '나는 가기 원한다. 그리고 난 불안하다.'

에서 가기 원하는 것과 불안을 느끼는 것은 둘 다 사실인 것입니다. 반면에 but으로 연결되는 경우에는 분노나 불안이 매우 위험한 감정이 되어 버립니다. 수용의 대상이 아니라 해결의 대상이 되어 버리는 것입니다.

자, 이번에는 조금 전의 그 5개 문장에서 접속사를 모두 '그리고'로 바꾸어 다시 말해 봅시다. 두 문장이 다르게 느껴지십니까? 어떤 느낌이 드는지 말해 봅시다.

'그러나'로 연결되는 이야기는 각각을 있는 그대로 경험하지 못하게 하고, 이유나 해결 대상이 되게 만드는 힘이 있습니다. 그러므로 '그러나' 대신에 '그리고'로 말하는 것을 적용하길 바랍니다. 당신의 경험으로 보아서 '그리고'가 더 사실임을 언제나 알 수 있을 것입니다.

현재(지금-여기) **알아차리기**

[현재 보이는 것, 냄새, 소리 등의 감각이나 지금-여기에서 느끼는 어떤 생각이나 감정, 기억, 신체적 감각 등 현재 있는 것을 단지 알아차리도록 요청한다.]

각자 편안하게 앉아서 현재 보이는 것, 냄새, 소리 등의 감각이나 지금-여기에서 느끼는 어떤 생각이나 감정, 기억, 신체적 감각 등 현재 있는 것은 뭐든지 단지 알아차리는 연습을 해 보겠습니다. 이 연습의 목적은 마치 TV나 영화를 보는 것처럼 행하는 것입니다. 즉, 현재에 당신 내부나 외부에서 일어나는 경험을 '단지 알아차리는' 것입니다. 그것을 변화시키거나 피하거나 억제하는 것과 같은 투쟁을 하지 말고, 단지 알아차리는 것입니다. 여러분이 영화나 TV를 보고 있다는 것을 기억하세요. 여러분은 관객입니다. 스크린에서 상영할 것을 조정하는 감독이 아닙니다. 내용을 편집하는 편집자의 역할도 아닙니다. 필름 제작비를 조달하거나 영화 상영을 결정하는 제작자의 역할도 아닙니다. 다시 말해서 당신의 역할은 스크린에 실제로 나타나는 것, 당신의 몸과 마음이 당신에게 제공하는 것을 '단지 알아차리는' 것입니다.

◇ 시각

자, 이제 방 안에서 경험되는 시각에 초점을 맞춰 보세요. 그리고 이 집단이나 집단원, 리더에게서 보이는 것을 있는 그대로 알아차려 보세요. 어떤 것이라도 억제하거나 피하려고 애쓰지 말고 있는 그대로 알아차려 보세요. 그리고 여러분이 그때그때 알아차린 것을 재빨리 말로 표현하도록 하겠습니다. 즉시 이를 공개하는 것이 꺼려질 경우에는 어떤 판단이나 평가가 이를 막는지 관찰하고 그것도 공개해 봅시다.

◇ 청각 [동일]

◇ 기타 감각 [동일]

◇ 생각 [동일]

◇ 감정 [동일]

마음챙김 명상

• 우리는 보통 문제를 제거했을 때, 내가 바라는 삶을 살아갈 수 있다고 생각하죠. 하지만 우리의 삶은 문제가 있을 때에도 여전히 진행되고 있습니다. 기쁨의 순간처럼 고통의 순간에도 삶은 진행됩니다. 우리를 괴롭히는 생각이나 감정은 대부분 과거나 미래에서 온 것이지만, 우리는 그것을 지금의 관점에서 경험하게 되는데요. 예를 들어, 과거에 있었던 일을 떠올리면서 지금의 내가 괴로워하고 후회하고(그때 그렇게 했어야 했는데), 미래에 있을지도 모를 일을 현재에 살고 있는 내가 걱정을 합니다(이러면 어쩌지 하는 것처럼요. 하지만 우리는 현재에 존재해서 살아가고 있고, 우리가 떠올리는 생각이 과거나 미래라는 것을 알아차린다면 과거에 느꼈던 감정에 빠져서 괴로울 일도, 미래에 있을 감정에 빠져 불안할 일도 없겠죠).

  이제부터 우리는 현재에 접촉하여 현재 순간에서 살아가는 연습을 해 보도록 하겠습니다.

◇ 건포도 먹기 명상

[집단원에게 건포도를 3~4알씩 나누어 주고, 건포도에서 경험할 수 있는 것들을 잘 관찰하도록 요청한다.] 건포도를 살펴보는 데 주의를 집중하겠습니다. 마치 과거에는 한 번도

본 적이 없는 사물인 것처럼 호기심을 가지고 주의깊게 그것을 관찰하도록 하세요. 먼저 손가락으로 집었을 때 느껴지는 촉감을 느껴 보고, 색깔과 표면의 상태도 살펴보세요. 이렇게 하는 동안에 건포도에 대한 다른 생각이나 연상되는 다른 음식물에 대해서도 생각할 수 있습니다. 예컨대, 그것을 보고 있는 동안 건포도가 좋다든지 또는 싫다든지 건포도에 관한 어떤 생각을 할 수가 있습니다. 그다음에는 건포도의 냄새를 맡아 보세요. 냄새와 관련된 생각이나 느낌이 있는지도 살펴봅니다. 마지막으로 입에 넣으세요. 이때 몸과 마음은 이것을 먹을 것을 예기함으로써 자동적으로 침이 나오는 것을 느껴 보세요. 건포도를 입에 넣고 천천히 씹어 넘길 때의 느낌도 알아차리세요. 또한 씹어서 삼킬 때 목구멍에 넘어가는 감촉을 확인하며 삼키는 과정도 의식적으로 체험해 보세요. 건포도를 뱃속으로 넘기고 난 후에 드는 생각이나 느낌을 알아차려 보세요. 예컨대, 내 몸이 건포도 분량만큼 더 무거워진 것을 상상하거나 느낄 수 있습니다.

이는 사물을 깊이 관찰하는 연습입니다. 무엇을 하고 있는 동안, 지금 내가 무엇을 하고 있다는 것을 아는 것이 주의집중 명상 수련의 핵심입니다. 이는 지금 이 순간, 현재를 알아차리는 연습인데, 이로써 자동 조종되는 방식을 멈출 수도 있고, 현재를 알아차리고 학습하고 행동하는 데 도움을 받게 됩니다.

◇ 소리 명상

소리에도 주의를 기울여 보겠습니다. 등받이에 몸을 기대지 않고 반듯하고 편안하게 앉아 보세요. 눈을 가볍게 감고 오디오 지시문에 주의를 기울여 잘 따라가 보세요. 주의를 소리에 두시고 다른 생각이나 기분 등으로 주의가 흩어지면, 그것을 알아차리고 다시 소리로 돌아오시면 됩니다.

어떤 생각이나 감정, 몸의 감각을 느끼셨습니까? 주의가 흩어지는 것을 알아차렸습니까? 그것을 어떻게 했습니까?

과제

◇ 매일 경험 일지

이제 기꺼이 경험하는 일을 조금 더 구체적으로 해 보겠습니다. 오늘 연습해 보았듯이 생각이나 기억, 감정, 감각으로 나누어서 살펴보고, 그 내면의 경험에 대해 내가 어떻게 하려고 했는지도 살펴보도록 하겠습니다.

질문 및 소감

- 오늘 회기에서 다룬 내용들 중에 질문이 있으신가요?
- 오늘 회기에 어떤 내용을 다루었고, 마음속에 어떤 변화가 있었고, 어떤 느낌과 생각이 오갔는지 등을 말씀해 주세요.

다음 회기 예고

- 다음에는 언어의 힘과 그 힘을 약화시키는 방법에 대해 이야기해 보겠습니다.

4회기: 말의 힘과 인지적 탈융합

- **목표**: 마음속에서 일어나는 일들이 언어와 어떻게 관련되어 있는지 알고, 언어의 영향력을 알 수 있다. 이러한 언어는 실제가 아님을 알고 탈융합할 수 있으며, 언어적 융합을 자각하는 것과 탈융합하는 것에 대한 중요성을 인식할 수 있다.
- **준비물**: 명찰, A4용지, 컵, 셀로판 색안경, 생각 내려놓기 명상 오디오 파일
- **활동 내용**:

과제 확인

매일 경험 일지에서 내 생각, 감정, 감각 등을 알아차리는 것이 어렵지는 않았습니까? 그간 어떤 일들이 있었는지, 매일 경험 일지를 통해 이야기해 봅시다. [피드백과 함께 격려한다.]

말의 힘

◇ 자유 고민 쓰기

종이를 한 장 드리겠습니다. 최근 혹은 지금 실패했다는 느낌 혹은 벗어날 수 없을 것 같은 느낌 등으로 마음이 괴로운 일이 있습니까? 있다면 그러한 느낌을 기꺼이 보시고, 없다면 최근 고민하고 있는 것을 떠올려도 좋습니다. 자, 이제 제가 5분의 시간을 드리겠습니다. 펜을 들고 마치 내 뇌가 펜을 들고 있는 것처럼, 손을 절대로 쉬지 말고 생각이 흘러가는 대로 그대로 모두 글로 적어 봅시다. 절대로 쉬지 말고, 제가 '그만'이라고 할 때까지 계속해서 적어 보세요.

어떤 것들을 적었는지 나눠 볼까요? 매우 빨리 쓰셨는데, 손이 생각을 따라가지 못할 정도로 생각이 빠르게 흘러가는 것을 볼 수 있었습니다. 또 말이 안 되고 논리가 맞지 않는 경우가 많을 정도로, 이 생각 저 생각이 끼어드는 것을 지켜볼 수 있었습니다. 우리 모두가 다 똑같네요. 이런 마음을 가지고 계시다면 조금 힘드셨겠습니다. 자, 이것은 잠시 접어 두고, 조금 뒤에 다시 힘든 마음을 달래 보겠습니다.

말의 힘

[두 사람에게 형태를 예측할 수 없는 그림을 하나씩 그려 달라고 주문한다.]

여기 아주 무서운 동물이 있습니다. 만약 사람과 새가 이 무서운 동물에게 위협을 당한 경험이 있다면, 멀리서 이 동물이 보여도 무서워 도망가겠지요. 그런데 누군가 사람과 새에게 이 동물의 이름이 스낵틀이라고 가르쳐 주었습니다. 여기에서 동물과 사람의 차이가 드러나는데요. 누군가 "스낵틀이다."라고 외친다면 사람은 자신을 위협했던 동물을 떠올리고 도망갈 것입니다. 하지만 새는 자신의 눈앞에 위협했던 동물이 없으니 도망가지 않을 것입니다. 그리고 누군가 사람과 새에게 글로그라는 동물도 스낵틀처럼 무서운 동물이라고 알려 주었다면 사람은 글로그라는 소릴 들었을 때 도망가겠죠. 하지만 새는 어떨까요? 글로그라는 동물에게 위협당한 경험이 없기 때문에 글로그가 위협적인 동물이라는 것을 알지 못할 것입니다.

이처럼 언어를 통해 우리는 위험 상황을 미리 예측하고 피할 수 있고, 직접 경험하지 않은 것도 언어를 통해 간접적으로 학습할 수 있습니다. 하지만 이러한 언어의 기능이 우리를 옭아매기도 합니다.

1. 좋아하는 디저트를 상상해 보세요.
2. 잠시 동안 입 안의 침의 느낌에 주목해 보고, 먹거나 소화시킬 때 침의 유익한 점에 대해 생각해 보세요.
3. 앞에 깨끗한 유리컵이 있다고 상상해 보고, 입 안의 침을 모아서 그 유리컵에 뱉는다고 상상해 보세요. 이제 그것을 다시 마신다고 상상해 보세요.

   말이 당신의 느낌을 어떤 방식으로 변화시켰는지 주목해 보세요. '침'이라는 말이 지배적일 때 우리는 처음에 어떤 방식으로 생각했고, '뱉는다'는 말이 지배적이 되었을 때에는 다른 방식으로 생각했어요. 말은 우리가 생각하고, 느끼고, 행동하는 방식을 아주 빨리 변화시킵니다. 이 연습은 말이 얼마나 쉽게 경험을 변형시키는가를 보여 줍니다. 우리는 항상 말로 생각하고 있죠. 일상의 삶 속에서 우리의 말이 자신의 경험을 얼마나 자주 변형시킬지 짐작해 보세요.

말의 힘 약화시키기

◇ 우유 빨리 말하기

우유 하면 어떤 특성들이 떠오르는지 묘사해 봅시다. 어떻게 보이는지, 맛은 어떤지, 어떤 느낌인지, 냄새는 어떤지 등등 말입니다. 이제 이 우유를 최대한 빠르게 말해 보겠습니다. 1분 동안 최대한 빨리 크게 말해 보세요. 말하는 동안 조금 전 우리가 떠올렸던 우유의 특성들이 생각났습니까?

실제 이 방 안에는 우유가 없지만 이 방에 우유가 심리적으로 있었습니다. 우리가 그것을 보았고, 맛보고, 느꼈으니까요. 실제로 여기에는 우유라는 단어만 있었는데 말이죠. 우유만 1분 외친 후, 몇 분 전에는 여기에 심리적으로 존재했던 우유가 사라졌어요. 들을 수 있는 건 소리뿐인데, 매우 이상하게 들렸습니다. 알지 못했던 재미있는 감정도 들었어요. 말이라기보다 새소리 같았거든요. 진짜 일어난 것이 있다면, 당신이 말을 했다는 것이 전부이죠. 그러나 당신이 첫 번째 그것을 말했을 때에는 정말로 의미 있었고, 실체가 있어 보였고, 여러 차례 반복해서 말했을 때에는 그 의미가 상실되기 시작했고, 말은 단지 소리에 불과하기 시작했어요.

이렇게 한 단어를 반복해서 말해 봄으로써 우리는 언어의 지배를 약화시킬 수 있습니다. 이는 우유라는 말이 지니는 문자적 의미를 잃어버린 것은 아닌데요. 우리는 여전히 우유가 무엇을 가리키는지 알죠. 다만, 우리를 자극하는 것이 약화되었다는 것입니다.

◇ 나쁜 컵 은유

우리의 언어에는 불필요하게 심리적인 투쟁을 하게 만드는 것들이 있습니다. 바로 '평가'와 관련된 것인데요. 이를 함께 보도록 합시다.

여기 컵이 있습니다. 누군가 이렇게 컵을 구겼다고 하더라도 이건 컵이라고 말할 수 있습니다. 이것이 이전에 컵이었다면 지금도 컵이고, 앞으로도 컵이겠죠(기술적 언어). 이번에는 평가적인 말에서 일어나는 일을 생각해 보겠습니다. 어떤 사람이 "이건 좋은 컵이야." 또는 "이건 아름다운 컵이야."라고 말하는 경우에 우리는 "이건 종이컵이야." 혹은 "이건 800그램 무게의 컵이야."라고 말하는 것과 같은 차원으로 듣습니다. 둘 다 컵에 대한 정보를 주는 듯이 보이죠. 하지만 두 경우가 정말로 같을까요? 방금 이것을

'좋은 컵' '아름다운 컵'이라고 했던 사람이 이 방을 나갔다고 해 봅시다. 이 컵은 그 전에 '종이컵'이었다면, 여전히 그건 종이컵입니다. 그렇지만 여전히 '좋은 컵' 또는 '아름다운 컵'일까요? 아니지요. 그런 의견을 가진 사람이 없다면, 그런 견해도 사라집니다. 왜냐하면 좋거나 아름답다는 것은 컵 내에 있는 것이 아니라, 사람과 컵 사이의 상호작용에서 나온 것이기 때문입니다. 만약 '좋다'가 '종이'와 같은 종류의 기술이라면, '좋다'는 컵에 실제로 존재해야겠죠. 그리고 영원히 변하지 않을 것입니다. 그런데 다른 누군가가 "아니야. 그건 나쁜 컵이야!"라고 말한다면 어떨까요? 이게 '종이'라는 말과 같은 차원이라면, 좋다 나쁘다의 상반되는 말 중에 하나만을 가지고 있어야겠죠. 둘 다 가진다면 컵이 종이이면서 플라스틱인 상반되는 성질을 가지고 있는 것과 같기 때문입니다. 하지만 '좋다' '나쁘다'가 단순한 평가이거나 판단이라면, 두 개의 상반되는 평가가 공존할 수 있을 것입니다. 그리고 한 사람이 하나 이상의 관점을 가질 수도 있겠죠. '이 컵은 어쩔 때는 좋은 컵이고, 어쩔 때는 나쁜 컵이야'처럼 말이죠. 평가는 한 가지만이 진실이고, 절대 변하지 않는 것이 아닙니다.

◇ 기술 대 평가 연습지

◇ 관찰자 자기(색안경 은유)

◇ 내적 경험에 라벨링하기

평가는 물론 생각이나 감정, 기억, 감각, 욕구 등에 이름을 붙여 '~하다는 생각이 들었어요.'라는 식으로 내가 지금 하고 있는 일에 이름을 붙여 말하는 방식입니다. 처음 오셨을 때 자유롭게 고민을 적었던 종이를 다시 꺼내 보세요. 조금 전에 적었던 내 생각에 라벨링해 보고 같이 이야기를 나눠 봅시다. 라벨링을 해서 다시 한번 읽어 보세요. 조금 전과 어떤 점이 다르게 느껴집니까?

대부분 그렇습니다. 이름을 붙임으로써 생각, 욕구 등을 알아차리고, 기꺼이 바라보기가 더 쉬워지고, 말의 내용에서 빠져나오면서 말의 힘에 휩쓸리지 않는 것이 더 쉬워집니다. 생각이나 감정과 가까이 있을 때 나는 갇혀 있는 것처럼 느껴지고, 수동적으로 느껴지고 답답할 수 있지만 일정 간격을 두고 내 안에서 흘러가는 생각, 느낌을 조망할 수 있으면 그때부터 이야기가 달라질 수 있습니다.

마음챙김 명상

◇ 생각 내려놓기 명상

오늘은 언어의 내용에 빠져들지 않고, 생각을 단지 생각으로 보고 내려놓는 명상을 해 보겠습니다. 등받이에 몸을 기대지 않고 반듯하고 편안하게 앉아 보세요. 눈을 가볍게 감고 오디오 지시문에 주의를 기울여 잘 따라가 보도록 하겠습니다. 다른 생각이나 기분 등으로 주의가 흩어지면, 그것을 알아차리고 다시 지시문을 따라가 보세요.

어떤 생각이나 감정, 몸의 감각을 느끼셨습니까? 주의가 흩어지는 것을 알아차렸습니까? 그것을 어떻게 했습니까?

과제

◇ 매일 경험 일지

- 지난번과 똑같이 내 안에서 일어나는 일들을 생각이나 기억, 감정, 감각으로 나누어서 살펴보고, 그 내면의 경험에 대해 내가 어떻게 하려고 했는지도 살펴보는 연습을 이어가도록 하겠습니다. 매일 경험 일지, 그리고 오늘 배운 것들로 극복해 보도록 노력해 보세요.

질문 및 소감

- 오늘 회기에서 다룬 내용들 중에 질문이 있으신가요?
- 오늘 회기에 어떤 내용을 다루었고, 마음속에 어떤 변화가 있었고, 어떤 느낌과 생각이 오갔는지 등을 말씀해 주세요.

다음 회기 예고

- 다음에는 언어의 힘이 나의 개념에 미치는 영향과 그 힘을 약화시키는 방법에 대해 이야기해 보겠습니다.

기술 대 평가: 연습

Part A: 달걀 그림을 잘 보고 기술이라고 생각하면 D를, 평가라고 생각하면 E를 써 보세요.

1. 달걀이 타원형이다. (　　)
2. 달걀이 더럽고 역겹다. (　　)
3. 달걀이 맛있어 보인다. (　　)
4. 달걀이 부드럽다. (　　)
5. 달걀은 다양한 방법으로 먹을 수 있다. (　　)
6. 달걀과 베이컨은 환상의 궁합이다. (　　)
7. 이 달걀들은 하얗다. (　　)

Part B: 다음은 남편과 아내가 부부싸움을 하는 상황입니다. 문장을 읽고 기술이라고 생각하면 D를, 평가라고 생각하면 E를 써 보세요.

1. 당신은 내 말에 더이상 귀를 기울이지 않는군요. (　　)
2. 당신은 과체중이야. (　　)
3. 우리에게는 자식이 셋 있어요. (　　)
4. 우리는 결혼한 지 20년이 됐어요. (　　)
5. 우리는 더이상 의미 있는 대화를 나누지 않아요. (　　)
6. 우리 관계는 곧 끝나고 말 거예요. (　　)
7. 당신은 너무 과로하고 있어요. (　　)
8. 당신은 경마에 가서 돈을 날리고 있어요. (　　)

Part C: 다음의 예들은 불안에 맞서 싸우고 있는 사람의 진술입니다.

1. 외출에 대해서 생각할 때, 난 꼭 바보같이 행동해.
2. 나는 그것을 견딜 수 없어.
3. 나는 어제 외출을 시도해 봤어.
4. 나는 문에 손을 갖다 대고 손잡이를 돌렸어.
5. 심장이 두근거렸어.
6. 숨이 가빠졌어.

7. 그런 다음 난 정신이 몽롱해졌어.
8. 나는 땀이 났어.
9. 나는 희망을 잃었어.

Part D: 다음 시나리오에서 여자는 고객에게 화를 내고 공격적으로 대한 탓에 해고되었습니다. 그녀는 자신이 희생자라고 느끼고 있으며, 자신의 입장을 들려주고 싶어 합니다.

1. 그 바보(고객)는 회사정책을 알고 있었다.
2. 나는 그에게 규정에 대해서 말해 줬다.
3. 나는 그것을 친절하게 설명해 주었다.
4. 그는 나를 무시하듯이 쳐다봤다.
5. 나는 반복해서 말해 주었다.
6. 그는 내가 말한 것을 이해하지 못하고 있었다.
7. 그는 매니저를 데려오라고 말했다.
8. 고객이 그렇게 하는 것을 나는 참을 수 없다.
9. 그래서 나는 다가가서 그의 멱살을 잡았다.
10. 내가 그러고 있는 것을 매니저가 보았다.
11. 그게 전부이다. 나는 일자리를 잃었다.

기술
- 대상이나 사건의 직접적으로 관찰 가능한 측면/특징과 연결된 언어표현
- 어떤 대상이나 사건의 일차적 속성
- 당신의 고유한 역사에 의존하지 않고, 당신과 대상 간의 상호작용과 무관하다.

평가
- 사건 또는 그 측면에 대한 당신의 반응
- 사건들을 비교하거나 평가적인 명칭-좋은/나쁜, 좋아하는/싫어하는, 견딜 만한/견디기 어려운, 무례한/예의바른, 억제적인/허용적인 등
- 우리와 대상, 사건, 생각, 감정 및 신체감각의 상호작용을 중심으로 나타나는 이차적 속성

기술과 평가를 구분할 수 있게 되면, 당신은 당신의 마음이 실제 경험을 알아차리거나 기록할 때, 그리고 그 경험에 대해 판단을 내릴 때 이를 인식할 수 있는 자유를 얻게 될 것입니다.

사적 경험에 이름 붙이기

나는 ______________ 라는 생각을 하고 있다.

나는 ______________ 라는 감정을 느끼고 있다.

나는 ______________ 에 대한 기억을 하고 있다.

나는 ______________ 한 신체 감각을 느끼고 있다.

나는 ______________ 하고 싶은 욕구가 있다.

나는 ______________ 하려는 경향성을 알아차리고 있다.

어떤 생각을 할 때, 혼잣말로 지금 하는 일이 무엇인지 정확하게 말해 봅시다.

예를 들어, 만일 오늘 밤에 해야 할 일을 생각하고 있다면 "오늘 밤에 해야 할 일이 있어."라고 말하지 말고, 지금 막 일어난 사건의 유형에 이름을 붙여서 "나는 오늘 밤에 해야 할 일이 있다는 생각을 하고 있어."라고 말해 봅니다. 슬픔을 느낀다면 "나는 슬픈 감정을 느끼고 있어."라고 말합니다.

사적 사건을 기술할 때, 생각, 느낌, 판단, 평가 등을 포함시켜서 말해 봄으로써 그것에 융합되지 않고 생각, 느낌, 판단, 평가 등임을 알아차릴 수 있습니다.

5회기: 관찰자 자기와 맥락적 자기

- **목표**: 개념화된 나에서 벗어나 개념화하는 자기를 관찰할 수 있으며, 자기의 모든 내적 경험이 개인사적 상황에 의해 나타났다가 사라졌던 경험들을 자연스러운 흐름으로 파악할 수 있다.
- **준비물**: 명찰, 나는 누구인가 활동지, 나는 지금 어디에 활동지, 평가 그래프 활동지, 관찰하는 자기 명상 오디오 파일
- **활동 내용**:

과제 확인

- 매일 경험 일지에서 내 생각, 감정, 감각 등을 알아차리는 것이 어렵지는 않았습니까? 그간 어떤 일들이 있었는지, 매일 경험 일지를 통해 이야기해 봅시다. [피드백과 함께 격려한다.]

개념화된 자기

◇ 나는 누구인가

1) 자기개념을 적게 한다.
2) 부정적, 긍정적, 또는 좋고, 나쁜 쪽으로 나누게 한다.
3) 나쁜 컵 비유를 상기시키면서 이 내용이 기술인지, 평가(판단)인지를 구별하게 한다.
4) 평가임을 아는 자기는 누구인지를 묻는다.
5) 평가적 자기와 관찰자 자기를 비교한다.
6) 관찰자 자기는 평가적 자기를 알아차릴 뿐 평가를 평가하지 않음을 알게 한다.
7) 평가적 자기의 횡포성과 임의성(평가는 대상에게 존재하는 속성이 아니라 평가를 한 사람과의 관계성에서 나오며, 평가자가 없어지면 없어지는 임의적인 것임)을 지적하면서 평가의 내용을 없애는 것에 초점을 맞추기보다는 이를 알아차리는 비판단적

인 관찰자 자기에 접촉하는 일이 필요함을 알게 한다.

탈개념화

◇ 정체성 취하기 게임

이번에는 여러분과 함께 게임을 하려고 합니다.

여러분이 말했던 특징들을 활용할 것입니다. 제가 일반적인 사람들의 특징을 말씀드리면, 여러분이 바로 그 사람인 것처럼 상상해 보세요. 각 배역을 맡은 배우가 되는 것입니다. [이 연습에서 리더는 종이의 양면에 양극적인 내용이 적힌 진술문에 기술된 성격을 각각 취하도록 돕는 데 주력한다. 보통 부정적인 진술문이나 전에 그들이 사용해 본 적이 있는 진술문에 쉽게 동일시하며, 긍정적이거나 낯선 진술문은 동일시하기를 어려워한다. 집단원이 이러한 사람이 실제로 되어 보도록 돕는 것이 리더의 임무이다.]

(예) 1) 나는 무능하다 / 나는 유능하다

2) 나는 사랑스럽다 / 나는 사랑스럽지 못하다

3) 나는 소심하다 / 나는 대범하다

질문: "이 사람이 어떤 일을 하는 상황에서 생각하거나 느끼는 것은 무엇일까?"

"이 사람은 사회적 모임에서 다른 주위 사람들에 대해 어떻게 느끼거나 생각할까?"

"이 사람은 자신이 하는 일이나 직업에 대해 어떤 생각과 느낌을 가질까?"

"이 사람이 가족에 대해 생각하고 느끼는 것은 어떤 것일까?"

"지금의 생각과 감정을 모두 알아차리는 사람은 누구인가?"

이렇게 우리는 각 진술문에 적힌 사람이 어떤 것을 느끼고, 어떻게 생각할지를 관찰해 보았습니다. 어떤가요? 정체성이 달라지니 그 사람의 생각이나 느낌도 달라지는 것이 느껴지시나요? 과거 우리는 때로 이 진술문에 적힌 것처럼 생각했을지 모릅니다. 그리고 이 진술문의 안경을 쓰고 세상을 바라봤을지도 모르죠. '나는 무능해. 내 손도, 발도 무능해. 저 사람도 나를 무능하다고 생각할 거야.' 하지만 이제 우리는 이 안경을 떨어뜨려 놓고 관찰하는 것을 알 수 있게 되었고, 이 진술문들이 나 자체가 아니라 하나의 평가이며, 이 평가를 믿었을 경우에 어떤 생각과 어떤 감정이 들지에 대해서도 생각해 보았습니다.

관찰자 자기

◇ 장기말과 장기판 은유

장기판을 상상해 보세요. 그 위에는 검은 말과 흰 말이 있고, 이들은 한 팀으로 움직이며, 흰 말은 검은 말과 맞서 싸웁니다. 여러분 자신의 생각과 감정, 믿음을 이 말들이라고 생각할 수 있습니다. 예컨대, '나쁜' 감정들(예, 불안, 우울, 원망)은 '나쁜' 생각과 '나쁜' 기억과 한 팀이며, '좋은' 편도 마찬가지입니다. 게임을 진행하는 방식은 우리가 이기길 원하는 편을 선택하는 것입니다. 한 편에는 '좋은' 말(예를 들어: 자신감, 통제감)을 놓고, 다른 편에는 '나쁜' 말을 놓습니다. 그러고 나서 우리는 불안, 우울, 부정적인 생각 등과 맞서 전쟁을 합니다. 그러면 이는 전쟁 게임이 됩니다. 여러분이 흰 말 편이 되면, 검은 말과 대항하여 싸우게 됩니다. 이러한 전쟁터에는 삶이란 없고, 아군과 적군만이 있습니다. 그런데 여기에는 다음과 같은 문제가 있습니다. 여러분 자신의 커다란 부분이 자신의 적이 되는 것입니다. 즉, 여러분이 만일 이 전쟁에서 이기려고 하면, 자신의 내면이 전쟁터가 됩니다. 이 말들은 여러분 안에 있음에도 불구하고, 자신이 말과 같은 수준이 되어 상대 말들과 싸우면서 싸움이 인생의 중심이 됩니다. 이 싸움이 습관적이 될수록 더 지배적이 되어 모든 삶의 영역에 영향을 미치게 됩니다. 머리로는 그것들을 모조리 판에서 내려 버리면 지배가 가능하리라고 생각하지만, 그 반대로 됨을 경험할 뿐입니다. 말들이 판을 의도적으로 뒤집을 수 없으므로 싸움은 끝이 없습니다. 싸움을 이길 수 없으며, 멈출 수도 없음을 감지하게 되면서 여러분은 절망감을 느끼게 됩니다.

만일 여러분이 장기말이라고 하면, 게임은 매우 중요한 게 되고, 여러분의 인생은 그 승패에 좌우됩니다. 그러나 여러분이 장기판이라면, 전쟁이 있거나 없거나 별 상관이 없습니다. 게임이 진행되어도 장기판에게는 아무런 차이가 없습니다. 장기판으로서 여러분은 모든 말을 볼 수 있고, 가질 수 있고, 가깝게 접촉할 수 있습니다. 여러분은 자신의 의식 안에서 일어나는 전쟁을 지켜볼 수 있으나, 그 승패가 중요하지 않습니다. 그리고 장기판으로서의 당신은 수고할 필요가 없습니다. 단지 말들과 접촉하는 것과 이들을 어떤 방향으로 싣고 가는 것을 합니다. 그렇지만 장기판은 말들끼리보다도 말들과 더 직접적으로 접촉하고 있습니다. 그러므로 기꺼이 경험하기는 초연함이나 분리가 아닙니다. 오히려 장기말의 차원이 되면, 다른 말들과 접촉하기가 어렵습니다. 또한 장기판 차원이 되지 않으면 말들을 다른 곳으로 움직일 수 없음을 알기 바랍니다.

여러분의 장기판 위에 있는 장기말들은 어떤 것들인가요? 그리고 여러분은 지금 장기판 수준인가요? 아니면 장기말 수준인가요?

관찰의 시각화

◇ 나는 지금 어디에

생각을 시간상으로 추적하는 방법입니다. 생각과 감정이 일어날 때마다 그 생각이나 감정에 대해 절대로 판단하지 말고, 그 생각이나 감정에 상응하는 시간상의 한 지점으로 손가락을 옮기세요. 예를 들어, "나는 예전에 시험을 망친 것에 대한 생각이 들어요(과거에 손가락 옮기기). 그때 굉장히 슬픈 감정을 느꼈어요(과거에 손가락 옮기기). 이 생각이 들자 갑자기 불안한 감정이 느껴져요(현재에 손가락 옮기기)." 이 예처럼 마음이 꼭 한 사건만으로 이어지지 않아도 됩니다. 자연스럽게 마음이 흘러가도록 두고 떠오르는 생각이나 감정을 5분 시간상으로 추적해 보세요. 이 활동을 통해서 우리의 생각이나 감정이 어떤 시점에서 일어났는지, 또 이 모든 것을 알고 있는 '내'가 있다는 것을 알 수 있습니다.

◇ 평가 그래프

자신에게 하는 평가에 대해 떠올리세요. 그 평가가 좋은 것인지 나쁜 것인지, 그리고 그 평가가 강한지 약한지에 따라 그래프에 표시해 보세요. 이제 자신이 하고 있는 평가를 바라보세요. 지금 어떤 생각이 드시나요?(암묵적인 평가에서 탈융합하기)

마음챙김 명상

◇ 관찰하는 자기 명상

오늘은 개념화된 나에 대한 제한에서 벗어나 과거의 부정적 경험들에서 휘둘리지 않고 하나의 경험으로 흐르게 내버려 두는 연습을 해 보겠습니다. 등받이에 몸을 기대지 않고 반듯하고 편안하게 앉아 보세요. 눈을 가볍게 감고, 오디오 지시문에 주의를 기울여 잘 따라가 보도록 하겠습니다. 다른 생각이나 기분 등으로 주의가 흩어지면, 그것을 알아차리고 다시 지시문을 따라가 보세요.

어떤 생각이나 감정, 몸의 감각을 느끼셨습니까? 주의가 흩어지는 것을 알아차렸습니까? 그것을 어떻게 했습니까?

과제

◇ 매일 경험 일지

지난번과 똑같이 내 안에서 일어나는 일들을 생각이나 기억, 감정, 감각으로 나누어서 살펴보고, 그 내면의 경험에 대해 내가 어떻게 하려고 했는지도 살펴보는 연습을 이어가도록 하겠습니다. 매일 경험 일지. 그리고 오늘 배운 것들로 극복해 보도록 노력해 보세요.

질문 및 소감

- 오늘 회기에서 다룬 내용들 중에 질문이 있으신가요?
- 오늘 회기에 어떤 내용을 다루었고, 마음속에 어떤 변화가 있었고, 어떤 느낌과 생각이 오갔는지 등을 말씀해 주세요.

다음 회기 예고

- 이제까지는 우리 내면에 일어나는 일들이 자연스럽게 일어나는 반응적인 것이므로 통제할 수 없다는 것에 대해 이야기했고, 따라서 그대로 두고 바라보는 연습을 했습니다. 그렇다면, 나와 나의 일부를 온전히 받아들이면서 우리는 어느 방향으로 어떻게 살아가야 할까요? 그것에 대해 다음 시간에 이야기해 보겠습니다.

관찰하는 자기

"이제, 생각과 감정이 펼쳐지는 장으로서 여러분 자신을 경험해 보는 방법을 연습할 것입니다. 이는 누구나 연습할 수 있습니다. 우리는 우리가 느끼거나 생각하는 것이 무엇이든지 간에 단지 바라볼 것입니다. 그러므로 무엇이 올라와도 좋습니다. 눈을 감고 의자에 앉은 채, 제 목소리를 따르도록 하세요. 지금 잠시 동안 여러분의 주의를 이 방 안에 있는 자신에게로 돌리세요. 방을 그려 보고, 이 방 안, 여러분이 존재하는 이 자리에서 여러분 자신을 그려 보세요. 이제 피부 밑으로 들어가서 여러분의 몸과 접촉해 들어가겠습니다. 여러분이 의자에 어떻게 앉아 있는지를 알아차려 보세요. 피부가 의자에 닿아 있는 바로 그 상태를 그대로 알아차릴 수 있는지 보세요. 어떤 신체적 감각이 있는지 알아차리세요. 그 느낌을 어느 정도 인정하고 나서 계속해서 여러분의 의식이 흐르도록 놔두세요. (멈춤) 이제 여러분이 지닌 감정을 알아차리겠습니다. 어떤 감정이 있다면, 그것을 인정하기만 하세요. (멈춤) 이번에는 여러분의 생각에 접촉해서 잠시 동안 그것을 조용히 지켜보기만 하세요. (멈춤) 이제, 여러분의 일부인 이것들을 알아차리면서 자신의 일부가 이것들을 알아차렸음을 알아차리길 바랍니다. 우리는 그 부분을 '관찰하는 자기'라고 부르겠습니다. 그는 여러분의 감각을 알아차렸고, 감정을 알아차렸으며, 생각을 알아차렸습니다. 그는 내가 지금 말하고 있는 것을 알아차림합니다. 그는 여러분 삶 전체에서 여러분이었던 바로 그 사람입니다. 어떤 깊은 의미에서 이 관찰하는 자기는 여러분이 자기라고 부르는 여러분 자신입니다. 자, 이제 지난 여름에 일어났던 어떤 일을 기억해 보세요. 마음속에 이미지가 떠오르면 손을 들어 주세요. 좋아요. 이제 주위를 둘러보세요. 그 때 일어났던 모든 일을 기억해 보세요. 그 장면, 소리, 느낌을 기억해 보세요. 그리고 여러분이 알아차리고 있음을 알아차리면서 여러분이 그때 거기에 있었음을 알아차릴 수 있는지 보세요. 여러분은 그때 거기 있었고, 지금은 또한 여기에 있습니다. 이를 믿으라고 요청하는 것이 아닙니다. 논리적인 것을 말하는 것도 아닙니다. 다만, 여러분이 알아차리는 경험을 알고 확인하며, 지금 여기 있는 자신이 그때 거기에도 있었는지를 유념해 보라는 것입니다. 여러분이 알 알아차리는 것을 알아차리는 그 사람은 지금 여기에도 있고, 그때 거기에도 있었습니다. 이러한 본질적인 연속성을 알아차릴 수 있나요? 여러분이 십대였을 때 일어났던 어떤 일을 기억해 보세요. 마음속에 이미지가 있으면 손을 드세요. 좋아요. 이제 그 주위를 단지 바라보세요. 그때 일어났던 일들을 모두 기억하세요. 광경, 소리, 감정을 기억해 보세요. 시간을 충분히 가지세요. 그리고 거기에 있었던 것에 대해 분명해질 때, 잠시 동안 자신의 눈 뒤에서 그때 이 모든 것을 보고, 듣고, 느꼈던 사람이 있었음을 알아차릴 수 있는지 보세요. 여러분은 그때 거기 있었지요. 그리고 지금 여러분이 알아차리는 것을 알아차리는 사람과 십대일 때 거기 그 상황에서 알아차리는 것을 알아차렸던 사람 간에 본질적인 연속성이 있는지 [잠시 동안 침묵의 시간을 갖는다.] 어떤 중요하고 깊은 의미에서 여러분은 자신을 변하지 않는 존재로 경험합니다. 이 모든 것을 통해서 여러분은 여러분 자신인 것입니다. 이제는 매우 어려운 영역으로 가 보겠습니다. 여러분의 생각입니다. 생각은 우리를 걸려들게 하고, 관찰자로서의 우리의 역할에서 끌어내기 때문에 어렵습니다. 혹 그런 일이 일어나면, 다시 내 목소리로 주의를 돌리기 바랍니다. 여러분의 생각이 얼마나 지속적으로 변하고 있는지를 알아차려 보세요. 여러분은 순진무구할 때가 있었습니다. 그러고 나서 학교에 갔고, 새로운 생각들을 배웠습니다. 새로운 아이디어와 새로운 지식을 얻었습니다. 여러분은 사물에 대해 어떤 방식으로 생각하고, 어떤 때에는 다른 방식으로 생각합니다. 때로 여러분의 생각은 의미가 거의 없을 수도 있고, 때로 그것들은 어디선가 자동적으로 올라옵니다. 그리고 그것들은 계속적으로 변합니다. 오늘 여러분이 여기 온 이후의 생각들을 보세요. 얼마나 많은 다른 생각들이 들었는지 알아차려 보세요. 그런데 어떤 깊은 방식에서 여러분이 생각하는 것을 아는 자기는 변하지 않습니다. 그러므로 여러분이 생각을 지녔을지라도, 자신을 단지 자신의 생각으로만 경험하지 않습니다. 이를 믿지 말고 알아차리도록 하세요. 여러분이 이 점을 깨닫는 순간조차도 여러분의 생각은 물줄기처럼 계속됨을 알아차리도록 하세요. 여러분은 그 속에 빠질지도 모릅니다. 그러나 그것을 깨닫는 순간에 여러분의 일부가 뒤에 서서 그 모든 것을 지켜보고 있음을 또한 깨닫습니다. 자, 지금은 잠시 동안 여러분의 생각을 지켜보세요. 그리고 그렇게 하면서… 여러분이 그것을 알아차리고 있다는 사실을 또한 알아차려 보세요. [잠시 동안 침묵의 시간을 갖는다.] 그러므로 이제 여러분의 몸, 여러분의 역할, 감정, 생각이 여러분 자신이 아니라는 것을 경험할 수 있습니다. 이것들은 여러분 삶의 내용들입니다. 반면에 여러분은 그것들이 펼쳐지는 장이고, 무대이며, 맥락, 공간입니다. 여러분이 경험하듯이, 여러분이 투쟁하며, 변화시키려고 애쓰는 내용들이 여러분 자신이 아님을 알아차리세요. 이런 싸움이 계속된다고 하더라도 여러분은 변함없이 여기에 존재합니다. 이러한 연결을 알게 되면, 그 모든 것을 망라해서 여러분은 여러분 자신이라는 것과 이러한 모든 심리적 내용을 여러분 자신의 삶을 평가하는 수단으로 사용할 필요가 없음을 알게 됩니다. 그러면서 안정이 되고 사소한 것들을 내려놓는 데 도움이 되는지 보길 바랍니다. 올라오는 모든 경험을 단지 알아차리고, 여러분이 알아차린다는 것을 알아차려 보세요. 그리고 여러분 자신이 여전히 여기에 존재한다는 것을 알아차려 보세요. [잠시 동안 침묵의 시간을 갖는다.] 이제는 이 방을 그리고, 이 방 안에 있는 여러분 자신을 그리도록 하세요. [방을 묘사한다.] 이 방으로 돌아올 준비가 되면, 조용히 눈을 뜨세요. [이 연습은 눈을 감고서 하되, 안내하는 멘트를 녹음하여 들려주면서 실시하도록 한다. 리더는 초점이 느슨한 상태에서 점차로 주의를 각 영역(사람들이 과도하게 동일시할 수 있는 영역들)으로 인도한다. 각각을 차례로 검토하면서 중요한 순간에 누군가 이 내용을 알아차리고 있음을 알아차리도록 강조함으로써 초월 의식과 연속성 의식이 있는 짧지만 강력한 심리적 상태를 만들어 낼 수 있다. 이 연습 후에 내담자의 경험을 검토하되 분석이나 해석 없이 한다. '관찰자 자기'와 연결되는 경험이 어떤 특성이 있는지를 알아보는 것은 유용하다(평온감이나 평화감을 보고하는 경우가 많음). 이 연습에서 유발된 삶의 경험들은 다수가 위협적이고 불안을 조장하는 것이었는데, 그것들에 대해 자기 자체를 규정하는 것으로 보는 것이 아니라 자기-내용의 조각이나 작은 일부로 보게 될 때, 평화롭고 평온하게 받아들일 수 있게 된다.]

나는 누구인가?

자기에 대한 개념을 생각나는 대로 적으세요.

나는 ______________________________

나는 ______________________________

나는 ______________________________

나는 ______________________________

나는 ______________________________

나는 ______________________________

나는 ______________________________

나는 ______________________________

나는 ______________________________

나는 ______________________________

나는 ______________________________

나는 어디에 있는가?

- 생각과 감정이 일어날 때마다 그 생각이나 감정이 시간선상의 어디에 있는지 그 지점으로 손가락을 옮기세요. 떠오르는 생각에 대해 판단하지 말고 지켜보세요. 생각, 감정, 신체 감각을 살펴보세요.

- 마음이 흘러가도록 놓아두고 생각을 시간상으로 추적해 보세요.

- 생각에 대해 무엇을 알아차렸나요?

- 생각이 특정한 시기에 계속 머물렀나요?

- 아니면 이 시간에서 저 시간으로 움직였나요?

- 아래에 경험을 기록하세요.

평가 그래프

• 자기에 대해 어떠한 평가를 하고 있나요?

• 평가를 적어 보고, 한 단어로 표현하여 위의 그래프에 '좋은 & 나쁜' '강한 & 약한'에 따라 표시해 보세요.

• 무엇을 알아차리셨나요?

• 무엇을 알아차리는 나는 누구인가요?

6회기: 가치 탐색

- **목표**: 자신이 진정으로 원하는 삶에 대해 생각해 보고, 중요하게 여기는 가치를 구체화해 본다. 선택한 가치를 지향하는 삶에 대한 동기를 부여한다. 가치나 가치의 순위는 시간이 지남에 따라 내면의 경험들을 통해 수정될 수 있다.
- **준비물**: 명찰, 내가 꿈꾸는 삶 활동지, 가치 카드, 가치 평정지, 자기자비 명상 오디오 파일
- **활동 내용**:

과제 확인

- 매일 경험 일지에서 내 생각, 감정, 감각 등을 알아차리는 것이 어렵지는 않았습니까? 그간 어떤 일들이 있었는지, 매일 경험 일지를 통해 이야기해 봅시다. [피드백과 함께 격려한다.]

내가 진정 원하는 삶

◇ 가치 대화하기

Q. 눈을 감고 잠시 동안 호흡에 집중해 보세요. 그리고 가장 좋은 기억 중 한 가지를 떠올려 봅니다. 떠올랐다면 손을 살짝 들어서 표시해 주세요. 그 기억을 아주 자세히 떠올려 보겠습니다. 기억 속에서 특히 자신이 하고 있었던 행동을 자세히 떠올려 보세요. 이제 눈을 뜨고 각자 자신의 경험을 이야기해 볼까요? 언제 가장 행복했습니까? 무엇을 하고 있었지요? 마음속에서 어떻게 느껴졌습니까? 당신이 봤던 것처럼, 또 느꼈던 것처럼, 저도 보고 느낄 수 있도록 도와주세요. 저는 이해하고 싶습니다. [언제 생기 있어 보이고 마음이 열리는 것처럼 보이는지 주목해서 듣고, 어떤 점에서 행복해 했는지 대화를 통해 구체적으로 떠올리도록 돕는다.]

Q. 내가 죽는다면, 어떤 사람으로 기억되고 싶은가요? 추모사나 비문 혹은 스스로 돌아봤을 때 어떤 인생이면 좋겠는지 생각해 봅시다.

Q. 바로 지금 이 시간에 무엇이든 일어날 수 있다면, 당신은 무엇을 원합니까? 만약 그게 여기서 실현된다면, 그 다음에는 무엇을 하겠습니까? 만약 그것이 실현된다면 당신의 삶이 어떻게 될 것이라고 생각합니까?

◇ 내가 꿈꾸는 삶 활동지

지금까지 한 이야기들을 바탕으로 이 활동지를 작성해 보세요. 이야기해 보라고 하지 않을 것입니다. 아무도 보지 않는다고 생각하고 작성해 보세요. 누군가 이 종이를 보고 "이런 생각을 하는구나. 멋지네."라든가 혹은 "아주 옳은 생각을 하고 있구나."라는 말을 하지 않을 것입니다. 또 지금 내 상황과 내가 생각하는 내 모습 등과 상관 없이 무슨 일이든 이루어지는 마법의 방에 들어왔다고 생각하고 작성해 보세요. 무슨 일이든지 다 일어날 수 있다면 어떤 삶을 살고 싶은지, 나의 행동에 초점을 맞추어서 작성해 보세요.

가치 찾기

◇ 가치 개념

가치란 '언어적으로 구성된 광범위하고, 갈구하고, 선택된 삶의 방향'으로 정의됩니다. 내가 진정으로 원하고, 옳고 그른 것, 맞고 틀린 것이 없이 그저 선택된 전체적인 삶의 방향이라고 볼 수 있습니다. 흔히 혼동할 수 있는 목표와는 어떤 차이가 있을까요? 목표는 구체적으로 달성 가능한 사건, 상황 혹은 대상입니다. 끝이 있고, 완수할 수 있으며, 소유할 수 있죠. 예를 들면, 학위 취득, 결혼, 취업 등이 있습니다. 이러한 목표 자체가 끝이라면, 학위 취득 후에는 삶의 방향이 어디로 가야 할까요? 방향을 상실하는 것이 당연합니다. 반대로 다른 사람을 돕는 것에 가치를 두고 남을 돕는 데 더 유리한 지위를 얻기 위해 학위를 취득하려 했다면, 학위 취득 후 남을 돕는 가치와 관련된 흥미진진한 일들이 기다릴 것입니다. 즉, 목표란 결과를 추구하는 과정에 참여하는 것이라고 할 수 있습니다(등산 비유).

◇ 가치 카드 분류 활동

1. 카드를 세 묶음으로 분류한다(매우 중요/중간/중요하지 않음).
2. 카드를 검토해 보게 한 후 가장 중요한 원칙을 10가지만 골라 보도록 한다(내담자가 빈 카드에 써 넣을 수도 있음).
3. 옆 사람과 자신이 중요하다고 생각한 가치에 대해 이야기를 나눈다(절대 다른 사람의 가치를 판단하지 말고 그저 들어준다).

◇ 가치 평정지

빈 종이에 자신이 중요하게 생각한 가치를 차례대로 기록해 보세요.

1) 결혼 관계나 친밀한 관계: 친밀한 관계를 유지하기 원하는 사람에 대한 기술을 적거나 여러분이 유지하기 원하는 관계의 유형을 적습니다. 그 관계 속에서 여러분의 역할에 초점을 맞추어서 적어 보세요.
2) 가족 관계: 여러분이 되고자 원하는 형제나 자매, 또는 남매 관계, 자녀와의 관계나 부모와의 관계 유형을 기술하세요. 여러분이 되기 원하는 관계의 특성을 기술하세요. 여러분이 이상적인 모습이라면, 각 관계 속에서 상대를 어떻게 다룰 것인지도 기술해 보세요.
3) 친구 관계나 사회적 관계: 여러분에게 좋은 친구가 된다는 것이 무엇을 의미하는지를 적어 보세요. 만일 여러분이 가장 좋은 친구가 될 수 있다면, 친구들에게 어떻게 행할까요? 여러분이 생각하는 이상적인 친구(우정)관계를 기술해 보세요.
4) 직업 / 직장: 이 영역에서는 여러분이 원하는 일의 유형을 기술하세요. 매우 구체적이거나 매우 일반적일 수 있습니다. (이상적인 세계임을 기억하세요) 여러분이 하고자 하는 일의 유형에 대하여 적은 후에 그것이 여러분에게 왜 호소력이 있는지(왜 흥미가 생기는지)에 대해 적어 보세요. 또한 여러분의 직장 상사나 동료에 대해서 여러분이 어떤 종류의 직장인이 되기 원하는지에 대하여 토의해 보세요. 직장인들과의 관계가 어떠하기를 원할까요?
5) 교육 / 개인적인 성장과 발전 : 여러분이 교육을 받기 원한다면, 공식적이든 비공식적이든, 또는 어떤 전문적인 훈련이든, 그것에 관해 적어 보세요. 왜 이런 종류의 훈련이나 교육이 당신에게 호소력이 있는지에 대해서도 적어 보세요.
6) 레크리에이션 / 여가 활동: 취미, 스포츠, 그리고 여가 활동을 포함해서 여러분이

해 보길 원하는 레크리에이션 활동의 유형을 적어 보세요.

7) 영성 : 이 영역에서는 반드시 조직화된 종교를 언급할 필요는 없습니다. 여러분에게 영성의 의미를 주는 것이면 무엇이든지 됩니다. 예컨대, 자연과 소통하는 것과 같이 간단한 것일 수도 있고, 조직화된 종교 단체에 참여하는 것과 같이 공식적인 것일 수도 있습니다. 또한 영성이 당신에게 무엇을 의미하든 좋습니다. 이것이 인생에서 중요한 영역이라면, 여러분이 원하는 것을 적으면 됩니다. 이것이 여러분에게 가치로서 중요한 부분이 아니라면, 다음 영역으로 넘어가도록 하세요.

8) 시민의식 : 어떤 사람에게는 지역사회의 일에 참여하는 것이 삶의 중요한 부분입니다. 예컨대, 가출한 청소년이나 노숙자, 또는 노인들을 위한 자원봉사 활동, 야생동물들을 보호하는 단체에 참여하는 것, 또는 익명의 단주 모임과 같은 자조그룹에 대한 봉사 단체에 참여하는 것 등을 중요하게 생각합니다. 이러한 지역사회 참여 활동이 여러분에게 중요하다면, 이 영역에서 하고 싶은 방향에 관해 적어 보세요. 이 영역에서 여러분이 하고 싶은 것에 대해 적어 보세요.

9) 건강 / 신체적 웰빙 : 이 영역에서는 여러분의 신체적인 건강을 유지하는 것과 관련된 가치를 포함시키도록 하세요. 잠, 다이어트, 운동, 흡연과 같은 건강 관련 주제에 대하여 적어 보세요.

다른 사람들이 아무도(부모님 포함) 이를 모른다고 해도(또는 이를 잊는다고 해도, 또는 이를 자랑스럽게 여기지 않는다고 해도) 여전히 이를 달성하려고 헌신할까요? 여전히 가치를 부여할 것인가요?

◇ 생활편차

지시문에 따라 빈칸에 점수를 적어 봅시다. 최종적으로 산출된 생활편차를 살펴보세요. 어떤 분은 점수가 높고, 어떤 분은 낮네요. ○○ 씨, 점수가 5점이군요. 방금 마음속으로 어떤 감정과 생각이 지나갔습니까? 맞아요, 이 점수는 자칫 수치심을 불러일으킬 수 있습니다. 그런데 ○○ 씨 삶이 지금까지 어떠했는지 요약해 보면, 무엇이 당신을 행복하게 만드는지 알아내기 위해 많은 시간을 보냈다는 이야기 같네요. [눈을 감고] 어떤 느낌이 드는지 알아차려 보십시오. 몸, 배, 팔, 어깨, 감정, 생각, 기억… [눈을 뜨고 말해 보세요. 고통에서 당신이 진정으로 원하는 것을 찾아보세요. 무엇으로부터 스스로를 방어하고 있나요? 잘 살펴보세요.

마음챙김 명상

◇ 자기자비 명상

스스로를 위로해 줄 수 있는 명상을 해 보겠습니다. 등받이에 몸을 기대지 않고 반듯하고 편안하게 앉아 보세요. 눈을 가볍게 감고 오디오 지시문에 주의를 기울여 잘 따라가 보도록 하겠습니다. 다른 생각이나 기분 등으로 주의가 흩어지면, 그것을 알아차리고 다시 지시문을 따라가 보세요.

어떤 생각이나 감정, 몸의 감각을 느끼셨습니까? 주의가 흩어지는 것을 알아차렸습니까? 그것을 어떻게 했습니까?

과제

◇ 매일 경험 일지

지난번과 똑같이 내 안에서 일어나는 일들을 생각이나 기억, 감정, 감각으로 나누어서 살펴보고, 그 내면의 경험에 대해 내가 어떻게 하려고 했는지도 살펴보는 연습을 이어가도록 하겠습니다. 매일 경험 일지, 그리고 오늘 배운 것들로 극복해 보도록 노력해 보세요.

질문 및 소감

- 오늘 회기에서 다룬 내용들 중에 질문이 있으신가요?
- 오늘 회기에 어떤 내용을 다루었고, 마음속에 어떤 변화가 있었고, 어떤 느낌과 생각이 오갔는지 등을 말씀해 주세요.

다음 회기 예고

- 다음에는 이러한 가치를 실현시킬 수 있는 구체적인 행동들에 대해 탐색해 보도록 하겠습니다.

내 삶의 꿈 이야기

내 인생의 각 영역에 대하여 실현되길 바라는 꿈을 간단한 이야기로 만들어 보세요. 적용할 것이 없는 란은 공란으로 두세요. 부모나 사회의 가치를 받아들인 것이 아닌지를 검토해서 자신의 가치인 것을 간단한 문장으로 표현하세요.

가치 영역	삶의 목적 및 방향에 관한 이야기 꾸미기
부부/친밀한 관계	
가족 관계	
사회적 관계	
직업/직장	
교육과 훈련	
레크리에이션 (재충전 활동)	
영성	
시민의식	
신체적 건강	

가치 카드

자연과 접촉하기	지혜를 얻어 성숙해지기, 삶을 이해하기	아름다움 창조하기 (예술, 춤, 정원 가꾸기 등 어떤 영역이든지)	정의를 추구하고 약자를 보살피기
친구, 가족, 나의 지인들에게 충실하기	정직하게 살기	다른 사람들을 도와주기	바람직한 성생활
진실되고 친한 친구 사귀기	사랑과 애정이 있는 관계 맺기	야망을 갖고 열심히 일하기	유능하고 효율적으로 살기
성취감을 갖고 지속적으로 기여하기	흥미진진한 생활	모험으로 가득찬 생활	신기함과 변화로 가득찬 생활
신체적 건강	몸에 좋은 음식 먹기	스포츠 활동에 참여하기	종교적 신념과 믿음에 맞게 행동하기
신이나 우주와 하나되기	전통을 존중하기	유혹에 넘어가지 않도록 자기 수양하기	부모님과 웃어른을 공경하기
내 책임을 다하기	내가 사랑하는 이들의 안정을 지켜 주기	호의에는 꼭 보답하고, 남에게 신세 지지 않기	위험으로부터 안전을 지켜 내기
물질적 풍요	권한 가지기, 책임자 되기	타인에게 영향력 행사하기	즐겁고 여유롭게 살기

먹고 마시는 것을 즐기기	활기찬 성생활	창의적이기	자기 만족
새로운 것을 발견하려는 호기심	문제를 이해하고 해결하기	더 나은 사람이 되려고 노력하기	긍정적인 기분 상태 경험하기
자신에 대한 좋은 느낌	스트레스 없는 삶을 영위하기	음악이나 예술 또는 드라마 즐기기	어떤 것을 설계하기
다른 사람 가르치기	논쟁 해결하기	만들고 수리하기	야외 작업하기
조직하기	분명한 일에 종사하기	연구하기	관리하기
(적어 보세요)	(적어 보세요)	(적어 보세요)	(적어 보세요)
(적어 보세요)	(적어 보세요)	(적어 보세요)	(적어 보세요)

가치 평가지

1. 각 영역에서 당신이 가치를 두는 내용을 적고, 그것이 자신에게 얼마나 중요한지를 10점(중요도 높음)에서 1점(중요도 낮음)까지로 평정하세요.

2. 지난 달 중에 이 가치에 따라 얼마나 성공적으로 살았는지를 10점(매우 성공적임)에서 1점(전혀 성공적이지 않음)까지로 평정하세요.

영역	나의 가치	중요도	실현도	생활 편차
부부/친밀한 관계				
가족 관계				
사회적 관계				
직업/직장				
교육과 훈련				
레크리에이션 (재충전 활동)				
영성				
시민의식				
신체적 건강				

7회기: 전념 행동

- **목표**: 앞으로 한 달 동안 실현해 보고 싶은 가치를 하나 선택해 가치실현 과정으로서 몇 가지 장기 · 단기 목표를 세워 보고, 성취하고 싶은 목표를 다시 하나 선택해서 구체적인 행동을 어떻게 수행할 것인지 계획해 본다. 각 행동을 행함에 있어 어떠한 장애물들이 있을 수 있겠는지 예측해 보고, 수용전념치료를 통해 배운 방법들을 이용해 극복 전략을 세워 본다.
- **준비물**: 명찰, 목표 활동지, 행동 활동지, 장애물 예측 활동지, 버스 승객 은유 활동지
- **활동 내용**:

과제 확인

- 매일 경험 일지에서 내 생각, 감정, 감각 등을 알아차리는 것이 어렵지는 않았습니까? 그간 어떤 일들이 있었는지, 매일 경험 일지를 통해 이야기해 봅시다. [피드백과 함께 격려한다.]

가치, 목표, 행동의 개념

◇ 개념 설명

명명	설명	가능한 예
가치	- 그 자체를 위해서 시행됨 - 영구히 실현될 수는 없음 (평생에 걸쳐 추구하는 것) - 평가의 대상이 아닌 선택의 대상	- 자상한 부모 되기 - 활발한 신체 활동 - 충실하고 진실한 관계 맺기
목표	- 가치를 위해서 기여함 - 흔히 광범위하게 적용 가능 - 어떤 구체적인 행동 유형을 일컫는 것은 아님	- 자녀와 놀아 주면서 시간 보내기 - 주 3회 체육관 가기 - 정직하고 충실해지기
행동	- 목표 달성을 위한 구체적 행동	- 오늘 일 마치고 자녀와 게임하기 - 체육관에 가기 위해 월요일 아침 7시에 기상하기 - 오늘 저녁 배우자에게 솔직한 감정 표현하기

- 가치: 하나의 대상으로서 획득될 수는 없지만, 순간순간 실행에 옮길 수는 있는 의미 있는 행동으로서 선택된 특성
- 목표: 가치에 기여하면서 행하거나 획득될 수 있는 구체적인 성취
- 행동: 목표 달성을 위한 구체적인 행동

본래부터 가치나 목표인 것은 아무것도 없습니다. 어떤 사람에게는 가치인 것이 다른 사람에게는 목표가 될 수 있습니다.

과정으로서의 목표와 행동 구체화

◇ 목표 구체화 활동지

이제 지난 시간에 작업했던 가치 평정지를 꺼내 보세요. 그 가운데 나에게 가장 중요한 가치, 혹은 균형을 맞추기 위해 추구하고 싶은 가치, 생활편차가 커서 고통스러움을 느꼈던 가치 등 자신이 주로 추구하고 싶은 가치를 한 가지 골라 보세요. 맨 위의 가치란에 해당 가치를 적고, 그 가치를 실현하기 위해 거쳐야 할 과정들을 목표로 세워 봅니다. 목표는 측정 가능한 것으로 적으면 더 좋습니다. 하지 말기보다 긍정적인 표현으로 '하자'고 적어 주는 것이 더 효과적입니다. 현실 가능한 것인지 한번 점검해 보세요. 적은 것들을 보면서 맨 위에 적었던 가치를 향한 과정인지도 점검해 보세요.

◇ 행동 구체화 활동지

목표 중 한 가지를 골라 오늘 당장 집에 가서 할 수 있는 일들이 뭐가 있을지 생각하면서 한 단계 한 단계의 행동을 적어 봅니다. 지금 그 목표를 달성하고자 움직인다고 상상해 보세요. 마음속으로 목표 달성을 향한 구체적인 그림을 그리며 한 단계씩 행동란에 적어 넣습니다. 적은 것들을 보면서 맨 위에 적었던 목표를 향한 과정인지 점검해 보세요.

서로 이야기를 나누면서 응원해 줍시다.

장애물을 예측해 보고 극복 전략 세워 보기

◇ 행동에 예상되는 장애물 예측

여기 적었던 행동 가운데에는 그동안 생각해 보지 못한 신선한 것이 있을 수도 있지만, 대개는 예전에도 생각해 보았던 것일 가능성이 큽니다. 그럼에도 불구하고 왜 지금까지는 하지 못했을까요? 무엇이 나를 방해했던 걸까요? 내 안에서 일어나는 생각, 감정, 욕구 등을 바라볼 수 있다면, 나에게 어떤 장애물이 있길래 행동하지 못하는지 알 수 있습니다. 방금 적었던 행동들을 지금 당장 한다고 생각해 보세요. 마음속에서 어떤 것들이 걸리나요? 그것들을 장애물 목록에 적어 봅시다.

◇ 기꺼이하기 전략

지금까지 연습해 왔던 것들을 떠올리며, 어떠한 노력으로 장애물과 기꺼이 할 수 있을지 생각해 보고 이야기 나눠 봐요. 생각할 시간을 잠시 줄게요. [잠시 후] 자, 이제 돌아가며 서로 이야기를 해 보고, 도움이 필요하면 서로 도움을 주면서 완성해 보도록 합시다.

전념 행동

◇ 버스 승객 은유

버스가 있고, 여러분이 운전사라고 합시다. 이 버스에는 승객이 많이 탔습니다. 여기서 승객들은 생각, 감정, 신체적 상태, 기억, 그리고 내적 경험의 다른 측면입니다. 그들 중 어떤 자는 무시무시하게 생겼습니다. 여러분이 운전을 하고 있는데, 승객들이 운전사인 여러분에게 '이렇게 해라, 어디로 가야 한다, 왼쪽으로 돌려라, 오른쪽으로 가야 한다'는 등 여러분을 위협하기 시작합니다. 그들이 말하는 바대로 하지 않으면 버스 뒤에서 앞으로 나오려고 합니다. 이 승객들을 다루는 방법은 여러 가지가 있을 것입니다. 첫번 째로, 여러분은 승객들에게 이렇게 말할 수 있습니다. "버스에 앉아서 조용히 하세요. 여러분이 말하는 대로 할테니까." 두 번째로, 여러분은 '그렇게 하기 싫어! 이 사람들을 버스 밖으로 쫓아내야겠어.'라고 생각하고는 버스를 멈추고 자리로 가서 그 승객들을 처리하고자 합니다. 그러나 그러기 위해서 가장 먼저 해야 할 일은 버스를 세우는 일임을 알게 됩니다. 그래서 여러분은 운전을 안 하고, 이 승객들을 처리하는 일만 합니다. 그런데 그들은 힘이 세고, 내리려고 하지 않습니다. 그래서 여러분은 그들과 씨름을 하느라고 애를 쓰지만, 성공하기 어렵습니다. 세 번째로, 여러분은 자리로 가서 승객들을 달래서 그들이 자리에 제대로 앉아 있게 하려고 애씁니다. 그런데 이렇게 하기 위해서는 그들이 요청하는 것을 대신 들어 주어야 한다는 문제점이 있습니다. 네 번째로, 여러분은 그들이 버스에 없는 것처럼 여기고 버틸 수 있을 것입니다. 그리고 스스로에게 왼쪽은 당신이 원하는 방향이라고 말하기도 합니다. 그러나 그들은 여러분이 자신의 말을 무시한다고 더 큰 소리로 아우성을 치면서 먼저보다 다루기가 더 힘든 만큼의 힘을 가지고 앞으로 나올 수 있습니다. 그런데 이 모든 방법은 '만일 그들이 말하는 대로 안 하면, 앞으로 나와서 여러분을 방해할 것이다.'라는 가정에 기초합니다. 그래서 여러분은 그들이 나오지 않도록 그들이 말하는 바대로 하거나, 그들과 씨름을 합니다. 운전사는 버스를 조정하는 것인데, 여러분은 승객들을 다루기 위해 운전을 제대로 하지 못하게 됩니다. 달리 말해서 여러분이 이들을 통제하려고 할수록 실제로 여러분의 통제를 포기하게 되는 것입니다! 그들이 자기네 말을 안 들으면 제대로 못 갈 거라고 하더라도 그런 일은 실제로 일어나지 않습니다. 이 승객들은 운전사가 아니라 승객이기 때문입니다. 그리고 그들은 여러분의 의지 없이 여러분에게 무언가를 하게 할 수 없습니다.

우리는 승객들이 떠들어 대도 우리가 가야 할 길을 향해 운전을 하는 운전사입니다. 그러므로 승객들이 아무리 소란스럽게 굴더라도 그것을 다루느라 운전을 멈추는 일 없이 승객들이 떠들게 놔두고, 운전을 잘하면 될 것입니다. 중요한 것은 운전을 제대로 해서 목적지까지 무사히 가는 것이기 때문입니다.

마음챙김 명상

◇ 앉아서 하는 마음챙김 명상

등받이에 몸을 기대지 않고 반듯하고 편안하게 앉아 보세요. 눈을 가볍게 감고 오디오 지시문에 주의를 기울여 잘 따라가 보도록 하겠습니다. 다른 생각이나 기분 등으로 주의가 흩어지면, 그것을 알아차리고 다시 지시문을 따라가 보십시오.

어떤 생각이나 감정, 몸의 감각을 느끼셨습니까? 주의가 흩어지는 것을 알아차렸습니까? 그것을 어떻게 했습니까?

과제

◇ 매일 경험 일지

- 지난번과 똑같이 내 안에서 일어나는 일들을 생각이나 기억, 감정, 감각으로 나누어서 살펴보고, 그 내면의 경험에 대해 내가 어떻게 하려고 했는지도 살펴보는 연습을 이어가도록 하겠습니다. 매일 경험 일지, 그리고 오늘 배운 것들로 극복해 보도록 노력해 보십시오.

질문 및 소감

- 오늘 회기에서 다룬 내용들 중에 질문이 있으신가요?
- 오늘 회기에 어떤 내용을 다루었고, 마음속에 어떤 변화가 있었고, 어떤 느낌과 생각이 오갔는지 등을 말씀해 주십시오..

다음 회기 예고

- 다음에는 실천행동에 대해 이야기해 보고, 지금까지 우리가 해 왔던 활동들을 정리해 보도록 하겠습니다.

목표

가치: ______________________________

1. 장기 목표:

단기 목표:

1) ______________________________

2) ______________________________

3) ______________________________

4) ______________________________

2. 장기 목표:

단기 목표:

1) ______________________________

2) ______________________________

3) ______________________________

4) ______________________________

행동

단기 목표 1: ______________________________

행동:

1) ______________________________

2) ______________________________

3) ______________________________

4) ______________________________

단기 목표 2: ______________________________

행동:

1) ______________________________

2) ______________________________

3) ______________________________

4) ______________________________

예상되는 장애물

- 오늘 할 수 있다고 생각하는 특정 행동에 초점을 맞춰 보세요. 어떤 심리적인 저항이 있는지 살펴보세요.
- 행동을 미루고 싶게 만드는 어떤 심리적인 장애물이 있는지 고통스러운 생각, 감정, 신체 감각, 기억, 충동을 찾아보세요.
- 어떤 장애물은 당신이 회피하려고 애써 온 경험이나 융합된 생각의 형태로 나타날 수 있습니다.
- 전반부에 연습한 것들을 활용할 수 있습니다. 예를 들어, 회피가 이 과정을 방해하고 있는지 알아차리면서 탐지할 수 있는 장애물들을 기록하세요.

장애물	전략

버스 승객들

당신이 가고자 하는 방향(당신의 가치)을 확인하고, '가치' 란에 그것을 써 보세요. 이제 가치 있는 경로와는 다르게 당신을 인도할 고통스러운 생각, 감정, 기억 및 감각 같은 당신 버스의 승객들을 확인하여 적어 보세요.

8회기: 통합 및 요약

- **목표**: 지금까지 했던 내용들을 다시 한 번 요약해 짚어 보고, 치료 회기 동안 느끼거나 변화한 점을 확인하면서 미묘한 성장을 알아차려 본다. 자신에게 잘했다는 피드백을 해 주고, 성취감을 느낄 수 있도록 독려하며, 앞으로 유사한 상황에서 잘 활용할 수 있도록 응원하고 격려한다.
- **준비물**: 명찰, 활동 요약지, 수용전념 공식지, STOP 명상 오디오 파일, 사후 질문지, 프로그램 평가지
- **활동 내용**

과제 확인

- 가치와 목표에 닿기 위한 행동들을 해 보았습니까? 그간 어떤 일들이 있었는지, 가치를 향한 행동과 장애물, 그와 같은 극복 노력을 통해 이야기해 봅시다. [피드백과 함께 격려한다.]

수용전념 공식

- FEAR & ACT 활동지
- STOP 활동지

프로그램 통합 및 요약

회기	주제	내용 및 활동
1회기	오리엔테이션 및 창조적 절망감	• 오리엔테이션 • 창조적 절망감 • 수용전념치료 소개 • 마음챙김 명상: 3분 호흡명상 • 과제: 알아차림 연습

2회기	기꺼이 경험하기와 수용	• 통제의 비효과성 체험:생각 안하기 • 순수한 감정 대 혼탁한 감정 • 통제할 수 있는것과 없는것 구별하기 • 기꺼이 경험하기: 눈 마주보기 • 마음챙김 명상: 호흡명상 • 과제: 기꺼이 경험하기 일지
3회기	현재에 존재하기	• 수용: 그러나 대 그리고 문장 • 현재(지금-여기) 알아차리기 • 마음챙김 명상: 건포도 먹기 명상, 소리 명상 • 과제: 매일경험일지
4회기	말의 힘과 인지적 탈융합	• 말의 힘: 자유고민쓰기 • 말의 힘 약화시키기: 우유 빨리 말하기, 나쁜 컵 은유, 내적 경험에 라벨링하기 • 마음챙김 명상: 생각 내려놓기 명상 • 과제: 매일경험일지
5회기	관찰자 자기와 맥락적 자기	• 개념화된 자기: 나는 누구인가 • 탈 개념화:정체성 취하기 게임 • 관찰자 자기: 장기말과 장기판 은유, 하늘 은유 • 관찰의 시각화: 나는 지금 어디에?,평가 그래프 • 마음챙김 명상: 관찰하는 자기 명상 • 과제: 매일경험일지
6회기	가치 탐색	• 내가 진정 원하는 삶: 가치 대화하기, 내가 꿈꾸는 삶 활동지 • 가치 찾기: 가치 개념, 가치 카드 분류 활동, 가치 평정지, 생활편차 • 마음챙김 명상: 자기 자비 명상 • 과제: 매일경험일지
7회기	전념행동	• 가치, 목표, 행동의 개념 • 과정으로서의 목표와 행동 구체화 • 장애물을 예측해보고 극복전략 세워보기: 기꺼이하기 전략 • 전념행동: 버스승객 은유 • 과제: 매일경험일지
8회기	통합 및 요약, 마무리	• 수용전념 공식: FEAR & ACT 활동지 • 마음챙김 명상: STOP 명상 • 프로그램 통합 및 요약 • 소감 및 앞으로의 계획 • 사후질문지 작성 및 추적조사 공지

우리는 고통을 없애려는 것이 아닙니다. 늘 변화하고 있음을 알아차리고, 나의 변화 가능성을 인지하면 됩니다. 그리고 원하는 삶에 더 주의를 기울이면 됩니다. 실패했다는 느낌이나 벗어날 수 없을 것 같은 생각들에 대해 직접적으로 줄어드는 것을 바로 바라고 강요하지 않습니다. 그보다 그것을 생각하게 되어도 더 잘 지낼 수 있는 방법에 대해 이야기해 보았습니다.

마음챙김 명상

◇ STOP 명상

지금까지 우리가 이야기하고 연습해 왔던 것들을 실제로 괴로움이 클 때 어떻게 활용할 수 있을지 살펴보는 명상입니다. 등받이에 몸을 기대지 않고 반듯하고 편안하게 앉아서 눈을 가볍게 감고 오디오 지시문에 주의를 기울여 보세요. 다른 생각이나 기분 등으로 주의가 흩어지면, 그것을 알아차리고 다시 지시문을 따라가 보세요.

어떤 생각이나 감정, 몸의 감각을 느끼셨습니까? 주의가 흩어지는 것을 알아차렸습니까? 그것을 어떻게 했습니까?

질문, 소감 및 앞으로의 계획

- 지금까지 프로그램에 참여해 주셔서 감사합니다. 이렇게 해서 우리는 수용전념치료의 전 과정을 살펴보았습니다. 그동안 우리가 어떤 내용을 다루었고, 마음속에 어떤 변화가 있었고, 어떤 느낌과 생각이 오갔는지 등 소감을 말씀해 주십시오.
- 앞으로 어떻게 지낼 것인지에 대해 이야기를 나눠 보고, 서로 응원해 주십시오.

사후 질문지 작성 및 추적 조사 공지

- 한 달 동안 수고 많으셨습니다. 조금 전에 해 주신 말씀들을 포함해서 기타 자유롭게 하고 싶었던 이야기들을 적어 주십시오.

수용 전념 공식

후퇴에 대비할 수 있도록 도와주는 도구 공식들

1. 막막한 상태에 있어서 어떻게 해야 할지 모르겠다고 느낄 때 유용한 - FEAR 공식

F(합쳐 버리기, Fusion) '말'과 '실제'가 합쳐지는 것?
E(평가 내리기, Evaluation) '말'로서, "~하다."고 평가내리는 것?
A(피하기, Avoidance) '말'이 고통스러워서 그것을 '피하는' 것?
R(이유 대기, Reasoning) '말'을 통해 이성적으로 이유를 대는 습관?

2. 힘든 상황에 대처하는 데 도움이 되도록 수용전념치료의 기본 과정을 간략히 묘사한 ACT 공식

A(받아들이라, Accept your reactions & be present)
당신의 반응을 받아들이고, 현재에 머물러 있어 보세요.
C(선택하라, Choose a valued direction)
가치로운 것을 선택하세요.
T(행동하라, Take action)
행동으로 옮겨 보세요.

* 이는 내가 현재 어떤 장애물에 부딪혔는지를 정확하게 알 수 있도록 해 준다. 또한 자기 모니터링을 할 수 있다.
* 이를 지갑 크기의 카드에 적어서 가지고 다니거나 잘 보이는 곳에 붙여서 내가 집착되었다고 느낄 때, 이 공식에 대해 생각해 본다.

나중에 후회할 일을 하지 않으면서 힘든 사회적 상황을 다루는 방법

아침에 일어나면서 '오늘 하루는 신세를 망치는 날이 될 거야'라고 생각하는 사람은 아무도 없다. 그러나 우리는 끊임없이 나중에 후회하게 될 일을 말하고, 행동하고 있다.
사람들은 종종 우리를 화나게 하거나 당황스럽게 만드는 일을 한다. 이것이 삶의 본질이다. 당신은 당신의 감정이 아니라는 것을 기억하는 것이 중요하다. 당신이 분노를 경험할 수 있지만 그것은 지나갈 것이다. 분노는 버스의 승객과 같고, 당신은 버스 운전자이다. 분노는 당신에게 소리친다. "저 보행자를 받아 버려! 더 빨리 몰아! 저 놈이 너를 추월하지 못하게 해!" 그러나 당신은 분노에 귀 기울일 필요가 없다.
이와 비슷하게, 여러 가지 사회적 상황에서 당신의 감정은 무엇인가를 하라고 당신에게 소리치고 있다. 당신이 하고자 하지 않는다면 할 필요가 없다.

STOP

1. 멈추고 한 걸음 물러서라(Stop and step back)

당신의 감정에 따라 즉각적으로 행동하지 마라. 감정의 바다에 휩쓸리지 마라. 대신에 즉각적인 충동을 멈추고, 마음의 소리를 알아차리고, 기다리라. 그리고 정신적으로 한 걸음 물러서라.

2. 호흡을 하라(Take a breath)

들이쉬고 내쉬면서 호흡을 알아차리라.

3. 지켜보라(Observe)

외부 관찰자가 되어 상황을 바라보라. 당신이 어떻게 느끼고, 무엇을 생각하는지 관찰하라. 감정을 누르거나, 차단하거나, 제거하려고 하지 마라. 감정이 왔다 갔다 하는 파도처럼 당신에게 밀려들게 하라. 당신의 감정을 기꺼이 경험하라.
당신의 생각(특히 평가와 규율)을 제거하려고 하지 마라. 그것들은 알아차려야 할 말에 불과할 뿐 사실이 아니라는 것을 기억하라. 경험, 감정, 생각이 당신 마음에 들어오게 하고, 다시 곧장 떠나가게 하라.

4. 당신의 가치를 실현하라. 효과가 있는 것을 하라(Put your values into play. Do what work)

이제 당신은 약간의 거리를 갖고 바라보기 때문에 당신에게 최선인 것을 결정할 수 있다. 당신은 행동의 결과를 고려해야 한다. 이제 당신의 가치와 일치할 때에만 그 일을 하라. 그리고 당신의 가치 가운데 어느 정도는 다른 사람들을 잘 대해 주는 것을 포함한다는 것을 기억하라.
당신은 자신의 감정, 평가, 규칙으로부터 괴롭힘 당하기를 원하는가? 만약 그런 것들의 괴롭힘이 덮치고 있다고 느낀다면, 머리글자 STOP이 당신이 무엇을 해야 할지 기억하도록 도와줄 것이다.

부록 2

불교 경전 속 은유

(1) 불교 경전 속 은유(메타포) 모음 (J. H. Kwon, 2016. 4. 19. Personal Communication)

(제9장에 수록됨)

(2) 불교 경전 속 은유(메타포) 모음 (S. H. Park, 2016. 4. 19. Personal Communication)

부처님께서 금강수보살에게 이르셨다.

“무생계는 모든 성자를 세우는 땅이며, 온갖 선행을 생기게 하는 터니, 터(땅)를 만들지 않는다면 어찌 성스러운 선이 설 수 있겠는가? 모래를 쪄서 밥을 만들려고 한들 어찌 이루어질 때가 있을 것이며, 똥을 파내어 향을 만든다고 될 리가 없다. 괴로움의 바다를 건너가려면 반드시 자비의 배를 빌려야 하고, 어두운 거리를 밝히려면 모름지기 지혜의 횃불을 켜 들어야 할 것이다. 마찬가지로 온갖 중생도 이 계를 지키지 않으면서 깨달음을 이루고자 한다면, 이는 말이 안 된다. 이 계는 온갖 승속이 누구나 수지해야 한다.

『무생계경』

계는 시원한 물과 같으니, 심광미만해서 지계자의 신심의 더러움을 씻어 준다. 계는 진기한 보배와 같으니, 착한 사람들은 이를 귀중히 앎으로써 길이 온갖 과실에서 떠난다. 계는 좋은 말과 같으니, 착한 살마들은 이를 타고 진실하게 사유해서 즐거운 과보에 메이지 않는다.

『제법집요경』

옛날에 한 어리석은 사람이 있었다. 그는 몹시 목이 말랐으므로 물을 찾아 헤맨 끝에 큰 강물에 이르렀는데, 멍청하니 물을 대하여 선 채 정작 마시려고는 안 했다. 옆에 있던 사람이 물었다.

"그대는 목이 마르다 해서 물을 찾더니, 이제 물 있는 곳에 왔는데도 안 마시는 것은 무슨 까닭인가?"

그 사람이 대답했다.

"그대가 이 물을 다 마실 수 있다면, 나도 마시겠다. 이 물이 너무 많아 그대나 나나 다 마실 수는 없게 되어 있다. 그래서 나는 마시지 않는다."

그때 이 말을 들은 여러 사람은 다 크게 비웃었다고 한다.

비유컨대 외도가 그 그릇된 이론을 편벽하게 취해 지닌 다음, 자기네로서는 불계를 다 지켜 낼 힘이 없다는 이유로 그것 받기를 외면함으로써 미래에 득도하리라는 결정이 없는 채 윤회를 계속하고 있는데, 이는 저 어리석은 사람이 물을 보고도 마시지 않아서 일시의 웃음거리가 된 것과 같다고 할 것이다.

『백유경』

불도를 닦는 사람은 소가 무거운 짐을 싣고 깊은 진흙 속을 가면서 매우 지쳐 좌우를 돌아보지조차 못하지만, 일단 진흙에서 벗어나고 보면 편안할 수 있는 것과 같다. 사문은 마땅히 정욕이야말로 진흙보다 더 헤어나기 어려움을 관찰해야 하리니. 그리하여 직심으로 도를 염한다면 괴로움을 면할 수 있을 것이다.

『사십이장경』

만일 생각을 오로지 하여 안·이·비·설·신·의의 육근과 색·정·향·미·촉·법의 육경으로 분별한다면, 끝내 악도에 떨어지는 일이 없을 것이다. 눈으로 색을 보매 어떤 것을 아리땁고 어떤 것은 추하다 여겨 아리따운 것을 보면 기뻐하고 그렇지 못한 것을 보면 싫어하는 것이 범부들이다. 이·비·설·신·의도 마찬가지이니 마치 여섯 가지 짐승이 있어서 성질이 다르고 행동이 제각각인 것과 같다. 사람이 새끼줄로 개와 여우·원숭이·물고기·뱀·새 따위를 묶어서 한 곳에 매어 놓았다 치자. 이때 여섯 짐승은 제각기 제 나름의 성질이 있는 터이므로 개는 마을에 달려갔으면 하고 생각하고, 여우는 무덤 있는 곳으로 갔으면 하고, 뱀은 구멍 속으로 들어갔으면 하고, 새는 새대로 하늘을 날아갔으면 할 것이다. 여섯 짐승의 성질 자체가 각기 다르므로 사람이 이들을 잡아 한곳에 묶어 가지고 동서남북으로 이동시키는 경우라 할지라도, 그들의 마음은 옛 보금자리를 떠나지 않을 것이다. 육정도 마찬가지여서, 각기 주관하는 것이 있어서 그 작용이 다른데다가, 대상 또한 달라서 아리따운 것도 있고 추한 것도 있으므로 문제가 생기게 마련이다. 비구는 이 육정을 한 곳에 매어두어야 한다. 그러므로 한결같이 정진하여 마음을 어지럽지 않게만 한다면, 폐마순도 침범해 들어올 수 없어서 온갖 선한 공덕을 남김없이 완성하게 될 것이다.

『증일아함경』

나쁜 말을 하는 사람은 입에 향료를 물고 있는 경우라도 시체와 같으니, 항상 악한 일을 즐겨 말하면 입에서 나오는 말은 가시 같고, 칼 · 똥 · 오줌 · 벌레 · 고름과 같아진다. 천신이나 사람의 향으로는 좋은 말 이상의 것이 없고, 삼계 속의 악취로는 나쁜 말 이상의 것이 없다.

『십선계경』

만약 사람이 세상에 태어나 입으로 나쁜 말을 한다면, 이는 항상 날카로운 칼로 제 몸을 베고 있는 격이 된다. 악인을 찬양하고 선인을 헐뜯어서 입으로 온갖 허물을 짓는다면, 능히 낙과를 초래하지 못한다. 만약 사람이 악한 마음에서 나온 말로 여러 성자를 헐뜯으면, 알부옥 속에서 백천 년을 지내야 한다.

『근본유부비나야율』

입은 날카로운 도끼와 같아서 그 몸을 스스로 깨나니, 악한 말 때문에 사나운 마음을 일으켜 온갖 죄를 늘임으로써 모든 재앙을 낳게 되는 것이다.

『제법집요경』

옛날에 자라가 있었다. 가뭄을 만나 호수가 말라붙어 제 힘으로는 먹이 있는 곳에 갈 수가 없게 되었다. 마침 큰 고니가 호숫가에 와 내려앉았으므로 자라는 자기를 좀 날라다 줄 것을 애걸하였다. 고니는 옮겨 주려 하여 자라를 입에 물고 도시 위를 날아가는데, 자라는 침묵을 못 지키고 여기가 어디냐고 연달아 물어 댔으므로 고니는 저도 모르는 사이에 대답할 수밖에 없었다. 그리하여 대답하기 위해 입을 벌리는 서슬에 자라는 땅에 떨어져서 사람에게 잡아먹히고 말았다. 사람이 어리석고 생각이 모자라서 입을 조심하지 않는다면, 이같이 될 것이다.

『구잡비유경』

세상의 온갖 사람들은 살아 있는 동안 혓바닥에 저절로 도끼가 생기게 되어 있다. 즉, 입으로 여러 가지 악한 말을 함으로써 도리어 그 몸을 스스로 해치고 있는 것이다.

『정법염처경』

옛날에 나운이 깨달음을 얻지 못했을 때의 일이다. 그의 마음은 거칠고 말에는 진실이 모자랐다. 그래서 부처님께서 나운에게

"너는 현제정사에 가 머무르면서 말을 조심하고 마음을 바르게 유지하여 부지런히 구족계를 닦도록 하라."고 분부하셨다. 나운은 분부를 받자 절하고 물러나 현제정사에 가 머무르면서 90일 동안 부끄러워하고 뉘우쳐 밤낮을 안 가리고 수행에 열중하였다.

하루는 부처님께서 찾아가셨다. 나운은 기뻐하여 달려가 부처님께 절하고, 승상의 편안한 자리를 드리며 앉으시기를 청했다. 부처님께서는 승상에 걸터 앉으사, 나운에게 이르셨다.

"대야에 물을 떠다가 내 발을 씻어 주려무나."

나운은 분부대로 부처님의 발을 씻어 드렸다.

발을 다 씻고 나신 다음에 부처님께서 나운에게 말씀하셨다.

"발을 씻은 저 대야 속의 물을 보느냐?"

나운이 대답했다.

"네, 보나이다."

"이 물을 가지고 먹고 마시든가 양치질 할 수 있겠느냐?"

"그런 일에 다시 쓸 수 없겠나이다. 왜냐하면 이 물은 본래 깨끗했사오나 이제 발을 씻음으로 말미암아 더러워졌기 때문입니다. 그러므로 다시 쓸 수 없겠나이다."

부처님께서 나운에게 이르셨다.

"너 역시 마찬가지이니라. 내 아들인 너는 국왕의 손자로 태어나 일단 세속의 부귀를 버리고 사문이 되기는 했거니와, 정신 · 섭의 · 수구에 마음을 쓰지 않아서 삼독의 때가 가슴을 채워 더럽혀 놓았다. 꼭 이 물을 다시 쓸 수 없는 것과 같지 않느냐?"

다시 부처님께서는 대야의 물을 버리도록 분부하시고 나서 나운에게 이르셨다.

"물을 버렸으므로 그릇이 비어 있기는 하다만, 거기에 음식을 담을 수 있겠느냐?"

"못하오리다. 왜냐하면 그릇이기는 해도 이미 더러움을 받았기 때문입니다."

부처님께서 이르셨다.

"너 또한 그러니라. 비록 사문이 되었다고는 하나, 말이 성실치 못하고 마음이 완강해서 정진에 마음을 쓰지 않으므로 나쁜 평판을 이미 받았으니 그릇에 음식을 담을 수 없는 것과 마찬가지가 아니냐?"

부처님께서는 발가락으로 대야를 걷어차셨다. 대야는 데굴데굴 몇 번을 구른 끝에야 멈추었다. 부처님께서 나운에게 이르셨다.

"대야가 아까워 깨질까 두렵느냐?"

"대야는 값싼 물건이옵니다. 아까워한대도 대단치는 않나이다."

"너 또한 그러니라. 사문이 되기는 했어도 몸과 입을 조심하지 못하여 거칠고 나쁜 말로 중상하는 바가 많으므로 뭇사람이 사랑하지 않고 지혜 있는 이가 아끼지 않으며, 죽고 나면 삼도에 윤회하여 스스로 나고 스스로 죽어 괴로움이 끝없건만 부처님네와 성자들이 아까워도 안 하리니, 또한 너의 대야를 아끼지 않음과 같다고 해야 하리라."

이 말씀을 들은 나운은 부끄럽고 두려워 어쩔 줄을 몰라 했다.

"내 다시 비유를 들어 설하리라."

부처님께서는 말씀을 이으셨다.

"옛날 어느 국왕이 큰 코끼리 한 마리를 가지고 있었다. 이 코끼리는 매우 용맹하게 잘 싸웠으므로 그 힘을 따진다면 오백 마리의 작은 코끼리보다도 나은 셈이었다. 그 국왕이 군대를 일으켜 뜻을 거스르는 나라를 치는데, 이 코끼리에게 쇠로 된 갑옷을 입히고 상사를 시켜 이를 다루게 했다. 그리고 쌍지창을 코끼리의 두 이빨에 매고, 다시 두 칼을 두 귀에 매었으며, 곡도를 네 다리에 매고, 철편을 꼬리에 매달았다. 이같이 아홉 개의 무기를 코끼리에게 달아 놓았지만 그 코만은 보호해서 전투에 쓰지 않았으니, 이는 상사가 코끼리의 목숨을 지키려고 마음을 쓴 까닭이었다. 왜냐하면 코끼리의 코는 연해서 화살을 맞으면 즉사하기 때문에 코는 노출시키지 않은 것이었다. 한참 싸우던 코끼리는 코를 내밀어 칼을 찾았으나, 상사는 그 요구를 묵살했다. 이 코끼리가 목숨을 안 아끼고 코를 내밀어 칼을 거기에 매달아 주기를 바랐지만, 왕과 신하들은 이 큰 코끼리를 아끼는 나머지 코로는 싸우지 못하게 함이었다. 사람이 온갖 악을 저지르

대도 입만은 잘 지킨다면, 이 큰 코끼리가 코만은 보호하여 그것으로는 안 싸우는 것과 같은 결과가 될 것이다. 상사가 코끼리의 코를 보호하는 것은 화살에 맞아 즉사할 것을 두려워함이거니와, 사람도 마찬가지여서 입을 지킴은 삼악도를 두려워하는 까닭이다. 십악을 다 범하여 입을 지키지 못하는 자는 이 코끼리가 목숨을 돌봄이 없이 코를 내밀어 싸우려한 것과 같다. 사람이 십악을 다 범하면 삼악도의 고통을 받아야 할 것이요, 만약 십선을 실천해 신·구·의를 조심한다면 깨달음을 얻음으로써 삼악도를 길이 떠나 다시는 생사의 근심이 없게 되리라.

부처님의 간절하신 가르침을 들은 나운은 감격해 스스로 힘써서 뼈에 새겨 잊지 않았다. 그리하여 정진해 부드러워지고 임욕을 지녀 대지 같아지니, 식상이 고요하게 되어 나한도를 얻었다.

『법구비유경』

만약 사람이 마음을 잘 제어하여 마음이 외물을 따라 일어나지 않게 하고, 모든 번뇌를 버린다면 해가 어둠을 없애는 것과 같으리라.

『제법집요경』

마음은 선악의 근원이니, 선악의 뿌리를 끊고자 하는 사람은 먼저 그 마음을 제어해야 한다. 마음이 안정되고 해탈한 다음에라야 깨달음을 얻는다.

『법구비유경』

마음을 방임해 어지럽게 하면서 선정의 경지를 얻는 사람이란 있을 수 없고, 마음을 거두어 어지러워지지 않도록 하여 선정의 경지를 얻는 사람은 있을 수가 있다.

『대집경』

부처님께서 모든 비구에게 이르셨다. "마음을 지니되, 마땅히 네모진 돌과 같이 하라. 돌이 뜰 가운데 놓여 있으매, 비가 떨어져도 깨지 못하며, 해가 뜨겁게 비쳐도 녹이지 못하며, 바람이 불어도 움직이지 못하나니, 마음을 지니되 마땅히 돌과 같이 하라."

『아함정행경』

지혜 있는 사람은 차츰, 조용히, 차근차근 정진해서 마음의 더러움을 씻어 낸다. 장인이 쇠를 벼려 그 더러움을 제거하는 것과 같다. 악은 자신의 마음에서 나와 도리어 그 몸을 파괴한다. 쇠에서 녹이 나와 도리어 그 몸을 좀먹는 것과 같다.

『법구경』

"불자야, 해가 뜨면 세상을 두루 비쳐서 온갖 맑은 물이 담긴 그릇에는 그 그림자가 나타나지 않음이 없고, 모든 곳에 두루 비쳐서 따로 오고 감이 없다. 그러나 혹 어느 한 그릇이 깨질 때는 그 그림자가 안 나타나게 마련이다. 불자야, 너는 어떻게 생각하느냐? 저 그림자가 안 나타나는 것이 해의 탓이냐?"

"아닙니다. 그것은 어디까지나 그릇이 깨졌기 때문이요, 해에 잘못이 있는 것은 아닙니다."

"불자야, 여래의 지혜의 태양도 또한 마찬가지이니 법계에 널리 나타나 전후가 없어서 온갖 중생의 청정한 마음의 그릇에 나타나지 않음이 없으시다. 그리하여 마음의 그릇이 늘 청정하면 불신을 언제나 뵙게 되고, 마음이 흐리거나 그 그릇이 깨졌을 경우에는 뵐 수 없게 되느니라."

『화엄경』

중생의 마음은 거울과 같다. 거울에 때가 끼면 물건의 모습이 나타나지 않는다. 그와 마찬가지로, 중생의 마음에도 때가 끼는 경우에는 법신이 나타나지 않는다.

『기신론』

솜씨 있는 목수는 나뭇결을 알아보고, 지혜 있는 사람은 스스로 제 몸을 닦는다.

『앙굴계경』

수행은 씨를 키우는 것과 같다.

『대집비유경』

바라내국에 국제라는 거사가 살고 있었다. 그 아들을 우바국제라 했다. 우바국제가 장성하자, 집안이 하도 가난했기 때문에 아버지는 우바국제에게 밑천을 마련해 주어

점포를 열고 장사를 하도록 했다. 하루는 야세가라는 아라한이 그 곁에 왔다가, 그를 위해 가르침을 설해 생각을 집중시킬 것을 가르쳐 주었다. 흑백의 돌멩이로 계산해 가되, 착한 생각이 나면 흰 돌을 놓고 악한 생각에는 검은 돌을 놓으라고 했다. 우바국제는 그 가르침을 받아들여 선악의 생각이 일어날 때마다 돌멩이를 던졌다. 그런데 처음에는 검은 돌 쌓인 것이 압도적으로 많고 흰 것은 아주 적었지만, 점점 수행해 가는 중에 흑백이 같아졌고, 다시 생각을 집중하는 공부를 쉬지 않은 결과로 다시는 검은 돌은 없고 흰 돌만 있게 되었다. 이렇게 착한 생각이 왕성해져서 마침내 초과를 얻었다.

『보우경』

[제행무상] "세존이시여, 자주 '무상, 무상' 하시는데, 무엇을 무상이라고 합니까?" "라타야, 우리의 신체(색)는 변한다. 우리의 감각(수)은 변한다. 우리의 표상(상)은 변한다. 우리의 의지(행)는 변한다. 우리의 의식(식)은 변한다. 라타야, 이같이 관찰하여 일체를 떠나라. 일체를 떠나면 탐욕은 없어지고, 탐욕이 없어지면 해탈할 수 있다. 해탈하는 그때, 미혹된 삶은 끝난다."

『반야심경』

비구가 모든 사물에 대해 집착하지 않으면(방하착), 그런 비구는 사물(외경계)이나 자신의 거칠고 미세한 마음으로부터도(내경계) 자유롭게 선정을 닦을 수 있다.

『잡아함경』

[중도] "소나야, 너는 집에 있을 때 비파를 잘 타지 않았더냐?" "그렇습니다, 세존이시여!" "너는 어떻게 생각하느냐? 비파 줄을 너무 강하게 죄면 소리가 잘 나더냐?" "그렇지 않습니다, 세존이시여." "그러면 비파 줄을 아주 느슨하게 하면 소리가 잘 나더냐?" "그렇지 않습니다, 세존이시여." "소나야, 그와 마찬가지로 노력도 너무 지나치면 마음의 동요를 가져오고, 너무 느슨하면 나태하게 된다. 그러므로 소나야, 균형을 유지해야 한다." "예, 그렇게 하겠습니다." 소나 존자는 세존의 가르침대로 행하여 마침내 깨달음을 얻어 아라한이 되었다.

『소나경』

어떤 사람이 여행하던 길이었는데, 어느 날 홍수로 물이 크게 불어난 강과 마주쳤다. 아무리 생각해 보아도 이편 강가는 위험하고 불안한데, 저편 언덕은 안온하여 두렵지 않게 보였다. 자연히 그는 저편 언덕으로 건너가고 싶어졌다. 하지만 배도, 다리도 없다.

그래서 그는 생각했다. '풀과 나뭇가지와 나뭇잎을 모아서 뗏목을 만들어야지. 그 뗏목을 타면 나는 저편으로 건너갈 수 있을 거야.' 그리고 그는 나뭇가지들을 모아서 뗏목을 만들었고, 안전하게 저편 언덕으로 건너갔다. 건너간 뒤에 그는 또 생각하였다.

'이 뗏목 덕분에 나는 강을 건널 수 있었고, 이렇게 평온한 강 언덕에 도착할 수가 있었다. 이 뗏목은 나에게 참으로 유익한 것이었다. 그러니 나는 뗏목을 버리지 말고 머리에 이거나 어깨에 짊어지고 여행을 계속해야겠다.'

수행승들이여! 그대들은 이 사람을 어떻게 생각하는가? 분명 그대들은 이 사람의 생각이 잘못되었음을 알 것이다. 그렇다면 그는 어떻게 하면 좋겠는가? '틀림없이 이 뗏목은 유익하였다. 하지만 이 뗏목의 역할은 끝났다. 이 뗏목은 강가에 두고 여행을 계속하자.' 그는 이렇게 생각을 해야 옳을 것이다.

수행승들이여! 나는 그대들이 집착을 떠나게 하려고 이런 뗏목의 비유를 들었다. 이 비유를 알았다면 그대들은 이제 법마저도 버리지 않으면 안 된다. 하물며 법 아닌 것이야 말할 것 있겠느냐?

『금강반야바라밀경』

(3) 불교 경전 속 은유(메타포) 모음/ 금강경 (J. H. Kim, 2016. 4. 19. Personal Communication)

노를 젓는 사람이 배를 몰고 동으로 가고자 하면 동으로 가는 것이요, 서로 가고자 하면 서로 간다. 동이나 서로 가거나 머묾이 자유로워 큰 파도나 작은 물결에 따라 올라갔다 내려갔다 한다.

올바른 지혜로 법성의 파도에 들어가면 옳으면 모두 옳은 것이요, 그르면 모두 잘못된 것이다. 모든 법을 없애는 것도 나에게 있고, 온갖 법을 펼치는 것도 나에게 있으니 내가 법왕이 되어 법에 자유자재하다.

『금강경』

비단잉어를 낚을 때 바람이 그쳐 수면이 잔잔해야 하는 것처럼, 실상을 관조할 때에도 알음알이가 없이 맑은 물처럼 맑고 깨끗한 지혜가 있어야 하니라. 배는 고기를 낚는 도구요, 가르침은 부처님의 세상을 깨닫는 법이다. 부처님의 세상을 깨달으려고 하는 사람은 오로지 부처님의 세상을 깨닫는 법에 마음을 모으기만 한다면 반드시 부처님의 세상을 깨달을 기약이 있을 것이요, 고기를 잡으려고 하는 사람은 마음이 다만 낚시 하는 배에 있기만 하면 반드시 고기를 낚을 때가 있다.

『금강경』

여기저기에도 머물 것이 없고 그 중간에도 자취가 없다. 홀가분하게 모든 집착을 벗어나 번거롭게 구속 받을 것이 없으니 자유로운 구름과 고고한 학의 자태라 해도 딱 맞는 비유는 아니로다.

이미 삼천리 안에도 앉아 있지 않고 또한 삼천리 밖에도 앉아 있지 않으니, 봄바람 부는 넓은 들판을 천리마가 달리고 달 밝은 넓은 바다에 나타난 신령한 용의 모습이라 할 수 있겠다.

『금강경』

중생도 아니고 모습도 아닌데 따뜻한 봄날에 노란 꾀꼬리는 버드나무 그늘에서 노래를 한다. 높은 산 한가한 구름과 넓은 바다 밝은 달까지 다 말해 주었는데도 여전히 모르고 있으므로 부질없이 서글퍼하네. 부질없는 서글픔은 그만두어라. 모든 것이 구름 없는 텅 빈 하늘과 같으니.

『금강경』

바닷물 속에는 짠맛이, 칠속에는 아교가 들어 있도다. 있는 것인가, 없는 것인가? 실다운 것인가, 헛된 것인가?

『금강경』

"수보리야, 만약 보살이 어떤 대상에 집착하여 보시한다면 나는 어둠 속에 들어가 아무것도 보지 못하는 것과 같다. 만약 보살이 어떤 대상에 집착하지 않고 보시한다면, 이는 눈 밝은 사람이 환한 대낮에 온갖 사물을 보는 것과 같으니라. 수보리야, 오는 세상에 선남자 선여인이 이 경을 받아 지녀 읽고 외운다면, 여래께서 깨달음의 지혜로 이 사람들을 다 알고 보시니, 이들 모두는 헤아릴 수 없이 많은 공덕을 성취할 것이니라."

『금강경』

땅이 사람으로 하여금 넘어지게 하지도 않고 사람을 일으켜 세우지도 않아, 넘어지고 일어나는 일이 사람에게 달렸지 땅에 있는 것은 아니다. 법이 사람으로 하여금 깨닫게 하지도 않고 어리석게 만들지도 않아, 어리석고 깨닫는 일이 사람에게 달렸지 법에 있는 것은 아니다. 법이 사람으로 하여금 취하게 하지도 않고 버리게 하지도 않아, 취하고 버리는 것이 사람에게 달렸지 법에 있는 것은 아니다.

『금강경』

크고 큰 법 가운데서 온갖 법의 왕이시여, 짧다거나 길다는 것 그런 분별 전혀 없어. 본디부터 검은 것도 하얀 것도 아니기에 인연 따라 푸르른 빛 노란빛을 드러내네.

『금강경』

꽃이 피면 아침 내내 고운 자태 지켜보다 가을바람 낙엽 질 새 늦서리를 따라가니, 갑작스런 천둥소리 어찌 그리 큰 것인가 번쩍하는 번개라도 빛이라고 할 수 없네.

『금강경』

있다는 것에 마음이 흔들리지 않으니 육근과 육경이 어울리는 법 가운데에서도 그림자나 자취가 없고 없다는 것에도 마음이 고요한 것에만 빠져들지 않으니 이쪽저쪽 어떠한 상황에도 치우침 없이 상응한다. 치우침 없이 상응하니 맑고 시린 물속에서 밝은 달이 둥실 뜨고 그림자나 자취가 없으니 깊은 계곡 가로질러 흰 구름이 걸쳐 있다.

『금강경』

복숭아꽃 붉어지고 자두꽃이 희어지며 담장 위에 장미꽃이 자줏빛을 띠었기에 봄바람에 물었더니 그도 까닭 모른다네.

『금강경』

무쇠 부처님은 시뻘건 용광로에서 녹아 버리고, 나무 부처님은 불길 속에서 까만 재가 되며, 진흙 부처님은 물속에서 뭉그러지는구나. 세 부처님 형상들은 모두가 다 거짓이라. 무쇠 나무 진흙 부처 내 눈앞에 있는 사람, 자기 집안 값진 보배 믿을 수만 있다면야 우는 새와 산에 핀 꽃 모두가 다 봄이로다.

『금강경』

오이씨를 심으면 오이를 딸 것이고, 과일 씨를 심으면 과일을 딸 것이다.

『금강경』

바닷가의 모래 세는 부질없는 짓을 마라. 구차한 삶 번뇌 속에 온갖 고통 겪으리라. 집안 보배 꺼내들어 마른 나무 꽃피우니 이야말로 좋은 봄날 어찌하여 아니겠소. 사람마다 서 있는 바로 그 자리, 맑고 깨끗 본디부터 해탈의 고향, 다시금 지금 일을 밝혀 놓으니 따사로운 봄날 햇볕 가득하도다.

『금강경』

강북에서 탱자 모습 강남에선 귤이 되니, 봄이 옴에 모두 함께 화사한 꽃 피우노라.

『금강경』

구름이 없기에 산봉우리가 드러나는 것이요, 달이 있으므로 파도 한가운데 떨어지는 것이다.

『금강경』

이른바 평등이란 것이 어찌 산을 깎아 연못을 메우고 학의 다리를 잘라 오리 다리에 이은 뒤에야 이루어지는 그런 것이겠느냐? 긴 것은 긴 대로, 짧은 것은 짧은 대로, 높은 곳은 높은 대로, 낮은 곳은 낮은 대로 모두 있는 그대로에 맡기니라.

『금강경』

집착하는 모든 현실 꿈과 같으며, 그림자나 허깨비와 물거품 같고, 아침이슬, 번개처럼 사라지는 것, 이와 같은 그 실상을 보아야 한다.

『금강경』

물속에서 둥근 달을 잡으려고 하고, 거울 속의 자기 얼굴 찾고 있으며, 물에 빠진 칼 건지려 배에 표시라, 소 타고서 소 잃었다 찾고 있구나.

『금강경』

마음이라는 임금이 꿈을 꾸자 알음알이라는 신하가 제멋대로 권력을 휘둘러 맑고 평등한 세상에 어지러운 일들이 다투어 일어났다. 임금이 잠을 깨자 알음알이가 지혜로 바뀌어 어지러운 일들이 단숨에 없어지고 육근이 관장하는 여섯 나라가 편안하다. 온갖 법이 자기에게 돌아와 천하가 태평하니 장안으로 가는 길이 어디로든 통한다.

『금강경』

(4) 불교 경전 속 은유(메타포) 모음 / 팔만대장경에서 (J. S. Lee, 2016. 4. 19. Personal Communication)

비구들이여, 그러나 저 농부에게는 '종자야, 오늘은 싹을 내어라. 내일은 이삭아 나오너라, 글피는 열매야 알들어라'는 신력은 없는 것이다. 저 농부의 곡식은 적당한 계절의 변화를 받아서야 비로소 싹을 틔우고, 이삭을 내고, 열매를 맺는 것이다. 꼭 그와 마찬가지로, 비구들에게도 오늘이나 내일이나 글피 동안에 모든 집착을 떠나 번뇌에서 해탈한다는 그런 신력은 없는 것이다.

지혜는 한량이 없어 바다와 같고, 마음이 고요하기는 태산과 같으며, 해와 달보다 더 밝은 지혜 광명과 여러 가지 공덕을 온전히 갖추었고, 마음이 고상하기는 눈을 이고 서 있는 설산과 같으며, 마음의 때를 씻은 것은 맑은 물과 같고, 번뇌 망상을 태워 버리는 것은 맹렬하게 붙는 불과 같으며, 여러 세계를 마음대로 다니는 것은 바람과 같고, 어디를 가든지 몸을 더럽히지 않는 것은 더러운 물속에 피어 있는 연꽃과 같으며, 모르는 중생을 구하여 내는 것은 큰 수레와 같고, 중생들의 취한 꿈을 깨우는 것은 우레를 빚어내는 구름과 같으며, 감로와 같은 법을 중생에게 일러주는 것은 가물던 끝의 단비와 같고, 나쁜 중생을 굴복시키는 것은 금시조와 같으며, 용맹하여 두려움이 없는 것은 사자와 같으며, 고집하는 일이 없어 자비심이 넓고 크기는 허공과 같다.

초발심은 곡식을 밭에 심는 것과 같고, 행도심은 곡식이 자라는 것과 같으며, 불퇴전심은 꽃과 열매가 맺는 것과 같고, 일생보처심은 꽃과 열매가 쓰이게 되는 것과 같다.

시냇가의 물이 맑으면 물 밑에 있는 모래 빛깔이 다 보이는 것과 같아서, 도를 얻은 자는 마음이 깨끗하여 밝게 일체의 법을 관찰할 수가 있는 것이다. 그러므로 도를 구하는 자는 반드시 그 마음을 맑히지 않으면 아니 되는 것이다. 마음만 깨끗이 하면 도는 저절로 얻어지는 것이다.

이빨을 만져 본 장님은 코끼리는 큰무 뿌리와 같다고 말하고, 귀를 만져 본 장님은 코끼리는 키와 같다고 말하고, 얼굴을 만져 본 장님은 돌이나 바위 같다고 말하고, 코를 만져 본 장님은 절굿공이와 같다고 말하고, 다리를 만져 본 장님은 나무절구와 같다고 말하고, 등허리를 만져 본 장님은 평상과 같다고 말하고, 배를 만져 본 장님은 독과 같다고 말하고, 꼬리를 만져 본 장님은 노끈과 같다고 대답했다.

부록 3

ACT 메타포(Ehrnstrom, 2011; Hart, 2019)

<차례>

열쇠 찾기
영업 담당자로서의 생각
영화로서의 당신의 삶
우리 생각 속의 물고기 수영
우물 안의 노새
우편함(어떤 생각은 정크 메일과 같다)
운동장 괴롭힘
유리잔 속의 진흙
인생 방향
인생은 해변과 같다
인생은 해변과 같다-추가 확장
자전거 경주로서의 인생
잘못된 기차를 기다리는 중
전쟁터
절벽에서 뛰어내리기
접착 테이프로 가득찬 방
정원 가꾸기
조 더 범(Joe the Bum)/짜증스러운 이웃/친척
중국 수갑/손가락 트랩
찬물 샤워-기꺼이하기/불편에 대한 여지 만들기
체스판
컴퓨터 화면의 메시지
타이타닉 은유
터널
퍼레이드 중인 병사들
풍차 은유
플라이 낚시
피를 빨고 있는 거머리를 수용하다
확성기가 있는 모기: 수용 대 경험 회피
황제 산누에 나방
깡통 괴물
똥
구글 지구/헬리콥터 시야
GPS와 같은 마음

◐ 거짓말 탐지기

목적: 통제는 문제이지, 해결책이 아니다.

내가 당신을 이제까지 만들어진 최고의 거짓말 탐지기에 연결했다고 가정해 보자. 이건 완벽한 기계이며, 지금까지 만들어진 것 중 가장 민감하다. 당신이 그것에 완전히 연결되어 있을 때, 기계가 그것을 알지 못하는 사이에 흥분하거나 불안해질 수 있는 방법이 있다. 그래서 나는 당신에게 여기서 아주 간단한 과제가 있다고 말해 준다: 당신이 해야만 하는 일이란 이완한 채로 있는 것이다. 그렇지만 조금이라도 불안하게 되면, 내가 알게 되어 있다. 당신이 열심히 하고 싶어 하는 건 알고 있지만, 나는 당신에게 추가적인 인센티브를 주고 싶어서 나도 당신 머리에 부착하는 .44 매그넘을 가지고 있다. 그냥 이완하고 있으면 머리를 날려 버리지는 않겠지만, 긴장하면(당신이 완벽한 기계와 연결되어 있기 때문에 내가 그것을 알게 될 것이다) 나는 당신을 죽여야만 할 것이다. 그러니까 그냥 이완하라! … 어떻게 될 것 같은가? … 당신이 뭘 했는지 알아맞혀 보라 … 가장 작은 불안도 끔찍할 것이다. 당신은 자연스럽게 "오, 이런! 불안해지고 있어! 여기 오고 있어!" BAMM! 그렇지 않으면 어떻게 될까?

◐ 고교 연인

목적: 기꺼이하기와 전념

고등학교 때 자신을 거부하는 사람과 사랑에 빠졌던 때를 떠올려 보라. 그때 고통이 얼마나 끔찍했는지 기억하나요? 어떤 사람들에게는 이러한 고통이 평생의 상처를 가져오고, 다른 사람을 믿지 않고, 진정한 친밀감을 위한 기회를 회피하는 패턴으로 이어진다. 첫 번째 거절에서 오는 고통을 살펴보고 스스로에게 물어보라: 만약 당신이 무언가를 잃었을 때 상처만 입어도 괜찮았다면 어떻게 되었을까? 여러분은 삶의 고통—사람들이 여러분을 거부하고, 사람들이 죽고, 나쁜 일들이 일어나는—에 대해 거의 통제할 수 없다. 고통은 우리 중 누구도 피할 수 없는 삶의 한 부분이다. 하지만 당신이 통제할 수 있는 건 고통이 트라우마로 변하는지 여부이다. 다칠 마음이 없다면, 고통을 피해야 한다. 당신이 십대였을 때 첫 번째 진짜 거절을 당하고 나서 마음을 터놓기가 얼마나 힘들었는지 기억해 보라. 그런데도 마음을 터놓지 않으면, 그 피해는 계속되고, 계속된다.

◐ 구덩이 속의 사람

목적: 창조적 절망

당신이 처한 상황은 이런 것 같다. 당신이 눈가리개를 하고, 들판에 놓여져 있다고 상상해 보라. 그리고 당신에게 들고 다니는 작은 도구가 담긴 가방이 주어졌다고 상상해 보라. 당신의 일은 눈가리개를 하고, 이 들판을 뛰어다니는 거라고 듣는다(변형: 눈가리개를 하지 마라; 살려면 이리저리 움직여서 결국 살아가는 과정에서 구덩이와 마주치게 된다). 그게 바로 당신이 삶을 살아가는 방법이다. 그러니까 시키는 대로 하는 것이다. 자, 당신이 모르는 사이에 이 들판에는 넓게 간격을 두고, 꽤 깊은 구덩이가 많이 뚫려 있다. 당신은 처음에는 그것을 알지 못한다. 당신은 순진하다. 그래서 당신은 뛰어다니기 시작하다가 조만간 큰 구덩이에 빠진다. 당신은 주위를 느낀다. 확실히 당신은 밖으로 나갈 수 없고, 당신이 찾을 수 있는 탈출로가 없다. 아마도 여러분이 이런 곤경에 처했다면, 여러분은 받은 가방 안에 무엇이 있는지 볼 것이다; 아마도 여러분이 구덩이에서 빠져나오는데 사용할 수 있는 무언가가 있을 것이다. 자, 가방 안에 있는 유일한 도구가 삽이라고 가정해 보자. 그래서 당신은 땅을 파기 시작하지만, 곧 당신은 구덩이 밖으로 나오지 못한다는 것을 알아차리게 된다. 그래서 당신은 점점 더 빨리 파내려고 한다. 하지만 당신은 여전히 구덩이에 있다. 그래서 커다란 삽 또는 작은 삽으로 땅 파는 것을 시도하거나, 흙을 멀리 던지거나 말거나 해 본다. 하지만 여전히 당신은 그 구덩이에 있다. 이 모든 노력과 이 모든 일, 그리고 이상하게도 구덩이는 점점 더 커지고, 더 커지고, 더 커지고만 있다. 그것이 당신의 경험이 아니던가? 그래서 '아마 그는 정말 거대한 삽, 금으로 도금한 증기 삽을 가지고 있을 거야.'라고 생각하면서 나에게 올 것이다. 글쎄, 난 그러지 않을 것이다. 비록 내가 그것을 사용하지 않을지라도, 왜냐하면 파내는 것은 구덩이를 빠져나가는 방법이 아니기 때문이다—파내는 것은 구덩이를 만드는 것이기 때문이다. 그래서 어쩌면 구덩이 의제는 절망일 수도 있다—당신은 당신의 길을 파낼 수 없다. 그것은 당신을 파고들게 한다.

후속 조치: 지금 흙을 파내고 있나요?

◐ 과녁

목적: 전념 행동

당신의 가치관에 따라 사는 것은 다트 게임에서 과녁을 맞히는 것과 같다.

◐ 괴물과의 줄다리기

목적: 창조적 절망

당신이 처한 상황은 괴물과 줄다리기를 하고 있는 것과 같다. 괴물은 크고, 못생기고, 매우 강하다. 당신과 괴물 사이에는 구덩이가 있는데, 당신이 알 수 있는 한 바닥은 없다. 이 줄다리기에서 진다면 이 구덩이에 빠져서 파멸하게 될 것이다. 그래서 당신은 당기고 당기지만, 더 당길수록 괴물은 더 세게 당기고, 점점 더 구덩이 쪽으로 움직이게 된다. 가장 어려운 점은 여기서 우리가 할 일은 줄다리기는 이기지 못하는 것이라는 것을 아는 것이다…. 우리의 일은 밧줄을 떨어뜨리는 것이다.

◐ 귀에 거슬리는 날카로운 소리 피드백

목적: 창조적 절망

당신은 때때로 장내 방송 설비가 만들어 내는 그 끔찍한 귀에 거슬리는 날카로운 소리 피드백을 알고 있는가? 그것은 마이크가 스피커에 너무 가까이 있을 때 발생한다. 그런 다음 무대 위의 어떤 사람이 아주 작은 소음을 내면, 그 소음이 마이크 안으로 들어가고; 스피커에 나오는 소리는 증폭되어 마이크 안으로 되돌아오는 것이다. 처음 들어갔을 때보다 약간 더 크게 나오고, 소리와 전기의 속도에서 점점 더 커지며, 순식간에 참을 수 없을 정도까지 크게 된다. 당신의 생각과 감정과의 투쟁은 귀에 거슬리는 날카로운 소리 피드백의 중간에 끼이는 것과 같다. 그래서 당신은 무슨 일을 하는가? 당신은 누구나 하는 데로 한다. 당신은 당신의 삶을 (속삭이면서) 매우 조용히, 항상 속삭이며, 무대 주위를 발끝으로 돌아다니면서 당신은 매우, 매우 조용히 하며, 어떠한 피드백도 없기를 바라면서 살려고 한다. (정상적인 목소리) 당신은 마약, 술, 회피, 철수 (클라이언트의 상황에 맞는 아이템 사용) 등 수백 가지 방법으로 소음을 계속 억제한다. 문제는 이것이 발끝으로 돌아다니면서 살기에 끔찍한 방법이라는 것이다. 당신은 소음을 내지 않고는 살 수 없다. 하지만 이 은유에서는 당신이 얼마나 많은 소음을 내는지가 문제가 아니라는 것을 주목하라. 문제를 일으키는 것은 증폭기이다. 우리가 여기서 하는 일은 모든 불편한 감정과 불안감을 주는 생각에서 벗어나 조용히 삶을 살도록 도와주는 것이 아니다. 우리의 일은 증폭기를 찾아 그 고리를 끊는 것이다.

◐ 길 위의 비눗방울

목적: 기꺼이하기

당신이 비눗방울이라고 상상해 보라. 큰 비눗방울이 작은 비눗방울에 어떻게 닿을 수 있고, 작은 비눗방울이 큰 비눗방울에 어떻게 흡수되는지를 본 적이 있는가?

자, 당신이 그런 비눗방울이고, 당신이 선택한 긴 길을 나아가고 있다고 상상해 보라. 갑자기 당신 앞에 또 다른 비눗방울이 나타나 "중지!"라고 말하여 당신은 거기서 잠시 떠 있다. 당신이 그 비눗방울을 돌아가거나, 넘거나, 혹은 아래로 움직이면, 그 비눗방울은 여러분의 길을 막기 위해 그만큼 빨리 움직인다. 이제 두 가지 선택밖에 없다. 당신은 당신의 가치를 둔 방향으로 움직이는 것을 멈출 수 있거나, 다른 비눗방울을 만질 수 있는데, 당신의 내부에서 그것을 계속할 수 있다. 이 두 번째 움직임은 우리가 '기꺼이하기'라고 의미하는 것이다. 당신의 장벽은 크게 느낌, 생각, 기억, 그리고 이와 비슷한 것이다. 그것들은 사실 당신 안에 있지만, 밖에 있는 것 같다. 기꺼이하기는 느낌이나 생각이 아니다—그것은 장벽이 묻는 질문에 대답하는 행동이다. 질문: "선택으로 나를 당신 안에 가질 것인가, 그렇지 않을 것인가?" 당신이 가치를 두는 방향을 택해서 그것을 고수하기 위해 당신은 "예"라고 대답해야 하지만, 오직 당신만이 그 대답을 선택할 수 있다.

◐ 낚싯바늘

목적: 기꺼이하기, 용서

이 사람/상황에 대한 당신의 느낌은 마치 낚싯바늘에 걸린 물고기와 같다. 그 사람/상황이 눈앞에 있는 한 그/그녀/그것이 꿈틀거리고 고통스러워하는 것을 볼 수 있다. 하지만 그/ 그녀/그것이 낚싯바늘에 걸려 있는지 확인하는 유일한 방법은 낚싯바늘과 낚싯바늘에 걸린 사람 사이에서 당신 스스로도 그 낚싯바늘에 걸리는 것이다. 치료적인 질문은 "그것이 가치가 있는가?"이다.

◐ 난로

목적: 통제는 문제이지, 해결책이 아니다.

뜨거운 난로를 만질 때 신체적 고통을 경험한다면, 그 고통의 내부 신호를 멈추게 하거나, 그것으로부터 스스로 주의를 분산시키려는 시도는 심각한 결과를 초래할 수 있다(예, 난로에 계속 손을 대면 화상을 입을 수 있다). 그래서 고통의 경험은 불쾌하지만, (자신의 손을 옮기는) 행동이 필요하다는 메시지를 보낸다는 점에서 적응적이다. 더나아가, 신체적인 고통을 경험할 가능성을 두려워하여 난로 사용을 기피한다면 자기 관리의 가치는 고통의 내적 경험을 피하려는 시도에 부차적인 것이 된다.

◐ 냇물 위의 나뭇잎

목적: 인지적 탈융합

때때로 우리는 진흙, 오물, 잔해들 사이에서 떠내려가려고 벌버둥치며 하류로 휩쓸려가는 것 같은 느낌이 든다. 그 진흙과 잔해들은 생각, 감각, 사건, 감정이고, 그 강/냇물은 우리가 하류로 힘없이 떠내려갈 때 우리의 괴로움이다. 우리는 강둑에 서서 그런 생각, 사건, 감각, 감정이 흘러가는 것을 지켜볼 수 있다. 당신은 아마도 나뭇잎 위에 떠 있는 생각, 통나무로서의 느낌, 옛날 자전거와 같은 사상 등 개별적인 물건들을 지켜볼 수 있다. 우리는 서서 지켜볼 수 있다.

(변형: 기차의 유개화차, 퍼레이드 중인 병사들)

◐ 느낌은 간헐천과 같다

이것은 수용을 돕기 위해 아이들을 염두에 두고 작성되었다.

옐로스톤 국립공원은 '올드 페이스풀'과 같은 멋진 간헐천들로 세계적으로 유명하다. 간헐천은 흥미로운 자연의 경이로움이다. 간헐천은 끓을 만큼 뜨거워지면 모든 물을 높은 물줄기 속으로 보내거나 공기 중으로 내보내는 온천이다. 그러나 그것들은 열, 물, 그리고 막히는 배관 시스템을 가지고 있을 때에만 간헐적으로 작동한다. 만약 간헐천이 막히지 않는다면 그들은 단지 땅속의 뜨거운 샘일 뿐이다. 옐로스톤의 한 온천은 하트 스프링으로, 하트 모양을 하고 있는 깊고 푸른 아름다운 물웅덩이이다. 만약 간헐천이 막히게 되면, 압력이 증가하여 '꼭대기가 터진다'.

옐로스톤은 매우 많은 다른 간헐천을 가지고 있다. 올드 페이스풀은 매일 35분에서 120분마다 한 번에 1분 30초에서 5분 동안 분출하며, 물은 공중에서 90에서 184피트 사이의 높이에 도달한다. 폭발할 것이라고 카운트할 수 있지만, 정해진 스케줄에도 따르지는 않는다.

자이언트니스 간헐천은 높이 100에서 200피트까지 폭발할 수 있으며, 주변 지역은 지하 증기 폭발로 인해 흔들릴 수 있다. 그것의 폭발은 4시간에서 48시간 사이에 시간당 두 번 일어날 수 있지만 1년에 겨우 두 번에서 여섯 번 일어난다.

소우밀 간헐천은 분화구 주변에서 물을 분출하고 회전시켜 목재공장의 둥근 칼날처럼 보인다. 그렇지만 그것의 폭발은 모든 종류의 상이한 시간들로 지속한다. 그것은 9분에서 4시간 사이이다.

그것 모두는 공통점을 가지고 있다: 그것들은 폭발한다! 인간도 폭발하지만…. 간헐천은 아니다. 우리도 '상단을 날려 버리는' 말이나 행동으로 폭발한다. 간헐천들이 간헐천이 되기 위해 필요한 것이 무엇인지 기억한다면, 그것은 간헐천이 '막혀서' 많은 압력을 축적하는 것이다. 우리가 감정을 억누르려고 노력하고, 상황을 악화시키는 것에 대해 생각하지 않으려고 노력한다면 우리도 '막혔다'고 할 것이다. 우리가 단지 상황을 악화시키는 것에 대해서만 생각해 보면, 우리는 땅이 흔들리고 끓는 물이 엄청나게 터지는 자이언트 간헐천처럼 될 수 있다. 통제불능이 될 수 있다.

그렇다면 사람은 어떻게 해야 할까? 글쎄 우리의 감정을 알아차리고, 온천처럼 거품이 일도록 내버려두는 것은 보통 누구에게도 해를 끼치지 않는다. 하지만 그것들은 매우 뜨거울지도 모르며, 우리는 그 감정을 존중해야 한다. 마치 당신이 온천에 다이빙을 할 수 없는 것처럼. 당신은 아마도 그 느낌에 대해 조금 알아내고, 마음을 편하게 먹고, 그것에 대해 모든 것을 배울 필요가 있을 것이다.

그런데 옐로스톤 국립공원에는 '올드 페이스풀 간헐천' 웹캠이 있다: 올드 페이스풀 간헐천 라이브, 알아보라!

◐ 늪

목적: 기꺼이하기와 전념

멀리서도 선명하게 볼 수 있는 아름다운 산으로의 여행을 시작하고 있다고 가정해 보자. 하이킹을 시작하자마자 사방으로 보이는 늪으로 곧장 걸어 들어간다. 당신은 스스로에게 "이런, 늪을 헤쳐 나가야 한다는 것을 깨닫지 못했어. 심한 냄새가 나고 진흙이 내 신발에 온통 물컹거리네. 발을 들어 앞으로 내딛는 것이 힘들어. 몸이 젖어서 피곤해. 왜 아무도 이 늪에 대해 말해 주지 않았지?" 이런 일이 일어나면, 여행을 포기하든지 늪으로 들어가든지 선택을 하게 된다. 치료도 이와 같다. 인생도 이와 같다. 우리는 진흙탕이 되고 싶어서가 아니라, 그것이 우리와 우리가 가고 있는 곳 사이에 있기 때문에 늪으로 들어간다.

◐ 닻 내리기(아편 대체)

목적: 기꺼이하기, 전념 행동

사람들은 온갖 이유로 헤로인이나 모르핀을 하게 된다. 배를 타는 것과 비교할 수 있다. 처음에는 공짜로 타 보고 좋아하게 된다. 그러고 나서 당신은 당신의 배를 가지고 여행을 즐기게 된다. 그러나 곧 당신은 해적들에게 공격당해 바다에서 표류하고 있는 자신을 발견하게 된다. 산호초들로 가득찬 상어가 들끓는 군도에 은신처를 찾아야 하는데, 모래톱, 바위, 위험한 조류와 사물은 정말 불쾌하고 매우 무섭다.

지금 해야 할 현명한 일은 당신의 닻(이것은 메타돈 대체 프로그램에서 좋은 은유임)을 던지는 것이다. 당신은 여전히 같은 구역에 있지만 지금은 배를 유지하고 좌초하거나, 익사하거나, 상어에게 잡아먹히는 것으로부터 안전하다.

기억하라, 그 시점에서는 그 해상과 닻(메타돈)에는 아무런 문제가 없다. 그것(줄이거나/중지하는 것)을 들어올리는 것 자체가 당신에게 이익이 되지 않을 것이다. 당신은 그 위험한 물에서 스스로 다시 표류함으로써 아무런 진전을 이루지 못하고 있다. 이 상황에서 닻은 당신의 문제가 아니라 당신의 구원이다.

하지만 시간이 흐르면 당신은 앞으로 나아가기를 원할 것이다. 그래서 당신은 안전한 방향과 가치 있는 목표를 찾아 여기서부터 어디로 가야 할지 생각해 본다.

일단 당신이 가고 싶은 곳을 정하면, 당신은 그 험난한 바다에서 항로를 계획한다. 이제 당신의 닻은 방해물로 변했고, 그것을 들어올리는 것(즉, 메타돈에서 내리는 것)은 당신이 깊이 간직하고 있는 가치관에 따라 당신이 선택한 목표를 향해 자유롭게 나아가게 해 줄 것이다.

◐ 덩굴 옻나무와 불안 가려움

목적: 창조적 절망

덩굴 옻나무는 강한 피부 자극물을 생산하는 식물이다. 대부분의 사람은 그 식물에 손을 대는 것을 피하는데, 왜냐하면 지옥같이 가렵고 고약한 빨간 물집 발진이 생긴다는 것을 알고 있기 때문이다. 만약 당신이 운이 없어서 노출이 되었더라면, 어떤 것인지 알고 있을 것이다. 긁고 싶은 강한 충동을 가질 것이다. 그런데 그렇게 하면, 상황을 더 악화시킨다. 결국 피부에 아물지 않은 상처가 생기게 된다. 그리고 만약 손과 노출된 부위에서 식물 기름을 씻어내지 않으면, 몸의 다른 부분에 알레르기 반응을 퍼뜨릴 수도 있다. 아무리 긁어도 염증이 낫지 않는다. 긁는 것을 멈추고, 몸이 스스로 치유될 수 있도록 해야 한다.

불안 가려움도 이것과 같을 수도 있다. 불편함이 머리와 몸을 타고 격렬해지고, 안도감을 느끼고 싶은 충동이 강하게 생긴다. 그래서 당신은 피한다. 당신은 투쟁한다. 문제는 덩굴 옻나무 식물은 피할 수 있지만, 불안에 대한 노출은 피할 수 없다는 것이다. 불안은 언제 어디서나 나타날 수 있다. 당신이 회피와 투쟁으로 불안 가려움을 긁으면, 불안을 더 악화시킨다—불안은 점점 더 커져 당신 삶의 대부분을 감염시킨다. 긁는 것을 피하는 것만이 당신을 빠져나오게 해준다.

◐ 도로 지도 작성

목적: 전념 행동

만약 당신의 가치가 당신의 여행을 인도하고 싶은 데로 가리키는 나침반이라면, 당신의 목표는 당신을 그곳으로 이끌어 주는 도로 지도이다.

◐ 두 개의 산

목적: 치료적 자세, 기꺼이하기

우리 모두는 우리 삶에 도전을 받고 있다. 마치 우리는 산을 오르는 여행을 하는 것 같다. 우리는 건너갈 개울, 이동할 배수로, 기어갈 바위, 그리고 어떻게든 가야할 지그재그식 길과 마주치게 될 것이다. 당신이 이것을 상상할 수 있다면, 당신은 당신의 산에서 당신의 지형을 관리하고 있고, 나는 내 산에서 내 지형을 관리하고 있다.

나의 산으로부터 당신의 여정을 바라보는 다른 조망을 가지고 있기 때문에 나는 당신을 지지하고 도울 수 있는 능력이 있다. 당신이 당신의 길에서 즉각적인 장애물만 볼 때, 나는 멀리서 전체 그림을 볼 수 있다. 이런 식으로 우리는 모두 똑같지만, 나는 당신의 길을 따라 당신을 도울 수 있다.

◐두 눈금자

목적: 통제는 문제이지, 해결책이 아니다.

스테레오 위에 볼륨과 밸런스 손잡이 같은 두 개의 눈금자가 있다고 상상해 보라. 하나는 바로 여기 우리 앞에 있는데, '불안'이라고 불린다.(클라이언트의 상황에 맞는 명칭을 사용하라. 마치 손을 숫자 눈금을 위아래로 움직이는 것처럼 움직이는 것이 도움이 될 수 있다.) 그것은 0에서 10까지 갈 수 있다. 당신이 하고 있는 자세에서 당신을 여기에 데려온 것은 다음과 같다: "이 불안은 너무 높아. 위쪽에 있어서 이 아래로 내려가면 좋겠는데. 치료사 님, 내가 그렇게 하게 좀 도와줘요, 제발." 다시 말하면, 당신은 이 눈금자에 있는 포인터를 아래로 끌어내리려고 노력해 왔다. 그러나 지금은 또 다른 눈금자도 있다. 그것은 숨겨져 있었다. 보기 어렵다. 이 다른 눈금 역시 0에서 10까지 갈 수 있다. (다른 손을 머리 뒤로 옮겨 위아래로 움직여 잘 볼 수 없게 한다.) 우리가 해 온 것은 이 다른 눈금자를 볼 수 있도록 점진적으로 방법을 준비하는 것이다. 우리는 그것을 보기 위해 그것을 가지고 왔다. (손을 앞으로 옮기라.) 그것이 이 둘 중에서 정말로 더 중요한 것인데, 왜냐하면 그것이 차이를 만드는 것이고, 당신이 통제할 수 있는 유일한 것이기 때문이다. 이 두 번째 눈금자는 '기꺼이하기'라고 불린다. 그것은 당신이 경험할 때 자신의 경험을 얼마나 개방적으로 하는가를 가리키는데—조작하거나, 회피하거나, 도망치거나, 바꾸거나 등을 하지 않는 것이다. 불안(혹은 불편함, 우울 등)이 여기 10까지 올라오면, 당신은 이 불안을 통제해서 내려가게 하고, 사라지게 하려고 애쓰는데, 그 다음에는 이 불안을 느끼기 싫어하게 된다. 즉, 기꺼이하기 눈금자가 0으로 낮아진 것이다. 하지만 그것은 끔찍한 조합이다. 나는 래칫(한쪽 방향으로만 회전하게 되어 있는 톱니바퀴)이나, 뭐 그런 것 같아. 래칫 렌치가 어떻게 작동하는지 알아? 래칫이 한 방향으로 설정되어 있으면 렌치의 핸들을 어떻게 돌려도 볼트를 조일 수 있다. 그런 것 같아. 불안이 높고 기꺼이하기가 낮을 때에는 래칫이 정해져 불안은 가라앉지 못한다. 그것은 만약 당신이 정말로, 정말로 불안하고 싶지 않다면, 불안은 걱정하게 될 무엇인 것이기 때문이다. 그것은 마치 불안이 높고 기꺼이하기가 떨어질 때, 불안은 제자리에 고정되어 있는 것처럼 불안한 것과 같다. 당신이 래칫을 돌리고, 그 공구를 어떻게 하든지 간에 그것은 그것을 더욱 단단하게 만든다. 그래서 이 치료에서 우리가 해야 할 일은 우리의 초점을 불안 눈금자에서 기꺼이하기 눈금자로 변경하는 것이다. 당신은 오랫동안 불안을 통제하려고 노력해 왔는데, 그건 효과가 없다. 당신이 충분히 똑똑하지 않았다는 것은 아니다. 그것은 단지 효과가 없다.

그렇게 하는 대신에 우리는 우리의 초점을 기꺼이하기 눈금자로 돌릴 것이다. 마음대로 움직일 수 없는 불안 눈금자와 달리 기꺼이하기 눈금자는 어디든 당신이 설정할 수 있다. 그것은 반응이 아니라—감정이나 생각이 아니라—선택이다. 당신은 그것을 낮게 설정했다. 당신이 여기 온 것은 낮게 설정되어서이다; 사실 여기에 온 것은 그것의 낮은 설정을 반영하는 것일지도 모른다. 우리가 필요로 하는 것은 그것을 높게 설정하는 것이다. 이렇게 기꺼이하기를 높게 잡으면 불안이 어떻게 될지 장담할 수 있다. 나는 무슨 일이 일어날지 당신에게 정확히 말해 줄 것이며, 당신은 나를 엄숙한 약속으로 이 일에 붙들어 둘 수 있다. 만약 당신이 불안을 통제하려고 노력하는 것을 중단한다면 당신의 불안은 낮아질 것이다—그렇지 않으면 그것은 높아질 것이다. 내가 당신에게 약속합니다! 맹세합니다. 날 그것에 붙잡아 주세요. 그리고 그것이 낮아지면 낮아질 것이고, 낮아지지 않을 때까지 그러면 그것은 높아질 것이다. 그리고 그것이 높아지면, 그것이 더 이상 높아지지 않을 때까지 그것은 높아질 것이다. 그다음에는 다시 낮아질 것이다. 내가 당신을 놀리는 게 아니다. 기꺼이하기 눈금자를 높게 설정하는 것이 무엇과 같은 것인지에 대한 딱 좋은 단어가 없다—이 낯설은 단어들은 내가 얻을 수 있는 한 가장 가깝다. 하지만 한 가지는 확실히 말할 수 있는데, 당신의 경험도 같은 것을 말하는데 만약 당신이 불안 눈금자가 어디에 있는지 확실히 알고 싶다면 당신이 할 수 있는 일이 있다. 그저 기꺼이하기를 아주 아주 낮게만 설정해 두면, 조만간 불안이 시작되고, 그 래칫이 고정되어서 당신은 엄청 불안하게 될 것이다. 그것은 매우 예측 가능할 것이다. 모두 낮춘다는 명목으로. 기꺼이하기 눈금자를 위로 움직이면, 불안은 자유롭게 움직일 수 있다. 때로는 낮을 것이고, 때로는 높을 것이며, 두 경우 모두 한 방향으로만 이끌 수 있는 쓸모없고 외상적인 투쟁에서 벗어날 것이다.

◐ 마음-기차

목적: 인지적 탈융합

당신이 철교에 서서 3개의 철로를 내려다보고 있다고 상상해 보라. 느릿느릿한 광산 열차가 당신에게서 멀어지는 각각의 선로에 있다. 각각의 기차는 광석을 운반하는 일련의 작은 차들로 구성되어 있다. 끝이 없어 보이는 세 기차 모두 다리 밑을 따라 천천히 기적 소리를 낸다.

자, 당신이 아래를 내려다볼 때 왼쪽으로 가는 기차는 여러분이 현재 순간에 주목하는 것들의 '광석'만을 싣고 있다고 상상해 보라. 그 광석은 감각, 지각, 감정으로 구성되어 있다. 그것은 당신이 듣는 소리, 땀에 젖은 손바닥, 당신이 감지하는 심장박동 소리, 당신이 알아차리는 슬픔 등과 같은 것들로 구성되어 있다. 가운데에 있는 기차는 당신의 생각, 즉 당신의 평가, 예측, 자기개념화 등만을 운반한다. 오른쪽에 있는 기차는 행동하고 싶은 충동, 회피하고 눈길을 돌리기 위한 당신의 끌어당기는 힘, 그리고 주제를 바꾸려는 당신의 노력을 운반한다. 이 선로들을 내려다보는 것은 자신의 마음을 살펴보는 은유라고 볼 수 있다.

◐ 마법 은행

목적: 가치

86,400달러—생각해 볼 만한 것! 당신이 한 대회에서 다음과 같은 상금을 받았다고 상상해 보라: 매일 아침 당신의 은행은 당신이 사용할 86,400달러를 당신의 개인 계좌에 입금한다. 그렇지만 이 상은 어떤 게임이든 일정한 규칙이 있듯이 규칙이 있다. 첫 번째 규칙: 매일 쓰지 않으면 모든 것을 빼앗긴다. 당신은 단순히 다른 계좌로 돈을 송금할 수도 없다. 당신은 오직 그 돈을 쓸 수 있을 뿐이다. 매일 아침 잠에서 깨면, 은행은 당신의 계좌에 그날로 86,400달러를 입금해 준다.

두 번째 규칙: 은행은 예고 없이 게임을 끝낼 수 있다. 언제든지 게임은 끝났다고 말할 수 있다! 은행은 계정을 닫을 수 있고, 당신은 새 계정을 받지 못할 것이다. 개인적으로 어떻게 하시겠습니까? 당신이 원하는 건 뭐든지 다 사겠지요? 당신뿐만 아니라 당신이 사랑하는 모든 사람을 위해서도 그렇지요? 심지어 당신이 모르는 사람들을 위해서도, 왜냐하면 자기한테 모두 다 쓸 수도 없기 때문에 그렇지요?

한 푼이라도 다 쓰고, 모두 다 쓰려고 할 거예요, 그렇지요? 실제로 이 게임은 진짜예요! 우리 각자는 그런 마법의 은행을 소유하고 있다. 우리는 단지 그것을 볼 수 없는 것뿐이다. 마법 은행은 시간이에요! 매일 아침 우리는 86,400초를 삶의 선물로 받기 위해 깨어나고, 밤에 잠을 자러 갈 때에는 남은 시간은 우리에게 귀속되지 않는다. 그날 우리가 살아보지 못한 것은 영원히 사라진다. 어제는 영원히 사라졌다.

◐ 만능 이야기꾼

목적: 인지적 탈융합

세계에서 가장 위대한 이야기꾼—그것은 결코 멈추지 않는다! 그것은 말할 이야기가 결코 짧지 않으며, 그 이야기가 무엇이든 그것은 우리가 들어주기를 원한다. 다른 위대한 이야기꾼들처럼, 그것은 우리의 관심을 끌기 위해 할 말을 다할 것이다. 어떤 이야기는 사실이다. 우리는 이러한 사실들을 이렇게 부를 수 있다. 어떤 이야기들은 의견, 믿음, 생각, 태도, 가정, 판단, 예측 등이다. 우리가 세상을 어떻게 보는지, 우리가 무엇을 하고 싶은지, 우리가 옳다거나. 그렇다거나, 공정하다거나 불공정하다거나, 좋다거나 나쁘다고 생각한 것에 대한 이야기들.

지금 들어보라, 당신의 마음이 지금 당신에게 들려주는 이야기를.

라디오 '암울하고 암울함'

과거에 대한 많은 암울함, 미래에 대한 불길한 점, 그리고 현재에 대한 불만 등을 방송한다.

버릇없는 애새끼

온갖 요구를 하고, 뜻대로 되지 않으면 짜증을 낸다.

이유 부여 기계

변경할 수 없거나 변경할 수 없는 이유의 끝없는 목록 작성

워드 머신

끝없이 이어지는 말의 흐름을 제작

파시스트 독재자

계속해서 주문하고, 할 수 있는 것과 할 수 없는 것을 알려 줌.

판단 공장

하루 종일 판결하는 데 보냄.

◐ 모니터와 줌 렌즈

목적: 인지적 탈융합

노트북과 프로젝터를 사용하여 프레젠테이션을 할 때 각 모니터에 표시할 항목을 선택할 수 있다. 노트북 화면은 모니터 1이라고 불리고, 프로젝터는 모니터 2라고 한다. 제어판의 그래픽은 흰색 번호가 큰 대형 화면 2개로 표시된다. 모니터 1을 클릭하면 모니터 1이 확대되어 전면으로 나오는 반면, 모니터 2는 점점 더 작아진다. 모니터 2를 클릭하면 모니터 1이 멀어지는 동안에 점점 커진다. 우리가 주의를 기울이면 그렇게 될 수 있다. 무언가가 우리의 관심을 사로잡고, 소리, 시선, 느낌, 생각 등 우리가 관심을 끌며, 그것을 우리의 관심의 전면에 배치하여 더 크고 더 거슬리게 만든다. 그 밖의 모든 것은 뒷전으로 옮겨 간다. 우리는 더 많은 도움이 되는 생각, 호흡, 이미지, 감각, 우리가 보는 것, 듣는 것 등 우리가 전면에 내세우는 것을 선택할 수 있다. 그래서 더 도움이 되지 않는 다른 생각이나 감각들이 배경에 흐릿하게 보이게 한다. 어떤 특정한 것에 초점을 맞추고 있는 줌 렌즈처럼, 나머지 그림들은 초점이 맞지 않게 되고, 선명성을 잃게 된다. 우리는 관심의 초점을 옮기면서 확대/축소할 수 있다.

◐ 모래 늪

목적: 기꺼이하기

우리가 모래 늪에 갇혔을 때, 즉각적인 충동은 탈출하기 위해 몸부림치고 싸우는 것이다. 하지만 그것은 모래 늪에서는 해서는 안 되는 행동이다—왜냐하면 몸의 한 부분(발)에 무게가 실리면 더 깊이 빠질 것이기 때문이다. 그래서 더 많이 몸부림칠수록 더 깊이 빠지게 되고—더욱더 몸부림치게 된다. 몹시 절망적인 상황이 된다. 모래 늪에 맞서면, 생존을 위해서는 오직 한 가지 선택권이 있다. 몸의 무게를 넓은 표면적에 펴라—눕히라. 누워서 모래 늪과 정말로 함께 있는 것은 우리의 본능에 어긋나지만, 그게 바로 우리가 해야 할 일이다. 그것은 고통과 함께 있는 것이다. 우리는 투쟁하고 그것에 맞서서 싸우지만, 우리는 그것을 그냥 내버려두거나 고통스러운 생각 및 감정과 함께 있는 것을 결코 고려하지 않았을 것이다. 하지만 만약 우리가 그렇게 한다면, 우리는 싸우고 투쟁했을 때보다 더 효과적으로 그것을 극복하고 살아남을 수 있다는 것을 알게 될 것이다.

◐ 모래폭풍

목적: 통제는 문제이지, 해결책이 아니다. 기꺼이하기

모래폭풍은 강한 바람이 모래 입자를 공기 중으로 들어올려 격동적이고 숨이 막히는 모래 구름을 방출할 때 사막에서 발생하는 격렬한 바람 폭풍이다. 그것은 예기치 않게 일어날 수 있고, 몇 분 혹은 몇 달 동안 지속될 수 있다. 그것이 얼마나 오래 지속되든 간에 그 영향은 노출된 피부를 거칠게 하고, 눈을 멀게 할 수 있다. 그러므로 모래폭풍에서 살아남기 위해서는 피부를 노출시키지 않는 다른 위치에서 모래폭풍을 겪어서 폭풍을 극복해야 한다. 모래폭풍은 모래언덕을 통째로 움직일 수 있어서 풍경이 달라진다. 따라서 노출된 피부와 눈을 거칠게 하는 효과뿐만 아니라, 실제 빙빙 도는 모래 벽에서 길을 잃을 수 있는 위험이 있다. 모래폭풍에서 살아남으려면, 노출된 피부를 덮고, 앉아서 폭풍의 광경, 소리, 냄새, 맛을 경험하는 동안 그것이 지나가기를 기다려야 하지만, 그것을 겪을 수 있는 위치로부터 그렇게 해야 잡히고 노출되지 않는다. 주요 모래폭풍은 자연적으로 발생하며—사막에서는 삶의 일부분이며, 피할 수 없다.

어려운 삶에서 일어나는 상황/걱정/불안/두려움/문제는 모래폭풍과 같을 수 있다. 그것들은 인생과 삶에서 일어나는 자연스러운 발생이다. 우리는 가끔 모래폭풍에 휘말려(이동하는 모래언덕과 변화하는 풍경) 길을 잃고 어느 방향으로 움직일지 확신하지 못하는 느낌을 받을 수도 있다.

◐ 묘비

목적: 가치

사람이 묻히면, 묘비명이 쓰이는 경우가 많다. "여기 수가 누워 있다. 그녀는 온 마음을 다해 가족을 사랑하였다." 만약 그 비석이 당신의 것이라면, 당신은 그 비석에서 어떤 비문을 보고 싶은가? 당신의 삶이 어떻게 특징짓길 바라는가? 다시 말하지만, 이것은 서술도 아니고 예측도 아니다. 그것은 희망이다, 열망이다, 소망이다. 그것은 당신과 거울 속의 사람 사이에 있다. 당신의 삶은 무엇으로 나타내지기를 원하십니까?

◐ 물건으로 가득찬 상자

목적: 통제는 문제이지, 해결책이 아니다.

우리가 이 상자를 가지고 있다고 가정해 보자. 이것(여러 가지가 담긴 물건; 멋진 것, 혐오스러운 것)은 당신의 삶의 내용이다. 당신의 모든 프로그래밍이다. 그 안에 유용한 것들이 있기는 하지만 오래된 담배꽁초와 쓰레기도 있다. 자, 여기 정말 기분 나쁜 것들이 있다고 하자. 첫 번째는 이혼과 같은 것이다(클라이언트에게 세부사항을 추가). 그렇게 되면(휴지에 코를 풀어 상자에 넣으라) 이렇게 될 것이다. 무슨 일이 일어날까?

클라이언트: 나는 다른 것을 생각할 거예요.

치료자: 좋아요, 그럼 이거는(물건을 가져다가 상자에 넣는다). 또 뭐가 나올까요?

클라이언트: 나는 그것을 아주 싫어합니다.

치료자: 좋아요, 그럼 이거는(물건을 가져다가 상자에 넣는다) 클라이언트에 따라 이 순서는 한동안 지속될 것이다). 또 뭐가 나올까요?

클라이언트: 이걸 없애야겠어요.

치료자: 좋아요, 그럼 이거는(물건을 가져다가 상자에 넣는다).

무슨 일이 일어나고 있는지 알겠는가? 이 상자는 꽤 가득차는데, 이 많은 물건이 첫 번째 불쾌한 물건과 관련이 있다는 것을 알아차리라. 첫 번째 것이 덜 중요해지지 않다는 것을 주목하라. 그것은 점점 더 중요해지고 있다. 당신의 프로그래밍은 뺄셈으로 작동하지 않기 때문에 당신이 어떤 항목을 빼려고 하면 할수록 당신은 더 많은 오래된 것에 대한 새로운 항목들을 추가하게 된다. 이제 그것은 사실이고, 당신이 구석으로 밀어넣을 수 있는 이 물건들 중 일부는 더이상 볼 수 없지만, 그것은 모든 곳에 있다. 물건을 구석에 처박는 것은 겉보기에 논리적으로 보이기는 하다. 우리는 모두 그렇게 한다. 문제는 그 상자는 어느 정도 알고 있는 당신이기 때문에 글자 그대로 위쪽에 있는 당신이 구석에 쑤셔 넣은 모든 나쁜 물건과 접촉하고 있다는 것이다. 자, 만약 구석에 있는 것들이 정말 나쁘다면, 그것이 보이지 않는 것이 정말 중요하다. 그러나 그것은 그것과 관련된 것은 무엇이든 볼 수 없기 때문에 그것 역시 구석으로 들어가야 한다는 것을 의미한다. 그것은 당신이 할 수 없는 점점 더 많은 것이다. 대가를 볼 수 있나요? 그것은 당신의 삶을 왜곡시켜야 한다고 한다. 중요한 것은 모든 것을 의도적으로 구석에서 끄집어내야 한다는 것이 아니다. 중요한 것은 건강한 삶은 자연스럽게 어떤 것을 구석에서 끌어낸다는 것이다. 그리고 그것을 피하기 위해 뒤로 당겨야 한다든지 아니면 삶을 개방하고 앞으로 나아가야 한다든지 둘 중 하나를 선택해야 한다는 것이다.

◐ 물속의 물고기

목적: 인지적 탈융합

우리는 물고기이고, 언어는 물이다. 만약 물고기들이 젖어 있고, 그들이 물 밖으로 나가지 않았다면 물고기들이 어떻게 알았을까? 물 밖으로 뛰어나가는 것은 당신이 물을 알아채는 데 도움을 주지만, 우리는 여전히 물 안에서 수영을 해야 한다.

◐ 배고픈 호랑이

목적: 통제는 문제이지, 해결책이 아니다.

어느 날 아침에 일어나서 현관문 밖에서 귀여운 새끼 호랑이가 약하게 울고 있는 것을 발견했다고 상상해 보라. 물론 당신은 애완동물로 기르기 위해 껴안고 싶은 꼬마를 안으로 데려온다. 호랑이 새끼와 잠시 놀고 난 후, 당신은 그가 여전히 작은 소리로 울고 있고, 쉬지 않고 그런다는 것을 알게 되고, 호랑이 새끼가 배고파서 그런다는 것을 알아차리게 된다. 당신은 호랑이 새끼에게 갈은 쇠고기를 조금 먹인다. 당신은 매일 이렇게 해서 당신의 애완 호랑이는 하루하루 조금씩 커진다. 2년 동안, 당신의 호랑이의 식사는 햄버거 찌꺼기에서 쇠고기의 전체 면에 있는 주요 갈비뼈로 바뀐다. 당신의 애완동물은 배고플 때 더이상 작은 소리로 울지 않는다. 그 대신, 식사 시간이라고 생각될 때마다 그는 당신을 보고 사납게 으르렁거린다. 당신의 귀여운 애완동물은 그가 원하는 것을 얻지 못하면 당신을 찢어 버릴 통제불능의 야수로 변했다.

당신의 고통과의 싸움은 이 상상 속의 애완 호랑이와 비교될 수 있다. 당신이 고통에게 경험 회피의 붉은 고기를 먹임으로써 그 고통에 힘을 실어 줄 때마다 당신은 고통-호랑이가 조금 더 크고, 조금 더 크고, 조금 더 강하게 자라도록 도와준다.

이런 식으로 그것을 먹이는 것은 신중한 일인 것처럼 보인다. 고통—호랑이는 당신에게 그것이 원할 때마다 먹여 주고, 그렇지 않으면 당신을 잡아먹을 거라고 격렬하게 말한다. 하지만 먹이를 줄 때마다 당신은 고통이 더 강해지고, 더 위협적이며, 더 통제적인 삶을 살게 된다.

◐ 버스에 탄 승객들

목적: 인지적 탈융합

버스가 있고, 당신이 운전자라고 가정하자. 이 버스에는 많은 승객이 타고 있다. 승객들은 생각, 감정, 신체 상태, 기억, 그리고 경험의 다른 측면들이다. 어떤 승객들은 무섭고, 검은 가죽 재킷을 입고 있으며, 누르면 칼날이 튀어나오는 칼을 가지고 있다. 무슨 일이 일어나느냐 하면, 당신은 운전하고 있고, 승객들이 당신을 위협하기 시작하며, 당신이 해야 할 일, 당신이 가야 할 곳을 알려 준다. "좌회전해야 돼." "우회전해야 돼."라고 말이다. 그들이 당신에게 하고 있는 위협은 만약 당신이 그들이 말하는 것을 하지 않는다면, 그들은 자리에서 일어나 앞으로 나올 것이라는 것이다.

마치 당신이 이 승객들과 거래를 한 것처럼, "내가 당신을 볼 수 없도록 자리에 앉아서 가만히 있어요. 그리고 나는 당신이 말하는 것을 꽤 많이 해 주겠소." 만약 당신이 언젠가 그런 것에 싫증이 나서 "나는 이것을 좋아하지 않아! 나는 저 사람들을 버스에서 쫓아낼 거야!"라고 하고는 버스를 세우고, 다시 돌아가 비열해 보이는 승객들을 상대한다. 하지만 당신은 당신이 가장 먼저 해야 했던 것이 멈추는 것이었음을 알아차린다. 이제 알아차리세요. 당신은 아무 데도 운전하지 않고 그냥 승객들을 상대하고 있다. 그들은 매우 강하다. 그들은 떠나려고 하지 않아 그들과 씨름하지만, 그것은 그냥 잘되지 않는다(변형: 당신은 그들을 쫓아내지만 그들은 다음 정거장에서 다시 탄다).

결국, 당신은 승객들을 달래기 위해 돌아가서 당신이 그들을 볼 수 없는 자리에 앉게 하려고 노력한다. 이 거래의 문제점은 당신이 그들을 당신의 삶에서 나가게 하는 대가로 그들이 요구하는 것을 한다는 것이다. 그들은 곧 당신에게 "좌회전하라."라고 말할 필요도 없다. 당신이 좌회전에 가깝게 하자마자, 승객들이 당신의 온몸을 기어다닐 것이라는 것을 알고 있다. 시간이 지나면 당신은 그들이 버스에서 전혀 없는 것처럼 거의 가장할 수 있을 정도로 충분히 잘될 것이다. 당신은 단지 좌회전이 당신이 방향을 바꾸고 싶은 유일한 방향이라고 스스로에게 말하라. 그렇지만 그들이 결국 나타나면, 그것은 당신이 과거에 그들과 맺은 거래의 부가적인 힘에 의해 무너진다.

이 모든 것의 요점은 승객들이 여러분을 지배하는 힘은 다음과 같은 것에 100% 기초한다는 것이다. "우리가 말하는 것을 당신이 하지 않으면, 우리는 다가와서 당신이 우리를 바라보게 만든다." 그게 다예요. 그들이 앞으로 다가왔을 때 그들은 훨씬 더 많은 것을 할 수 있을 것처럼 보인다는 것은 사실이다. 그들은 칼, 쇠사슬 등을 가지고 있다. 마치 당신이 파괴될 수 있는 것처럼 보인다. 버스 운전사(당신)는 버스를 운전하지만, 당신은 승객들과 이런 비밀 거래에서 통제력을 타협한다. 다시 말해서, 통제력을 얻으려고 노력함으로써 당신은 실제로 통제력을 포기했다! 이제 승객들은 좌회전하지 않으면 당신을 파괴할 수 있다고 주장하지만, 실제로 그런 일은 결코 일어난 적이 없다는 것을 주목하라. 이 승객들은 당신의 의지에 어긋나는 어떤 것을 할 수 없다.

후속 조치: 지금 어떤 승객이 당신을 위협하고 있는가? 아직도 운전하고 있는가?

◐ 보트 은유

이것은 가치에 대한 전념 행동을 설명하기 위한 감정 은유로서 러스 해리스(Russ Harris)의 괴물이 탄 보트 은유와 날씨를 혼합한 것이다.

당신만이 조종할 수 있는 파괴할 수 없는 배가 있다. 배에는 여러 개의 나침반이 있다(그것은 상이한 가치를 나타낸다). 왜냐하면 당신의 배를 파괴할 수 있는 것은 아무것도 없기 때문에, 그것을 조종할 수 있는 것은 오직 당신뿐이기 때문에, 당신이 가야 할 방향에서 멀어지는 나침반 바늘을 움직이는 것은 당신뿐이다. 날씨는 당신의 감정이다—때로는 거칠고, 때로는 차분하지만, 실제로 그들은 배를 움직일 수 없다. 동물들과 바다 괴물들은 당신의 생각이다—때로는 무섭고, 때로는 즐겁고, 때로는 아름답고, 때로는 무섭지만, 실제로는 배를 움직일 수 없다.

◐ 비치볼

목적: 기꺼이하기

우리는 생각을 멈추려고 노력하지만, 그것은 불가능하다. 그것은 마치 물 밑에서 끊임없이 팽창하는 거대한 비치볼을 잡으려고 하는 것처럼 보이지만, 우리의 얼굴 앞으로 계속 튀어나온다. 그냥 내버려두는 것처럼, 공이 우리 주위에 뜨게 놔둬. 그래서 우리는 생각을 멈추기보다는 생각과 싸우는 것을 멈추고, 그것에 반작용하지 않고 그대로 내버려둘 수 있다.

◐ 비행기 추락 사고

목적: 가치

얼마 전에 비행기 한 대가 기적적으로 허드슨 강에 착륙했다. 155명 모두가 살아서 나왔다. 그 155명의 사람이 마른 땅에 서서 그들이 겪은 일을 깨닫는 동안 무엇을 느꼈을까? 그들 모두가 같은 반응을 보였을까? 당연히 아니죠! 많은 사람이 매우 고통스럽고 혼란스러웠을 것이다—그들은 거의 죽을 뻔했고, 그것은 명백히 너무 위험하기 때문에 다시는 비행하지 않기로 결정했을지도 모른다. 어떤 사람들은 살아남은 것에 대해 압도적으로 안도하고 행복했을지도 모른다. 어떤 사람들은 그 경험의 결과로 인생을 최대한 살기로 결심하고, 더 많이 날기로 결심했을지도 모른다. 155개의 상이한 반응이 있을 수 있다. 같은 사건, 상이한 반응, 그것은 우리의 감정을 유발하는 것은 사건이 아니라 우리가 사건에 부여하는 의미이다. 그 사건을 무시무시하게 위험하다고 해석한 사람들은 매우 고통스러워할 수도 있고, 또다시 비행기를 탈 수 없을 만큼 불안해할 수도 있다. 어떤 사람들은 그들이 그 사건에 부여한 의미가 그들이 살아남을 수 있는 믿을 수 없을 정도로 운이 좋았다는 것이었기 때문에 황홀감을 느낄 것이다.

◐ 산

목적: 기꺼이하기

날씨가 어떻든, 산의 표면에서 무슨 일이 일어나든—산은 견고하고, 튼튼하며, 땅 위에 있고, 영원히 우뚝하다. 우리는 생각, 감정, 감각을 관찰하고, 내면의 고요함을 아는 저 산처럼 될 수 있다.

◐ 산을 오르는 길

목적: 가치

당신이 산에서 하이킹을 하고 있다고 가정해 보자. 특히 경사면이 가파른 경우에는 산길이 어떻게 구성되어 있는지 알 수 있다. 산길은 앞뒤로 감는다. 종종 '스위치백(지그재그식의 길)'이 있어서 말 그대로 당신을 앞뒤로 걷게 하고, 때때로 그 산길은 당신이 이전에 도달했던 수준 아래로 심지어 다시 뒤로 떨어지게 할 것이다. 만약 내가 산꼭대기에 도달하려는 당신의 목표를 얼마나 잘 달성하고 있는지 평가하기 위해 그런 산길의 여러 지점에서 당신에게 물었다면, 나는 매번 다른 이야기를 들을 것이다. 만약 당신이 스위치백 모드라면, 당신은 아마 일이 잘되지 않고, 당신은 결코 정상에 오르지 못할 것이라고 말할 것이다. 만약 당신이 산꼭대기와 그 위로 올라가는 길이 보이는 탁 트인 지역에 있다면, 당신은 아마 일이 아주 잘 진행되고 있다고 말할 것이다. 이제 우리가 쌍안경으로 계곡을 가로질러 이 산길을 하이킹하는 사람들을 보고 있다고 상상해 보자. 만약 우리가 그들이 어떻게 하고 있는지 질문을 받는다면, 우리는 매번 긍정적인 진행 보고를 할 것이다. 주어진 순간에 보이는 것이 아니라, 그 산길의 전체적인 방향이 진행의 열쇠임을 알 수 있을 것이다. 우리는 이 미친 듯이 구불구불한 산길을 따라가는 것이 틀림없이 정상에 이르는 것임을 알 수 있을 것이다.

◐스키

목적: 가치

스키를 타러 간다고 가정해 보자. 언덕 꼭대기까지 리프트를 타고 가서 막 스키를 타고 언덕을 내려갈 참에 한 남자가 다가와 어디로 가느냐고 물었다. "맨 아래에 있는 숙소로 갈 거예요."라고 당신이 대답한다. 그는 "내가 그렇게 하는 것을 도와줄 수 있어요"라고 말하고는 재빨리 당신을 붙잡아서 헬리콥터에 던져 주고, 당신을 산장으로 날아가게 한 다음 사라져 버린다. 그래서 약간 멍한 모습으로 주위를 둘러보고는 언덕 꼭대기로 가는 리프트를 타서 스키를 타고 내려오려고 하는데, 그 똑같은 남자가 당신을 붙잡아서 헬리콥터 안으로 던져 주고, 당신을 산장으로 날아가게 해 준다. 당신은 화를 낼 것이다, 안 그런가? 스키를 타는 것은 단지 숙소에 도착하려는 목적이 아니다. 왜냐하면 어떤 많은 활동도 우리를 위해 그것을 성취할 수 있기 때문이다. 스키를 타는 것은 우리가 거기에 어떻게 가느냐인 것이다. 하지만 숙소에 가는 것은 우리에게 어떤 방향으로 스키를 타는 과정을 가능하게 해 주기 때문에 중요하다는 것을 주목하라. 만약 스키를 타고 내려가지 않고 오르막길을 오르려고 한다면, 그것은 효과가 없을 것이다. 내리막 스키를 타려면 몸을 위로 숙이는 것이 필요하다. 이렇게 말할 수 있는 방법이 있다. 결과는 과정이 결과가 될 수 있는 것을 통한 과정인 것이다. 우리는 목표가 필요하지만, 우리는 그것을 가볍게 잡아야만 진정한 삶의 지점이 나타나고 목표가 생길 수 있다.

◐ 앉을 자리 찾기

목적: 인지적 탈융합

앉을 자리가 필요해서 의자를 묘사하기 시작했다고 해 보자. 당신이 의자에 대해 정말 자세히 묘사했다고 하자. 회색 의자이고, 금속 테두리를 하고 있으며, 천으로 덮여 있고, 매우 튼튼한 의자이다. 좋아, 이제 그 묘사 속에서 앉을 수 있겠는가?

클라이언트: 아니오.

다음에서 자신의 경험을 확인해 보라: 당신의 마음이 당신에게 '세상은 이렇게 되어 있고, 그렇게 되어 있는 것과 당신의 문제는 이렇게 되어 있고, 그렇게 되어 있는 것 등'과 같은 것들을 말해도 괜찮은가? 묘사하라, 묘사하라. 평가하라, 평가하라, 평가하라. 당신은 피곤하다. 당신은 앉을 자리가 필요하다. 그리고 당신의 마음은 당신에게 의자에 대한 더 정교한 묘사를 계속 전해 준다. 그러고 나서 '앉으라'라고 쓰여 있다. 묘사는 괜찮지만, 여기서 우리가 찾고 있는 것은 경험에 대한 묘사가 아니라 경험이다. 마음은 경험을 전달할 수 없고, 다른 곳에서의 경험에 대해 우리에게 불평만 할 뿐이다. 그래서 우리는 당신의 마음이 묘사하도록 내버려두고, 그동안에 당신과 나는 앉을 곳을 찾을 것이다.

◐ 열쇠 찾기

목적: 창조적 절망

열쇠를 좌석 근처의 어떤 것 아래나 뒤에 놓고, 다음과 같다고 해 보자. "그것이 내 하루의 마지막을 장식하고, 나는 내 파일을 잠그고 사무실을 떠날 준비가 되었다고 하자. 나는 내 열쇠가 없다는 것을 금방 알아차렸다. 그렇다면 어떻게 해야 할까? 나는 열쇠를 찾기 시작한다." 이 시점에서 나는 내 바로 근처 5~6군데를 확인하겠지만, 그것들을 찾지 못한다. 그러고 나서 "나는 분명한 장소들을 확인했지만 열쇠는 없었어. 나는 심지어 약간 좌절감을 느낄지도 모른다. 그럼 어떻게 해야 하지? 나는 다시 한 번 찾아본다. 새로운 장소를 찾아보고 이미 찾아본 장소 중 일부를 다시 확인해본다."(아주 가까운 곳에서 다시 해 보는데, 대개는 좌석 주위에 반원형으로 쓸다시피 찾아본다.) "흠, 열쇠는 없어. 이 시점에서 나의 스트레스는 좀 쌓일 수도 있다. 내가 어떻게 해야 하나요? 어쩌면 내가 무엇을 하고 있었는지, 정신적으로 내 발걸음을 되돌리는 것에 대해 생각하기 시작할지도 모른다. 그런 다음 나는 계속 찾기 시작한다."(이때 나는 열쇠를 발견한다.) "대박, 내가 열쇠를 가지고 있어. 문제는 해결되었고, 내 좌절감은 사라졌어.—익숙하게 들리시죠?"(클라이언트가 보통 고개를 끄덕임)

그러고 나서 "나는 문제가 있었고, 문제를 해결하려고 전략을 사용했는데—그것은 우리가 매일 하는 것과 같은 것이다. 대단한 성공을 거두면서 말이다. 사람들은 감정적인 고통을 느낄 때 이와 같은 문제 해결 방법을 사용하는 경향이 있는 것으로 밝혀졌다. 아마도 당신은 침대에 있지만, 잠을 잘 수 없을 것이다. 당신의 마음속에서 당신은 당신이 경험했던 다른 사건과 상황에 대해 생각하면서 당신의 과거의 다양한 구석과 갈망들을 살펴보기 시작할지도 모른다. 당신은 내가 열쇠를 찾는 방법과 비슷한 방법으로 정보(해답)를 찾는다. 그리고 십여 군데를 살펴본 후, 당신이 찾고 있는 답을 찾는가?(클라이언트는 종종 이쯤에서 반응하고 웃고 있다) 아니, 그럼 어떻게 하겠는가? 다시 보고, 계속 찾아본다. 아마도 당신은 같은 기억들을 반복해서 살펴보고, 새로운 기억들을 덧붙이고 있는 자신을 발견하게 될 것이다. (클라이언트는 일반적으로 이것을 긍정한다.) 그러나 근본적인 문제는 열쇠도 없고 해결책도 없다는 것인데, 문제를 해결하고 기분을 더 나아지게 할 핵심 정보는 없다는 것이다."

◐ 영업 담당자로서의 생각

목적: 인지적 탈융합

당신의 생각을 영업 담당자로 생각하라. 그들 중 몇몇은 그 일에 정말 재능이 없다. 당신은 단지 그들에게 당신이 관심이 없거나, 당신이 지금 바쁘다고 말하면, 그들은 당신을 방해한 것에 대해 사과할 것이고, 다시는 당신을 귀찮게 하지 않을 것이다.

하지만 터프한 녀석들이 있다. 만약 당신이 그들에게 당신의 사무실에서 예약을 거절한다면, 그들은 당신이 당신의 차로 돌아가려고 할 때 주차장에 나타날 것이다. 또는 심지어 당신이 잔디를 깎고 있을 때, 그들이 당신에게 팔고 싶어 하는 환상적인 상품들을 가리고 열린 서류가방을 당신의 코밑에 놓을 것이다. 당신의 삶은 점점 더 번거로워지고 있다. 당신은 그들을 피하려고 노력하는 데 점점 더 많은 시간을 보내야 한다.

생산적인 일을 하는 대신에 당신은 그것들을 없애기 위해 대부분의 시간을 사무실에서 보낸다. 그들을 들어오게 해서 그들이 당신에게 하고 싶은 말을 듣고, 와서 고맙다고 하고서 그들을 보내는 것이 더 쉬울지도 모른다… 결국, 당신이 사장이다. 당신이 어떤 제품을 살지는 당신에게 달려 있다.

또한 다음을 추가할 수 있다. 그리고 그들이 광고하는 이 모든 제품 중 하나 또는 다른 하나가 좋은 사업 기회가 될 수도 있지 않을까?

◐ 영화로서의 당신의 삶

목적: 인지적 탈융합, 가치

영화로서의 당신의 삶을 상상해 보라. 첫 번째 에피소드는 이미 촬영된 것이다(이제 당신이 알고 있는—보통 어려운—클라이언트의 생활의 두드러진 순간들을 요약해 보라). 이제 영화가 상영되고 있다. 당신이 감독이고, 당신 역할을 연기하는 배우를 감독할 수 있다고 상상해 보라. 하지만 당신은 제한된 힘을 가진 특별한 종류의 감독이다. 당신은 시나리오 작가에게 가서 그에게 당신에게 일어나는 인생 사건을 바꾸라고 요청할 수도 없고, 다른 등장인물들에게 당신이 원하는 대로 행동하도록 지시할 수도 없다. 당신이 영향을 줄 수 있는 유일한 배우는 당신 역할을 연기하는 배우이다. 당신은 자신이 꿈꾸는 사람과 똑같이 그/그녀를 연기하게 할 수 있다. 당신이 지금 겪고 있는 그 엄밀한 상황에서 그/그녀가 어떻게 행동하기를 원하는지를 그려 보라. 만약 당신이 영화의 지속이 당신이 자신의 삶이 되기를 원하는 것과 닮기를 원한다면, 또는 당신이 되고 싶은 아버지/배우자/동료 등에게 어떻게 행동하라고 배우에게 지시하겠는가?

◐ 우리 생각 속의 물고기 수영

목적: 인지적 탈융합

물고기는 자연적으로 물속에서 헤엄친다. 물고기들은 물속에 있는 것을 '알지' 못하고, 그냥 수영을 할 뿐이다. 생각하는 것은 인간에게 있어서 이와 같다. 생각은 우리의 물이다. 우리는 생각 안에 너무 몰입해서 생각이 거기에 있다는 것을 거의 알아차리지 못한다. 우리의 생각 속의 수영은 우리의 자연 상태이다. 당신은 물에서 물고기를 꺼내 물고기로 살기를 기대할 수 없다. 하지만 물고기가 물을 알아차리게 된다면 어떻게 될까?

◐ 우물 안의 노새

목적: 통제가 문제이다.

한 농부가 늙고 쓸모없는 노새를 가지고 있었는데, 노새가 메마르고 버려진 우물에 빠지고 말았다. 노새는 갇혔다는 것을 깨닫자, 겁을 집어먹고 시끄럽게 울기 시작했다. 노새가 우는 소리를 들은 농부는 노새를 끌어내는 대신 우물 속에 묻기로 결심했다. 농부가 우물에 흙을 퍼 넣을 때, 노새는 자신이 산 채로 매장되고 있다는 것을 깨달았다. 노새는 어깨에서 발바닥으로 흙을 털어내면서, 전율하며, 부들부들 떨었다. 그는 흙 위에 올라섰다. 농부는 계속 삽질을 하고, 노새는 계속 흔들고, 올라서고, 결국 우물에서 바로 나왔다.

◐ 우편함(어떤 생각은 정크 메일과 같다)

목적: 가치, 기꺼이하기, 전념 행동

1) 오늘 집에 가면 당신의 우편함에 무엇이 있을 것으로 예상하십니까? (클라이언트: 청구서, 광고, 정크 메일, 어쩌면 편지요.)
2) 후속 조치가 필요한 메일과 정크 메일로 간주되는 메일을 어떻게 분류하십니까? (클라이언트: 그것을 봐야, 무엇이 중요한지 결정해요.)
3) 무엇이 중요한지 어떻게 아는가? (클라이언트: 음, 만약 내가 청구서에 지불하지 않는다면 우리 집 전기는 끊어질 것이고, 번호판을 갱신하지 않으면 나는 운전을 할 수 없을 거예요.)
4) 알겠어요, 그래서 자신에게 중요한 것에 따라 일을 정리하면, 우선 순위는 편안한 집의 안정성과 자가용 운전의 자유를 중시하기 때문에 식별하기 쉬워요. 당신은 정크 메일에는 무엇을 하나요? (클라이언트: 나는 그것을 버려요.)
5) 버릴 때에는 그것으로 끝인가요? (클라이언트: 아니에요, 다음에 우편함을 열면 항상 더 많은 정크메일이 있어요.)
6) 그것에 후속 조치를 왜 하지 않나요? 당신은 그 제안들을 전화해서 확인할 수도 있고, 아니면 화가 나서 광고주들에게 전화해서 그 잡동사니들을 배달하는 것을 중단하라고 요구할 수도 있을 것입니다. (클라이언트: 그래요, 하지만 그건 시간 낭비일 뿐이에요…. 나는 그 제안들이 내가 필요 없는 것들이거나, 아니면 사기라는 것을 알게 되었어요. 나는 한때 메일을 멈추려고 했지만 다른 회사에서 더 많이 보내요. 그다

음 날은 항상 정크 메일이 더 많아요. 화낼 가치도 없어요.)

요약: 그래서 당신의 경험은 당신에게 중요한 것들에 따라 무엇이 중요한지 가려내는 데 도움을 줍니다. 그리고 당신은 매일 나타나는 정크 메일과 함께 사는 법을 알게 되지요. 그것은 상자 안에 있어요. 당신은 그것이 무엇인지를 충분히 인식할 수 있을 만큼 충분히 오랫동안 그것을 알아차리고, 그러고 나서 당신의 삶에서 중요한 것을 향해 나아갑니다. 이런 생각들은 우편함에 나타나는 메일과 같은 것일지도 모릅니다. 당신은 약간의 잡동사니가 있을 것이라는 사실을 받아들이는 반면, 중요한 것들에 대해서는 조치를 취하고, 단지 그것이 나타나도록 내버려두는 것입니다.

◐ 운동장 괴롭힘

목적: 인지적 탈융합

우리의 마음은 안전한 높은 울타리로 둘러싸인 학교 운동장과 같다. 아이들을 안에 두고 다른 사람들을 밖으로 내보낸다. 그 운동장에 있는 괴롭힘은 다른 아이들이 오랫동안 도망칠 수 없다는 것을 의미한다. 이 특정한 괴롭힘은 (신체적인 폭력보다는) 욕설, 고함, 놀림, 위협을 사용한다. 아이들은 모두 함께 울타리를 치고 있고, 이상적으로 그들은 서로 받아들이는 법을 배워야 한다. 그래서 우리도 우리의 생각에서 벗어날 수 없고, 막을 수도 없지만, 어쩌면 우리는 그것들을 다르게 보면서 그들과 함께 사는 법을 배울 수도 있을 것이다. 괴롭히는 사람이 옴에 따라 모두 다르게 반응하는 3명의 잠재적 '피해자'를 떠맡는다.

피해자 1 - 괴롭힘, 괴로움, 자동으로 반응한다고 생각함 (괴롭힘이 계속됨)

피해자 2 - 불량배에게 도전 "이봐, 멍청하지 않아. 오늘 아침 철자 시험에서 10점 만점에 8점, 넌 4점밖에 못 받았어." (괴롭힘 결국 포기)

피해자 3 - 괴롭히는 사람을 보고(생각하는 바를 알아채고), 걸어가서 동료들과 미식축구를 하러 떠난다(그 생각을 버림), 그러면 그들의 관심의 초점을 바꾼다.

◐ 유리잔 속의 진흙

목적: 기꺼이하기, 창조적 절망

우리가 여기서 하는 일은 힘들 것이다. 그것은 몇 가지 일을 일으킬 것이다. 당신의 인생은 바닥에 가라앉은 진흙으로 가득찬 이 유리잔과 같고, 우리 일은 이 유리잔을 깨끗하게 하는 것이다. 유리잔 속의 진흙을 어떻게 꺼낼 수 있다고 생각하나요? 만약 진흙을 퍼내는 것이 놀라운 차이를 만들 수 있다면, 만약 물을 지저분하게 하는 것이 그럴 만한 가치가 있다면? 처음에는 더 고통스러울 것이고, 물은 더 흙탕물처럼 보일 것이다….

◐ 인생 방향

목적: 가치

보트가 멕시코의 작은 마을에 정박했다. 한 미국인 관광객은 멕시코 어부에게 그의 물고기의 품질에 찬사를 보내고는 물고기를 잡는 데 얼마나 걸렸는지 물었다. "그리 길지 않아요." 멕시코인이 대답했다. "그런데 왜 더 오래 머물러서 많이 잡지 않았소?"라고 미국인이 물었다. 멕시코인은 그의 작은 어획량은 그의 필요와 가족의 필요를 충족시키기에 충분하다고 설명했다. 미국 사람이 "당신은 나머지 시간 동안에는 무엇을 하나요?"라고 물었다. "늦도록 자고, 낚시를 조금 하고, 아이들과 놀고, 아내와 함께 낮잠(시에스타)을 자요. 저녁에는 친구들을 만나러 마을에 들어가 술도 몇 잔 하고, 기타도 치고, 노래도 몇 곡 부르고… 충만한 삶을 살고 있지요."

미국인은 말을 가로막고는 "하버드에 MBA가 있는데, 도와줄 수 있어요! 당신은 매일 더 오래 낚시를 시작해야 해요. 그러면 잡은 여분의 물고기를 팔 수 있어요. 추가 수입으로는 더 큰 배를 살 수 있어요. 더 큰 배로 생기는 여분의 돈으로 당신은 전체 저인망 어선 선단을 꾸릴 때까지 두 번째 배, 세 번째 배…를 살 수 있어요. 중간 상인에게 생선을 파는 대신, 가공공장과 직접 협상할 수도 있고, 어쩌면 직접 공장을 열 수도 있죠. 그러면 당신은 이 작은 마을을 떠나 멕시코시티, 로스앤젤레스 또는 심지어 뉴욕 시로 이주할 수 있답니다! 거기서부터 당신은 당신의 거대한 사업을 이끌 수 있어요."

"그게 얼마나 걸리겠어요?"라고 멕시코인이 물었다. "20년, 아마도 25년." 미국인이 대답했다. "그 다음에는요?" "그 다음에? 그때는 정말 재미있지요." 미국인이 웃으며 대답했다. "사업이 정말 커지면 주식을 팔기 시작해서 수백만 달러를 벌 수 있지요!" "수백만 달러? 정말요? 그 다음에는요?" "그 다음에는 은퇴할 수 있고, 해안 근처의 작은 마을에서 살며, 늦잠을 자고, 아이들과 놀고, 물고기 몇 마리를 잡고, 아내와 함께 낮잠을 자고, 저녁 시간에는 친구들과 즐길 수 있을 겁니다."

◐ 인생은 해변과 같다

목적: 통제는 문제이지, 해결책이 아니다. 기꺼이하기. 전념 행동

때때로 인생은 해변에서 수영하는 것과 같다. 우리는 삶 속으로 곤두박질친다. 즐겁고, 편안하고, 상쾌한 시간을 보내기를 기대하면서. 사람들은 우리에게 좋은 충고를 한다. 자외선 차단제를 잊지 마라. 깃발 사이를 헤엄치라. 식사 후 30분 동안은 물에 들어가지 마라. 상어를 조심해라. 그래서 우리는 뛰어들어 이리저리 튕기며 즐거운 시간을 보낸다. 우리의 성격과 경험에 따라 우리는 걱정 없이 즐길 수도 있고, 또는 상어를 걱정스러워 할 수도 있고, 우리가 올바른 위치에 있는지 확인하기 위해 깃발을 계속 관찰할 수도 있다. 아니면 우리는 규칙을 무시하고 어디든 헤엄치는 것을 좋아하는 종류의 사람일 수도 있다.

갑자기 불쾌한 느낌으로 인해 우리의 즐거움이 방해된다. 더이상 땅에 발이 닿지 않게 된다. 더이상 모래 바닥에 손을 댈 수 없고, 먼 바다로 향하고 있다는 것을 알게 된다. 우리는 공황 상태에 빠져 즉시 '나는 해안으로 돌아가야 한다'라는 목표를 설정하여 그 목표를 달성하기 위해 조치를 취한다. 우리는 아무 생각 없이 그것을 한다. 그것은 본능적이다. 우리는 거친 파도에 대항하여 미친 듯이 노를 젓기 시작한다. 때때로 우리는 약간의 진전을 보이고 있는 것처럼 보이지만, 우리는 지치기 시작하고 우리가 전투에서 지고 있다는 것을 알아차린다. 우리는 더 열심히 헤엄치고, 등을 굴리며 발로 차지만, 우리는 아무 데도 가지 못하고 지치고 있다. 우리는 우리가 애초에 왜 해변에 왔는지 잊어버린다. 우리는 스스로에게 "우리가 깃발 사이에만 있었더라면" 또는 "해변에 와서 모든 위험을 무릅쓰기 전에 수영 훈련을 좀 더 했더라면 좋았을 텐데"라고 말하기 시작하지만, 당신이 어떻게 여기에 왔는지 궁금해 하는 이 모든 것은 도움이 되지 않는다. 당신은 아직도 맹렬히 노를 저으며 아무 데도 못 가고 있다. 어쩌면 당신이 도움을 청하면, 내가 여기 있을 겁니다. 당신을 구조하러 온 생명의 은인이지요. 자, 주목해 봅시다. 당신을 구조하기 위해 널빤지를 들고 있는데, 널빤지를 잡으세요. 널빤지를 붙잡기 전에 맹렬히 노를 젓는 것을 멈춰야 한다. 비록 여러분의 몸의 모든 섬유가 항의의 표시로 비명을 지르더라도, 여러분은 노를 젓는 것을 멈추고 다른 것을 시도해야 한다—널빤지를 잡으세요.

이제 나는 매우 반대되는 생명의 은인이 되는데, 나의 일은 당신을 구하는 것이 아니라 당신에게 스스로를 구하는 것을 가르치는 것이기 때문이다. 인생의 중요한 점은 언제든지 거친 파도에 빨려 들어갈 수 있다는 것이다. 그 거친 파도는 우울, 슬픔, 불안, 또는 먹거나, 도박을 하거나, 마약을 사용하려는 충동이 될 수도 있다.

그래서 거친 파도에 빨려 들어갈 때 곤경에서 벗어날 수 있는 방법을 배우기를 바라요. 그래서 나는 당신이 천천히 거친 파도를 헤엄쳐 건너도록 초대한다. 나는 심지어 당신과 나란히 수영도 할 것이다. 이렇게 할 때에 당신은 거친 파도가 잡아당기는 것을 느낄 수 있을 것이다. 당신은 당신이 원하는 것보다 더 멀리 바다로 가게 될 것이고, 당신의 마음은 당신의 눈앞에서 온갖 무서운 시나리오를 비추게 될 것이다. 그것이 바로 마음이 하는 일이다.

나의 마음도 그래요. 겁먹거나 불안해 하거나 우울해 하지 말라고 부탁하는 게 아니에요. 나는 당신에게 그런 생각과 감각을 경험하면서 거친 파도를 헤엄쳐 건너라고 부탁하고 있다. 그러면 결국 당신은 잔잔한 물로 오게 될 것이고, 해변에서 하루를 즐길 수 있게 될 것이다. 내가 당신을 초대하는 것은 맹렬히 노를 젓는 것을 포기하고, 바다로 운반되는 불편한 감각과 무서운 생각을 받아들이도록 하는 것이다. 나는 당신에게 어떤 이유로든 해변에서 즐거운 시간을 보내는 것, 즉 정말 중요한 것에 다시 연락하도록 당신을 초대하고 싶다. 나는 당신이 효과적인 조치를 취하도록 초대하고 있는데, 그것이 무엇인가는 상황에 따라 다르다. 만약 당신이 안전하다면, 그것은 당신만의 이유로 태양과 파도를 즐기는 것을 의미한다. 만약 당신이 거친 파도(현재 문제를 삽입할 것)에 갇혀 있다면, 그것은 투쟁을 멈추고, 어떤 경험이 나오든 간에 당신이 있고 싶은 곳의 방향으로 작은 획을 긋는 것을 의미한다.

◐ 인생은 해변과 같다-추가 확장

(강박장애/불안에 대한)

이 시나리오에서는 안전을 개선하기 위해 취할 수 있는 예방책이 있다는 점을 주목하라. 당신은 생존 스트로크를 하는 방법과 같은 기술을 배울 수 있거나, 단순히 수영을 더 잘하는 사람이 되기 위해 훈련할 수 있다. 선크림을 바르면 화상을 막을 수 있다. 당신은 정말 거친 날에는 파도타기를 피할 수 있다. 쏘는 동물이 있는 해변은 피할 수 있다. 깃발 사이로 헤엄칠 수 있다. 이것들은 해변에 있는 당신의 즐거움을 향상시키는 데 도움이 될 수 있다. 그러나 안전에 집착하게 되면 당신의 즐거움은 어떻게 되는가. 떠다니거나 파도를 잡는 대신 깃발 위에서 눈을 떼지 않는다면. 아니면 발가락이 물에 닿자마자 선크림을 더 바르려고 가방으로 뛰어간다면? 아니면 너무 위험해서 해변에 가는 것을 포기한다면?(클라이언트에게 대답하게 하라. 합당한 안전과 그것을 실천하는 방법 및 가치를 두는 활동을 추구하면서 고민하는 기꺼이하기에 대해 논의하라)

또한 최선을 다했음에도 불구하고, 당신은 여전히 거친 파도에 갇힐 수 있다는 것을 주목하라. 바람, 조류, 조수가 바뀔 수도 있고, 한때 안전했던 지역이 거친 파도로 변하거나, 어쩌면 거대한 파도가 와서 발을 때려눕힐 수도 있다. 그것이 누구의 잘못이었는지, 어떻게 일어났는지는 중요하지 않다. 일단 당신이 거친 파도에 빠지면, 당신은 중요한 선택을 할 수 있다. 계속 고군분투하다가 기진맥진하여 익사하거나, 아니면 고군분투하는 것을 멈추고, 자신의 가치관을 향해 헤엄쳐 건너면서 효과적인 조치를 취하기 시작한다.

(가치)

더운 날에는 해변에 사람들이 많다는 것을 알아차리라. 나는 그들이 같은 이유로 모두 그곳에 있지 않다고 상상한다. 해변에 가는 이유 중 몇 가지는 무엇인가? (클라이언트에게 대답하게 하고, 다양한 선택지를 유도하라) 서로 다른 이유로 동일한 목표를 추구하는 것을 포함하여 목표와 가치를 토론하고, 또한 특정 목표가 차단되더라도 가치를 추구할 수 있는 도약점으로 이것을 활용하라. 예를 들어, 해변에 가서(**목표**) 더위를 식히는(**가치**) 경우—해변으로 가는 도로가 폐쇄된 경우, 더위를 식히는 다른 방법이 있는데, 예를 들어 에어컨이 있는 방에 앉아 차가운 물로 샤워를 하고, 아이스 커피를 마시는 등의 다른 방법이 있다.

해변에 갈 때 안전한 방법에 대해 사람들이 당신에게 준 좋은 충고들을 기억하는가? 그중 일부는 좋은 충고(수영을 못하면, 깊은 곳에 가지 마라)라는 것에 주목하라. 일부는 대부분 옳지만, 때로는 틀리기도 하다(깃발 사이에서 헤엄치는 것은 안전하다). 어떤 것은 도시적인 신화일 뿐이다(피부에 버터를 바르는 것은 햇볕에 타는 것을 막아 준다). 당신이 그 충고를 전혀 요청하지 않았다고 장담하는데, 그건 그냥 무작위로 당신 앞길에 온 것이다. 좋은(혹은 나쁜) 의도를 가진 사람들은 당신의 머리에 선과 악과 무관심한 충고를 뒤섞어 채웠다. 그러면 해변에 갈 계획을 세울 때 머리에 떠오르는 그 충고를 따를 만한 가치가 있는지 어떻게 알 수 있을까(**실행 가능성**을 탐색하라)?

◐ 자전거 경주로서의 인생

목적: 탈융합, 기꺼이하기와 전념 행동

어떻게 보면 인생은 자전거 경주와 같다. 우리는 모두 페달을 밟고 있고, 글씨가 적힌 셔츠를 입는다. 프랑스어에서는 말 그대로 '누구를 위해 여행을 하는가?'로 번역되는 말하기 방법("Vous roulez pour qui?)이 있다. 이 아이디어는 밥 딜런이 노래에서 표현하는 '누군가를 위해 봉사해야 해.'와 같다. 우리는 때때로 아무것도 쓰지 않고 빈 셔츠를 입는 것이 가능하다고 믿거나, 우리가 페달을 밟는 것에 대해 '알 수 없다'고 생각할 수 있지만, 우리는 이 경우에도 불구하고 셔츠에 'NOTHING' 또는 'I'DON'T NOW'와 같은 무언가가 쓰여져 있다. 그 주인을 위해 여행하는 기분이 어떨까? 이제 모든 종류의 단어가 쓰여진 셔츠가 쌓여 있는 가게가 있다고 상상해 보라. ELEGANCE, GENEROSITY, LOYALTY, HEALTH, LOVE, CARING, HONESTY 등등. 당신은 그들 중 아무거나 공짜로 선택할 수 있다. 어떤 것을 고르시겠습니까? 그리고(적어도 나에게) 무슨 일이 일어나는지 보라. 이런 목소리가 들려온다.

아마 전에 들었을 법하다: "우와, ELEGANCE, 장난해? 거울에 비친 자신의 모습을 본 적이 있는가? 저것은 분명히 당신을 위한 것이 아니야." 아니면 "어떻게, CARING을 하고 싶어? 그 형편없는 내성적인 성격으로? 아니면 "XYZ, 너 미쳤어? 너는 정말 그럴 기질이 없구나!"

당신은 이런 모든 생각을 할 수 있는가? 그리고 당신이 당신의 삶에서 '중요하게 만드는' 품질을 보여 주는 '아주 멋진' 셔츠를 고를 수 있는가? 그런 다음, 차라리 작은 목표를 찾아 그 가치관을 향해 당신의 삶을 조금이나마 이끌어 줄 행동, 그것을 실행하라! 물론 그 목소리는 내내 당신과 함께 올 것이다. 입을 다물고 그것을 가지려고 하지 않고, 복종하지 않고도 그것을 환영할 수 있는지 확인해 보세요.

◐ 잘못된 기차를 기다리는 중

목적: 기꺼이하기와 전념 행동

"당신이 여행을 떠난다고 상상해 보라. 정말 특별한 곳, 정말 가고 싶은 곳, 평생 가고 싶었던 곳. 기차역에 도착하면 두 개의 열차를 보는데, 한 열차는 약간 이상하고 낯설어 보이며, 어떤 좌석은 약간 딱딱해 보이면서 전체적으로 좀 더럽고 불편해 보인다. 다음 플랫폼에는 다른 열차가 있다; 그것은 슈퍼 열차이다. 회계사나 보험 판매원이 선호할 수 있는 친숙하고, 안전하고, 신뢰할 수 있는 종류의 열차로 보인다. 표지판에는 이 열차에 에어컨, 영화관, 그리고 공짜인 프랑스 레스토랑에서 먹을 수 있는 상상속에서나 나오는 모든 것이 갖추어져 있다고 쓰여 있다. 생각해 보라, 우아! 난 그냥 이 열차를 타야 돼. 다른 열차로는 갈 수 없어. 절대 안 돼! 그래서 당신은 이 '위대한' 열차를 타려고 기다리는데, 이상하게 보이는 열차는 갈 길을 간다. 당신이 안전 열차를 좀 더 기다리면, 또 다른 이상한 열차가 역을 떠나고, 또 다른 열차가 온다. 당신이 자신의 여행을 하기 위해 이 위대한 열차에 탈 기회를 기다리는 내내, 또 다른 이상하게 보이는 열차도 떠나간다. 하지만 여기에 문제가 있다. 만약 그 안전 열차는 탑승할 수 없다면, 역을 떠나지 않는다면? 만약 당신이 잘못된 열차를 기다리고 있다면?"

기본적으로 우리는 두 대의 열차를 가지고 있는데, 한 열차는 힘겨울지도 모르는 클라이언트들이 앞으로 나아가는 데 도움이 될 것이고, 다른 한 열차는 클라이언트들이 기다리는 것이 더 나을 것이다. 우리의 클라이언트들의 어려움에 더 잘 맞도록 두 대의 반대편 열차의 설명을 변경하는 것도 가능할 것이다.

◐ 전쟁터

목적: 기꺼이하기

당신은 당신의 마음, 당신의 불안, 당신의 충동[관련되는 것은 무엇이든지 추가]과 전쟁을 해서 이기려고 노력해 왔다. 맞는가? (그들은 항상 "네"라고 한다) 자, ACT는 당신이 전쟁터를 떠나는 동안까지 운행되게 하는 것이다.

◐ 절벽에서 뛰어내리기

목적: 기꺼이하기

바닥에 있는 이 종이 조각이 절벽이라고 상상해 보자. 발가락을 세우고 종이 가장자리에 기꺼이 서 주겠어요? 눈을 뜨고 있을 수도 있고, 감을 수도 있다. 당신이 정말로 벼랑 끝에 서 있다고 생각하고, 보고, 느끼는 모든 것을 계속해서 상상해 보라.

자, 이제 이 절벽에서 말 그대로 뛰어내리려면 어떤 행동이 필요할까? 다리, 팔, 발 등 그렇게 하는데 필요한 것은 무엇일까?

만약 당신이 기꺼이 원한다면, 앞서서 뛰어내리나요?

◐ 접착 테이프로 가득찬 방

목적: 창조적 절망

당신의 삶을 방이라고 상상하라. 어느 날 당신은 구석에 있는 천장 근처의 파이프에서 물이 떨어지고 있다는 것을 알게 된다. 떨어지는 물방울 소리 때문에 신경이 날카로워져서 없애버리고 싶다. 그래서 긴 접착 테이프로 새는 곳을 수리하고서 마음의 평화가 돌아온다. 물이 접착풀 사이로 빠져나와 떨어지는 소리가 되살아날 때까지. 똑… 똑… 똑…. 그래서 첫 번째 수리 부근에 테이프를 한 장 더 붙여서 다시 조용해진다. 물론 고요함은 그리 오래 지속되지 않아서 새는 곳을 몇 번이고 다시 고쳐야 한다. 접착 테이프는 매우 싸고, 항상 여분의 롤을 준비하고 있기 때문에 그것은 큰 문제가 아니다. 그것은 몇 달, 심지어 몇 년이 걸릴 수도 있는데, 그 큰 서투른 수리가 천천히 온 방을 가득 채우고, 당신이 살 수 있는 공간이 점점 줄어들고, 물방울은 점점 더 가까이 다가오는 것을 알아차릴 때까지…….

◐ 정원 가꾸기

목적: 가치

당신이 정원을 가꿀 장소를 선택했다고 상상해 보라. 흙을 일구고, 씨앗을 심고, 싹을 틔우기를 기다렸다. 그러는 동안, 당신은 길 바로 건너편에 있는 어떤 장소를 알아차리기 시작했는데, 그쪽도 좋은 장소처럼 보였다—심지어 더 좋은 장소일지도 모른다. 그래서 당신은 채소를 가지고, 길을 건너서, 그곳에 다른 정원을 가꾸었다. 그러고 나서 당신은 훨씬 더 좋아 보이는 또 다른 장소를 알아차렸다. 가치는 당신이 정원을 가꾸는 장소와 같다. 어떤 것들은 매우 빨리 키울 수 있지만, 어떤 것들은 시간과 헌신을 필요로 한다. 질문은 "상추 먹고 살까, 아니면 좀 더 실속 있는 것, 즉 감자와 비트와 같은 것을 먹고 살까?"이다. 또다시 지분을 늘려야 할 때에는 정원에서 일이 어떻게 돌아가는지 알 수 없다. 물론, 같은 장소에 머물면 당신은 그것의 결점을 알아차리기 시작할 것이다. 아마도 땅은 당신이 시작할 때 본 것만큼 평평하지 않을 수도 있고, 아니면 물을 꽤 멀리 운반해야 할 수도 있다. 당신이 심는 어떤 것들은 올라오는데 영원한 것처럼 보일 수도 있다. 이런 때는 당신의 마음이 '다른 곳에 심었어야 했어'라고 말할 것이다. '아마 이것은 절대 안 될 거야.' '여기서 뭐든지 기를 수 있다고 생각하는 건 바보 같은 짓이었어.' 이곳에서 정원을 가꾸기로 한 선택은 이러한 생각과 감정이 나타날 때조차도 물을 주고, 잡초를 뽑고, 괭이질을 하게 해 준다.

◐조 더 범(Joe the Bum)/짜증스러운 이웃/친척

목적: 기꺼이하기와 전념

당신이 새 집을 마련하였고, 모든 이웃을 집들이에 초대했다고 상상해 보라. 모든 이웃 사람이 초대된다—심지어 슈퍼마켓에 알림을 내걸기도 한다. 그래서 모든 이웃이 나타나고, 파티는 아주 잘되고, 여기에 슈퍼마켓 뒤 쓰레기 처리장에서 사는 조-더-범(부랑자)이 온다. 그는 역겹고, 악취가 나므로 당신은 '안 돼, 왜 나타난 거지?'라고 생각한다. 하지만 알림판에 '모두 환영해요'라고 썼다. 당신이 그를 환영하는 것이 가능하다는 것을 보일 수 있는가? 그리고 정말로, 전적으로, 그가 여기 있는 것을 좋아하지 않고도 그렇게 할 수 있는가? 그를 좋게 생각하지 않아도 환영할 수는 있다. 당신은 그를 좋아해야만 하는 것은 아니다. 당신은 그의 냄새나 그의 생활 방식, 또는 그의 옷을 좋아해야만 하는 것은 아니다. 당신은 그가 펀치(음료)나 손가락 크기의 샌드위치 속에 손을 집어넣는 방식에 대해 당황할 수 있다. 그에 대한 당신의 의견, 그에 대한 당신의 평가는 그를 당신의 집에서 손님으로 맞이하려는 당신의 의지(**기꺼이하기**)와는 절대적으로 다르다.

당신은 또한 심지어 모든 사람이 환영한다고 말하더라도, 실제로는 조가 환영받지 못한다고 결정할 수도 있다. 그런데 그렇게 하자마자 파티가 변한다. 이제 당신은 집 앞에 있어야 하고, 그가 들어올 수 없도록 문을 지켜야 한다. 아니면 "좋아, 환영이야."라고 말하지만 정말로는 그런 뜻이 아니며, 그가 부엌에 머물기만 하면 환영하고 다른 손님들과 어울리지 않는다는 것을 의미할 뿐이다. 그런 다음 당신은 계속 그를 그렇게 할 것이고, 그리고 당신의 전체 파티는 그 정도가 될 것이다. 그러는 동안, 인생살이는 계속되고, 파티는 계속되고, 당신은 그 부랑자를 지키느라 떠나 있게 된다. 그것은 단지 삶을 향상시키는 것이 아니다. 그것은 파티와 별로 다르지 않다. 그것은 많은 일을 한다. 물론, 이 은유가 의미하는 것은 당신이 좋아하지 않는 것들이 나타난 모든 감정과 기억, 생각인데, 그것들은 단지 문 앞에 있는 더 많은 부랑자일 뿐이다. 문제는 자신의 일에 대해 취하는 자세이다. 부랑자들이 환영받나요? 그들이 왔다는 사실이 마음에 들지 않지만, 당신은 그들을 환영할 수 있는가? 만약 그렇지 않다면, 파티는 어떻게 되어 갈 것인가?

◐ 중국 수갑/손가락 트랩(차이니스 핑거 트랩)

목적: 창조적 절망

이 상황은 우리가 어렸을 때 가지고 놀았던 '중국 수갑' 같은 것이다. 본 적이 있는가? 그것은 집게손가락 만한 크기의 짚으로 엮은 튜브이다. 집게손가락을 양쪽 끝에 하나씩 밀어 넣고 다시 빼내면 짚 튜브에 잡히고, 조여진다. 세게 당길수록, 튜브는 더 작아지고 손가락은 꽉 잡힌다. 손가락들이 일단 잡히면 당겨 빼내기 위해서는 꽂는 곳에서 손가락들을 빼내야 한다. 어쩌면 이 상황이 그런 것인지도 모른다. 어쩌면 이들 튜브는 생명 그 자체와 같은 것일지도 모른다. 인생에서 벗어날 수 있는 건강한 방법은 없으며, 그렇게 하려는 어떠한 시도도 당신이 움직일 여지를 제한하기만 한다. 이 작은 튜브로, 손가락을 안으로 밀어 넣는 것만이 튜브를 더 크게 만드는 유일한 방법이다. 처음에는 그렇게 하기가 어려울지도 모른다. 왜냐하면 당신의 마음이 하라고 하는 모든 것은 그 문제를 '팽팽하고, 느슨한' 관점이 아닌 '넣고, 빼는' 관점에서 문제를 던져 주기 때문이다. 하지만 당신의 경험은 만약 문제가 '넣고, 빼는' 것이 된다면, 모든 일이 빠듯할 것이라는 것을 말해 주고 있다. 아마도 당신은 당신의 심리적인 경험으로 당신의 마음이 당신에게 하라고 하는 것과는 전혀 다른 각도에서 이 상황에 접근할 필요가 있을 것이다.

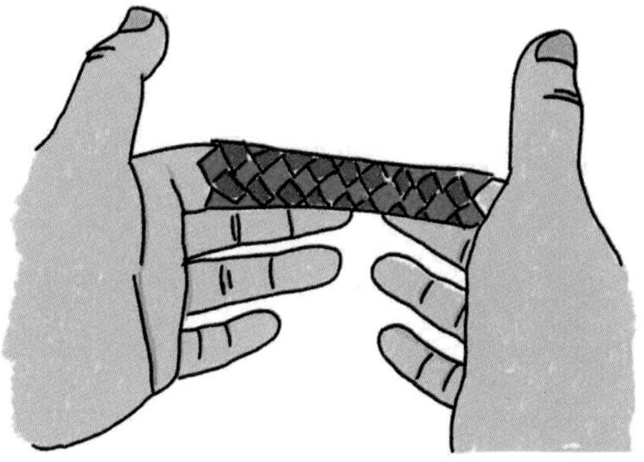

◐ 찬물 샤워—기꺼이하기/불편에 대한 여지 만들기

찬물로 샤워를 하는 것—가치를 두는 삶을 위해 봉사하는 것에 대한 불편함을 극복하는 것. 기꺼이하기와 기꺼이하지 않기, 그리고 기꺼이하기를 더 쉽게 하는 방법을 알아차리기

두 가지 시나리오:

샤워할 생각이지만 따뜻한 물이 없다는 것을 알게 된다.

1. 찬물로 샤워를 하거나 하지 않을 수도 있다. 춥기 때문에, 샤워하지 않고도 견딜 수 있고, 찬물로 샤워를 한다면 나중에 추울 것이고, 아침까지는 그렇게 냄새가 나지 않을 것이기 때문이다. 그 정도의 불편은 정당한 이유 없이 참아 낼 필요가 없기 때문에 귀찮아하지 않을 수도 있다.
2. 만약 가까운 친척이나 친구가 그날 결혼하기로 되어 있다면, 당신은 깨끗하고 깔끔하기를 원했지만, 다시 당신은 따뜻한 물이 없다는 것을 알게 된다. 몇 분 동안 멈추어 서서 그 사람이 결혼하는 것과 그것에 대해 얼마나 신경을 쓰는지, 그리고 그 특별한 날에 나누게 될 멋진 시간을 생각하면, 찬물 샤워로 인한 몇 분간의 불편함을 참아 내지 않을까? 당신한테 중요하니까. 앞으로 다가올 멋진 날을 위해 깔끔하고 깨끗하기를 원하기 때문에 불편한 감정을 떨쳐버릴 수 있지 않을까? 이 경우, 우리는 불편함에 대한 여지를 마련할 준비가 되어 있다. 우리는 샤워 후에 기분이 더 좋아진다는 가치에서 불편함을 선택한다.

두 시나리오에서 물은 같은 불쾌한 온도이다.

두 시나리오 중 '느낌'이 더 좋은 시나리오는? 왜 그런가?

우리가 불편함에 대한 여지를 마련하기 위해 기꺼이하기를 증가시킬 때, 우리가 이전에 피할 수 있었던 경험을 할 수 있도록 우리의 대역폭을 증가시킬 수 있다.

두 번째 시나리오에서 나는 불편함을 해소할 여지를 만들어 거기에 놓아두었고, 나는 여전히 그것이 나에게 중요하기 때문에 먼저 가서 샤워를 했다. 첫 번째 시나리오에서는 불편한 감정에만 집중했고, 샤워하는 것을 완전히 피하고 싶었다.

삶에서 우리에게 중요한 것이 무엇인지 알아내는 것은 정말로 불편한 감정을 관리하는 데 도움을 줄 수 있고, 우리의 삶에서 중요한 것에 집중함으로써 그들을 위한 여지를 만들 수 있다.

그래서 만약 누군가가 사회적으로 불안하다면, 그럼에도 불구하고 그들은 모임에 가고 싶어 했다. 그들은 불편한 감정을 위한 여지를 만들 수 있었는데(있는 그대로 찬물로 샤워를 하는 것), 왜냐하면 중요한 것은 내가 좋아하는 것, 다른 사람들과 교제하는 것 같은 나에게 중요한 것을 향해 나아가는 것이기 때문이다.

◐ 체스판

목적: 인지적 탈융합, 맥락으로서의 자기

모든 방향으로 무한히 나가는 체스판을 상상해 보라. 그것은 검은 말들과 하얀 말들로 덮여 있다. 그것들은 팀을 이루어 함께 일한다—하얀 말들은 검은 말들과 싸운다. 당신은 자신의 생각과 느낌과 믿음을 이런 말들로 생각할 수 있다; 그것들은 팀에서도 함께 어울린다. 예를 들어, '나쁜' 감정(불안, 우울, 원한과 같은)은 '나쁜' 생각과 '나쁜' 기억과 어울린다. '좋은' 것들도 마찬가지이다. 그래서 게임을 하는 방식은 우리가 이기고 싶은 쪽을 선택하는 방법과 같다. 우리는 '좋은' 말(자신감 있는 생각, 통제하는 감정 등)을 한쪽에, '나쁜' 말을 다른 쪽에 놓는다. 그러고 나서 우리는 불안, 우울, 마약 사용에 대한 생각 등과의 전쟁에서 이기기 위해 검은 말의 등에 올라타 전투에 나선다. 그것은 전쟁 게임이다. 하지만 여기에는 논리적인 문제가 있는데, 그것은 이 자세에서 보면 스스로의 많은 부분이 자기 자신의 적이라는 것이다. 즉, 이 전쟁에 참가해야 할 필요가 있다면 당신에게 무슨 문제가 있다는 것이다. 그리고 당신이 이 말들과 같은 수준에 있는 것처럼 보이기 때문에 비록 이 말들이 당신 안에 있지만, 그것들은 당신만큼 크거나 심지어 더 클 수 있다.

그래서 어찌된 일인지, 비록 논리적이지는 않지만 싸울수록 그것들은 더 커진다.

'당신이 그것을 가지지 않겠다면, 당신은 그것을 얻게 될 것이다'라는 것이 사실이라면, 당신이 이 말들과 싸울 때 그것들은 당신의 삶에 더 중심적이 되고, 더 습관적이고, 더 지배적이고, 모든 생활 영역과 더 연관된다. 논리적인 생각은 결국 당신이 그것들을 지배할 수 있을 만큼 충분히 때려눕힐 것이다. 다만, 당신의 경험이 당신에게 정확히 반대의 일이 일어난다는 것을 말해 준다는 것을 제외하면 말이다. 분명히 그 하얀 말들은 일부러 판에서 때려눕혀질 수 없다.(변수: 이 게임에는 무한히 많은 말이 있다. 언제나 다른 경기가 있다) 그래서 전투는 계속된다. 절망감을 느끼고, 이길 수 없다는 의식을 가지고 있으면서도 싸움을 멈출 수 없다. 검은 말의 등에 올라타 있으면, 하얀 말들은 생명을 위협하는 것으로 보이기 때문에 싸우는 것만이 유일한 선택이다. 아직까지 전쟁 지역에서 사는 것은 사는 것이 아니다.

자, 이제 이 문제에 대해 잘 생각해 보라고 당신에게 요청한다. 이 은유에서 당신이 체스 말이 아니라고 가정하자. 당신은 누구세요(클라이언트: 내가 그 선수인가?)? 그게 당신이 하려고 했던 것일 수도 있다. 하지만 선수는 이 전쟁이 어떻게 되어 갈지에 대해 큰 투자를 하고 있다는 것을 주목하라. 게다가 누구랑 경기하는 건가? 다른 선수? 당신이 어느 쪽도 아니라고 가정하라(클라이언트: 나는 판인가?).

그것을 그런 방식으로 보는 것이 유용하다. 판이 없으면, 이 말들은 있을 곳이 없다. 판이 그것들을 담고 있다. 예컨대, 만약 당신이 그것들을 생각한다는 것을 인식하지 못한다면 어떻게 될까? 그 말들은 당신이 필요하다. 그것들은 당신 없이는 존재할 수 없다. 당신은 그것들을 담고 있는데, 그것들은 당신을 담고 있지 않다. 만약 당신이 말이라면, 게임은 매우 중요하다; 당신은 이겨야만 한다. 당신의 삶이 그것에 달려 있다. 그러나 만약 당신이 판이라면, 전쟁이 중단되든 말든 상관없다. 경기는 계속될지 모르지만, 판에는 아무런 차이가 없다. 판으로서 당신은 모든 말을 볼 수 있고, 담을 수 있고, 그것들과 친밀한 접촉을 할 수 있다. 당신은 자신의 의식 속에서 전쟁이 진행되는 것을 볼 수 있지만, 그것은 중요하지 않다. 아무런 노력도 필요하지 않다.

추적 조사: 당신은 지금 당장 말 수준인가요, 아니면 판 수준인가요?

◐ 컴퓨터 화면의 메시지

목적: 인지적 탈융합

모든 세부 사항—동일한 소프트웨어, 동일한 데이터, 동일한 기계—에서 동일한 두 대의 컴퓨터가 나란히 있다고 상상해 보라. 두 가지 모두 화면에 나타나는 것은 무서운 이미지라고 상상해 보라: 방의 벽이 녹는 그림(클라이언트의 필요에 따라 특정한)이라고 하자. 한 경우에는 컴퓨터 운영자가 가까이 앉아 있고, 자신이 보고 있는 것이 심지어 컴퓨터 화면에도 있다는 것을 잊어버렸다. 두 번째 경우에서는 컴퓨터 운영자는 이것이 단지 화면상의 어떤 것이라는 것을 분명히 하고 앉아 있다.

어느 운영자가 그 이미지에 더 겁을 먹을 것 같은가?—어느 운영자가 그것을 바꾸기 위해 더 열심히 일할 것 같은가?

(변형: 영화 화면 2개)

◐ 타이타닉 은유

여기 내가 ACT와 다른 치료법의 차이를 설명하기 위해 사용한 은유가 있다.

당신이 타이타닉에 타고 있다면?

어떤 접근 방식은 갑판 의자를 이리저리 옮기는 것을 제안할 수 있다. (다 웃는다.)

어떤 것이 더 나은 접근 방식일까?

클라이언트는 대개 더 나은 운항 아이디어를 내놓는다.

내가 그들에게 제안하는 것은 아마도 배에서 완전히 내리는 것이 좋은 생각이라는 것이다.

◐ 터널

목적: 기꺼이하기

우리가 터널을 통과해서 운전하는 것이 불안할 때, 최선의 선택은 탈출하려고 하기보다는 계속 가는 것이다. 이 느낌은 지나갈 것이다. 이 터널에는 끝이 있다.

◐ 퍼레이드 중인 병사들

(변형: 냇물 위의 낙엽, 7월 4일 퍼레이드)

목적: 인지적 탈융합

나는 당신에게 퍼레이드를 벌이며 당신 앞에서 당신의 왼쪽 귀 아래로 행진하는 작은 사람들, 병사들을 상상해 보라고 할 것이다. 당신은 사열대에 서서 퍼레이드가 지나가는 것을 보고 있다. 각 병사는 팻말을 들고 있고, 당신이 가지고 있는 생각은 이 표지판들 중 하나에 쓰인 문장이다. 어떤 사람들은 생각을 말로 표현하는 데 어려움을 겪으며, 그들은 생각을 이미지로 본다. 만약 그것이 당신에게 적용되면, 각각의 이미지를 군인이 들고 있는 표지판에 붙이라.

좋아, 나는 잠시 후에 당신이 자신의 생각을 멈추지도 않고 퍼레이드에 뛰어들지도 않고 그냥 지나가도록 부탁할 것이다. 당신은 그것을 그냥 흘러가도록 놔두기만 하면 된다. 그렇지만 당신이 이것을 중단 없이 할 수 있을 것 같지는 않다. 이것이 이 연습의 핵심 부분이다. 어느 시점에는 퍼레이드가 중단되었거나, 연습의 요점을 잃어버렸거나, 사열대에 서지 않고 대신에 퍼레이드에 빠져 있다는 느낌을 갖게 될 것이다. 그럴 때, 몇 초만 뒤로 물러서서 퍼레이드가 중단되기 직전에 하던 일을 포착할 수 있는지 보기 바란다. 그러고 나서 다시 플래카드 위에 당신의 생각을 올리라, 퍼레이드가 두 번째로 멈출 때까지, 등등. 중요한 것은 그것이 어떤 이유로든 멈출 때를 알아차리고 그것이 멈추기 직전에 일어난 일을 당신이 포착할 수 있는지를 보라는 것이다.

한 가지 더. 만약 퍼레이드가 전혀 진행되지 않고 '이것들이 제대로 작동하지 않는다' 또는 '이것들을 제대로 하지 못한다'고 생각하기 시작하면, 그 생각을 플래카드 위에 써서 퍼레이드로 내려 보내도록 하라. 좋아, 이제 편안하게 눈을 감고 중심을 잡자. 이제 퍼레이드가 시작되도록 놔두라. 당신은 사열대에 서서 퍼레이드가 흐르도록 하라. 만약 그것이 멈추거나 그 안에서 당신 자신을 발견한다면 주목하라. 그 일이 일어나기 직전에 당신이 무엇을 하고 있었는지, 알아차릴 수 있는지 여부를 보고 다시 사열대에 올라라. 그리고 퍼레이드가 다시 흐르기 시작하도록 하라. 좋아, 이제 시작해 보자…. 무슨 생각이든 카드에 붙이라. (약 2~3분 동안, 클라이언트가 작업을 하도록 놔두라. 그것을 시간적으로 과소평가하지 말고, 아주 적은 단어를 써라. 만약 클라이언트가 관여한다면, 그 생각조차도 플래카드 위에 올려놓을 수 있다고 부드럽게 제안한다.)

◐ 풍차 은유

나는 대부분 8세에서 13세 사이의 아이들과 함께 일하는데, 많은 아이가 자폐증을 가지고 있고, 세상을 항해하기 위해 고군분투하며, 다른 사람들을 해석하고, 반응하고 다른 사람들과 의사소통을 하는 방법에 어려움들을 가지고 있다. 그들은 종종 자신 있게 반응하거나 사람들에게 반응하는 맥락이 부족하다.

나는 사회적 · 동료적 상황에서 유연성 대 경직된 사고를 많이 가르친다. 내 업무에서 나는 버드나무가 강하다는 생각을 공유했다. 왜냐하면 버드나무는 유연하고 바람과 폭풍 속에서 휘어지기 때문이다. 따라서 그것은 파괴될 수 없다. 그러나 강인한 오크나무는 키가 크고 경직되어 있는데, 강한 바람과 잘 자리 잡은 번개의 볼트가 내려올 수 있다. 실제로는 강하지 않은 것이다….

최근에 나는 풍차 은유로 이 지혜에 새로운 관점을 추가했다.

풍차, 키 크고, 날렵하고, 장엄하고, 특히 현대 풍차를 생각해 보라. 풍차는 사나운 폭풍에서 살아남을 뿐만 아니라, 좋은 강풍을 사랑할 가능성이 높다. 사실 바람이 강할수록 더 많은 힘을 발생시키며, 이 힘은 완전히 '좋은 힘'이다. 그것은 우리 모두가 사용하는 전기를 만들지만, 여전히 온화하고 아프지 않은 방법으로 만든다. 그것은 부드럽고, 유동적이며, 조용하다(고함치거나, 소리 지르거나, 울지 않는다). 그것은 환경을 손상시키거나 오염시키지 않는다. 풍차가 필요로 하는 것은 모든 요소 중 가장 자연스러운 것인데, 한계 없는 바람이다(저항은 없고, 오직 수용할 뿐이다).

나는 괴롭힘을 당하고 있는 아이들과 일할 때나, 그 아이들이 비열하거나 고약한 누군가에게 어떻게 반응해야 할지 모를 때 풍차 비유법을 사용한다. 물론 우리 모두는 폭력에 단지 저항하는 것이 더 강해지는 해답이 아니라는 것을 알고 있다.(생각: 내면의 괴물/악령 또는 우리의 내부 또는 외부적인 줄다리기, 맞나요?)

괴물을 이기려면 밧줄을 내려놓고 당기는 것을 멈춰야 한다.

풍차 이미지가 한 단계 더 나아가는 것 같다: 밧줄을 내리고, 싸움이나 저항을 멈추고, 풍차처럼 되라.

아이들은 이 이미지를 좋아하고 그들은 개념에 아무런 문제가 없다. 간단한데, 우리 모두는 풍차를 좋아하고, 가장 강력한 바람(약자를 괴롭히는 사람, 비열한 사람들)을 타고 번성하지만, 버드나무처럼 아무런 저항도 드러내지 않는다. 사실 풍차 그리기 회기는 생산하기 쉬울 수 있고, 그들이 우리를 위해 가지고 있는 조용하고 자신 있는 힘을 마음속에 그리면서 클라이언트들과 함께 일련의 풍차를 그릴 수 있다.

- 그냥 돌아, 돌아, 돌아…
- 우아하며, 가외의 노력 없이 -
- 부드럽고, 말 잘 듣지만, 키도 크고 힘도 세 -

◐ **플라이 낚시**

목적: 인지적 탈융합

"플라이 낚시에 대해 들어보았나요? 훌륭한 플라이 낚시꾼은 송어가 무엇을 먹는지 정확히 알고, 그 곤충들을 흉내 내는 플라이를 매단다. 그들은 이것을 너무 잘해서 송어가 구별을 하지 못한다. 그들은 송어 바로 앞에 있는 개울에 플라이를 던진다—송어는 그것이 떠다니는 것을 본다—플라이가 진짜라고 생각하고, 물면, 낚아채게 된다.

우리의 마음은 정말 숙련된 플라이 낚시꾼과 같을 수 있다. 우리의 생각과 느낌은 정말 특별한 플라이와 같아서 우리의 마음 설계는 우리가 물어야 플라이가 된다. 우리의 마음은 플라이를 우리 앞에 있는 개울에 던진다—그것들은 우리에게 너무 실제처럼 보여서 우리는 그것들을 '믿게 되고', 물고, 낚이게 된다. 일단 우리가 낚이면 싸울수록 우리는 낚싯바늘을 더 잡아당기도록 행동하게 하고, 더 나아가서 계속해서 줄에 묶어 둘 것이다.

기막힌 것은 우리의 마음은 플라이들을 미늘이 없는 낚싯바늘에 묶을 수 있다는 것이다. 우리가 벗어날 수 없는 것처럼 느껴지지만, 만약 우리가 싸움을 멈추고 낚싯바늘을 뱉으면—우리는 낚싯바늘에서 벗어난다. 우리의 마음은 낚싯바늘에 미늘이 있고, 우리가 벗어날 수 없다고 말할 것이다—하지만 우리가 그렇게 힘들게 싸우는 것을 멈추면 우리는 낚싯바늘에서 벗어난다.

우리가 생의 냇물에서 수영할 때, 항상 수면 위로 플라이들이 떠다닌다. 우리가 '(주: 작은 점)을 발견하는 데 더 나아질수록 그것은 그저 떠다니는 또 다른 플라이일 뿐이다

—나는 '을 물 필요가 없고, 그러면 우리는 덜 자주 낚인다. 그러나 정기적으로 낚이게 되는 것은 인간 존재의 부분이다. 이 플라이들을 항상 미늘 없는 낚싯바늘로 기억하면 우리는 싸우는 데 시간을 덜 허비하고, 낚이지 않고, 우리의 가치가 우리가 원하는 방향으로 헤엄칠 수 있는 유연성을 갖도록 해 줄 것이다.

◐ 피를 빨고 있는 거머리를 수용하다

수년 전, 내 친구 중 한 명이 다리에 거머리 한 마리가 달라붙는 당혹스러운 경험을 했다. 비록 그것이 쉽지 않았고 전반적으로 꽤 나쁜 장면이었지만, 그녀는 그 소름끼치는 생명체가 자신을 실컷 먹는 것을 허락했고, 거머리는 결국 더이상의 불쾌한 일 없이 그녀의 다리로부터 떨어졌다.

우리의 첫 직감은 거머리를 떼어 내는 것이었다. 이것은 독성이 있는 거머리 토사물을 그녀의 체내에 유입시킬 수 있는 것이었다.

원하지 않고, 고약하고, 피를 빨아먹는 사적인 경험도 마찬가지이다. 우리는 직관적으로 행동하고 경험적 회피에 참여하기를 원하지만(이는 나중에 문제를 악화시키는 데 기여하기 쉽다), 우리는 때때로 상황을 개방하고 수용하는 것이 최선이라는 것을 배워야 한다. 거머리처럼 이런 경험들은 관찰하기가 귀찮고 고통스러울 수 있지만, 당신을 죽이지는 않을 것이다. 지금에 와서 이 일을 생각해 보면, 내 친구는 그 25분 동안 거머리 관련 생각으로부터 엄청난 탈융합을 했어야 했을 것이다.

◐ 확성기가 있는 모기: 수용 대 경험 회피

이것은 내가 수용의 효용성을 설명하기 위해 연구하고 있는 은유이다. 사람들이 어떠한 생각이라도 있다면 꼭 피드백을 받고 싶다.

– 멜리사 라이트(Melissa W. Wright)

치료자: 때때로 우리의 느낌을 가진 채로 앉아 있는 것은 거의 불가능해 보여요. 나는 당신이 당신의 경험을 위한 '여지를 만들기'에 대해 내가 의미하는 것을 이해하고, 받아들이게 해 주는 어떤 것을 상상하기를 바랍니다. 괜찮을까요?
이제 당신이 평상시처럼 집으로 걸어가고 있다고 상상해 보세요. 막 당신의 이웃이 지나가고 있어요. 갑자기 무슨 소리가 들리고, 바로 뒤에 있는 것처럼

들려요. 소리가 크고, 무섭고, 실제로 거대한 날짐승처럼 들리는데… 거대한 날개가 펄럭이고, 턱이 바삭바삭하고, 갈리는 소리를 들을 수 있다는 생각이 되어요. 귀에 거슬리는 소리. 내 생각엔 당신이 달리는 것을 그만둘 수도 있을 것 같은데, 그런 것 같나요?

클라이언트: 그래요.

치료자: 나도 그래요. 당신은 달리기 선수예요?

클라이언트: 아, 가끔요. 나는 과거에 육상선수였어요.

치료자: 그럼, 말해 보세요. 1마일 정도 달리면 어떻게 돼요?

클라이언트: 음, 난 1마일은 괜찮을 거예요.

치료자: 좋아요, 그럼 5마일은 어때요?

클라이언트: 그때쯤이면 분명히 피곤할 거예요.

치료자: 나도 분명히 그럴 겁니다. 그리고 달리면서 보통 뭐해요?

클라이언트: 내가 뭐 하냐고요?

치료자: 그래요, 내 말은 사업상 전화를 하나요, 아니면 사랑하는 사람들을 따라잡나요?

클라이언트: 내가 뛰는 동안?

치료자: 그래요, 당신이 뛰는 동안….

클라이언트: 글쎄, 아니, 달리기는 내가 뛰는 동안에 하는 거의 유일한 일이에요. 땀도 많이 나고, 숨도 가빠지니까요.

치료자: 땀도 나고 피곤할 거예요. 하지만 중요한 건 그 짐승이 아직도 당신을 따라오고 있으니 당신은 계속 도망치는 거예요. 뛰고 뛰고 뛰고 또 뛰고 땀도 나고 피곤하지만, 짐승은 계속 그대로 있고, 들을 수 있으니 계속 달리세요.

마침내, 어느 순간 당신은 바위에 걸려 넘어져요. 위를 올려다보면 알 수 있어요. 당신을 따라다니던 이 짐승은? … 자, 참아 주세요. 이것은 재미있는 영상이지만, 이 짐승은 글쎄… 모기떼예요. 8마리 정도 있는데, 이 작은 확성기를 가지고 날아다니는데 실제보다 엄청 크게 소리를 내요. 그리고 당신이 펄럭이는 소리를 들을 수 있다고 생각했던 그 커다란 날개? 사실 아주 작은 모기 날개이지요…. 그리고 갖고 있던 턱들? 그건 사실 작은 모기 입들의 소음이지요.

당신이 달리기를 멈췄어요. 그러자 모기들이 당신을 물어뜯어요. 당신은 정말 가려워요. 사실 그건 꽤 불쾌한 일이긴 하지만… 지금 이 시점에서 모기들을 올려다보고 있으면 일어나서 다시 달리기를 할 거예요?

클라이언트: 그렇지 않을 것 같아요. 그것들이 그냥 모기라면… 하지만 당신의 말은 무슨 뜻이에요?

치료자: 자, 가끔은 달리는 것도 이해가 되잖아요? 그게 당신이 피해야 할 괴물이라면, 달리는 것도 이해가 되잖아요. 하지만 중요한 건 감정은 실제 괴물이라기보다는 당신을 쫓아다니는 모기떼에 훨씬 더 가깝다는 것입니다. 아무도 불안과 슬픔 때문에 다치거나 죽은 적은 없어요. 느낌은 가렵다는 겁니다. 그것들은 종종 재미없고, 경험하기에 완전히 끔찍할 순 있어요. 하지만 그것들로부터 도망쳤다면, 우리는 결국 땀에 젖고, 숨이 차올라서 모든 에너지를 소모하게 되고, 그러는 동안에도 우리는 사업상 전화를 하고, 친구들을 따라잡을 수 있었을 거예요.

클라이언트: 음….

치료자: 기억해야 할 중요한 것은 감정과 생각이 거대한 미친 괴물처럼 보이고 들릴 때에도 사실은 당신을 해칠 수 없다는 것이에요. 그리고 내가 바라는 것은 무엇보다도, 우리가 당신이 도망칠 때 알아챌 수 있도록 도와줄 수 있다는 것입니다. 그렇게 하면 결정을 내릴 수 있을 것입니다. 스스로에게 '달리는 것이 실제로 내가 원하는 것을 얻는 데 도움이 되는가?'라고 자문할 수 있을 겁니다. 아니면, 나에겐 실제로 위험하지 않은 것을 피해서 도망치느라 정신이 없어서 땀에 젖어 지치고 친구나 가족을 만날 수 없는 것일까요?"

달리기는 힘이 많이 들고, 모기 몇 마리에 물리고, 가려운 것을 느끼고, 한곳에 머물면서 하고 싶은 일을 하는 편이 낫다는 것을 알게 될 수도 있어요. 하지만 당신이 달리고 있다는 것을 아는 것도 연습이 필요하고, 대신 걷는 법을 배우는 것도 연습이 필요해요. 나는 우리가 여기서 그중 일부를 함께 연습할 수 있기를 희망해요.

◐ 황제 산누에 나방

목적: 기꺼이하기

한 남자가 황제 산누에 나방의 고치를 발견했다. 그는 고치에서 나방이 나오는 것을 볼 수 있도록 그것을 집으로 가져갔다. 작은 구멍이 나타난 날, 그는 앉아서 몇 시간 동안 나방을 지켜보는데, 나방이 그 작은 구멍으로 몸을 억지로 통과시키려는 것을 지켜만 보았다. 곧 그 어떤 진행도 없이 멈추는 것 같았다. 할 수 있는 것은 다한 것 같았다. 그냥 갇힌 것 같았다.

그러자 그 남자는 친절히 나방을 돕기로 결심했다. 그래서 그는 가위를 들고 남은 고치를 잘라 냈다. 나방은 쉽게 나타났지만 몸이 부어오르고 날개가 조그맣게 오그라들었다. 그 남자는 계속 지켜보았다. 그는 어느 순간에라도 그 날개가 넓어지고 벌어져서 몸을 지탱할 수 있을 것이라고 기대했다. 둘 다 일어나지 않았다! 작은 나방은 부은 몸으로 기어다니고, 날개는 오그라든 채 여생을 보냈다. 결코 날 수 없었다.

친절하고 성급한 그 남자가 이해하지 못한 것은 바로 이것이었다. 나방이 날기 위해서는 작은 구멍을 통과해 나오면서 제한적인 고치와 고통스러운 투쟁을 경험할 필요가 있었다. 이것은 나방이 일단 고치로부터 자유를 얻으면 몸으로부터 액체를 억지로 끌어내어 날 수 있도록 하는 필수적인 과정이다. 자유와 도피는 고통스러운 투쟁을 허용한 후에 나오는 것이다. 그 남자는 나방의 투쟁을 빼앗음으로써 나방의 건강을 빼앗았다.

◐ 깡통 괴물

목적: 인지적 탈융합

우리가 문제를 마주하는 것은 깡통과 끈으로 이루어진 거대한 괴물을 마주하는 것과 같다. 이 10m짜리 괴물은 기꺼이 맞서는 것이 거의 불가능하다; 그렇지만 만약 우리가 그 괴물을 깡통, 끈, 철사, 풍선껌으로 분해한다면, 각각의 조각은 한 번에 하나씩 다루기가 더 쉽다.

◐ 똥

목적: 인지적 탈융합

여기 재미있는 것이 있다. 좀 역겨워, 아마. 마음이 하는 일은 장기가 몸을 위해 하는 것과 같은 것이다. 그래서 클라이언트가 말하기를 "알겠어, 창자가 똥을 만들어. 마음은 생각을 만들어." 우리는 웃고 나서 이 은유를 가지고 이렇게 장난을 치기 시작한다. 창자가 똥을 그만 만들면 어떻게 될까? 좋은 일이 아니다. 창자가 똥을 만들면 어떻게 될까?

우리는 대부분의 사람이 일이 잘되고 있는지 확인하기 위해 그것을 체크하는 경향이 있다는 것에 동의한다. 그리고 나서 그들은 그것을 플러싱한다(물로 씻어 낸다). 당신의 창자는 그렇게 하기를 원하지 않을 때, 가끔 똥을 만들어? 그래, 그리고 가끔 내가 원하면 아무것도 안 만들 거야. 똥을 싸서 주머니에 넣고 다니면서 하루 종일 체크하는 게 말이 될까? 우아, 안 돼!

◐ 구글(Google) 지구/헬리콥터 시야

목적: 인지적 탈융합

때때로 더 큰 그림을 보는 것이 유용하다. 어떤 것이 우리를 괴롭힐 때, 우리는 그것에 너무 가까이 있고, 그것에 관여하고, 그것의 일부분이 된다—어떤 일이 일어나는 것에서 물러서기란 정말 어렵다. 그것은 구글 지구(Google earth)와 약간 비슷하다—우리는 가까이서 보는 것은 보지만 다른 모든 것은 우리에게 보이지 않는다. '우리는 나무만 보고 숲은 보지 못한다.' 우리는 우리의 관점을 확대해서 더 큰 그림을 볼 수 있다. 어떤 사람들은 헬리콥터가 이륙하고, 점점 더 높아지며, 더 큰 그림을 보고, 지상의 세부사항에 덜 관여하면서 헬리콥터 시야를 가진 것처럼 묘사할 수 있다.

◐ GPS와 같은 마음

목적: 기꺼이하기, 가치, 현재 순간과 접촉

가끔 나는 끊임없이 주변 환경에 대한 분석을 나에게 제공해 주고, 당신이 당신의 차에 장착한 GPS 시스템 중 하나와 같이, 안전하게(그리고 옳게!) 진행하도록 내가 해야 할 일을 말해 주는 내 머릿속의 목소리를 보는 것이 유용하다는 것을 발견한다. 그러면 샘플링된 목소리가 다음 교차로에서 무엇을 해야 하는지에 대해 끊임없는 조언을 해 줄 것이다. 이 시스템은 매우 편리하고 유용하다. 하지만 눈을 크게 뜨고 있는 것은 여전히 중요하다. 어떤 운전자들은 다리는 봉쇄되었고, 시스템은 업데이트되지 않았기 때문에 강에서 끝났다. 유럽 북부에서는 트럭 운전사가 좁은 차선에 갇혔다. 그는 확실히 옳은 길을 가고 있었지만, 길은 그렇게 넓은 차량을 수용할 수 없었다. 그리고 어떤 사고는 운전자가 시스템 제어 장치를 만지작거리느라 너무 바빠서 도로를 주시하는 것을 소홀히 하기 때문에 일어난다.

물론 그 생각은 완벽하게 논리적인 것이고, 당신의 마음은 당신에게 그것은 생각일 뿐만 아니라 평범한 진실이라고 말한다. 하지만 그런 생각을 하는 것이 당신의 마음에 소중한 방향으로 인도할 것인가? 제어 장치를 만지작거리는 것은 당신에게 답을 주지 못할 것이다.

부록 4

그 외에 각색할 수 있는 메타포

◐내가 사흘 동안 볼 수 있다면

헬런 켈러가 어느 날 숲속을 다녀온 친구에게 물었습니다.

무엇을 보았느냐고.

그 친구는 별로 특별한 것이 없었다고 말했습니다. 헬렌 켈러는 이해할 수가 없었습니다.

두 눈을 뜨고도, 두 귀를 열고도
별로 특별히 본 것도, 들은 것도 없고,
할 말조차 없다니….

비록 보지도, 듣지도,
말하지도 못했던 헬렌 켈러였지만,
그녀는 스스로 만약 자신이
단 사흘만이라도 볼 수 있다면,
어떤 것을 보고 느낄 것인지
미리 계획을 세웠습니다.

그리고 이것을 '내가 사흘 동안 볼 수 있다면
(Three days to see)'이란 제목으로
1933년『애틀랜틱 먼스리(Atlantic Monthly)』1월 호에 발표했습니다. 헬렌 켈러의 글은 당시 경제 대공황의 후유증에 시달리던 미국인들에게 적잖은 위로와 감동을 안겨주었습니다.

그래서 『리더스 다이제스트』는 이 글을
'20세기 최고의 수필'로 꼽았습니다.

첫째 날에는…
나는 친절과 겸손과 우정으로
내 삶을 가치 있게 해 준 설리번 선생님을 찾아가
이제껏 손끝으로 만져서만 알던
그녀의 얼굴을 몇 시간이고 물끄러미 바라보면서
그 모습을 내 마음속에 깊이 간직해 두겠다.

그리고 밖으로 나가 바람에 나풀거리는 아름다운 나뭇잎과 들꽃들,
그리고 석양에 빛나는 노을을 보고 싶다.

둘째 날에는…
먼동이 트며
밤이 낮으로 바뀌는 웅장한 기적을 보고 나서
서둘러 메트로폴리탄에 있는 박물관을 찾아가
하루 종일 인간이 진화해 온 궤적을 눈으로 확인해 볼 것이다.

그리고 저녁에는 보석 같은 밤하늘의 별들을 바라보면서
하루를 마무리하겠다.

마지막 셋째 날에는…
사람들이 일하며 살아가는 모습을 보기 위해
아침 일찍 큰길에 나가
출근하는 사람들의 얼굴 표정을 볼 것이다.

그리고 나서 오페라하우스와 영화관에
가서 공연들을 보고 싶다.

그리고 어느덧 저녁이 되면
네온사인이 반짝거리는 쇼윈도에 진열되어 있는
아름다운 물건들을 보면서 집으로 돌아와
나를 이 사흘 동안만이라도 볼 수 있게 해 주신
주님께 감사의 기도를 드리고
다시 영원히 암흑의 세계로 돌아가겠다.

헬렌 켈러가 그토록 보고자 소망했던 일들을
우리는 날마다 일상 속에서 특별한 대가도 지불하지 않고 보고 경험합니다.
하지만 그것이 얼마나 놀라운 기적인지는 모릅니다. 아니, 누구나 경험하고 사는 것처럼 잊어버리고 삽니다.
그래서 헬렌 켈러는 이렇게 말했습니다.

"내일이면 귀가 안 들릴 사람처럼
새들의 지저귐을 들어 보아라.

내일이면 냄새를 맡을 수 없는
사람처럼 꽃향기를 맡아 보아라.

내일이면 더 이상 볼 수 없는
사람처럼 세상을 보아라."

◐ 소크라테스의 사과

어느 날 몇몇 제자가 소크라테스에게 물었다.
"인생이란 무엇입니까?"
소크라테스는 그들을 사과나무 숲으로 데리고 갔다.
때마침 사과가 무르익는 계절이라
달콤한 과육 향기가 코를 찔렀다.

소크라테스는 제자들에게 숲 끝에서 끝까지 걸어가며 각자 가장 마음에 드는 사과를 하나씩 골라오도록 했다.

단, 다시 뒤로 되돌아갈 수 없으며

선택은 한 번뿐이라는 조건을 붙였다.

학생들은 사과나무 숲을 걸어가면서 유심히 관찰한 끝에 가장 크고 좋다고 생각되는 열매를 하나씩 골랐다. 학생들이 모두 사과나무 숲의 끝에 도착했다. 소크라테스는 미리 와서 그들을 기다리고 있었다. 그가 웃으며 학생들에게 말했다.

"모두 제일 좋은 열매를 골랐겠지?"

학생들은 서로의 것을 비교하며 아무 말도 하지 않았다.

그 모습을 본 소크라테스가 다시 물었다.

"왜? 자기가 고른 사과가 만족스럽지 못한가 보지?"

"선생님, 다시 한 번만 고르게 해 주세요."

한 제자가 이렇게 부탁했다.

"숲에 막 들어섰을 때 정말 크고 좋은 걸 봤거든요. 그런데 더 크고 좋은 걸 찾으려고 따지 않았어요. 사과나무 숲 끝까지 왔을 때에야 제가 처음 본 사과가 가장 크고 좋다는 것을 알았어요."

다른 제자가 급히 말을 이었다.

"전 정반대예요.

숲에 들어가 조금 걷다가 제일 크고 좋다고 생각되는 사과를 골랐는데요. 나중에 보니까 더 좋은 게 있었어요.

저도 후회스러워요."

"선생님, 한 번만 기회를 더 주세요."

다른 제자들도 약속이나 한 듯 이렇게 말했다.

소크라테스가 껄껄 웃더니
단호하게 고개를 내저으며 진지한 목소리로 말했다.
“그게 바로 인생이다.
인생은 언제나 단 한 번의 선택을 해야 하거든.”

◐신앙심

기독교에 대한 신앙심이 독실한 선원 한 사람이 있었다. 그는 항해 도중 폭풍우를 만나 배가 파선되어 여러 명의 선원과 함께 바다에 빠졌다. 이때 여러 명의 선원은 죽거나 실종됐다.

독실한 신앙심이 있었던 그 선원은 구명복을 착용하고 있었기 때문에 생명만은 구할 수는 있었으나 정처 없이 바다 위를 떠다니는, 언제 죽을지 모르는 죽음을 눈앞에 둔 처량한 신세가 됐다.

바다 위를 얼마 쯤 떠다니다가 그는 인근을 지나던 태국 국적의 배 한 척을 발견했다. 태국 국적의 배에서는 구명복에 의지한 채 표류하고 있던 그를 발견하고는 구조의 밧줄을 던졌다.

바다 위를 표류하고 있던 그 선원은 자신에게 밧줄을 던진 배 위의 선원에게 큰 소리로 외쳤다. “당신의 종교는 무엇입니까?” 배 위에 있던 선원은 대답했다. “불교입니다.”

표류하던 선원은 “나는 크리스천(Christian)입니다. 하나님께서는 반드시 나를 구원해 주실 것입니다.”라고 말하면서 구조의 밧줄을 잡지 않았다.

바다 위를 떠다니던 그 선원은 오랜 시간이 흐른 후 또 다시 인근을 지나던 이란 선적의 배 한 척을 발견했다. 그 배에서도 표류하는 선원을 구조하기 위해 구조의 밧줄을 선원이 떠 있는 바다 위로 던졌다.

표류하던 선원은 또 다시 밧줄을 던진 배 위의 선원에게 큰 소리로 외쳤다. "당신의 종교는 무엇입니까?" 배 위의 선원이 대답했다. "나는 이슬람(Islam) 교도입니다."라고 말하자 표류하던 선원은 이번에도 밧줄을 잡지 않았다.

표류하던 선원은 밧줄을 던진 배를 향해 소리쳤다. "나는 크리스천이므로 하나님이 반드시 나를 구원해 주실 것입니다."라고 하면서 며칠 더 바다 위를 표류하다가 허기와 저체온증으로 끝내 숨지고 말았다.

이 세상에서 하나님을 독실하게 섬기고 또한 선한 일을 앞장서서 많이 한 숨진 선원은 천당으로 올라가서 하나님을 영접했다.

하나님을 영접한 선원은 주님에게 항의 조로 말을 건넸다. "주님, 왜 저를 구원해 주시지 않고 내버려둬서 숨지게 했습니까?"

선원의 말을 들은 하나님은 선원에게 빙그레 웃음을 띠며, "너를 구원하기 위해 배를 두 척이나 보냈는데…."

◐이반

톨스토이의 작품에 보면 '이반'이라는
농부는 평생토록 주인집에서 머슴살이를 했습니다.

어느 날 주인은 '이반'을 독립시켜 주려고 불렀습니다.

"내일 아침부터 네가 밟고 돌아오는 땅은 네게 주겠다."
평생을 머슴살이로 늙은 그는 다음날 새벽을
기다리느라고 한잠도 못 잤습니다.

새벽부터 달리기 시작한 그는
쉬는 시간도 없이 뛰고 또 뛰었습니다.

한 평의 땅이라도 더 차지하기 위해
먹는 것도 잊어버리고 뛰었습니다.

평생의 한을 풀기 위하여 밤이 늦도록 뛰어
주인집 대문에 들어설 때 쓰러져 죽어버리고
말았습니다.

그가 마지막 차지한 땅은 '1평'뿐이었습니다.

◐ 하루는 길고, 인생은 찰나(한명희)

하루는 길고
일 년은 짧고
일생은 찰나와 같다.
시간은 느낌으로 오고 가기 때문이다.

적막이 흐르는 무더운 여름날 오후
지친 해가 타박타박 하루를 넘는다.
하루가 길기는 길구나.

꽃이 피는가 싶더니 열매가 영글고
금세 눈이 내린다.
일 년이 짧기는 짧구나.

걸음마를 떼는가 싶더니
눈 깜짝할 사이에 고희(古稀)를 넘는다.
한살이가 찰나와 다를 것이 없구나.

참고문헌

강혜자, 손정락(2018). 하이쿠 시 짓기가 임상심리학 전공 대학원생들의 마음챙김과 감정이입 함양에 미치는 효과. 디지털융복합연구, 16(3), 505-512.

구세희 역(2013). 원씽: 복잡한 세상을 이기는 단순함의 힘. 서울: 비즈니스북스.

김경혜 역(2014). 은유의 마법: 마음을 움직이는 77가지 이야기. 서울: 니케북스.

김승용(2016). 우리말 절대지식. 서울: 동아시아.

김정호(2011). 마음챙김 명상 멘토링. 서울: 불광출판사.

김준영(2006). 입에 익은 우리 말. 서울: 학고재.

김지희, 손정락(2017). 수용전념치료(ACT)가 부적응적 완벽주의 대학생의 심리적 수용, 패배감 및 자살 생각에 미치는 효과 / ACT 메뉴얼.

김춘경, 배선윤 공역(2010). 마음에게 들려주는 101가지 이야기. 서울: 학지사.

류시화(2014). 백만 광년의 고독 속에서 한 줄의 시를 읽다; 류시화 하이쿠 읽기. 서울: 연금술사.

명법(2016). 은유와 마음. 서울: 불광출판사.

문성원 역(2018). 수용과 참여의 심리치료(2판). 서울: Σ시그마프레스.

문현미(2006). 심리적 수용촉진 프로그램의 개발과 효과: 수용-전념 치료 모델을 중심으로. 가톨릭대학교 대학원 박사학위 청구 논문.

박영순(2000). 한국어 은유 연구. 서울:고려대학교출판부.

손정락 역(2006). 성격심리학. 서울: Σ시그마프레스.

손정락 역(2010). 우울증 치유를 위한 마음챙김과 수용 워크북. 서울: Σ시그마프레스.

손정락 역(2013). 직장에서의 마음챙김. 서울: 교보문고.

손정락(2015). 정신병리학 수강 대학원생들의 감정이입(empathy) 함양을 위한 하이쿠. 미발표 논문.

손정락(2015). 수용전념치료(ACT)에서 관계 틀 관점으로 은유를 이해하고, 활용하고, 창조하기. 한국심리학회지: 건강, 20(2), 371-389.

손정락 역(2016). 수용전념치료(ACT) 은유(메타포) 모음집. 서울: Σ시그마프레스.

손정락, 이금단 공역(2014). 수용전념치료: 실무 지침서. 서울: 학지사.

손정락, 최명심 공역(2018). 자비의 과학: 수용전념치료(ACT) 지침서. 서울: 불광출판사.

신홍민 역(2008). 감정이입. 서울: 큰나무.

심우장, 김경희, 정숙영, 이홍우, 조선영(2008). 설화 속 동물 인간을 말하다: 이야기 동물원. 서울: 책과 함께.

안희영(2012). Jon Kabat-Zinn의 마음챙김에 근거한 스트레스 완화 워크숍. 한국 MBSR 연구소.

어윤형, 전창선(1994). 음양이 뭐지? 서울: 세기.

어윤형, 전창선(1994). 오행은 뭘까? 서울: 세기.

오진탁 역(1999). 티베트의 지혜. 서울: 민음사.

유병화(2007). Pepper의 맥락주의 관점에서 본 은유론. 새한영문학, 49(3), 101-122.

유은경 역(2017). 엘리트 명상. 서울: 불광출판사.

유재영(2001). 우리 시대 현대시조 100인선: 43 유재영-햇빛시간. 경기: 태학사.

유재영(2009). 절반의 고요: 유재영 시조집. 서울: 동학사.

유재영(2013). 변성기의 아침: 한국 대표 명시선 100. 서울: 시인생각.

유재영(2014). 느티나무 비명: 유재영 시조집. 서울: 동학사.

윤금초, 박시교, 이우걸, 유재영(2012). 네 사람의 노래. 서울: 문학과 지성사.

이광호(2008). 성학십도. 서울: 홍익출판사.

이선영 역(2019). 언어적 관계틀 배우기. 서울: 학지사

이안나 역(2007). 몽골의 설화. 서울: 문학과 지성사.

이어령(2009). 하이쿠의 시학: 하이쿠와 시조로 본 한일문학. 서울: 서정시학.

이영자(2012). 퇴계 이황의 경사상 연구. 성균관대학교 대학원 박사학위 청구논문.

이정희 역(2000). 재미있는 몽골 민담. 서울:백산자료원.

지안 역(2011). 수타니파타. 서울: 지식을 만드는 지식.

장경렬(2017). 꽃잎과 나비, 그 경계에서. 서울: 서정시학.

정성미(2007). 은유의 치료적 활용. 어문론집, 42, 121-136.

정완영(2010). 구름 산방: 정완영 시집. 서울: 황금알.

주성옥(2012). 심리치료의 언어로서 은유와 그 불교적 의미. 동아시아 불교문화, 12, 33-57

천호재(2011). 일본의 옛날 이야기 20선. 서울: 인문사.

최영갑(2005). 성학십도: 열 가지 그림으로 읽는 성리학. 서울: 풀빛.

한덕웅(1996). 퇴계 심리학. 서울: 성균관대학교 출판부.

한명희(2011). 배꼽. 서울: 엠아이지.

한형조(2018). 성학십도: 자기 구원의 가이드 맵. 서울: 한국학중앙연구원출판부.

Abramowitz, J. S., Tolin, D. F., & Street, G. P. (2001). Paradoxical effects of thought suppression: A meta-analysis of controlled studies. *Clinical Psychology Review, 21*, 683-703. doi:10.1016/S0272-7358(00)00057-X.

Addleman, F. G. (2004). *Get your act together: Think healthy, be healthy*. Bloomington, IN: 1st Books.

Alvis, K. M. (2010). *Brief acceptance and commitment therapy: Are the metaphors necessary?* Thesis of Master of Science at Southern Illinois University Carbondale.

Analayo, V. (2006). Mindfulness in the Pali Nikayas. In D. K. Nauriyal, M. S. Drummond, & Y. B. Lal (Eds.), *Buddhist thought and applied psychological research: Transcending the boundaries* (pp. 229-249). London: Routledge.

Bach, P. & Hayes, S. C. (2002). The use of acceptance and commitment therapy to prevent the rehospitalization of psychotic patients: A randomized controlled trial. *Journal of Consulting and Clinical Psychology, 70,* 1129-1139.

Baer, R. A., Fischer, S., & Huss, D. B. (2005). Mindfulness and acceptance in the treatment of disordered eating. *Journal of Rational-Emotive and Cognitive-Behavior Therapy, 23,* 281-300.doi:10.1007/s10942-005-0015-9.

Barker, P. (1985). *Using metaphors in psychotherapy*. New York: Brunner-Mazel.

Barker, P. (1985). *Using metaphors in psychotherapy*. New York: Brunner-Mazel.

Barnes-Holmes, Y., Barnes-Holmes, D., & McHugh, L. (2004). Relational frame theory: Some implications for understanding and treating human psychopathology. *International Journal of Psychology and Psychological Theory*, *4*(2), 161-181.

Bauer, J. (2005). *Warum ich fühle, was du fühlst*. Müchen: Hoffmann und Campe Verlag.

Berlin, R. M., Olson, M. E., Cano, C. E., & Engel, S. (1991). Metaphor and psychotherapy. *American Journal of Psychotherapy, 45,* 359-367.

Bieling, P. J. & Kuyken, W. (2003). Is cognitive case formulation science or science fiction? *Clinical Psychology: Science & Practice, 10,* 52-69.

Biglan, A. & Hayes, S. C. (1996). Should the behavioral sciences become more pragmatic?

The case for functional contextualism in research on human behavior. *Applied and Preventice Psychology: Current Scientific Perspectives, 5,* 47–57.

Biley, F. C. & Champney-Smith, J. (2003). "Attempting to say something without saying it…": Writing haiku in health care education. *Medical Humanities, 29*(1), 39–42.

Bishop, S. R., Lau, M., Shapiro, S., Carlson, L., Anderson, N. D., Carmody, J., Segal, Z. V., Abby, S., Speca, M., Velting, D., & Devins, G. (2004). Mindfulness: A proposed operational definition. *Clinical Psychology: Science and Practice, 11*, 230–241. doi:10.1093/clipsy/bph077.

Blackledge, J. T. & Hayes, S. C. (2001). Emotion regulation in acceptance and commitment therapy. *Journal of Clinical Psychology, 57*(2), 243–255.

Blenkiron, P. (2005). Stories and analogies in cognitive behaviour therapy: A clinical review. *Behavioural and Cognitive Psychotherapy, 33*, 45–59.

Block-Lerner, J., Adair, C., Plumb, J. C., Rhatigan, D. L., & Orsillo, S. M. (2007). The case for mindfulness-based approachs in the cultivation of empathy: Does nonjudgemental, present-moment awareness increase capacity for perspective-taking and empathic concern? *Journal of Marital & Family Therapy, 33*(4), 501–516.

Bohlmeijer, E. T., Fledderus, M., Rokx, T. A., & Pieterse, M. E. (2011). Efficacy of an early intervention based on acceptance and commitment therapy for adults with depressive symptomatology: Evaluation in a randomized controlled trial. *Behaviour Research and Therapy, 49*, 62–67. doi:10.1016/j.brat.2010.10.003.

Bond, F. W. & Bunce, D. (2000). Outcomes and mediators of change in emotion-focused and problen-focused worksite stress management intervention. *Journal of Occupational Health Psychology, 5(1),* 156–163.

Boone, M. S. & Canicci, J. (2013). Acceptance and commitment therapy(ACT) in groups. In J. Pistorello (Ed.), *Mindfulness and acceptance for counseling college students: Theory and practical applications for intervention, prevention, and outreach*. Oakland, CA: New Harbinger.

Bowen, S. & Marlatt, G. A. (2009). Surfing the urge: Brief mindfulness-base intervention for college student smokers. *Psychology of Addictive Behaviors, 23*, 666–671. doi:10.1037/a0017127.

Brach, T. (2003). *Radical acceptance: Embracing your life with the heart of a Buddha.* New York: Bantam Books.

Brach, T. (2013). *True refuge: Finding peace and freedom in your own awakened heart.*

New York: Bantam Books.

Brown, W. B. & Ryan, R. M. (2004). Perils and promise in defining and measuring mindfulness: Observations from experience. *Clinical Psychology: Science and Practice, 11*, 242-248. doi:10.1093/clipsy/bph078.

Brown, L. A., Forman, E. M., Herbert, J. D., Hoffman, K. L., Yuen, E. K., & Goetter, E. M. (2011). A randomized controlled trial of acceptance-based behavior therapy and cognitive therapy for test anxiety: A pilot study. *Behavior Modification, 35*, 31-53. doi:10.1177/0145445510390930.

Burns, D. D. & Spangler, D. L. (2001). Do changes in dysfunctional attitudes mediate changes in depression and anxiety in cognitive behavioral therapy? *Behavior Therapy, 32,* 337-369.

Cahn, B. R. & Polich, J. (2006). Meditation states and traits: EEG, ERP, and neuroimaging studies. *Psychological Bulletin, 132*, 180-211. doi:10.1037/0033-2909.132.2.180.

Campbell-Sills, L., Barlow, D. H., Brown, T. A., & Hofmann, S. G. (2006). Effects of suppression and acceptance on emotional responses of individuals with anxiety and mood disorders. *Behaviour Research and Therapy, 44*, 1251-1263. doi:10.1016/j.brat.2005.10.001.

Chambless, D. L., Sanderson, W. C., Shoham, V., Johnson, S. B., Pope, K. S., Crits-Christoph, P., Baker, M., Johnson, B., Woody, S. R., Sue, S., Bertler, I., Williams, D. A., & McCurry, S. (1996). An update on empirically validated therapies. *The Clinical Psychologist, 49,* 5-18.

Chaskalson, M. (2013). 직장에서의 마음챙김: MBSR로 회복 탄력적인 개인과 공명하는 조직 만들기 (The mindful workplace: Developing resilience individuals and resonant organizations with MBSR). (손정락 역). 서울: 교보문고. (원저는 2011년에 출판).

Cheon, Y. J. (2004). *Put eternity in the moment.* Seoul: Changbi Publisher.

Chiesa, A. & Malinowski, P. (2011). Mindfulness-based approaches: Are they all the same? *Journal of Clinical Psychology, 67*, 404-424. doi:10.1002/jclp.20776.

Cho, H. J. (2006). *The relationship between empathy and altruistic disposition.* M.A. Thesis. Ewha Womans University, Seoul.

Ciarrochi, J., Bilich, L., & Godsel, C. (2010). Psychological flexibility as a mechanism of change in acceptance and commitment therapy. In R. Baer (Ed.), *Assessing mindfulness and acceptance: Illuminating the processes of change* (pp.51-76). New Harbinger : Oakland, CA.

Ciarrochi, J. & Blackledge, J. T. (2006). Mindfulness-based emotional intelligence training: A new approach to reducing human suffering and promoting effectiveness. In J. Ciarrochi, J. P. Forgas, & J. D. Mayer (Eds.), *Emotional intelligence in everyday life* (2nd ed., pp. 206-228). New York: Psycholgy Press.

Collard, P. & Walsh, J. (2008). sensory awareness mindfulness training in coaching: Accepting life's challenges. *Journal of Rational-Emotive & Cognitive-Behavior Therapy, 26*(1), 30-37.

Dahl, J., Plumb, J. C., Stewart, I., & Lundgren, T. (2009). *The art and science of valuing in psychotherapy: Helping clients discover, explore, and commit to valued action using acceptance and commitment therapy*. Oakland, CA: New Harbinger.

Dahl, J., Nilson, A., & Wilson, K. G. (2004). Acceptance and commitment therapy and the treatment of persons at risk for long-term disability resulting from stress and pain symptoms: A preliminaty randomized trial. *Behavior Therapy, 35*(4), 785-801.

Davis, C. M. (1990). What is empathy, can it be taught? *Physical Therapy, 70*(11), 707-711.

Davis, M. H. (1994). *Empathy: A social psychological approach*. Madison, WI: Brown & Benchmark.

Dobson, K. S. & Khatri, N. (2000). Cognitive therapy: Looking backward, looking forward. *Journal of Clinical Psychology, 56*, 913.

Eifert, G. H. & Forsyth, J. P. (2005). *Acceptance and commitment therapy for anxiety disorders: A practitioner's treatment guide to using mindfulness, acceptance, and values-based behavior change strategies*. Oakland, CA: New Harbinger.

Ehrnstrom, C. E. (2011). Compendium of acceptance and commitment therapy metaphors. http://contextualscience.org

Feist, J. F. & Rosenberg, E. L. (2010). *Psychology: Making connections*. New York: McGraw-Hill.

Foody, M., Barnes-Holmes, Y., Barnes-Holmes, D., Törneke, N., Luciano, C., Stewart, I. k, & McEnteggart, C. (2014). RFT for clinical use: The example of metaphor. *Journal of Contextual Behavioral Science*, *3*, 305-313.

Fulton, P., Germer, C., & Siegel, R. (2005). *Mindfulness and psychotherapy*. New York: Guilford Press.

Furman, R. (2005). Using poetry and written exercise to teach empathy. *Journal of Poetry Therapy, 18*(2), 103-110.

Gair, S. (2012). Haiku as a creative writing approach to explore empathy with social work students: A classroom-based inquiry. *Journal of Poetry Therapy, 25*(2), 69-82.

Germer, C. K., Siegel, R. D., & Fulton, P. R. (Eds.). (2005). *Mindfulness and psychotherapy.* New York: Guilford Press.

Goleman, D. (1988). *The meditative mind: The varieties of mediattive experience.* New York: Tarcher/Putnam Books.

Gordon, D. (1978). *Therapeutic metaphors.* Cupertine, CA: Meta Publications.

Gregg, J. A., Callaghan, G. M., Hayes, S. C., & Glenn-Lawson, J. L. (2007). Improving diabetes self-management through acceptance, mindfulness, and values: A randomized controlled trial. *Journal of Consulting and Clinical Psychology, 75,* 336-343. doi:10.1037/0022-006X. 75.2.336.

Hardi, S. S. & Craighead, W. E. (1999). Rapid early response, cognitive modification, and nonspecific factiors in cognitive behavior therapy for depression: A reply to Tang & DeRubeis. *Clinical Psychology: Science & Practice, 6,* 295-304.

Harmon, T., Nelson, R. O., & Hayes, S. C. (1980). Self-monitoring of mood versus activity by depressed clients. *Journal of Consulting and Clinical Psychology, 48*(1), 30-38.

Harris, R. (2009). *ACT made simple: An easy-to-read primer on acceptance and commitment therapy.* Oakland, CA: New Harbinger.

Hart, A. (2019). Understanding metaphors in ACT. http://contextualscience.org/metaphors.

Hayes, S. C. (1984). Making sense of spirituality. *Behaviorism, 12,* 99-110.

Hayes, S. C. (1987). A contecual approach to therapeutic change. In N. Jacobson (Ed.), *Psychotherapists in clinical practice: Cognitive and behavioral perspectives* (pp. 327-387). New York: Guilford.

Hayes, S. C. (1993). Analytic goals and the varieties of scientific contexualism. In S. C. Hayes, L. J. Hayes, H. W. Reese, & T. R. Sarbin (Eds.), *Acceptance and change: Content and context in psychotherapy* (pp. 255-268). Reno: Contect Press.

Hayes, S. C. (2004). Acceptance and commitment therapy, relational frame theory, and third wave of behavioral and cognitive therapy. *Behavior Therapy, 35,* 639-665.

Hayes, S. C. (with Smith, S.) (2005). *Get out of your mind and into your life: The new acceptance and commitment therapy.* Oakland: New Harbinger.

Hayes, S. C., Barnes-Holmes, D., & Roche, B. (2001). *Relational frame theory: A post-Skinnerian account of human language and cognition.* New York: Plenum.

Hayes, S. C., Bissett, R., Korn, Z., Zettle, R. D., Rosenfarb, I., Cooper, L., & Grundt, A. (1999). The impact of acceptance versus control rationales on pain tolernace. *The*

Psychological Record, 49, 33-47.

Hayes, S. C., Gifford, E. V., & Hayes, G. J. (1998). Moral behavior and the development of verbal regulation. *The Behavior Analyst, 21*, 253-279.

Hayes, S. C., Hayes, L. J., & Reese, H. W. (1988). Finding the philosophical core: A review of Stephaen C. Popper's world hypotheses. *Journal of Experimental Analysis of Behavior, 50,* 97-111.

Hayes, S. C., Luoma, J., Bond, F. W., Masuda, A., & Lillis, J. (2006). Acceptance and commitment therapy: Model, processes and outcomes. *Behaviour Research and Therapy, 44*(1), 1-25.

Hayes, S. C., Masuda, A., Bissett, R., Luoma, J., & Guerrero, L. F. (2004). DBT, FAP, and ACT: How empirically oriented are the new behavior therapy technologies? *Behavior Therapy, 35*(1), 35-54.

Hayes, S. C. & Strosahl, K. D. (2014). 수용전념치료: 실무 지침서 (*A practical guide to acceptance and commitment therapy*). (손정락, 이금단 공역). 서울: 학지사. (원저는 2004년에 출판).

Hayes, S, C., Strosahl, K., Bunting, K., Twohig, M., & Wilson, K. G. (2005). What is acceptance and commitment therapy? In S. C. Hayes, & K. D. Strosahl (Eds.), *A practical guide to acceptance and commitment therapy* (pp. 3-29). New York: Springer Science.

Hayes, S. C., Strosahl, K. D., & Wilson, K. G. (1999). *Acceptance and commitment therapy: An experiential approach to behavior change.* New York: Guilford Press.

Hayes, S. C., Strosahl, K. D., & Wilson, K. G. (2011). *Acceptance and commitment therapy (2nd edition): The process and practice of mindful change.* New York: Guilford Press.

Hayes, S. C. & Wilson, K. G. (1993). Some applied implications of contemporary behavior analytic account of verbal events. *The Behavior Analyst, 16*(2), 283-301.

Hayes, S. C., Wilson, K. G., Gifford, E. V., Bissett, R., Piasecki, M., Batten, S. V., Byrd, M., & Gregg, J. (2004). A randomized controlled trial of twelve-step facilitation and acceptance and commitment therapy with polysubstance-abusing methadone-maintained opiate addicts. *Behavior Therapy, 35*, 667-688. doi:10.1016/S0005-7894(04) 80014-5.

Hayes, S. C., Wilson, K. W., Gifford, E. V., Follette, V. M., & Strosahl, K. (1996). Experiential avoidance and behavioral disorders: A functional dimensional approach to diagnosis and treatment. *Journal of Consulting and Clinical Psychology, 64*, 1152-1168.

Hayes, S. C., Villatte, M., Levin, M., & Hildebrandt, M. (2011). Open, aware, and active: Contextual approaches as an emerging trend in the behavioral and cognitive therapies. *Annual Review of Clinical Psychology, 7*, 141-168. doi:10.1146/annurevclinpsy-032210- 104449.

Hayes, S. C., Zettle, R., & Rosenfarb, I. (1989). Rule-following. In S. C. Hayes (Ed.), *Rule-governed behavior: Cognition, contingencies, and instructional control* (pp. 191-220). New York: Plenum Press.

Hojat, M. (2007). *Empathy in patient care*. New York: Springer.

Jacobson, N. S., Dobson, K. S., Truax, P. A., Addis, M. E., Koerner, K., Gollan, J. K., Gortner, E., & Prince, S. E. (1996). A component analysis of cognitive-behavioral treatment of depression. *Journal of Consulting and Clinical Psychology, 64,* 295-304.

James, W. (1890/2013). *The principles of psychology*. Pantianos Classic(eBook Eds.).

Jinpa, G. T. (2010). Compassion Cultivation Training(CCT): Instructor's manual (unpublished).

Juarascio, A. S., Forman, E. M., & Herbert, J. D. (2010). Acceptance and commitment therapy versus cognitive therapy for the treatment of comorbid eating pathology. *Behavior Modification, 34*, 175-190. doi:10.1177/0145445510363472.

Kabat-Zinn, J. (1991). *Full catastrophe living: Using the wisdom of your body and mind to face stress, pain, and illness*. New York: Delta.

Kabat-Zinn, J. (1994). *Wherever you go there you are: Mindfulness meditation in everyday life*. New York: Hyperion.

Kabat-Zinn, J. (1998). Influence of a mindfulness meditation-based stress reduction intervention on rates of skin clearing in patients with moderate to severe psoriasis undergoing phototherapy (UVB) and photochemotherapy (PUVA). *Psychosomatic Medicine, 50,* 625-632.

Kabat-Zinn, J. (2005). *Coming to our senses*. New York: Hyperion.

Kabat-Zinn, J. (2011). *Mindfulness for beginners: Reclaiming the present moment and your life*. Boulder, CO: Sounds True.

Kabat-Zinn, J. (2012). Mindfulness and mind-body healing: Focused on MBSR. *Materials for the Special Lecture, 2012 Fall Korean Association of Budhism and Psychotherapy*.

Kabat-Zinn, J. (2012). 처음 만나는 마음챙김 명상 (Mindfulness for beginners). (안희영 역). 불광출판사. (원저는 2012년에 출판).

Keller, G. (2012). *The one thing: The surprisingly simple truth behind extraordinary results*. Austin, Texas: Bard Press.

Kendall, W. A. (2010). *Examining the persuasive effect of metaphor use in psychotherapy: An experimental test of contributing factors*. Doctoral dissertation, State University of New York at Albany.

Kim, D. Y. & Son, C. N. (2017). The effect of mindfulness-based teenager suicide prevention program on the reduction of complex PTSD and suicide ideation of school violence victims. *International Journal of Pharma and Bio Science, Apr; Special Issue SP-05 "Science and Management"*.

Kim, J. (2011). Effects of Mindfulness-Based Cognitive Therapy(MBCT) on empathy. *Korean Journal of Conunseling and Psychotherapy, 23*(1), 27-45.

Kim, J. H. (2004). The issues on interpretation of 'inwardly' and 'ottwardly' in mindfulness meditation. *Duksung Journal of Social Sciences, 10,* 143-145.

Kim, J. H. (2016a). *Manual of mindfulness meditation*. Seoul: Solkwahak.

Kim, K. E., Yi, G. D., Cho, Y. R., Chai, S. H., & Lee, W. K. (2008). The validation study of the Korean version of the self-compassion scale. *Korean Journal of Health Psychology, 13*(4), 1023-1044.

Kingsolver, B. (1998). *The poisonwood bible*. New York: Harper Perennial Modern Classics.

Kiyota, M. (1978). *Mahayana Buddhist meditation: Theory and practice*. Honolulu: University Press of Hawaii.

Kohlenberg, R. J. & Tsai, M. (1991). *Functional analytic psychotherapy: A guide for creating intense and curative therapeutic relationships*. New York: Plenum.

Kohut, H. (1977). *The restoration of the self*. New York: International University Press.

Kohut, H. (1984). *How does analysis cure?*. Chicago: University of Chicago.

Kopp, R. R. (1995). *Metaphor therapy: Using client-generated metaphors in psychotherapy*. New York: Brunner-Routledge.

Krznaric, R. (2012). *How to find fulfilling work: The school of life*. London: Macmillan.

Lee, S. J., Park, D. H., & Kim, W. S. (2011). Effects of mindfulness on empathy. *Korean Journal of Meditation*. *2*(1), 47-61.

Lee, S. Y. & Ahn, C. Y. (2012). The process variables of acceptance-commitment group therapy for anxiety and effect. *Korean Journal of Counseling and Psychotherapy, 24*(2), 223-254.

Leigland, S. (2005). Variables of which values are a function. *The Behavior Analyst, 28*, 133-142.

Levitt, H., Korman, Y., & Angus, L. (2000). A metaphor analysis in treatment of depression: Metaphor as a marker of change. *Counselling Psychology Quarterly*, 13(1), 23-35,

Levitt, J. T., Brown, T. A., Orsillo, S. M., & Barlow, D. H. (2004). The effects of acceptance versus suppression of emotion on subjective and psychophysiological response to carbon dioxide challenge in patients with panic disorder. *Behavior Therapy, 35*(4), 747-766.

Ligocki, M. K. (2010). *The constructs of empathy, mindfulness, self-compassion, and self-rumination: An exploratory factor analysis*. Doctora dessertation, University of Houston.

Linehan, M. M. (1993a). *Cognitive-behavioral treatment of borderline personality disorder.* New York: Guilford Press.

Linehan, M. M. (1993b). *Skills training manual for treating borderline personality disorder.* New York: Guilford Press.

Lipkens, R. & Hayes, S. C. (2009). Producing and recognizing analogical relations. *Journal of the Experimental Analysis of Behavior, 91*, 105-126. doi:10.1901/jeab.2009.91-105.

Long, P. S. & Pepper, G. (2008). Metaphor in psychoanalytic psychotherapy: A comparative study of four cases by a practitioner-researcher. *British Journal of Psychotherapy, 24,* 343-364.

Luoma, J. B., Hayes, S. C., & Walser, R. D. (2007). Learning ACT: *An acceptance and commitment therapy skills-training manual for therapists*. Oakland, CA: New Harbinger.

Masuda, A., Hayes, S. C., Sackett, C. F., & Twohig, M. P. (2004). Cognitive defusion and self-relevant negative thoughts: Examining the impact of a ninety year old technique. *Behavior Research and Therapy, 42*, 477-485.

Masuda, A., Price, M., Anderson, P., Schmertz, S., & Calamaras, M. (2004). The role of psychological flexibility in mental health stigma and psychological distress for the stigmatizer. *Journal of Social and Clinical Psychlolgy, 28*(10), 1244-1262.

Mays, M. (1990). The use of metaphor in hypnotherapy and psychotherapy. *Individual Psychology: The Journal of Adlerian Theory, Research & Practice, 46*(4), 423-430.

McKay, M., Wood, J., & Brantley, J. (2007). *The dialectical behavior therapy skills workbook: Practical DBT exercises for learning mindfulness, interpersonal effectiveness, emotion regulation, and distress tolerance*. Oakland, CA: New Harbinger.

McLaren, K. (2013). *The art of empathy: A complete guide to life's most essential skill.*

Boulder, Colorado: Sounds True.

Mischel, W., Shoda, Y., & Smith, R. E. (2004). *Introduction to personality: Toward an integration (7th ed.)*. New York: Wiley & Sons.

Mojtabai, M. (2000). Dilusion as error: The history of a metaphor. *History of Psychiatry, 11*, 3-14.

Monestès, J. L. & Villatte, M. (2011). *La thérapie d'acceptation et d'engagement ACT.* Paris, France: Elsevier-Masson.

Monestès, J. L., & Villatte, M. (2019). Mataphors in ACT: Understanding how they work, using them-creating your own. https://conxtualscience.org/metaphor

Neff, K. D. (2003). The development and validation of a scale to measure self-compassion. *Self and identity, 2,* 223-250.

O'Hora, D., Barnes-Holmes, D., Roche, B., & Smeets, P. M. (2004). Derived relational networks and control by novel instructions: A possible model of generative verbal responding. *Psychological Record, 54*, 437-460. Retrieved from http://opensiuc.lib.siu.edu/tpr.

Otto, M. (2000). Stories and metaphors in cognitive-behavior therapy. *Cognive and Behavioral Practice, 7,* 166-172.

Park, S. H. (2006). *Development of the mindfulness scale.* Doctoral dissertation. Catholic University, Seoul.

Pennebaker, J. W. (1997). Writing about emotional experiences as a therapeutic process. *Psychological Science, 8*(3), 162-166.

Pennebaker, J. W. & Segal, J. D. (1999). Forming a story: The health benefits of narrative. *Journal of Clinical Psycholgy, 55*(10), 1243-1254.

Pepper, S. C. (1942). *World hypotheses: A study in evidence.* Berkeley: University of California Press.

Perls, F., Hefferline, R., & Goodman, P. (1951). *Gestalt therapy: Excitement and growth in the human personality.* New York: Julian.

Pierson, H., Gifford, E. V., Smith, A. A., Bunting, K., & Hayes, S. C. (2004). *Functional acceptance and commitment therapy scale.* Unpublished manuscript, University of Nevada, Reno.

Plumb, J. C., Orsillo, S. M., & Luterek, J. A. (2004). A preliminary test of the role of experiential avoidance in post-event functioning. *Journal of Behavior Therapy and Experimental Psychiatry, 35,* 245-257.

Polster, E. & Polster, M. (1973). *Gestalt therapy integrated: Contours of theory and practice.* New York: Brunner-Mazel.

Prekop, I. (2002). *Einfühlung oder die Intelligenz des Herzens.* München: Kösel-Verlag.

Rapygay, L., & Bystrisky, A. (2009). Classical mindfulness: An introduction to its theory and practice for clinical application. *Annals of the New York Academy of Science, 1172,* 148-162. doi:10.1111/j.1749-6632.2009.04405.x.

Rasmussen, B. & Angus, L. (1996). Metaphor in psychodynamic psychotherapy with borderline and non-borderline clients: A qualitative analysin. *Psychotherapy: Theory, Research and Practice,* 33(4), 521-530.

Robinson, P. J. & Strosahl, K. D. (2008). *The mindfulness and acceptance workbook for depression: Using acceptance and commitment therapy to move through depression and create a life worth living.* Oakland, CA: New Harbinger.

Roemer, L., Orsillo, S. M., & Salters-Pedneault, K. (2008). Efficacy of an acceptance-based behavior therapy for generalized anxiety disorder: Evaluation in a randomized controlled trial. *Journal of Consulting and Clinical Psychology, 76,* 1083-1089. doi:10.1037/a0012720.

Rosen, S. (Ed.). (1982). *My voice will go with you: The teaching tales of Milton H. Erickson, M. D.* New York: Norton.

Schnitzer, M. L. & Pedreira, M. A. (2005). A neuropsychologicaol theory of metaphor. *Language Science, 27,* 31-49.

Segal, Z. V., Williams, J. M. G., & Teasdale, J. D. (2002). *Mindfulness-based cognitive therapy for depression: A new approach to preventing relapse.* New York: Guilford.

Shapiro, S. L., Carlson, L. E., Astin, J. A., & Freedman, B. (2006). Mechanisms of mindfulness. *Journal of Clinical Psychology, 62,* 373-386.

Shim, J. E. & Yun, H. K. (2008). The adaptation of mindfulness on counselor education. *Korean Journal of Health Psychology, 13*(2), 307-328.

Siegel, D. J.(2007). Mindfulness training and neural integration: Differentiation of distinct streams of awareness and the cultivation of well-being. *Social Cognitive and Affective Neuroscience, 2*(4), 259-263.

Siegel, R. D., Germer, C. K., & Olendzki, A. (2008). Mindfulness: What is it? Where did it come from? In F. Didonna (Ed.), *Clinical handbook of mindfulness* (pp. 17-36). New York, NY: Springer.

Smith, S. T. (2007). A very simple overview of RFT (in non-technical language). http://

contextualscience.org

Smith, S. T. (2008). A very simple overview of RFT (in non-technical language). http://contextualscience.org

Smout, M., Longo, M., Harrison, S., Minniti, R., Wickes, W., & White, J. (2010). Psychosocial treatment for methamphetamine use disorders: A preliminary randomized controlled trial of cognitive behavior therapy and acceptance and commitment therapy. *Substance Abuse, 31*, 98-107. doi:10.1080/08897071003641578.

Son, C. N. (2015). Understanding, using, and creating metaphors with relational frame perspectives in acceptance and commitment therapy. *Korean Journal of Health Psychology, 20*(2), 371-389.

Son, C. N., & Yi, K. D. (2014). *A practical guide to acceptance and commitment therapy (Korean Translation)*. Seoul: Hakjisa.

Stephenson, K. T. (2009). *Extending the writing paradigm: Is writing Haiku poetry healing?* Master of Science Thesis. Texas A & M University.

Stewart, I. & Barnes-Holmes, D. (2001). Understanding metaphor: A relational frame perspective. *The Behavior Analyst, 24*(2), 191-200.

Stewart, I., Barnes-Holmes, D., Hayes, S. C., & Lipkens, R. (2001). Relations among relations: Analogies, metaphors, and stories. In S. C. Hayes, D. Barnes-Holmes, & B. Roche (Eds.), *Relational frame theory: A post-Skinnerian account of language and cognition* (pp. 73-86). New York: Plenum.

Stoddard, J. A. & Afari, N. (2014). *The big book of ACT metaphors: A practitioner's guide to experiential exercises and metaphors in acceptance and commitment therapy*. New Harbinger.

Stott, R., Mansell, W., Salkoviskis, P., Lavender, A., & Cartwright-Hatton, S. (2013). 인지행동 치료에서의 메타포 (김원, 김병수, 송후림, 정영은, 민정아, 유민영 공역). 서울: 학지사. (원저는 2010년에 출판).

Strosahl, K. D., Hayes, S. C., Bergan, J., & Romano, P. (1998). Assessing the field effectiveness of acceptance and commitment therapy: An example of the manipulated training research method. *Behavior Therapy, 29*, 35-64.

Tan, C. M. (2012). *Search inside yourself*. New York: Harper Collins.

Tirch, D., Schoendorff, B., & Silberstein, L. R. (2014). *The ACT practitioner's guide to the science of compassion: Tools for fostering psychological flexibility*. New Harbinger.

Titchener, E. B. (1916). *A beginner's psychology*. New York: Macmillan.

Törneke, N. (2010). *Learning RFT: An introduction to relational frame theory and its clinical application*. Oakland: New Hrabinger.

Törneke, N., Luciano, C., & Valdivia-Salas, S. (2008). Rule-governed behavior and psychological problems. *International Journal of Psychology and Psychological Therapy, 8,* 141-156.

Twohig, M. P., Hayes, S. C., & Masuda, A. (2006). A preliminary investigation of acceptance and commitment therapy as a treatment for chronic skin picking. *Behaviour Research and Therapy, 44*, 1513-1522. doi:10.1016/j.brat.2005.10.002.

Varra, A. A., Drossel, C., & Hayes, S. C. (2009). The use of metaphor to establish acceptance and mindfulness. In F. Didonna (Ed.), *Clinical handbook of mindfulness*. New York, NY: Springer.

Vøllestad, J., Nielsen, M. B., & Nielsen, G. H. (2011). Mindfulness-and acceptance-based interventions for anxiety disorders: A systematic review and meta-analysis. *British Journal of Clinical Psychology, 51*, 239-260. doi:10.1111/j.2044-8260.2011.02024.x.

Vowles, K. E. & McCracken, L. M. (2008). Acceptance and values-based action in chronic pain: A study of treatment effectiveness and process. *Journal of Consulting and Clinical Psychology, 76,* 397-407. doi:10.1037/0022-006X.76.3.397.

Walser, R. D. & Westrup, D. (2007). *Acceptance and commitment therapy for the treatment of post-traumatic stress disorder: A practitioner's guide to using mindfulness and acceptance strategies*. Oakland, CA: New Harbinger.

Walser, R. D., Sears, K., Chartier, M., & Karlin, B. E. (in press). *Acceptance and commitment therapy for depression in veterans: Therapist manual*. Washington, DC: US Department of Veterans Affairs.

Westin, V. Z., Schulin, M., Hesser, H., Karlsson, M., Noe, R. Z., Olofsson, U., Stalby, M., Wisung, G., & Andersson, G. (2011). Acceptance and commitment therapy versus tinnitus retraining therapy in the treatment of tinnitus: A randomized controlled trial. *Behaviour Research and Therapy, 49*, 737-747. doi:10.1016/j.brat.2011.08.001.

Wetherell, J. L., Afari, N., Ayers, C. R., Stoddard, J. A., Ruberg, J., Sorrell, J. T., Liu, L., Petkus, A. J., Thorp, S. R., Kraft, A., & Patterson, T. L. (2011a). Acceptance and commitment therapy for generalized anxiety disorder in older adults: A preliminary report. *Behavior Therapy, 42*, 127-134. doi:10.1016/j. beth.2010.07.002.

Wetherell, J. L., Afari, N., Rutledge, T., Sorrell, J. T., Stoddard, J. A., Petkus, A. J., Solomon, B. C., Lehman, D. H., Liu, L., Lang, A. J., & Atkinson, J. H. (2011b). A randomized, controlled trial of acceptance and commitment therapy and cognitive-behavioral therapy for chronic pain. *Pain*, 152, 2098-2107. doi:10.1016/j. pain.2011.05.016.

White, C., Perman, R., Fantone, J., & Kumagai. A. (2010). The interpretive project: A creative educational approach to forter medical students' reflection and advancing humanitistic medicine. *Reflective Practice, 11*(4), 517-527.

White, M. & Epstein, D. (1990). *Narrative means to therapeutic ends*. New York: Norton and Company.

Williams, T. (2011). A poetry therapy model for the literature classroom. *Journal of Poetry Therapy, 24*(1), 17-33.

Wilson, K. G., Bordieri, M. J., Flynn, M. K., Lucas, N. N., & Slater, R. M. (2011). Understanding acceptance and commitment therapy in context: A history of similarities and differences with other cognitive behavior therapies. In J. D. Herbert, & E. M. Forman (Eds.), *Acceptance and mindfulness in cognitive behavior therapy: Understanding and applying the new therapies* (pp. 233-264). Hoboken, NJ: John Wiley and Sons.

Wilson, K. G. & DuFrene, T. (2009). *Mindfulness for two: An acceptance and commitment therapy approach to mindfulness in psychotherapy*. Oakland, CA: New Harbinger.

Wilson, K. G., Hayes, S. C., Gregg, J., & Zettle, R. (2001). Psychopathology and psychotherapy. In S. C. Hayes, D. Barnes-Holmes, & B. Roche (Eds.) *Relational frame theory: A post-Skinnerian account of human language and cognition* (p. 215). New York: Plenum Publishers.

Wilson, K. G. & Murrell, A. R. (2004). Values work in acceptance and commitment therapy. In S. C. Hayes, V. M. Follette, & M. M. Linehan (Eds.), *Mindfulness and acceptance: expanding the cognitive-behavioral tradition*. New York: Guilford.

Wingard, B. & Lester, J. (2001). *Telling stories in ways that make us stronger*. Adelaide, Australis: Dulwich Centre Publications.

Zettle, R. D. (2007). *ACT for depression: A clinician's guide to using acceptance and commitment therapy in treating depression*. Oakland, CA: New Harbinger.

Zettle, R. D. & Hayes, S. C. (1986). Rule governed behavior: A potential theoretical framework for cognitive behavior therapy. In P. C. Kendall (Ed.), *Advances in cognitive behavioral research and therpy* (pp. 73-118). New York: Academic.

Zettle, R. D. & Hayes, S. C. (1986). Dysfunctional control by client verbal behavior: The context of reason-giving. *The Analysis of Verbal Behavior, 4,* 30-38.

Zettle, R. D. & Hayes, S. C. (1987). Component and process analysis of cognitive therapy. *Psychological Reports, 64,* 939–953.

Zettle, R. D. & Rains, J. C. (1989). Group cognitive and contextual therapies in treatment of depression. *Journal of Clinical Psychology, 45*, 436–445.

찾아보기

저자 소개

손정락(ChongNak Son, Ph.D.)

jrson@jbnu.ac.kr

성균관대학교 심리학과를 졸업하고, 동 대학원에서 임상심리학 전공으로 석사학위와 박사학위를 받았으며, 미국 Duke University 심리학과에 Visiting Professor로 다녀왔다. 전북대학교 심리학과에서 36년간 임상심리학, 건강심리학, 성격심리학 분야의 강의와 연구를 하였고, 지금은 명예교수이자 정년 후 연구교수로 있다. 과학기술우수논문상 등을 수상하였으며, 한국심리학회 석학(KPA Fellow) 인증도 받았다.

전문 분야에서는 임상심리전문가, 정신보건임상심리사 1급(보건복지부), 건강심리전문가, 중독심리전문가, 명상심리전문가 등으로 활동하고 있다. 또한 한국심리학회장, 한국건강심리학회장, 전북대학교 심리코칭 연구소장, 강원랜드 중독관리센터 자문위원, 한국명상학회 부회장 등을 역임하였다.

주요 저서 및 역서로는 『인간의 마음과 행동』『현대 임상심리학』『성격심리학』『건강심리학』『바이오피드백』『자기에게로 가는 여행』『우울증 치유를 위한 마음챙김과 수용 워크북』『성격심리학 이론 워크북』『아동과 청소년을 위한 수용과 마음챙김 치료』『수용전념치료(ACT)로 코칭 효과성을 극대화하라』『직장에서의 마음챙김』『수용-전념치료: 실무 지침서』『스트레스, 건강, 웰빙: 21세기의 번영』『이완 및 스트레스 감소 기법 모음 워크북』『수용전념치료와 은유 모음집』『자비의 과학: 수용-전념치료 지침서』 등 30여 권이 있다.

메타포와 수용전념치료
-ACT에서 관계 틀 관점으로 은유를 이해하고, 활용하고, 창조하기-

Metaphors in Acceptance-Commitment Therapy
-Understanding, Using, and Creating Metaphors
with Relational Frame Perspectives in Acceptance-Commitment Therapy-

2020년 3월 25일 1판 1쇄 인쇄
2020년 3월 30일 1판 1쇄 발행

지은이 • 손정락
펴낸이 • 김진환
펴낸곳 • (주) 학지사
04031 서울특별시 마포구 양화로 15길 20 마인드월드빌딩
대표전화 • 02)330-5114 팩스 • 02)324-2345
등록번호 • 제313-2006-000265호

홈페이지 • http://www.hakjisa.co.kr
페이스북 • https://www.facebook.com/hakjisa

ISBN 978-89-997-2080-2 93180

정가 23,000원

저자와의 협약으로 인지는 생략합니다.
파본은 구입처에서 교환해 드립니다.